Anforderungsbereich III (Reflexion und Problemlösung)

Er umfasst den kritischen und reflektierten Umgang mit neuen Problemstellungen, den eingesetzten Methoden und den gewonnenen Erkenntnissen. Ziel sind eigenständige Begründungen, Folgerungen, Deutungen und Wertungen.

beurteilen	den Stellenwert von Sachverhalten oder Prozessen in einem Zusammenhang ▸ *überprüfen*, um kriterienorientiert zu einem begründeten Sachurteil zu gelangen
entwickeln	zu einem Sachverhalt oder zu einer Problemstellung eine Einschätzung, ein konkretes Lösungsmodell, eine Gegenposition oder ein Lösungskonzept inhaltlich weiterführend und/oder zukunftsorientiert darlegen
erörtern	zu einer vorgegebenen Problemstellung eine reflektierte, abwägende Auseinandersetzung führen und zu einem begründeten Sach- und/oder Werturteil kommen
interpretieren	Sinnzusammenhänge aus Quellen erschließen und eine begründete Stellungnahme abgeben, die auf einer Analyse (▸ *analysieren*), Erläuterung (▸ *erläutern*) und Bewertung beruht
Stellung nehmen	Beurteilung (▸ *beurteilen*) mit zusätzlicher Reflexion individueller, sachbezogener und/oder politischer Wertmaßstäbe, die Pluralität gewährleisten und zu einem begründeten eigenen Werturteil führen
überprüfen	Inhalte, Sachverhalte, Vermutungen oder Hypothesen auf der Grundlage eigener Kenntnisse oder mithilfe zusätzlicher Materialien auf ihre sachliche Richtigkeit bzw. auf ihre innere Logik hin untersuchen

Übergreifende Aufgaben

Sie umfassen themen-, modul- oder semesterübergreifende Aufgaben auf der Grundlage der Anforderungsbereiche I bis III.

Kompetenter Umgang mit schriftlichen Quellen und wissenschaftlichen Texten

Eine schriftliche Quelle analysieren und interpretieren

- Klären Sie zunächst Ihnen unbekannte oder unklare Begriffe.
- Sammeln Sie Hinweise und Informationen über
  - den Autor: seine Funktion, seinen Beruf, seine soziale Stellung und Lebensumstände, seine politische Haltung, seinen Bezug zum Thema,
  - die Entstehungszeit der Quelle, die Einordnung in den historischen Kontext (Anlass, Umstände),
  - die Gattung der Quelle (Urkunde, Vertrag, Rede, Brief, Tagebuch, Flugblatt, Denkschrift, Biografie, Zeitungsartikel bzw. nachträglich verfasste Beschreibung eines Ereignisses oder einer Person, wissenschaftliche Arbeit etc.) und deren spezifische Kennzeichen sowie ihre begrifflichen und sprachlichen Besonderheiten,
  - die Intentionen (Absichten), die Perspektive der Darstellung, die Interessenlage und den Standort des Verfassers, seine Wertungen, Belege, Lücken, Glaubwürdigkeit und Urteilsfähigkeit,
  - die Adressaten des Textes (eventuelle Beeinflussungsversuche durch den Autor?).
- Erarbeiten Sie aus Ihren Notizen strukturiert und prägnant
  - die formalen Merkmale der Quelle, beschreiben Sie in eigenen Worten den Aufbau und Gang der Argumentation,
  - die inhaltlichen Aussagen, um das Verständnis zu klären, und belegen Sie Ihre erläuternden Aussagen mit wichtigen, markant formulierten Zitaten aus der Vorlage. Ziehen Sie ein Fazit.
- Prüfen Sie abschließend kritisch den Gehalt, nennen Sie erkannte Probleme. Ordnen Sie die Ergebnisse Ihrer Quellenanalyse in den historischen Kontext ein.

Mit wissenschaftlichen Texten arbeiten

- Bestimmen Sie nach dem ersten Lesen das Problem, um das es dem Autor geht, und seine Absicht.
- Gliedern Sie den Text. Unterstreichen Sie wichtige Aussagen. Beschränken Sie sich dabei weitgehend auf das Markieren einzelner Wörter (Schlüsselbegriffe). Fassen Sie in eigenen Worten die wesentlichen Aussagen zusammen. Zitieren Sie dabei kurze, besonders aussagestarke Textstellen und erläutern Sie diese. Formulieren Sie ein abstrahierendes Fazit ohne Wiederholungen.
- Prüfen Sie die Art der Darstellung: Überwiegen Thesen und Beispiele oder werden Argumente sorgfältig entwickelt? Was wird festgestellt? Was wird erklärt? Was will der Autor zeigen? Werden die Aussagen belegt? Ist die Darstellung multiperspektivisch? Wie wird gewertet? Welche Kriterien sind dem Autor dabei wichtig? Formulieren Sie Einwände gegen die Darstellung, falls es Ihnen notwendig erscheint.

Tipp: Hinweise zu Methoden des wissenschaftlichen Arbeitens finden Sie hinten im Buch.

NATIONALSOZIALISMUS UND DEUTSCHES SELBSTVERSTÄNDNIS
WURZELN UNSERER IDENTITÄT

Thomas Ahbe, Bernhard Pfändtner, Reiner Schell
und Hartmann Wunderer

BUCHNERS KOLLEG. THEMEN GESCHICHTE

Buchners Kolleg. Themen Geschichte

Nationalsozialismus und deutsches Selbstverständnis
Wurzeln unserer Identität

Thomas Ahbe, Bernhard Pfändtner, Reiner Schell und Hartmann Wunderer

1. Auflage, 4. Druck 2014
Alle Drucke dieser Auflage sind, weil untereinander unverändert, nebeneinander benutzbar.

Dieses Werk folgt der reformierten Rechtschreibung und Zeichensetzung. Ausnahmen bilden Texte, bei denen künstlerische, philologische oder lizenzrechtliche Gründe einer Änderung entgegenstehen.

© 2012 C.C. Buchner Verlag, Bamberg
Das Werk und seine Teile sind urheberrechtlich geschützt. Jede Nutzung in anderen als den gesetzlich zugelassenen Fällen bedarf der vorherigen schriftlichen Einwilligung des Verlages. Dies gilt insbesondere auch für Vervielfältigungen, Übersetzungen und Mikroverfilmungen.
Hinweis zu § 52 a UrhG: Weder das Werk noch seine Teile dürfen ohne eine solche Einwilligung eingescannt und in ein Netzwerk eingestellt werden. Dies gilt auch für Intranets von Schulen und sonstigen Bildungseinrichtungen.

Lektorat: Alexandra Hoffmann-Kuhnt
Korrektorat: Kerstin Schulbert
Einband: ARTBOX Grafik und Satz GmbH, Bremen
Herstellung: ARTBOX Grafik und Satz GmbH, Bremen
Druck und Bindung: creo Druck & Medienservice GmbH, Bamberg

www.ccbuchner.de

ISBN 978-3-7661-**7313**-3

Inhalt

Vorwort 4

Nationalsozialismus und deutsches Selbstverständnis 5

Die NS-Ideologie 5
Machtübernahme und „Gleichschaltung" 14
Herrschaft und Propaganda 23
Ausgrenzung und Verfolgung 29
Wirtschaft für den Krieg 40
Der Weg in den Krieg 46
Der Zweite Weltkrieg 52
Terror und Holocaust 59
Methoden-Baustein: Essay 70
Zwischen Anpassung und Widerstand 73
Methoden-Baustein: Historische Spielfilme 83
Aufarbeitung von Schuld und Verantwortung 87
Theorie-Baustein: Deutschlands Weg in den Nationalsozialismus – ein Sonderweg? 100

Geschichts- und Erinnerungskultur: der 27. Januar als Gedenktag 105

Geschichts- und Erinnerungskultur: der Holocaust-Gedenktag in Israel 113
Theorie-Baustein: Geschichtsbewusstsein und Geschichtskultur 121

Die Weimarer Republik und ihre Bürger 126

Methoden-Baustein: Politische Plakate 142
Theorie-Baustein: Nation – Begriff und Mythos 156

Deutsches Selbstverständnis nach 1945 162

Methoden-Baustein: Karikaturen 178
Methoden-Baustein: Denkmäler 195

Anhang

Probeklausur 198
Personenregister 205
Sachregister 206
Bildnachweis

***G**eschichte **I**n **C**lips:*
Auf unserer Homepage (*www.ccbuchner.de*) befinden sich Filmausschnitte zu Ereignissen, die in diesem Buch behandelt werden. Geben Sie dazu in das Suchfeld unserer Internetseite den im Buch genannten Clip-Code ein.

Liebe Schülerinnen und Schüler,

auf welche Weise haben Nationalsozialismus, Holocaust und Zweiter Weltkrieg das deutsche Selbstverständnis geprägt? Welche Rolle hat die nationale Geschichte für die Ausformung der eigenen und der kollektiven Identitäten? Welche Bedeutung kommt dabei der Erinnerungs- und Geschichtskultur zu? Auf diese zentralen Fragen der aktuellen Geschichtsschreibung geht der Band **Nationalsozialismus und deutsches Selbstverständnis – Wurzeln unserer Identität** ausführlich ein.

Das vorliegende Werk ist ein allgemeiner **Grundlagenband**. Inhaltlich deckt er alle wichtigen Themen – von der NS-Ideologie und der Errichtung der Diktatur über die Wirtschafts- und Außenpolitik, den Holocaust und den Zweiten Weltkrieg bis zum Widerstand und dem Umgang mit der NS-Zeit – übersichtlich und zuverlässig ab. Die Kapitel „Die Weimarer Republik und ihre Bürger" sowie „Deutsches Selbstverständnis nach 1945" ordnen die Themen in die deutsche Geschichte des 20. Jahrhunderts ein. Die enge Vernetzung der Themen ermöglicht es, sich intensiv mit den historischen, mentalitätsgeschichtlichen und ideologischen Wurzeln unserer Identität auseinanderzusetzen.

Neu entwickelte **Theorie-Bausteine** stellen Fachbegriffe und Erklärungsmodelle anschaulich und problemorientiert vor. Auch sie sind mit den Inhalten des Bandes mehrfach vernetzt und bieten damit die Möglichkeit, die erworbenen Kompetenzen auf weitere historische Beispiele zu übertragen und reflektiert anzuwenden.

Die besonderen Kapitel zur **Erinnerungs- und Gedenkkultur** verdeutlichen die vielfältigen Formen und Funktionen der Auseinandersetzung mit der zurückliegenden und gegenwärtigen Geschichtskultur. Am Beispiel des 27. Januar – dem zum internationalen Gedenktag erhobenen Tag der Befreiung von Auschwitz im Jahr 1945 – und des israelischen Holocaust-Gedenktages Yom ha-Shoa zeigen wir Entwicklung, Sinn und Bedeutung nationaler Gedenk- und Feiertage in verschiedenen Ländern auf und machen auf deren Funktion für das kollektive Erinnern aufmerksam.

Im Zentrum Ihres Geschichtsunterrichts wird die Arbeit mit historischen Quellen und Darstellungen stehen. Hilfreiche Tipps dazu finden Sie vorne und hinten im Buch. Darüber hinaus stellen wir Ihnen in **Methoden-Bausteinen** bestimmte historische Arbeitstechniken exemplarisch vor. Sie vermitteln Kompetenzen, die nicht nur für die Arbeit mit diesem Buch nützlich sind, sondern Ihnen auch bei der Beschäftigung mit anderen Epochen und Themen helfen.

Unsere **Aufgabenvorschläge** verwenden „Operatoren" – also Verben zu genau definierten Arbeitsweisen. Sie sind in drei Anforderungsbereiche unterteilt. Dazu haben wir auch einige themenübergreifende Aufgaben gestellt. Zur besseren Orientierung haben wir die verschiedenen Aufgabenformate farblich unterschiedlich markiert (siehe die Angaben vorne im Buch).

Wir wünschen Ihnen viel Erfolg bei der Arbeit mit diesem Buch!

Nationalsozialismus und deutsches Selbstverständnis

Die NS-Ideologie

▲ **Plakat von 1934.**
Das Plakat nutzt ein bekanntes Propagandafoto von Adolf Hitler und wurde vermutlich zur Volksabstimmung vom 19. August 1934 (nach dem Tod des Reichspräsidenten Paul von Hindenburg) über die Zusammenlegung des Reichspräsidenten- und des Reichskanzleramtes in der Person des „Führers und Reichskanzlers" Adolf Hitler hergestellt.

Beurteilen Sie das Plakat. Inwiefern spiegelt sich darin der Charakter der Wahlen seit 1933?

Lesetipps
- Ernst Piper, *Kurze Geschichte des Nationalsozialismus*, Hamburg 2007
- Dietmar Süß und Winfried Süß (Hrsg.), *Das „Dritte Reich". Eine Einführung*, München ²2008
- Hermann Vinke, *Das Dritte Reich. Eine Dokumentation mit zahlreichen Biografien und Abbildungen*, Ravensburg 2010

Nationalismus

Die in der ersten Hälfte des 19. Jahrhunderts in Deutschland populär gewordene Idee des Nationalismus hatte hohe Erwartungen für die Zukunft geschaffen, die von der Politik nicht eingelöst werden konnten. 1871 war der deutsche Nationalstaat als kleindeutsches Reich entstanden, das viele Deutsche ausschloss. Durch die demografische und industrielle Entwicklung gewann das Deutsche Reich an Stärke und betrieb nach der Thronbesteigung Kaiser Wilhelms II. 1888 verstärkt Weltmachtpolitik. Nationalistische Forderungen wurden im Deutschen Reich immer aggressiver vorgetragen und waren mit rassistischen Vorstellungen gepaart.

Europäische und koloniale Großmachtpläne waren nach dem Ersten Weltkrieg mit den im *Versailler Friedensvertrag* festgelegten Gebietsabtretungen Deutschlands und der Auflösung der Donaumonarchie zerronnen. In den Nachbarstaaten der Weimarer Republik lebten nun deutschsprachige Minderheiten, die sich auch durch Zwangsmaßnahmen nicht integrieren ließen. Der Kriegsschuldartikel im Versailler Vertrag, die vermeintliche Härte der Friedensbedingungen und der Sturz der Monarchie gaben extrem nationalistischen Tendenzen zusätzlich Nahrung.[1]

An die Spitze der Gegner der Weimarer Republik stellten sich die Nationalsozialisten, deren Nationalismus allerdings über den des Bürgertums noch hinausging. Ihrer Meinung nach sollten nicht so sehr gemeinsame Kultur und Geschichte das Band einer Nation sein, sondern die Rassengleichheit (▶ M1).

Rassismus und Antisemitismus

Die nationalsozialistische Weltanschauung setzte sich insgesamt aus verschiedenen Versatzstücken zusammen, die ihre Wurzeln überwiegend im späten 19. Jahrhundert hatten und in deren Zentrum Rassismus und Antisemitismus standen.

Adolf Hitler[2] und seine Anhänger griffen dabei auch auf die Lehre des Sozialdarwinismus zurück, der die Theorie des englischen Naturforschers *Charles Darwin* von der „natürlichen Auslese der Arten" (1859) stark vereinfachte und auf die menschliche Gesellschaft übertrug. In seiner radikalen Ausprägung propagierte der Sozialdarwinismus, dass im „Kampf ums Dasein" nur die „Stärkeren" überleben könnten. Unter Missachtung geistiger, sittlicher und religiöser Werte diente die Verfälschung der Darwin'schen Ideen einer menschenverachtenden Ideologie, die bald zur praktischen Politik wurde. Von allen Rassen sei die „nordische" oder „arische"[3] die wertvollste. Daher sollte es Aufgabe des Nationalsozialismus sein, der „arischen Herrenrasse" in Mitteleuropa ein Machtzentrum zu schaffen.

Wichtigste Voraussetzung dabei war für Hitler die „Reinhaltung der Rasse" (▶ M2). Das nach Auffassung Hitlers kranke oder rassisch minderwertige Erbgut sollte aus der „Volks- und Blutsgemeinschaft" entfernt werden. Rassismus und Antisemitismus wurden damit zum Instrument der Ausgrenzung und Verfolgung von Minderheiten, zu denen besonders die Juden sowie die Sinti und Roma zählten.

---

[1] Vgl. dazu ausführlich das Kapitel „Die Weimarer Republik und ihre Bürger", S. 131.
[2] **Adolf Hitler** (1889–1945): seit 1921 Vorsitzender der NSDAP; 1933 Ernennung zum Reichskanzler; vgl. auch S. 137.
[3] *Arier*: im ethnologisch-sprachwissenschaftlichen Sinne Völker der indogermanischen Sprachfamilie. Im 19. Jahrhundert wurde der Begriff in eine rassische Überlegenheit der „weißen", dann der germanischen Rasse umgedeutet. In der NS-Rassenideologie bezeichnete „Arier" die überlegene „Herrenrasse".

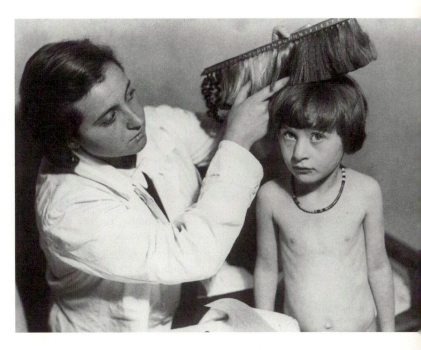

▶ **Feststellung der Haarfarbe an einem jüdischen Kind.**
Foto von 1936.
Nach der nationalsozialistischen Rassenideologie sollte das Erbgut der deutschen „Herrenrasse" durch „Rassenhygiene" rein gehalten werden. Zu diesem Zweck ermittelten „Rassenexperten" auf der Grundlage pseudowissenschaftlicher Gutachten besondere Merkmale, an denen sich rassisch oder erbbiologisch „minderwertige" Gruppen erkennen und aus der „Volksgemeinschaft aussortieren" ließen.
Dies betraf in erster Linie die Juden, Sinti, Roma und Slawen, aber auch körperlich und seelisch behinderte Menschen oder „Asoziale". Vgl. dazu auch S. 60.

Bereits in der zweiten Hälfte des 19. Jahrhunderts verbreitete sich die Ansicht, die Juden seien nicht eine religiöse Gruppe innerhalb des deutschen Volkes, sondern eine eigene „Rasse". Die Nationalsozialisten machten die Juden verantwortlich für alle echten und scheinbaren Fehlentwicklungen. Angeblich könnten Juden keine aufbauenden Kulturleistungen vollbringen, sondern nur zerstören. Sie erstrebten die Weltherrschaft und würden damit den Weltuntergang herbeiführen. Diesen zu verhindern, erklärte die NS-Ideologie zur Aufgabe des „Ariers", der dadurch zum Retter der Weltkultur werde. Durch diesen Rassenwahn unterschied sich der Judenhass der NSDAP vom traditionellen Antisemitismus der Kaiserzeit sowie dem anderer faschistischer Parteien.

Nationalsozialistische Ideologie der „Volksgemeinschaft"

Die „Volksgemeinschaft" war für die Nationalsozialisten in erster Linie durch gemeinsames „deutsches Blut" und einen einheitlichen „Rassekern" bestimmt. Diese zum Mythos erhobene deutsche „Bluts- und Schicksalsgemeinschaft" führten die Nationalsozialisten bis auf die Germanen zurück, in deren Stammesgesellschaften es keine Klassen und sozialen Schranken gegeben habe. Daher galt es, alle Klassen-, Gruppen- und Parteieninteressen zu beseitigen und die Einheit der Volksgenossen in einem „sozialen Volksstaat" herzustellen, in dem alle Unterschiede zum Wohle der Gemeinschaft eingeebnet werden sollten (▶ M3).
Damit war jedoch keine soziale Gleichheit gemeint. Im Gegenteil: Die Nationalsozialisten traten für eine klare Schichtung des Volkes in oben und unten, für politische, gesellschaftliche und geschlechtsspezifische Hierarchien ein. Vor allem aber stützten sie sich auf die Lehre von der angeblichen Ungleichheit der Rassen. Nur ein von „Minderwertigen", „Fremdrassigen" und „Gemeinschaftsfremden" gereinigtes Volk könne „Volksgemeinschaft" sein.

Lesetipps
• *Frank Bajohr und Michael Wildt (Hrsg.), Volksgemeinschaft. Neue Forschungen zur Gesellschaft des Nationalsozialismus, Frankfurt am Main 2009*
• *Hans Ulrich Thamer und Simone Erpel (Hrsg.), Hitler und die Deutschen. Volksgemeinschaft und Verbrechen, Dresden 2010 (Ausstellungskatalog)*

Die NS-Ideologie

Damit die NSDAP ihre Ziele überhaupt erreichen konnte, sollte die nationalsozialistische „Volksgemeinschaft" auch eine Gesinnungsgemeinschaft sein, in der sich jeder Einzelne widerspruchslos zur nationalsozialistischen Weltanschauung bekannte. Wer sich abwartend verhielt, sollte durch Propaganda erzogen werden. Wer sich widersetzte, den „rassischen", politischen oder moralischen Normen und den Leistungsanforderungen der Partei nicht genügte, wurde als „Volksschädling" oder „Gemeinschaftsfremder" ausgeschlossen und bekämpft. „Rasseeinheit" und politisches Wohlverhalten bestimmten darüber, wer zur „Volksgemeinschaft" gehörte und wer nicht. Die „Volksgemeinschaft" war das Instrument, mit dem sich die weltanschaulichen und politischen Ziele des Nationalsozialismus durchsetzen ließen.

Lesetipp
Norbert Frei, Der Führerstaat. Nationalsozialistische Herrschaft 1933 bis 1945, München ^{8}2007

„Führer" und Volk

Die „Volksgemeinschaft" bestand nicht aus freien Individuen, sondern war durch das Verhältnis von „Führer" und „Gefolgschaft" bestimmt. Der Einzelne hatte seine Interessen dem Gemeinwohl unterzuordnen. Was dem Gemeinwohl diente, darüber entschied allein Hitler.
Herausragende Persönlichkeiten sollten, so Hitler, eine führende Rolle innerhalb der „Volksgemeinschaft" einnehmen. Die Auswahl wurde nicht auf demokratische Weise, sondern durch Berufung von oben vorgenommen. „Autorität jedes Führers nach unten und Verantwortung nach oben" lautete die von Hitler aufgestellte Maxime. Das System gipfelte in dem „Führer" Adolf Hitler. Er sollte nur der von ihm häufig zitierten „Vorsehung" verantwortlich sein.
Emotional untermauerte die NSDAP das Ganze durch die Inszenierung eines Führerkults, der das Vorbild des italienischen Diktators *Benito Mussolini*, genannt „Duce" (ital.: „Führer), nachahmte. Ein Führerbild hing später in allen Amts- und Schulräumen und sollte in jeder Wohnung einen Ehrenplatz erhalten. „Heil Hitler" war der offiziell geforderte „Deutsche Gruß" für jeden. Die Person Adolf Hitlers wurde zum Bindeglied zwischen Führerstaat und „Volksgemeinschaft" und zum Idealbild stilisiert. Hier flossen Ideen der obrigkeitsstaatlichen Ordnung des 18. und 19. Jahrhunderts ein, die Hitler zum verehrungswürdigen Ersatzmonarchen emporhoben und den Einzelnen in widerspruchslose Unterordnung zwangen. Für das Regime war es überlebenswichtig, den „Führerkult" immer wieder zu beleben.

Weltmachtpläne

Als biologisch definierter Verband ging die „Blutsgemeinschaft" über das Staatsvolk und damit über die Grenzen Deutschlands hinaus. Der „Herrenrasse" gebühre, so Hitler, wegen ihrer Bedeutung für die Weltgeschichte ein angemessener „Lebensraum" in Europa. Da er zurzeit nicht vorhanden sei, müsse er durch Krieg erobert und langfristig gesichert werden.
Der angestrebte Lebensraum müsse zudem genügend Ressourcen umfassen, denn die Nation der Zukunft solle wirtschaftlich unabhängig sein und sich an einer bäuerlichen Lebensweise orientieren. Auch eine strategische Erwägung spielte eine wichtige Rolle: Eine Weltmacht der Zukunft brauchte in seinen Augen ein entsprechend großes Gebiet als Basis für Angriff und Verteidigung. Die „Blut und Boden"-Ideologie war eine entscheidende Triebkraft des nationalsozialistischen Eroberungs- und Vernichtungskrieges.

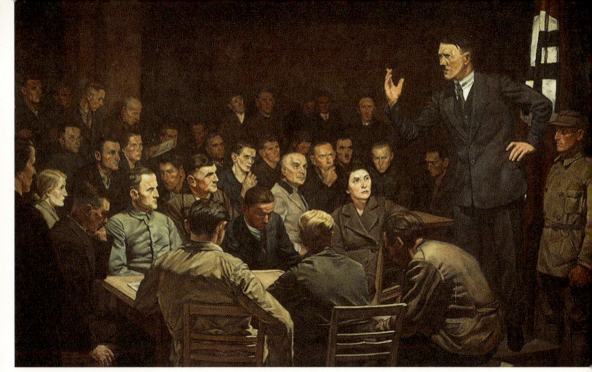

▲ „Am Anfang war das Wort."
Gemälde von Otto Hoyer, 1937.
- Betrachten Sie die Zuhörer und beschreiben Sie die Bevölkerungsgruppen.
- Analysieren Sie den Titel des Bildes und erläutern Sie den Kontext, in den der Maler sein Objekt damit stellen will.

Gegen Liberale und Marxisten

Liberalismus und Marxismus bezeichnete Hitler als „jüdische Erfindungen", die zum Verderben der „Herrenrasse" eingeführt worden seien. Für den Liberalismus sind individuelle Freiheit und Selbstverwirklichung grundlegende Werte. Demgegenüber forderte die NS-Regierung unter Missbrauch und Verfälschung alter preußisch-deutscher Traditionen den totalen Einsatz der Volksgenossen. Treue, Dienstbereitschaft und absoluter Gehorsam standen über den durch die Weimarer Verfassung garantierten Grundrechten. Die allgegenwärtige Ordnungsmacht des Staates dürfe nicht durch liberale Verfassungsgrundsätze eingeschränkt werden. Das politische System der Weimarer Republik, das sich um die Verwirklichung des liberalen Rechts- und Verfassungsstaates bemüht hatte, wurde als Epoche undeutscher westlicher Überfremdung interpretiert.

Darüber hinaus nahm Hitler für sich in Anspruch, der Zerstörer des Marxismus zu sein. Die Propaganda einer Klassenversöhnung, bei der alte Sozialstrukturen und Klassenschranken überwunden wurden, hatte großen Erfolg. „Volksgemeinschaft" und „Sozialismus der Tat" waren Prinzipien, die auch weite Kreise der Arbeiterschaft an den Nationalsozialismus banden.

Die NS-Ideologie

M1
Was will die NSDAP?

Auf der ersten großen Massenversammlung der NSDAP am 24. Februar 1920 verkündet Adolf Hitler im Münchener Hofbräuhaus das Parteiprogramm:

1. Wir fordern den Zusammenschluss aller Deutschen aufgrund des Selbstbestimmungsrechtes der Völker zu einem Groß-Deutschland.
2. Wir fordern die Gleichberechtigung des deutschen Volkes gegenüber den anderen Nationen, Aufhebung der Friedensverträge von Versailles und St. Germain[1].
3. Wir fordern Land und Boden (Kolonien) zur Ernährung unseres Volkes und Ansiedlung unseres Bevölkerungsüberschusses.
4. Staatsbürger kann nur sein, wer Volksgenosse ist. Volksgenosse kann nur sein, wer deutschen Blutes ist, ohne Rücksichtnahme auf Konfession. Kein Jude kann daher Volksgenosse sein. [...]
6. Das Recht, über Führung und Gesetze des Staates zu bestimmen, darf nur dem Staatsbürger zustehen. Daher fordern wir, dass jedes öffentliche Amt, gleichgültig welcher Art, gleich ob in Reich, Land oder Gemeinde, nur durch Staatsbürger bekleidet werden darf. Wir bekämpfen die korrumpierende Parlamentswirtschaft einer Stellenbesetzung nur nach Parteigesichtspunkten ohne Rücksicht auf Charakter und Fähigkeiten. [...]
8. Jede weitere Einwanderung Nicht-Deutscher ist zu verhindern. Wir fordern, dass alle Nicht-Deutschen, die seit dem 2. August 1914 in Deutschland eingewandert sind, sofort zum Verlassen des Reiches gezwungen werden. [...]
13. Wir fordern die Verstaatlichung aller (bisher) bereits vergesellschafteten Betriebe (Trusts).
14. Wir fordern Gewinnbeteiligung an Großbetrieben.
15. Wir fordern einen großzügigen Ausbau der Altersversorgung.
16. Wir fordern die Schaffung eines gesunden Mittelstandes und seine Erhaltung, sofortige Kommunalisierung der Groß-Warenhäuser und ihre Vermietung zu billigen Preisen an kleine Gewerbetreibende, schärfste Berücksichtigung aller kleinen Gewerbetreibenden bei Lieferung an den Staat, die Länder oder Gemeinden. [...]
18. Wir fordern den rücksichtslosen Kampf gegen diejenigen, die durch ihre Tätigkeit das Gemeininteresse schädigen. Gemeine Volksverbrecher, Wucherer, Schieber usw. sind mit dem Tode zu bestrafen, ohne Rücksichtnahme auf Konfession und Rasse. [...]
23. Wir fordern den gesetzlichen Kampf gegen die bewusste politische Lüge und ihre Verbreitung durch die Presse. Um die Schaffung einer deutschen Presse zu ermöglichen, fordern wir, dass [...] sämtliche Schriftleiter und Mitarbeiter von Zeitungen, die in deutscher Sprache erscheinen, Volksgenossen sein müssen [...]. Zeitungen, die gegen das Gemeinwohl verstoßen, sind zu verbieten. Wir fordern den gesetzlichen Kampf gegen eine Kunst- und Literaturrichtung, die einen zersetzenden Einfluss auf unser Volksleben ausübt, und die Schließung von Veranstaltungen, die gegen vorstehende Forderungen verstoßen.
24. Wir fordern die Freiheit aller religiösen Bekenntnisse im Staat, soweit sie nicht dessen Bestand gefährden oder gegen das Sittlichkeits- und Moralgefühl der germanischen Rassen verstoßen. Die Partei [...] bekämpft den jüdisch-materialistischen Geist in und außer uns und ist überzeugt, dass eine dauernde Genesung unseres Volkes nur erfolgen kann von innen heraus auf der Grundlage: Gemeinnutz vor Eigennutz.
25. Zur Durchführung alles dessen fordern wir: die Schaffung einer starken Zentralgewalt des Reiches. Unbedingte Autorität des politischen Zentralparlaments über das gesamte Reich und seine Organisationen im Allgemeinen.

Walther Hofer (Hrsg.), Der Nationalsozialismus. Dokumente 1933–1945, Frankfurt am Main [49]2004, S. 28ff.

1. Gliedern Sie das Programm in politische Ziele.
2. Erläutern Sie, welche Programmpunkte sich direkt aus dem verlorenen Krieg erklären.
3. Arbeiten Sie heraus, welche Programmpunkte mit dem Vertrag von Versailles unvereinbar waren.
4. Erörtern Sie, welche politischen Interessen in dem Programm berücksichtigt sind. Gegen welche Bevölkerungsgruppen wendet es sich?

---
[1] Friedensvertrag der Alliierten mit Österreich

M2
Die Rassenideologie des Nationalsozialismus

Während seiner neunmonatigen Haftzeit in Landsberg diktiert Hitler 1924 den ersten Band seiner programmatischen Schrift „Mein Kampf". Er erscheint 1925 mit dem Untertitel „Eine Abrechnung" im parteieigenen Verlag. Der zweite Band folgt 1926. Das Werk wird in 16 Sprachen übersetzt und erreicht eine Gesamtauflage von zehn Millionen Exemplaren. Im Mittelpunkt stehen Hitlers rassistische, antisemitische und völkische Anschauungen:

Die Sünde wider Blut und Rasse ist die Erbsünde dieser Welt und das Ende einer sich ihr ergebenden Menschheit. [...]
Es ist ein müßiges Beginnen, darüber zu streiten,
5 welche Rasse oder Rassen die ursprünglichen Träger der menschlichen Kultur waren und damit die wirklichen Begründer dessen, was wir mit dem Worte Menschheit alles umfassen. Einfacher ist es, sich diese Frage für die Gegenwart zu stellen, und
10 hier ergibt sich auch die Antwort leicht und deutlich. Was wir heute an menschlicher Kultur, an Ergebnissen von Kunst, Wissenschaft und Technik vor uns sehen, ist nahezu ausschließlich schöpferisches Produkt des Ariers. Gerade diese Tatsache
15 aber lässt den nicht unbegründeten Rückschluss zu, dass er allein der Begründer höheren Menschentums überhaupt war, mithin den Urtyp dessen darstellt, was wir unter dem Worte „Mensch" verstehen. [...]
20 Der Arier ist nicht in seinen geistigen Eigenschaften an sich am größten, sondern im Ausmaße der Bereitwilligkeit, alle Fähigkeiten in den Dienst der Gemeinschaft zu stellen. Der Selbsterhaltungstrieb hat bei ihm die edelste Form erreicht, indem er das
25 eigene Ich dem Leben der Gesamtheit willig unterordnet und, wenn die Stunde es erfordert, auch zum Opfer bringt. [...]
Den gewaltigsten Gegensatz zum Arier bildet der Jude. Bei kaum einem Volke der Welt ist der
30 Selbsterhaltungstrieb stärker entwickelt als beim sogenannten auserwählten. [...] Da nun der Jude – aus Gründen, die sich sofort ergeben werden – niemals im Besitze einer eigenen Kultur war, sind die Grundlagen seines geistigen Arbeitens immer von
35 anderen gegeben worden. Sein Intellekt hat sich zu allen Zeiten an der ihn umgebenden Kulturwelt

▲ Plakat für die Propaganda-Ausstellung „Der ewige Jude" in München 1937.

- *Erläutern Sie die hier verwendete Bildsymbolik. Warum hat die Gestalt Russland unter dem Arm?*
- *Entwickeln Sie am Beispiel des Plakats eine Definition des Begriffs „Stereotyp". Nehmen Sie Stellung zur Wirkung von Stereotypen.*

entwickelt. Niemals fand der umgekehrte Vorgang statt. Denn wenn auch der Selbsterhaltungstrieb des jüdischen Volkes nicht kleiner, sondern eher
40 noch größer ist als der anderer Völker, wenn auch seine geistigen Fähigkeiten sehr leicht den Eindruck zu erwecken vermögen, dass sie der intellektuellen Veranlagung der übrigen Rassen ebenbürtig wären, so fehlt doch vollständig die allerwesentlichste
45 Voraussetzung für ein Kulturwerk, die idealistische Gesinnung. [...] Der Jude ist nur einig, wenn eine gemeinsame Gefahr ihn dazu zwingt oder eine gemeinsame Beute lockt; fallen beide Gründe weg, so treten die Eigenschaften eines krassesten Egoismus
50 in ihre Rechte, und aus dem einigen Volk wird im Handumdrehen eine sich blutig bekämpfende Rotte

von Ratten. Wären die Juden auf dieser Welt allein, so würden sie ebensosehr in Schmutz und Unrat ersticken wie in hasserfülltem Kampf sich gegenseitig zu übervorteilen und auszurotten versuchen, sofern nicht der sich in ihrer Feigheit ausdrückende restlose Mangel jedes Aufopferungssinnes auch hier den Kampf zum Theater werden ließe. [...]
Demgegenüber erkennt die völkische Weltanschauung die Bedeutung der Menschheit in deren rassischen Urelementen. Sie sieht im Staat prinzipiell nur ein Mittel zum Zweck und fasst als seinen Zweck die Erhaltung des rassischen Daseins der Menschen auf. Sie glaubt somit keineswegs an eine Gleichheit der Rassen, sondern erkennt mit ihrer Verschiedenheit auch ihren höheren oder minderen Wert und fühlt sich durch diese Erkenntnis verpflichtet, gemäß dem ewigen Wollen, das dieses Universum beherrscht, den Sieg des Besseren, Stärkeren zu fördern, die Unterordnung des Schlechteren und Schwächeren zu verlangen. Sie huldigt damit prinzipiell dem aristokratischen Grundgedanken der Natur und glaubt an die Geltung dieses Gesetzes bis herab zum letzten Einzelwesen. Sie sieht nicht nur den verschiedenen Wert der Rassen, sondern auch den verschiedenen Wert des Einzelmenschen. [...] Nein, es gibt nur ein heiligstes Menschenrecht, und dieses Recht ist zugleich die heiligste Verpflichtung, nämlich: dafür zu sorgen, dass das Blut rein erhalten bleibt, um durch die Bewahrung des besten Menschentums die Möglichkeit einer edleren Entwicklung dieser Wesen zu geben. [...] Ein völkischer Staat wird damit in erster Linie die Ehe aus dem Niveau einer dauernden Rassenschande herauszuheben haben, um ihr die Weihe jener Institution zu geben, die berufen ist, Ebenbilder des Herrn zu zeugen und nicht Missgeburten zwischen Mensch und Affe.

Adolf Hitler, Mein Kampf. Zwei Bände in einem Band, München ⁵¹1933, S. 272, 420f. und 444f.

1. Geben Sie die Argumente wieder, mit denen Hitler die „arische" von der „jüdischen Rasse" unterscheidet.
2. Erläutern Sie die Wertmaßstäbe, die Hitler an menschliches Dasein anlegt.
3. Analysieren Sie die Wendung „Ebenbilder des Herrn zu zeugen" (Zeile 87). Vergleichen Sie das Menschenbild Hitlers mit dem christlich-humanistischen.
4. Erörtern Sie den hier verwendeten Begriff der Rasse.

M3
Die nationalsozialistische „Volksgemeinschaft"

Aus der Rede Hitlers zum Erntedankfest im niedersächsischen Bückeberg am 1. Oktober 1933:

Der Nationalsozialismus hat weder im Individuum noch in der Menschheit den Ausgangspunkt seiner Betrachtungen, seiner Stellungnahmen und Entschlüsse. Er rückt bewusst in den Mittelpunkt seines ganzen Denkens das Volk. Dieses Volk ist für ihn eine blutmäßig bedingte Erscheinung, in der er einen von Gott geweihten Baustein der menschlichen Gesellschaft sieht.
Das einzelne Individuum ist vergänglich, das Volk ist bleibend. Wenn die liberale Weltanschauung in ihrer Vergötterung des einzelnen Individuums zur Zerstörung des Volkes führen muss, so wünscht dagegen der Nationalsozialismus das Volk zu schützen, wenn nötig, auf Kosten des Individuums. Es ist notwendig, dass der Einzelne sich langsam zur Erkenntnis durchringt, dass sein eigenes Ich unbedeutend ist, gemessen am Sein des ganzen Volkes [...], dass vor allem die Geistes- und Willenseinheit einer Nation höher zu schätzen sind als die Geistes- und Willenseinheit des Einzelnen.

In seiner Rede am Heldengedenktag am 10. März 1940 sagt Hitler über die „Volksgemeinschaft":

Kein Volk hat mehr Recht zu feiern als das deutsche!
In schwerster geopolitischer Lage konnte das Dasein unseres Volkes immer wieder nur durch den heroischen Einsatz seiner Männer sichergestellt werden. Wenn wir seit 2000 Jahren ein geschichtliches Dasein leben, dann nur, weil in diesen 2000 Jahren immer Männer bereit gewesen sind, für dieses Leben der Gesamtheit ihr eigenes einzusetzen und – wenn nötig – zu opfern. [...]

Für was sie einst kämpften, kämpfen nunmehr auch wir. Was ihnen hoch genug war, um – wenn notwendig – dafür zu sterben, soll uns in jeder Stunde zu gleicher Tat bereit finden. Der Glaube aber, der
35 sie beseelte, hat sich in uns allen nur noch verstärkt. Wie immer auch das Leben und das Schicksal des Einzelnen sein mag, über jedem steht das Dasein und die Zukunft der Gesamtheit. Und hier hebt uns etwas noch über vergangene Zeiten em-
40 por: Uns allen ist das erschlossen worden, für was in früheren Zeiten so viele noch unbewusst kämpfen mussten: das deutsche Volk!
In seiner Gemeinschaft leben zu dürfen, ist unser höchstes irdisches Glück. Ihr anzugehören, ist un-
45 ser Stolz. Sie in bedingungsloser Treue in den Zeiten der Not zu verteidigen, unser fanatischer Trotz. [...] Wenn die andere Welt der plutokratischen[1] Demokratien gerade gegen das nationalsozialistische Deutschland den wildesten Kampf ansagt und
50 seine Vernichtung als oberstes Kriegsziel ausspricht, dann wird uns damit nur das bestätigt, was wir ohnedies wissen: dass nämlich der Gedanke der nationalsozialistischen Volksgemeinschaft das deutsche Volk auch in den Augen unserer Gegner
55 besonders gefährlich, weil unüberwindlich macht. Über Klassen und Stände, Berufe, Konfessionen und alle übrige Wirrnis des Lebens hinweg erhebt sich die soziale Einheit der deutschen Menschen ohne Ansehen des Standes und der Herkunft, im
60 Blute fundiert, durch ein tausendjähriges Leben zusammengefügt, durch das Schicksal auf Gedeih und Verderb verbunden.
Die Welt wünscht unsere Auflösung. Unsere Antwort kann nur der erneute Schwur zur größten Ge-
65 meinschaft aller Zeiten sein. Ihr Ziel ist die deutsche Zersplitterung. Unser Glaubensbekenntnis – die deutsche Einheit. Ihre Hoffnung ist der Erfolg der kapitalistischen Interessen, und unser Wille ist der Sieg der nationalsozialistischen Volksgemein-
70 schaft!

Erster Text zitiert nach: Johannes Hampel, Der Nationalsozialismus, Bd. 2: 1935–1939. Friedenspropaganda und Kriegsvorbereitung, hrsg. von der Bayerischen Landeszentrale für politische Bildung, München ²1993, S. 271
Zweiter Text zitiert nach: Max Domarus, Hitler. Reden und Proklamationen 1932–1945, kommentiert von einem deutschen Zeitgenossen, Bd. 2.1, Würzburg 1963, S. 1477 ff.

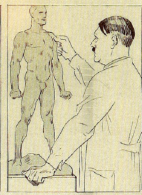

Der Bildhauer Deutschlands

▲ „Der Bildhauer Deutschlands."
Karikatur von Oskar Garvens aus der politischen Satirezeitschrift „Kladderadatsch" vom 3. Dezember 1933.
- Beschreiben Sie die dargestellten Szenen.
- Analysieren Sie die Aussage der Karikatur. Bestimmen Sie den Standort des Zeichners.

1. Charakterisieren Sie Hitlers Vorstellung von der deutschen „Volksgemeinschaft".
2. Erläutern Sie die Stellung des Individuums und die sich daraus ergebenden Konsequenzen für den Einzelnen. Vergleichen Sie mit unserem heutigen Menschenbild und heutigen Rechtsvorstellungen.
3. Erörtern Sie, welches Geschichtsbild Hitler zeichnet und zu welchem Zweck er dies tut.

[1] **Plutokratie**: Geldherrschaft bzw. Staatsform, in der allein der Besitz politische Macht garantiert

Die NS-Ideologie

Machtübernahme und „Gleichschaltung"

▲ Szene einer Reichstagssitzung 1935 nach einer Hitlerrede.
- Beschreiben Sie den Bildaufbau und die Wirkung des Fotos.
- Der Volksmund nannte den Reichstag seit 1933 „Reichsgesangverein". Erläutern Sie, warum.

30. Januar 1933
Hitler wird vom Reichspräsidenten zum Reichskanzler ernannt.

1. Februar 1933
Der Reichspräsident löst den Reichstag auf und verkündet Neuwahlen für den 5. März.

27. Februar 1933
Der Reichstag brennt.

28. Februar 1933
Die Verordnung des Reichspräsidenten „Zum Schutz von Volk und Staat" setzt wesentliche Grundrechte außer Kraft.

5. März 1933
Reichstagswahl: Die NSDAP erreicht trotz NS-Terrors und massiver Behinderung von KPD, SPD und Zentrum nur 43,9 Prozent der Stimmen.

21. März 1933
„Tag von Potsdam": feierliche Eröffnung des Reichstags

23. März 1933
„Ermächtigungsgesetz": Die Regierung Hitler erhält diktatorische Vollmacht.

„Führer in ein neues Zeitalter"

Als Adolf Hitler am 30. Januar 1933 von Reichspräsident *Paul von Hindenburg*[1] zum Reichskanzler ernannt wurde, schien sich rein äußerlich nichts Wesentliches an der politischen Situation im Deutschen Reich geändert zu haben. Hitler war Chef eines Präsidialkabinetts wie seine drei unmittelbaren Amtsvorgänger. Der „Führer" und seine Partei feierten die Berufung in die Regierungsverantwortung jedoch als „Machtergreifung". Die Fackelzüge, die am Abend des 30. Januar in Berlin und vielen Städten Deutschlands von der NSDAP unter Beteiligung konservativer Kräfte inszeniert wurden, huldigten nicht einem weiteren Kanzler der Republik, sondern dem „Führer in ein neues Zeitalter".
Die neue Regierung besaß keine Mehrheit im Reichstag. Hitler ließ dennoch Koalitionsverhandlungen, die ihm eine Majorität gesichert hätten, bewusst scheitern. Stattdessen wurden der Reichstag aufgelöst und Wahlen für den 5. März anberaumt. Die parlamentsfreie Atempause wollte Hitler nutzen, um mithilfe von Notverordnungen vollendete Tatsachen zu schaffen und die Wähler massiv zu beeinflussen, denn das Erreichen der absoluten Mehrheit schien für die NSDAP in greifbare Nähe gerückt.

▲ **Postkarte zum „Tag von Potsdam".**
Der neue Propagandaminister Joseph Goebbels gestaltete die erste Sitzung des neuen Reichstags nach dem Machtwechsel in der Potsdamer Garnisonkirche als Schauspiel der „nationalen Wiedererweckung". Am Grab Friedrichs des Großen gaben sich Hitler und Reichspräsident Paul von Hindenburg am 21. März 1933 feierlich die Hand.

- Erklären Sie die Bildsymbolik.
- Erörtern Sie die politische „Botschaft" des Bildes.

Der Reichstagsbrand und seine Folgen

Am 27. Februar, eine Woche vor der Wahl, brannte der Reichstag in Berlin. Am Tatort wurde der Holländer *Marinus van der Lubbe* festgenommen. Wahrheitswidrig verkündeten die Nationalsozialisten, dass die Brandstiftung der Beginn eines kommunistischen Umsturzes sein sollte. Die genauen Hintergründe des Reichstagsbrandes sind bis heute nicht geklärt, aber die meisten Historiker gehen von einer Alleintäterschaft van der Lubbes aus.
Hitler veranlasste sofort die Verhaftung von 4000 kommunistischen Abgeordneten und Funktionären, ferner das Verbot der kommunistischen und sozialdemokratischen Presse. Die von Hindenburg am 28. Februar 1933 erlassene *Verordnung zum Schutz von Volk und Staat* schuf die rechtlichen Voraussetzungen, um die Grundrechte außer Kraft zu setzen (▶ M1).
Trotz massiver Behinderung der anderen Parteien und eines pausenlosen Propagandaaufwands war das Wahlergebnis des 5. März für die NSDAP enttäuschend. Sie verfehlte mit 43,9 Prozent der abgegebenen Stimmen klar die erhoffte absolute Mehrheit.

---

[1] Vgl. zu Hindenburg ausführlich S. 136.

Machtübernahme und „Gleichschaltung"

Am 21. März wurde der Reichstag in der Garnisonkirche zu Potsdam mit einem Staatsakt eröffnet. Zwei Tage nach dem *Tag von Potsdam* legte Hitler den Abgeordneten ein *Gesetz zur Behebung der Not von Volk und Reich*, das sogenannte „*Ermächtigungsgesetz*", zur Abstimmung vor. Obwohl NSDAP und Deutschnationale Volkspartei (DNVP) eine handlungsfähige Mehrheit im Reichstag bildeten, sollte der Regierung – zunächst auf vier Jahre – das Recht eingeräumt werden, Gesetze ohne Mitwirkung von Reichstag und Reichsrat zu erlassen. Parlamentarismus und Gewaltenteilung wurden damit aufgehoben, alle Staatsgewalt konzentrierte sich auf die Exekutive. Da die Gesetze auch inhaltlich von der Verfassung abweichen konnten, waren die Grundpfeiler der Staatsordnung von Weimar ausgehöhlt.

Die Vertreter der bürgerlichen Parteien gaben eingeschüchtert nach, in der Hoffnung, Schlimmeres zu verhüten und durch ihr Entgegenkommen später Einfluss auf die Durchführung des Gesetzes nehmen zu können. Nur die SPD verweigerte ihre Zustimmung, konnte damit die notwendige Zweidrittelmehrheit allerdings nicht verhindern. Mit 444 gegen 94 Stimmen wurde das „Ermächtigungsgesetz" am 23. März 1933 im Reichstag angenommen.

„Gleichschaltung" von Ländern und Verwaltung

Mit dem „Ermächtigungsgesetz" hatte Hitler formalrechtlich legal den Freibrief erhalten, Staat und Gesellschaft „gleichzuschalten". Partei und Regierung beseitigten in den ersten Monaten nach der Machtübernahme schrittweise das föderalistische Eigenleben von Ländern und Gemeinden: Landtage, Stadt- und Gemeinderäte wurden nach dem Ergebnis der Reichstagswahl vom 5. März 1933 umgebildet. Von missliebigen Parteien errungene Sitze verfielen, sodass die Nationalsozialisten fast überall ein Übergewicht erhielten. Darüber hinaus setzte Hitler in den Ländern Reichsstatthalter ein, die befugt waren, Regierungen zu bilden und zu entlassen. Jeder Reichsstatthalter war seinerseits an die Weisungen des „Führers" gebunden, die totale Kontrolle der Gebietskörperschaften damit gesichert.

Maßgeblich zur Festigung des neuen Regimes trug die „Gleichschaltung" des Verwaltungsapparats bei. Schon in den ersten Tagen nach der „Machtergreifung" waren in Säuberungsaktionen widerstrebende Beamte aus dem Dienst entfernt worden. Legalisiert wurden die Entlassungen erst nachträglich durch das *Gesetz zur Wiederherstellung des Berufsbeamtentums* vom 7. April 1933. Drohung und Einschüchterung, aber auch das im Beamtentum verankerte obrigkeitsstaatliche Denken passten die Beamtenschaft rasch in das Herrschaftsgefüge ein.

▲ **Kennzeichen der „Gleichschaltung".**
Bereits vor 1933 waren die Mitglieder der NSDAP zum Tragen von uniformierter Kleidung verpflichtet. Nach der „Machtergreifung" wurde die Uniformierung im Sinne des Führer- und Folgschaftsprinzips auf fast sämtliche Bereiche des öffentlichen Lebens ausgedehnt. Wer sich weigerte, musste mit disziplinarischen Maßnahmen rechnen.

Die Deutsche Arbeitsfront

Statt Parteienkonflikt und Klassenkampf propagierte die NSDAP eine „Volksgemeinschaft der Arbeiter der Faust und Stirn". Der Interessengegensatz zwischen Arbeitgeber und Arbeitnehmer, die sich als Glieder desselben Volks fühlen sollten, wurde für aufgehoben erklärt. Arbeitnehmer- und Arbeitgeberverbände wurden „gleichgeschaltet". Um das eigene Überleben zu sichern, distanzierten sich die Gewerkschaften im März 1933 von der SPD und gelobten, sich künftig auf die Erfüllung sozialer Aufgaben zu beschränken. Die Mitarbeit im neuen Staat schien gesichert, als die Regierung den 1. Mai, den Tag der internationalen Arbeiterbewegung, zum gesetzlichen Feiertag erklärte. Doch bereits weniger als 24 Stunden nach den gemeinsam begangenen Großveranstaltungen besetzten parteieigene Kommandotrupps, vorwiegend SA und SS, Büros und Häuser der Freien Gewerkschaften und brachten die führenden Funktionäre in Konzentrationslager. Alle Arbeitnehmervereinigungen wurden in die am 10. Mai gegründete *Deutsche Arbeitsfront* (DAF) überführt.

1934 waren in dieser Einrichtung 21 Millionen Arbeiter und Angestellte organisiert. Nachdem auch die Unternehmerverbände unter nationalsozialistische Leitung gestellt worden waren, wurde die DAF im November 1933 in eine Vereinigung von Arbeitgebern und Arbeitnehmern umorganisiert. Streik und Aussperrung waren verboten. Interessenkonflikte durften die Wirtschaftsverbände nicht mehr im Rahmen ihrer Tarifautonomie regeln – dies übernahm ein vom Regime bestellter „Treuhänder der Arbeit".

Der Einparteienstaat entsteht

Um die politische Opposition endgültig auszuschalten, wurde nach der Zerschlagung der *Kommunistischen Partei Deutschlands* (KPD) im Sommer 1933 die *Sozialdemokratische Partei Deutschlands* (SPD) verboten. Die anderen Parteien lösten sich unter massivem Druck selbst auf. Im Reichstag saßen fortan nur noch Mitglieder der NSDAP. Da das Parlament als Gegengewicht zur Exekutive praktisch ausgeschaltet war, konnte Hitler mit Führererlassen regieren, die an die Stelle von Gesetzen traten.

Nach dem Tod Hindenburgs am 2. August 1934 stand der Diktatur Hitlers endgültig nichts mehr im Wege. Ohne Wahl übernahm er das Amt des Reichspräsidenten und nannte sich nun „Führer und Reichskanzler". Die Reichswehr und alle Beamten mussten sich durch einen Eid persönlich auf Hitler verpflichten (▶ M2).

Lesetipp
Ian Kershaw, Der NS-Staat, Hamburg ⁴2009

Totale Organisation

Bereits mit dem Eintritt in die Grundschule sollten die Jugendorganisationen der NSDAP, *Hitler-Jugend* (HJ) und *Bund Deutscher Mädel* (BDM), möglichst alle Kinder eines Jahrgangs erfassen. In beiden Organisationen wurde die Jugend im Sinn der nationalsozialistischen Ideologie gedrillt. Nicht mehr die liberalen Bildungsziele der Weimarer Zeit zählten, sondern Gleichschritt und Wehrertüchtigung. Alle Jugendverbände wurden früher oder später in HJ und BDM überführt. Per Gesetz erhoben die Nationalsozialisten die Hitler-Jugend 1936 zur „Staatsjugend", wodurch diese zu einem wichtigen Kontroll- und Erziehungsinstrument wurde. Nationalpolitische Erziehungsanstalten und Adolf-Hitler-Schulen, denen Schülerheime angeschlossen waren, hatten die Aufgabe, die körperliche Ertüchtigung und die ideologische Indoktrinierung nachhaltig zu fördern. Ziel war nicht eine wissenschaftliche Ausbildung, sondern die Heranbildung einer gesinnungstreuen Elite. Die Eltern mussten in diesen Institutionen kein Schulgeld entrichten.

Lesetipp
Arno Klönne, Jugend im Dritten Reich. Die Hitlerjugend und ihre Gegner, Köln ³2008

Filmtipp
Napola – Elite für den Führer, Deutschland 2004, Regie: Dennis Gansel

Machtübernahme und „Gleichschaltung"

Der Erziehung zu einer Volksgemeinschaft ohne Standesunterschiede sollte auch der *Reichsarbeitsdienst* dienen: Ab 1935 wurde jeder Jugendliche zwischen 18 und 25 Jahren zur Ableistung eines halbjährigen Arbeitsdienstes verpflichtet.

Für viele Berufssparten bestanden zudem gesonderte, der NSDAP untergeordnete Vereinigungen, z.B. der NS-Lehrerbund oder der NS-Ärztebund. Menschen in Beruf oder Freizeit, Gesunde und Invalide, Jugendliche und Greise, Frauen und Männer – sie alle sollte das parteigesteuerte Organisationsnetz des totalitären Staates erfassen. Dies gelang mithilfe von Unterorganisationen wie der Deutschen Arbeitsfront (DAF), dem NS-Studentenbund und anderen mehr. Das Netz war so eng geknüpft, dass der Einzelne kaum entschlüpfen konnte (▶ M3, M4).

Lesetipp
Kathrin Kompisch, Täterinnen. Frauen im Nationalsozialismus, Köln u.a. 2008

Die „deutsche Frau"

Ideologisch wie personell war die NSDAP eine Männerpartei, Frauen hatten in den höheren Hierarchie-Ebenen von Partei und Staat keine Chance. *Gertrud Scholtz-Klink*, die „Reichsfrauenführerin", hatte sich im Sinne der Nationalsozialisten vor allem durch eines qualifiziert: Sie war Mutter von elf Kindern.

Natürlich brauchte die Partei auch Anhängerinnen, deshalb wurden die Frauen umworben. Das ideologische Konzept dazu war denkbar einfach: Die deutsche Frau sollte als treu sorgende Gattin und Mutter den „artgerechten" Fortbestand des Volkes gewährleisten und dem Mann zu Hause den Rücken freihalten für seine Pflichten am Arbeitsplatz und im Krieg. Vielen Frauen erschien die klare Rolle, die die Nationalsozialisten ihnen zuwiesen, durchaus attraktiv. Wie den Männern wurden auch ihnen eine Gemeinschaft und ein Solidaritätsgefühl angeboten, deren negative Seiten – der Ausschluss von Kranken, Gebärunfähigen, jüdischen Frauen, Homosexuellen und anderen unerwünschten Minderheiten – nur wenigen zu Bewusstsein kam.

▲ **Blumenstecken im Haushaltskurs des Mütterdienstes.**
Foto von 1938.

▼ **SS-Aufseherinnen des KZ Bergen-Belsen.**
Foto vom 15. April 1945 nach der Befreiung durch britische Truppen.

Zusätzlich zum BDM und der Nationalsozialistischen Frauenschaft (NSF) entstand im Oktober 1933 das Deutsche Frauenwerk (DFW) als Sammelbecken für die „gleichgeschaltete" bürgerliche Frauenbewegung. In diesen Organisationen trafen sich Millionen zum Meinungsaustausch, zu gemeinsamen häuslichen Arbeiten, zu ideologischer Schulung und zu karitativer Tätigkeit. Hilfswerke für Mutter und Kind, Mütterschulen und der zum offiziellen Feiertag erhobene Muttertag werteten die „deutsche Frau" und ihren Beitrag für die Gemeinschaft propagandistisch auf. Die kinderreiche Familie wurde verherrlicht und durch Beihilfen gefördert.

Noch so bescheidene Ansätze einer Frauenemanzipation lehnte Hitler persönlich ab; den Hochschulabschluss für Frauen missbilligte er. Ehestandsdarlehen mit teilweisem oder vollem Schuldenerlass, je nach Kinderzahl, sollten verheiratete Frauen bewegen, die Berufswelt zu verlassen und sich ganz der Familie zu widmen. Freilich hat das NS-Regime die Emanzipation durch Dauer und Folgen des Krieges auf das Wirtschaftsleben dann wider Willen doch gefördert. Denn Frauen mussten die Aufgaben von den in den Krieg gezogenen Männern übernehmen.

Auch im Krieg nahmen Frauen eine durchaus aktive Rolle ein: als Helferinnen der Wehrmacht, des Reichsluftschutzbundes, des Deutschen Roten Kreuzes, der *Schutzstaffel* (SS)[1] oder der *Geheimen Staatspolizei* (Gestapo)[2] waren sie nicht nur im Reich, sondern auch in den besetzten Gebieten tätig. In den Konzentrationslagern versahen etwa 10 000 Frauen als weibliches SS-Gefolge ihren Dienst.

Führung oder Chaos?

Die Ausschaltung oppositioneller Gruppen schien auf den ersten Blick die Staatsmacht zu stärken, die sich nicht länger im pluralistisch-liberalen Meinungsstreit behaupten musste. Es zeigte sich jedoch, dass neben den Staat nun die NSDAP als „Trägerin des deutschen Staatsgedankens" trat. Die Partei durchdrang die Gesellschaft und trat damit in Konkurrenz zu den staatlichen oder kommunalen Institutionen.

Die Folge war ein undurchsichtiger Wirrwarr von Kompetenzen. Während der Staat üblicherweise das öffentliche Leben auf der Basis von Gesetzen reglementiert und gestaltet, trafen jetzt Parteiorganisationen oder deren Repräsentanten neben der staatlichen Bürokratie Einzelentscheidungen. Hinter der sorgfältig aufgebauten Fassade des unumschränkten Führerwillens tobten Machtkämpfe zwischen staatlicher Bürokratie, NSDAP, SS, *Sicherheitsdienst* (SD)[3], Gestapo und Reichswehr. Prinzipiell hatte jedoch Hitler stets das letzte und entscheidende Wort.

Vielfach verschmolzen Partei- und Staatsorganisation miteinander. So hatten die Gauleiter der NSDAP häufig zugleich hohe Ämter in den „gleichgeschalteten" Ländern inne, oder die Ortsgruppenleiter der Partei übernahmen gleichzeitig das Bürgermeisteramt. Die Kontrolle der öffentlichen Hand und des gesellschaftlichen Alltags ließ die Parteibürokratie ständig anwachsen. Gab es 1935 33 Gauleiter, 827 Kreisleiter, 21 000 Ortsgruppenleiter und 260 000 Zellen- und Blockleiter, so betrug die Zahl dieser Funktionäre zwei Jahre später bereits 700 000. Während des Krieges waren es zwei Millionen.

---

[1] *Schutzstaffel (SS):* 1925 gegründete Parteiformation zum persönlichen Schutz Hitlers, ab 1934 „selbstständige Organisation" der NSDAP mit polizeilicher Machtbefugnis

[2] *Geheime Staatspolizei (Gestapo):* Die 1933 gegründete Organisation verfolgte politische Gegner des NS-Staates.

[3] *Sicherheitsdienst (SD):* 1931 als Geheimdienst der SS zur Überwachung politischer Gegner und Parteimitglieder eingerichtet, ab 1934 parteiinterner Nachrichtendienst der NSDAP

M1
Verordnung „Zum Schutz von Volk und Staat" und „Ermächtigungsgesetz"

Am 28. Februar 1933, einen Tag nach dem Reichstagsbrand, erlässt Reichspräsident Hindenburg eine Verordnung „Zum Schutz von Volk und Staat". Aufgrund des Artikels 48, Absatz 2 der Reichsverfassung wird „zur Abwehr kommunistischer staatsgefährdender Gewaltakte" Folgendes verordnet:

§ 1 Die Art. 114, 115, 117, 118, 123, 124 und 153 der Verfassung des Deutschen Reiches werden bis auf Weiteres außer Kraft gesetzt. Es sind daher Beschränkungen der persönlichen Freiheit, des Rechts
5 der freien Meinungsäußerung einschließlich der Pressefreiheit, des Vereins- und Versammlungsrechts, Eingriffe in das Brief-, Post-, Telegrafen- und Fernsprechgeheimnis, Anordnungen von Haussuchungen und von Beschlagnahmen sowie Be-
10 schränkungen des Eigentums auch außerhalb der sonst hierfür bestimmten gesetzlichen Grenze zulässig.
§ 2 Werden in einem Lande die zur Wiederherstellung der öffentlichen Sicherheit und Ordnung nö-
15 tigen Maßnahmen nicht getroffen, so kann die Reichsregierung insoweit die Befugnisse der obersten Landesbehörde vorübergehend wahrnehmen.

Das „Gesetz zur Behebung der Not von Volk und Reich" („Ermächtigungsgesetz") vom 23. März 1933 stellt zusammen mit der Verordnung „Zum Schutz von Volk und Staat" die verfassungsrechtliche Grundlage des NS-Staates dar:

Art. 1: Reichsgesetze können außer in dem in der Reichsverfassung vorgesehenen Verfahren auch
20 durch die Reichsregierung beschlossen werden. [...]
Art. 2: Die von der Reichsregierung beschlossenen Reichsgesetze können von der Reichsverfassung abweichen, soweit sie nicht die Einrichtung des Reichstages und des Reichsrates als solche zum Ge-
25 genstand haben. Die Rechte des Reichspräsidenten bleiben unberührt.
Art. 3: Die von der Reichsregierung beschlossenen Reichsgesetze werden vom Reichskanzler ausgefertigt und im Reichsgesetzblatt verkündet. Sie treten,
30 soweit sie nichts anderes bestimmen, mit dem auf die Verkündung folgenden Tag in Kraft.

Die Art. 68-77 der Reichsverfassung finden auf die von der Reichsregierung beschlossenen Gesetze keine Anwendung.
35 Art. 4: Verträge des Reiches mit fremden Staaten, die sich auf Gegenstände der Reichsgesetzgebung beziehen, bedürfen für die Dauer der Geltung dieses Gesetzes nicht der Zustimmung der an der Gesetzgebung beteiligten Körperschaften.
40 Die Reichsregierung erlässt die zur Durchführung dieser Verträge erforderlichen Vorschriften.

Walther Hofer (Hrsg.), Der Nationalsozialismus. Dokumente 1933-1945, Frankfurt am Main 1957, S. 53 und 57

1. Erläutern Sie, welche Konsequenzen die Notverordnung „Zum Schutz von Volk und Staat" und das „Ermächtigungsgesetz" für den politischen Alltag haben mussten.
2. Beurteilen Sie, welche Möglichkeiten der Opposition und der Gewaltenkontrolle zu diesem Zeitpunkt noch gegeben waren.

M2
Die Autorität des „Führers"

Hitler erklärt in „Mein Kampf":

Die Bewegung vertritt im Kleinsten wie im Größten den Grundsatz der unbedingten Führerautorität, gepaart mit höchster Verantwortung. Die praktischen Folgen dieses Grundsatzes in der Bewegung
5 sind nachstehende: Der erste Vorsitzende einer Ortsgruppe wird durch den nächsthöheren Führer eingesetzt, er ist der verantwortliche Leiter der Ortsgruppe.
Sämtliche Ausschüsse unterstehen ihm, und nicht
10 er umgekehrt einem Ausschuss. Abstimmungs-Ausschüsse gibt es nicht, sonder nur Arbeits-Ausschüsse [...] Der gleiche Grundsatz gilt für die nächsthöhere Organisation, den Bezirk, den Kreis oder den Gau. Immer wird der Führer von oben
15 eingesetzt und gleichzeitig mit unbeschränkter Vollmacht und Autorität bekleidet. Nur der Führer der Gesamtpartei wird aus vereinsgesetzlichen Gründen in der Generalmitgliederversammlung gewählt. Er ist aber der ausschließliche Führer der
20 Bewegung. Sämtliche Ausschüsse unterstehen ihm

Nationalsozialismus und deutsches Selbstverständnis

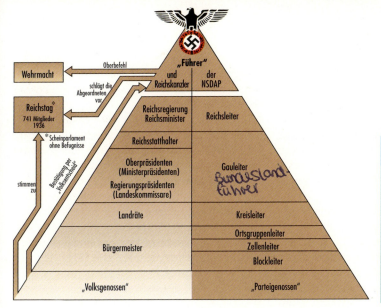

▸ **Staat und Partei im „Führerstaat".**

- Beschreiben Sie den Aufbau des „Führerstaates".
- Parteienhierarchie und Staatsämter überschnitten sich sowohl in ihren Kompetenzen als auch personell: Mit zwei Ausnahmen waren z. B. alle Reichsstatthalter zugleich auch Gauleiter in ihrem Amtsbereich. Erörtern Sie, welche Probleme dies mit sich brachte.

und nicht er den Ausschüssen. Er bestimmt und trägt damit aber auch auf seinen Schultern die Verantwortung. Es steht den Anhängern der Bewegung frei, vor dem Forum einer neuen Wahl ihn
25 zur Verantwortung zu ziehen, ihn seines Amtes zu entkleiden, insofern er gegen die Grundsätze der Bewegung verstoßen oder ihren Interessen schlecht gedient hat. An seine Stelle tritt dann der besser könnende, neue Mann, jedoch mit gleicher Autori-
30 tät und gleicher Verantwortlichkeit. Es ist eine der obersten Aufgaben der Bewegung, dieses Prinzip zum bestimmenden nicht nur innerhalb ihrer eigenen Reihen, sondern auch für den gesamten Staat zu machen. Wer Führer sein will, trägt bei höchster
35 unumschränkter Autorität auch die letzte und schwerste Verantwortung. Wer dazu nicht fähig oder für das Ertragen der Folgen seines Tuns zu feige ist, taugt nicht zum Führer. Nur der Held ist dazu berufen. Der Fortschritt und die Kultur der
40 Menschheit sind nicht ein Produkt der Majorität, sondern beruhen ausschließlich auf der Genialität und der Tatkraft der Persönlichkeit. Diese heranzuzüchten und in ihre Rechte einzusetzen, ist eine der Vorbedingungen zur Wiedergewinnung der Größe
45 und Macht unseres Volkstums.

Adolf Hitler, Mein Kampf. Zwei Bände in einem Band, München [51]1933, S. 378f.

▸ Charakterisieren Sie das „Führerprinzip".

M3
„Gleichschaltung" im Alltag

Ernst Niekisch, der 1939 wegen „literarischen Hochverrats" zu einer lebenslänglichen Zuchthausstrafe verurteilt wird, interpretiert um 1935 die tief greifenden Veränderungen in der Gesellschaft:

Ein Taumel der „Gleichschaltung" erfasste das ganze Volk. Alle öffentlichen und privaten Einrichtungen, Organisationen und Korporationen, alle wirtschaftlichen Betriebe und kulturellen Gesell-
5 schaften, alle Verbände und Vereine „schalteten sich gleich". Zweck der Gleichschaltung war die Herstellung der „Volksgemeinschaft". Die „Volksgemeinschaft" ist kein gesellschaftlicher Ordnungszustand höherer Art. Nirgends trügt der Schein
10 mehr, als er hier es tut. [In] der „Volksgemeinschaft" soll das ganze Volk auf die formlos chaotische Existenzweise menschlichen Abschaums heruntergebracht werden. Sinn und Inhalt der Volksgemeinschaft ist lediglich die Solidarität des
15 lumpenproletarischen Gesindels.
Irgendwelche untergeordneten Organe oder Angestellte zogen plötzlich ihr nationalsozialistisches Mitgliedsbuch, das sie bisher sorgfältig verborgen gehabt hatten, aus der Tasche und trumpften damit
20 auf; zuweilen war es der Portier, der sich überraschend als Vertrauensmann der nationalen Revolution entpuppte und sich über Nacht zum wichtigsten und ersten Mann emporschwang. Das

Machtübernahme und „Gleichschaltung"

Mitgliedsbuch und das braune Hemd waren Ausweise, durch welche sich die Inhaber befugt hielten, nach den Zügeln zu greifen und die Leitung zu übernehmen. [...]

Der Punkt, an dem der Hebel ansetzt, welcher den Menschen gleichschaltet, ist die Existenzfrage. Wenn der Mann nicht richtig liegt, bekommt er kein Futter mehr. Unverhüllter wurde noch niemals auf den Magen gedrückt, um die richtige Gesinnung herauszupressen. Der Beamte zitterte um Gehalt und Versorgung: Das „Gesetz zur Wiederherstellung des Berufsbeamtentums" brachte den festen Turm seiner „wohlerworbenen Rechte" zum Einsturz. [...] Die nationalsozialistische Empörung über marxistische „Parteibuchbeamte" entlarvte sich als purer Brotneid; die „Wiederherstellung des Berufsbeamtentums" bestand darin, alle Ämter mit nationalsozialistischen Parteibuchbeamten zu überschwemmen.

Die bürokratische Gleichschaltung war eine groß angelegte Veranstaltung allgemeiner „Umbonzung". Angestellten und Arbeitern erging es nicht besser; sie verloren die Arbeitsplätze, wenn ihr Eifer der Gleichschaltung enttäuschte.

Entzog sich ein Arbeiter dem anbefohlenen Aufmarsch, wurde er fristlos entlassen: Er war als „Staatsfeind" nicht würdig, wirtschaftlich geborgen zu sein. Der Organisationszwang, dem die Angehörigen der freien Berufe, Gewerbetreibenden, Handwerker, Kaufleute, Unternehmer unterlagen, bot Handhaben, sie zu maßregeln; wurden sie aus ihrer „Berufskammer" entfernt, war ihnen das Recht auf Berufsausübung genommen; sie waren brotlos und ins wirtschaftliche Nichts verstoßen. Die nationalsozialistische Weltanschauung zog ihre überzeugende Kraft aus der Sorge um den Futterplatz; weil der nationalsozialistische Herr den Brotkorb monopolisiert hatte, sang jedermann sein Lied.

Ernst Niekisch, Das Reich der niederen Dämonen, Hamburg 1953, S. 131–135

1. Geben Sie wieder, wie Niekisch den Begriff „Gleichschaltung" definiert.
2. Erläutern Sie die Gründe dafür, dass die „Gleichschaltung" nach Meinung des Autors so reibungslos verlief.
3. Erörtern Sie auf der Basis von Niekischs Darstellung Anspruch und Wirklichkeit der nationalsozialistischen „Volksgemeinschaft".

M4
Der Weg des „gleichgeschalteten" Staatsbürgers

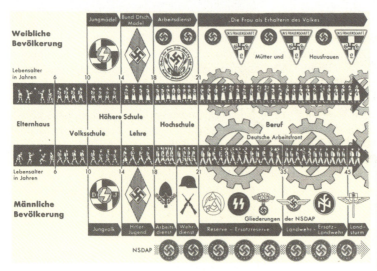

* Die sechs Embleme repräsentieren von links nach rechts die folgenden Organisationen: Sturmabteilung (SA), Schutzstaffel (SS), Nationalsozialistisches Kraftfahrkorps (NSKK), Nationalsozialistisches Fliegerkorps (NSFK), Nationalsozialistische Volkswohlfahrt (NSV), Nationalsozialistische Handels- und Gewerbeorganisation (NS-Hago).

1. Erläutern Sie anhand der Grafik den Weg des „gleichgeschalteten" Staatsbürgers.
2. Überprüfen Sie, wer sich dem Zwang der „Gleichschaltung" am ehesten entziehen konnte.

Herrschaft und Propaganda

10. Mai 1933
Bücherverbrennung: Unliebsame Autoren werden öffentlich gebrandmarkt.

22. September 1933
Einrichtung der Reichskulturkammer: Der gesamte Kulturbetrieb wird überwacht.

4. Oktober 1933
Schriftleitergesetz: Die ganze deutsche Presse hat der nationalsozialistischen Herrschaft zu dienen. „Schriftleiter" sind nicht mehr den Verlagen, sondern dem Staat verantwortlich.

1936
Die Olympischen Spiele in Berlin werden als Propagandaforum für eine positive Darstellung des Deutschen Reiches im Ausland missbraucht.

1937
Die Wanderausstellung „Entartete Kunst" diffamiert die Werke international anerkannter Künstler.

▲ **Werbung für den Volksempfänger, 1936.**
Zwischen 1933 und 1941 stieg der Anteil der deutschen Haushalte mit Rundfunkgerät von 25 auf 65 Prozent.

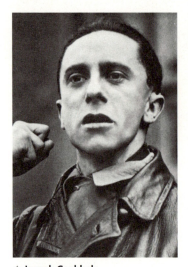

▲ **Joseph Goebbels.**
Foto von Heinrich Hoffmann, um 1931. Joseph Goebbels (1897–1945) war Chef-Ideologe und einer der führenden Politiker des „Dritten Reichs", 1933 bis 1945 Reichsminister für Volksaufklärung und Propaganda und Präsident der Reichskulturkammer.

„Volksaufklärung"

Die wirkungsvollste Form, die Gesellschaft nachhaltig zu beeinflussen, sah Hitler in der Propaganda. Sein „Reichsminister für Volksaufklärung und Propaganda", *Joseph Goebbels*, schaltete Presse, Film und Rundfunk weitgehend gleich. Goebbels ließ zunehmend nur noch Informationen in Rundfunk und Presse verbreiten, die sein Ministerium für die Veröffentlichung freigab. Unerwünschte Presseorgane wurden zeitweise oder auf Dauer verboten. Filme, Bücher, Illustrierte und Zeitschriften unterlagen der Zensur.

Vor allem den Rundfunk setzte Goebbels für seine Propaganda ein. „Volksempfänger" waren für jeden erschwinglich und wurden zum Kauf empfohlen. Das Hören ausländischer Sender war hingegen verboten und gegen Ende des Krieges sogar mit der Todesstrafe bedroht. Die „Wochenschau", die vor den viel besuchten Spielfilmen ablief, wurde genau redigiert. Wie Goebbels selbst erklärt hatte, galt ein „neuer Begriff der Meinungs- und Pressefreiheit", der alle Berichterstattung an das „nationale und völkische Interesse" band. Ein ausgeklügeltes Spitzelsystem, das ganz Deutschland überzog, diente nicht nur dem Aufspüren und der Ausschaltung von Regimegegnern, sondern auch der Erkundung der Volksstimmung. Dabei spielten die Blockwarte, zu deren Aufgaben die genaue Beobachtung der Bewohner der ihnen unterstellten Häuserblocks gehörte, eine wichtige Rolle. Gegenpropaganda sollte da einsetzen, wo sich Unzufriedenheit zeigte.

„Wider den undeutschen Geist"

Auch Kultur und Kirche wurden „gleichgeschaltet". Christliche Feiertage wurden ihrer religiösen Bedeutung entkleidet und nach Belieben des Regimes umgedeutet. Weihnachten sollte sich aus einem Fest des Friedens zum Gedenktag der Wintersonnenwende, der Hoffnung des Wiedererstehens und der Freiheit Deutschlands entwickeln. Ein neuer Feierkultus entstand.

Was echte Kulturgüter waren, legte die NSDAP fest: Rückbesinnung auf das germanische Erbe, die Verherrlichung der „arischen Rasse" in allen Epochen der Geschichte. 1933 wurde zur Kontrolle des gesamten Kulturbetriebs die *Reichskulturkammer* eingerichtet. Jüdische Mitbürger, Marxisten und Pazifisten verbannte die Partei als „Zerstörer arischen Erbes" aus dem Kulturbetrieb.

Am 10. Mai 1933 fanden in Berlin und anderen Universitätsstädten öffentliche *Bücherverbrennungen* statt. Wertvolle Kunstwerke, die nicht nationalsozialistischen Vorstellungen entsprachen, wurden als „entartete Kunst" aus Museen und Galerien verbannt, beschlagnahmt, zerstört oder ins Ausland verkauft. 1937 wurde eine Auswahl eingezogener Kunstwerke zusammengestellt und als Wanderausstellung *„Entartete Kunst"* in München und anderen Städten Deutschlands bei freiem Eintritt zur „Abschreckung" gezeigt. Die betroffenen Künstler erhielten, soweit sie noch lebten und nicht emigriert waren, Ausstellungs- und Arbeitsverbot. 1939 verbrannten die Nationalsozialisten in Berlin öffentlich 1 000 verfemte Kunstwerke.

▶ **Reichsparteitag 1936 in Nürnberg.**
Die SS ist zum „Großen Appell" angetreten.

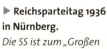

◀ **Der nächtliche Appell der Politischen Leiter beim „Reichsparteitag der Ehre" auf dem Zeppelinfeld in Nürnberg.**
Foto des NS-Fotografen Heinrich Hoffmann, September 1936.
Das Zeppelinfeld, eine Aufmarscharena mit Tribünen und Rednerkanzel, war Teil einer Reihe von Bauten, die für das elf Quadratkilometer große Reichsparteitagsgelände geplant worden waren. Der sogenannte „Lichtdom" wurde von rings um das Gelände angebrachten Flakscheinwerfern erzeugt.

Massenmobilisierung Offizieller Höhepunkt aller Massenmobilisierung waren die jährlichen Reichsparteitage in Nürnberg (▶ M1): Auf einem nie ganz vollendeten Gelände hielt die Partei beeindruckende Aufmärsche und sportliche Wettkämpfe ab. Sie sollten nationale Größe suggerieren und die Bevölkerung für den Einparteienstaat begeistern. Staatsbesuche, Empfänge, National- und Parteigedenktage oder neue pseudokultische Veranstaltungen glichen in ihrem Ablauf religiösen Festen. Auch die Olympischen Spiele, die 1936 in Berlin stattfanden, nutzte das NS-Regime zu einer sorgfältig inszenierten Selbstdarstellung (▶ M2).

Soziale Errungenschaften? Hitler versprach den „Aufbau des sozialen Volksstaates", in dem „alle Staatsbürger die gleichen Rechte und Pflichten besitzen sollten". Zwar waren die innerbetrieblichen Mitbestimmungsrechte durch die Zwangsvereinigung der Arbeitnehmerverbände in die Deutsche Arbeitsfront (DAF) entfallen, auf der anderen Seite erhielt die „Gefolgschaft" durch eine moderne Absicherung mehr, als die Gewerkschaften bis 1933 erstritten hatten: Kündigungsschutz, Verlängerung des bezahlten Urlaubs (von drei auf sechs bis zwölf Tage), verbesserte Sozialleistungen der Unternehmen. Die Unterorganisation der DAF „Kraft durch Freude" (KdF) wollte das Arbeitsleben angenehmer gestalten: Belegschaftsräume wurden verbessert, Kantinenessen, Filme und Theatervorstellungen verbilligt angeboten.

  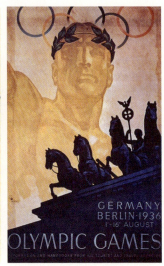

▲ **NS-Propaganda.**
Von links nach rechts: Propagandaplakat für die Nationalsozialistische Volkswohlfahrt (NSV), 1934; Werbeplakat der NS-Organisation „Kraft durch Freude" für den Volkswagen, 1938; Plakat zu den Olympischen Spielen, 1936.
- Analysieren Sie, inwiefern die Plakate nationalsozialistischen Ideologien entsprechen.
- Erörtern Sie, warum das offizielle Olympiaplakat auf NS-Embleme verzichtete. Vergleichen Sie dazu M2 auf S. 27.

In einem der DAF gehörenden Werk wurde der „KdF-Wagen", der spätere „Volkswagen", gebaut. Zum Preis von 990 Reichsmark sollte er auch für den „kleinen Mann" erschwinglich sein. Mit für den Massentourismus bereitgestellten Erholungsmöglichkeiten, Sonderzug- und sogar Schiffsreisen suchte das Regime in bisher nicht gekanntem Ausmaß lang gehegte Urlaubsträume zu erfüllen. All diese Angebote und Vergünstigungen dienten dem Zweck, die Arbeits- und Produktionsleistungen zu steigern und alle Bevölkerungsschichten in die „Volksgemeinschaft" zu integrieren (▶ M3).
Sozialpolitisch führte die NS-Regierung zum Teil Errungenschaften der Weimarer Zeit wie die Arbeitslosenversicherung weiter, setzte aber auch neue Schwerpunkte. Zu den wichtigsten Einrichtungen gehörte die Parteiorganisation *Nationalsozialistische Volkswohlfahrt* (NSV), die in der Armenfürsorge, der Jugendhilfe und der Mutter-und-Kind-Betreuung tätig war. Die Einrichtung dehnte ihre Zuständigkeit auf nahezu alle freien, staatlichen und kirchlichen Bereiche der Wohlfahrtspflege aus. 1943 gehörten ihr 17 Millionen Mitglieder an. Hinzu kam das im Herbst 1933 gegründete Winterhilfswerk des Deutschen Volkes (WHW), das sich durch Haus-, Straßen- und Betriebssammlungen sowie seit Herbst 1937 durch Zwangsabzüge von Löhnen und Gehältern finanzierte und Sachmittel an bedürftige Haushalte verteilte. Öffentlichkeitswirksam in Szene gesetzt, sollten die Aktivitäten das NS-Regime in der Rolle des Wohltäters inszenieren und die „Volksgemeinschaft" stärken. Unterstützt wurden nur „rassisch wertvolle" und vorübergehend in Not geratene Menschen; „Nichtarier", „Asoziale" und andere „Gemeinschaftsfremde" blieben von vornherein ausgeschlossen. Die nationalsozialistische Sozialpolitik und Wohlfahrtspflege verfolgte klare politische Ziele: die akute Not zu lindern und damit soziale Unruhen zu vermeiden, die Fürsorge als breit angelegtes Kontroll- und Selektionsinstrument zu nutzen und die Bevölkerung für das Regime einzunehmen.

M1
„Massensuggestion"

In „Mein Kampf" erläutert Hitler die Aufgabe der Massenveranstaltungen:

Die Massenversammlung ist auch schon deshalb notwendig, weil in ihr der Einzelne [...] das Bild einer größeren Gemeinschaft erhält, was bei den meisten Menschen kräftigend und ermutigend wirkt. [...] Wenn er [der Einzelne] aus seiner kleinen Arbeitsstätte oder aus dem großen Betrieb, in dem er sich recht klein fühlt, zum ersten Mal in die Massenversammlung hineintritt und nun Tausende und Tausende von Menschen gleicher Gesinnung um sich hat, wenn er als Suchender in die gewaltige Wirkung des suggestiven Rausches und der Begeisterung von drei- bis viertausend anderen mitgerissen wird, wenn der sichtbare Erfolg und die Zustimmung von Tausenden ihm die Richtigkeit der neuen Lehre bestätigen [...] dann unterliegt er selbst dem zauberhaften Einfluss dessen, was wir mit dem Wort Massensuggestion bezeichnen. Das Wollen, die Sehnsucht, aber auch die Kraft von Tausenden akkumuliert sich in jedem Einzelnen. Der Mann, der zweifelnd und schwankend eine solche Versammlung betritt, verlässt sie innerlich gefestigt: er ist zum Glied einer Gemeinschaft geworden.

Adolf Hitler, Mein Kampf. Zwei Bände in einem Band, München 469-473 1939, S. 535f.

1. Arbeiten Sie heraus, welche Ziele das Regime mit den Massenveranstaltungen verfolgte.
2. Nehmen Sie Stellung zu der beschriebenen Wirkungsabsicht. Vergleichen Sie mit den Abbildungen auf S. 25.

M2
Eine Show für die Welt

Der Romanist Victor Klemperer, der jüdischer Abstammung ist, schildert in seinem Tagebuch, wie die 1936 in Deutschland stattfindenden Olympischen Spiele von den Nationalsozialisten zur Selbstdarstellung genutzt werden:

Die Olympiade, die nun zu Ende geht, ist mir doppelt zuwider. 1. als irrsinnige Überschätzung des Sports; die Ehre eines Volkes hängt davon ab, ob ein Zeitgenosse zehn Zentimeter höher springt als alle anderen. Übrigens ist ein Neger aus USA am allerhöchsten gesprungen, und die silberne Fechtmedaille für Deutschland hat die Jüdin Helene Meyer gewonnen (ich weiß nicht, wo die größere Schamlosigkeit liegt, in ihrem Auftreten als Deutsche des Drittes Reichs oder darin, dass ihre Leistung für das Dritte Reich in Anspruch genommen wird). [...] Und 2. ist mir die Olympiade so verhasst, weil sie nicht eine Sache des Sports ist – bei uns meine ich –, sondern ganz und gar ein politisches Unternehmen. „Deutsche Renaissance durch Hitler", las ich neulich. Immerfort wird dem Volk und den Fremden eingetrichtert, dass man hier den Aufschwung, die Blüte, den neuen Geist, die Einigkeit, Festigkeit und Herrlichkeit, natürlich auch den friedlichen, die ganze Welt liebevoll umfassenden Geist des Drittes Reiches sehe. Die Sprechchöre sind (für die Dauer der Olympiade) verboten, Judenhetze, kriegerische Töne, alles Anrüchige ist aus den Zeitungen verschwunden, bis zum 16. August, und ebenso lange hängen überall Tag und Nacht die Hakenkreuzfahnen.

Victor Klemperer, Ich will Zeugnis ablegen bis zum Letzten. Tagebücher 1933–1945, hrsg. von Walter Nowojski unter Mitarbeit von Hadwig Klemperer, Berlin 1995, S. 292

1. Geben Sie wieder, inwiefern die Nationalsozialisten ihr Auftreten gegenüber der Weltöffentlichkeit änderten.
2. Nehmen Sie anhand aktueller Beispiele Stellung zu der von Klemperer angeprangerten Politisierung des Sports.
3. Beurteilen Sie den Wert sportlicher Großveranstaltungen
   a) für die Außendarstellung einer Nation
   b) für eine mögliche Völkerverständigung.

◀ **Plakat zum Dokumentarfilm der Olympischen Spiele in Berlin 1936 von Leni Riefenstahl.**
Recherchieren Sie im Internet oder in Lexika über Leni Riefenstahl und ihr Verhältnis zum Nationalsozialismus. Nehmen Sie Stellung zum Verhältnis von Kunst und Politik im NS-Staat.

M3
Wie erfolgreich war die Propaganda?

Der Historiker Bernd Jürgen Wendt untersucht die tatsächliche Wirkung der nationalsozialistischen Propaganda auf die Bevölkerung:

Dringend muss davor gewarnt werden, unkritisch aus den oft eindrucksvollen Produkten der nationalsozialistischen Propaganda etwa durch die un-
5 kommentierte Vorführung von Wochenschauen oder Propagandafilmen bereits auf ihre tatsächliche Wirkung zu schließen.
Resistenz oder Anfälligkeit gegenüber nationalsozialistischer Propaganda und Indoktrination waren
10 wesentlich abhängig von der politischen Einstellung, dem sozialen und politischen Milieu, in dem man aufgewachsen war und lebte, von Erziehung und Schulbildung, Wohnort und persönlichem Umfeld.
Goebbels war stets bemüht, in einer taktischen
15 „Variationstoleranz" (Bracher) propagandistische Indoktrination differenziert nach den Adressaten und schichtenspezifisch einzusetzen, auch gewisse Rücksichten auf kulturelles Erbe und bürgerliche Traditionspflege zu nehmen, sterile Uniformität zu
20 vermeiden und dort, wo er es für angebracht hielt, etwa bei der Darbietung eines deutschen (!) Jazz, in der Schlagerkultur oder bei Hollywoodfilmen selbst noch mit der emigrierten Marlene Dietrich[1] die Zügel zu lockern. […]
25 Die Propagierung der Idee des Nationalsozialismus, so verschwommen und eklektisch[2] sie auch sein mochte, stieß dort auf eine zusätzliche Resonanz, wo sie offenkundig Erfolge aufweisen konnte. Denn das Leben damals verhieß vielen, die vorher
30 davon nicht einmal zu träumen gewagt hatten, um den Preis der politischen Anpassung einen höheren Grad an Mobilität, freiere Lebensformen etwa für junge Mädchen, die über BDM und Beruf dem Mief dörflicher Enge entwachsen konnten, mate-
35 rielle Vorteile wie einen Arbeitsplatz, die Chance individueller Bewährung, nichtakademische Karrieremuster, soziale Betreuung oder auch ein reiches Angebot für die Gestaltung der Freizeit mit KdF-Reisen[3], Kulturveranstaltungen usf.

Bernd Jürgen Wendt, Deutschland 1933–1945. Das Dritte Reich, Hannover 1995, S. 142–144

1. Erläutern Sie, warum die NS-Propaganda nach Wendt nur zum Teil erfolgreich war. Beziehen Sie M2 in Ihre Überlegungen ein.
2. Nehmen Sie Stellung: Sind wir heute weniger

---

[1] Marlene Dietrich (1901–1992) war nach ihrem Welterfolg mit „Der blaue Engel" von 1930 die bekannteste deutsche Schauspielerin. Sie stellte sich gegen die Nationalsozialisten und ging in die USA.
[2] **eklektisch**: zusammengesucht, ohne eigenen Stil
[3] Kraft durch Freude, Unterorganisation der Deutschen Arbeitsfront (DAF); siehe dazu S. 25.

Ausgrenzung und Verfolgung

▲ **Fenster eines Berliner Modegeschäfts.**
*Foto vom 1. April 1933.
Ähnliche Aushänge oder direkt an Wände und Fenster geschmierte Parolen waren im April 1933 überall in Deutschland zu lesen.*

- Erörtern Sie, mit welchen Gefühlen die Betroffenen auf diese Parolen reagiert haben mögen.
- Suchen Sie im Internet, in Fachbüchern oder in Archiven nach weiteren Fotos und Berichten von Aktionen gegen Juden während der NS-Zeit. Interpretieren Sie die Reaktionen der unterschiedlichen am Geschehen beteiligten Menschen, der Täter, Opfer, Helfer und Zuschauer. Bestimmen Sie wenn möglich Ort, Zeit, Umstände und beteiligte Personen.

1. April 1933
Jüdische Unternehmen, Geschäfte und Praxen werden boykottiert.

26. April 1933
Die Geheime Staatspolizei (Gestapo) wird gebildet.

7. April 1933
Das „Gesetz zur Wiederherstellung des Berufsbeamtentums" schließt politische Gegner und Juden vom Staatsdienst aus.

24. April 1934
Der Volksgerichtshof für Delikte des Hoch- und Landesverrats nimmt seine Arbeit auf.

30. Juni 1934
Die Niederschlagung des Röhm-Putsches dient zur Ausschaltung der SA-Führung und weiterer Regimegegner.

15. September 1935
Die „Nürnberger Gesetze" entziehen den Juden ihre staatsbürgerlichen Rechte und verbieten „arisch"-jüdische Eheschließungen.

9./10. November 1938
Die Nationalsozialisten gehen gewaltsam gegen Juden vor (Novemberpogrom).

3. Dezember 1938
Jüdische Vermögen werden eingezogen.

▲ **Der Präsident des Volksgerichtshofs Roland Freisler.**
Foto vom 8. August 1944.
Am „Volksgerichtshof", seit 1936 als ordentliches Gericht für Hoch- und Landesverrat zuständig, wurden bis 1945 rund 5 200 Todesurteile gefällt. Die meisten von ihnen gehen auf das Konto Freislers, der seit 1942 den Vorsitz führte und wegen seiner fanatischen und demütigenden „Schauprozesse" als berüchtigtster Strafrichter der NS-Zeit gilt.

Der Rechtsstaat wird ausgehöhlt

Mit der Verordnung des Reichspräsidenten „Zum Schutz von Volk und Staat" vom 28. Februar 1933 war die erste Schranke des Rechtsstaats gefallen. Die Polizei konnte nun ohne Angabe des Grundes Personen bespitzeln oder verhaften, durfte sie ohne Verhör durch einen Richter festsetzen, konnte Wohnungen durchsuchen, Eigentum beschlagnahmen, Zeitungen zensieren und verbieten, Telefone überwachen, Parteien und Vereine auflösen.
Die Schaffung neuer Straftatbestände, so z. B. die Kritik an der Regierung, das Verbreiten ausländischer Nachrichten oder ganz generell der Verstoß gegen das „gesunde Volksempfinden", öffnete willkürlichen Urteilen Tür und Tor. Für Delikte wie Hochverrat legten die neuen Machthaber rückwirkend die Todesstrafe fest. Waren zwischen 1907 und 1932 in Deutschland 1400 Menschen zum Tode verurteilt und 345 hingerichtet worden, so sprachen die Strafgerichte unter nationalsozialistischer Herrschaft zwischen 1933 und 1944 13 405 Todesurteile aus, von denen 11 881 vollstreckt wurden.

Polizei und Justiz

Im Rahmen der „Gleichschaltung" übernahmen die Nationalsozialisten in den Ländern die Polizeigewalt. Neben den regulären Polizeiapparat stellten sie eine Hilfspolizei. Deren Truppen bestanden überwiegend aus Männern der *Sturmabteilung* (SA) und der *Schutzstaffel* (SS).[1] Den paramilitärischen Verbänden der nationalsozialistischen „Kampfzeit" wurden damit hoheitliche Polizeibefugnisse zugestanden.
Die Folgen erlebte man anlässlich des *Röhm-Putsches* am 30. Juni 1934, als Hitler Meinungsverschiedenheiten mit dem SA-Führer *Ernst Röhm* zum Anlass nahm, gemeinsam mit Reichswehr und SS politische Gegner zu beseitigen. Ohne Einschaltung der Justiz ermordeten SS-Männer etwa 100 Angehörige der SA und Bürger verschiedenster politischer und gesellschaftlicher Herkunft. Das „Gesetz über Maßnahmen der Staatsnotwehr" vom 3. Juli 1934 sollte nachträglich die Vorgänge rechtfertigen.
Formal zunächst der Leitung der SA unterstellt, betrachtete sich die SS unter *Heinrich Himmler* als eine Art Geheimorden in schwarzer Uniform, durch einen Schwur dem „Führer" zu ewiger Treue verpflichtet. Seit der Entmachtung der SA blieb die SS in ihrer elitären Rolle unangefochten. Nach der „Machtergreifung" war sie Hauptinformantin für die Geheime Staatspolizei (Gestapo), die politische Gegner des NS-Staates verfolgte.

---

[1] **Sturmabteilung (SA):** 1920 gebildete, militärisch organisierte und uniformierte Saalschutz- und Kampftruppe der NSDAP; zur SS vgl. S. 19.

Nationalsozialismus und deutsches Selbstverständnis

„Sicherheit" und Kontrolle gehörten zu den Hauptaufgaben der Organisation. Konsequenterweise wurde deshalb Himmler 1936 Chef der Polizei, die in der Folgezeit praktisch aus dem Staatsapparat ausgegliedert wurde. Die Polizei war damit nicht länger an Recht und Gesetz gebunden, sondern zum Handlanger des „Führerwillens" geworden. SS-Angehörige saßen auf wichtigen Posten in den Massenorganisationen der Partei wie DAF oder HJ und in der staatlichen Verwaltung. In den *Konzentrationslagern* (*KZ*) führten SS-Männer Experimente durch und quälten Menschen systematisch zu Tode.

Bei all diesen Vorgängen gab es kaum Proteste oder Rücktritte, denn viele Richter und Staatsanwälte waren eingeschüchtert, da das „Gesetz zur Wiederherstellung des Berufsbeamtentums" die Möglichkeit geschaffen hatte, missliebige Beamte aus dem Dienst zu entfernen. Seit der „Machtergreifung" liefen sie ohnehin Gefahr, dass ihre Urteile von den Nationalsozialisten „korrigiert" wurden (▶ M1).

Eine andere Aushöhlung des Rechtsschutzes bedeutete die Einrichtung von Sondergerichten, insbesondere des *Volksgerichtshofs*. Vor ihm waren die Rechte der Angeklagten beschränkt, das Urteil stand in aller Regel im Vorhinein fest. Umgekehrt verschoben die Justizbehörden Verfahren gegen Mitglieder der SA und SS bis zur nächsten Amnestie.

Unterdrückung von Opposition

Um jede Opposition im Keim zu ersticken, entstand gleich nach der „Machtergreifung" ein ausgeklügeltes Spitzelsystem. Es diente nicht nur dem Aufspüren und Ausschalten von Regimegegnern, sondern auch der Erkundung der Volksstimmung. Die Gestapo wurde dabei von breiten Teilen der Bevölkerung unterstützt, die ihre Arbeitskollegen, Nachbarn oder Verwandten denunzierten. Ohne diese Mitarbeit und die Amtshilfe der Kriminalpolizei, Schutzpolizei und Gendarmerie wäre der Aufbau des engmaschigen Überwachungs- und Terrorapparates nicht möglich gewesen. Neben der Überredung und Überzeugung für das System war er ein weiteres Mittel, um die „Volksgemeinschaft" zu schließen.

Von Anfang an wurden politische Gegner und Andersdenkende verfolgt, verhaftet, gefoltert und getötet. Die sogenannte „Schutzhaft" war gegen Ende des Ersten Weltkriegs, ab 1916, als streng begrenzte Vorbeugehaft verordnet worden. Im „Dritten Reich" entwickelte sie sich zu einem planmäßig eingesetzten Instrument politischen Terrors, das keiner richterlichen Kontrolle unterlag. Schon wenige Wochen nach der „Machtergreifung" entstanden die ersten Konzentrationslager in Dachau nahe München und in Oranienburg bei Berlin. Seit Anfang März 1933 wurden vor allem Sympathisanten und Mitglieder der KPD und der SPD eingewiesen, unter dem Deckmantel der „Umerziehung" zur Arbeit gezwungen und gefoltert. Ende Juli verzeichnete die amtliche Statistik etwa 27 000 Häftlinge.

Ab 1935 dienten die Lager nicht mehr ausschließlich zur „Umerziehung" oder Ausschaltung" von politischen Gegnern, sondern als Ort für Personengruppen, die generell zu „Volksschädlingen" erklärt worden waren. Dazu zählten Juden, Sinti und Roma, aber auch religiöse Minderheiten wie die Zeugen Jehovas, nationale Randgruppen wie Polen oder Emigranten, „Gewohnheitsverbrecher" sowie sozial gebrandmarkte Menschen wie „Arbeitsscheue" und Homosexuelle, später auch Partisanen und Kriegsgefangene aus den besetzten Gebieten.

▶ **Gefangene an der großen Straßenwalze im Konzentrationslager Dachau.**
Foto von 1933.

Das KZ Dachau wurde bereits im März 1933 errichtet und war Vorbild für zahlreiche weitere Lager. Hier inhaftierte das Regime zuerst politische Gegner, später Juden, Homosexuelle, Geistliche, Sinti und Roma. Dachau war das einzige frühe Konzentrationslager, das bis zur Befreiung 1945 bestehen blieb. Bis 1945 waren insgesamt mehr als 200 000 Menschen in Dachau und seinen Außenlagern eingesperrt. 30 000 Tote wurden registriert, die tatsächliche Opferzahl liegt weitaus höher. Das einstige KZ ist heute eine Gedenkstätte.

◀ **„Appell im November 1938."**
Zeichnung des ehemaligen KZ-Häftlings Karl Freund vom 17. Dezember 1938.

Morgens und abends fand bei jeder Witterung der Zählappell statt. Fehlte jemand, mussten die übrigen Häftlinge über Stunden oder sogar die ganze Nacht hindurch Strafappell stehen. Völlig unzureichend gekleidet, von Hunger, Müdigkeit und Krankheiten geschwächt, war dies eine Tortur, die mancher Häftling nicht überlebte.

Lesetipps
• Saul Friedländer und Orna Kenan, Das Dritte Reich und die Juden. 1933–1945, München 2010
• Victor Klemperer, Das Tagebuch 1933–1945. Eine Auswahl für junge Leser, Berlin ^{7}2005

Diskriminierung und Entrechtung

Die Entrechtung und Ausgrenzung der Juden hatte schon bald nach der „Machtergreifung" begonnen und wurde schrittweise radikaler (▶ M2). Bereits ab Februar 1933 setzte die gewaltsame Vertreibung jüdischer Richter und Staatsanwälte aus den Gerichten, der Boykott gegen jüdische Arztpraxen, Anwaltskanzleien, Geschäfte und Warenhäuser ein. SA-Leute postierten sich vor jüdischen Läden, pöbelten deren Inhaber an, versperrten Kunden den Eingang und beschmierten die Schaufenster mit judenfeindlichen Parolen.

Das „Gesetz zur Wiederherstellung des Berufsbeamtentums" vom April 1933 markierte den Übergang zur staatlich gelenkten und systematischen Verfolgung. Es verlangte von allen Beamten den Nachweis „arischer Abstammung". Wer als „arisch" gelten durfte, bestimmte der *Arierparagraf*. Ähnliche Gesetze traten später für andere einflussreiche Berufsstände in Kraft.

Die „Nürnberger Gesetze" von 1935 machten die „arische Abstammung" zur Bedingung für die Anerkennung als Vollbürger (▶ M3). Eheschließungen zwischen „Ariern" und Juden wurden als „Rassenschande" verboten und mit Haft, später mit dem Tode bestraft. Bereits bestehende Ehen wurden für nichtig erklärt.

Wie die Juden wurden auch die etwa 150 000 in Deutschland lebenden Sinti und Roma durch „Rassegesetze" diskriminiert und entrechtet. Nach der Vorstellung der Nationalsozialisten galten die Sinti und Roma als „Volksschädlinge" und „Untermenschen". Juden sowie Sinti und Roma erhielten Ausgangsverbote, durften keine öffentlichen Schulen, Theater, Kinos oder Cafés mehr besuchen. Jüdischen Haushalten wurden Gas und Strom abgesperrt. Ab 1938 wurden die Pässe der Juden mit einem „J" gestempelt, Sinti und Roma erhielten ab März 1939 besondere „Rasseausweise". Die zunehmende Ausgrenzung aus dem sozialen und gesellschaftlichen Umfeld machte das Leben für die Betroffenen unerträglich.

Nationalsozialismus und deutsches Selbstverständnis

Gewalt gegen Juden von Anfang an

Nach dem 30. Januar 1933 nahmen die gewaltsamen Übergriffe auf Juden zu. Polizei und Behörden reagierten jedoch nicht. Als Vergeltung für das Attentat des 17-jährigen Juden *Herschel Grynszpan* auf den Legationssekretär *Ernst vom Rath* an der deutschen Botschaft von Paris folgte der Pogrom vom 9. auf den 10. November 1938 („*Novemberpogrom*" oder verharmlosend „Reichskristallnacht", ▶ M4, M5). Reichsweit wurden Hunderte von Synagogen in Brand gesteckt, über 8 000 jüdische Geschäfte und zahllose Wohnungen zerstört, etwa 100 jüdische Mitbürger getötet und rund 30 000 in Konzentrationslager verschleppt. Viele starben an den Folgen der Misshandlungen oder nahmen sich selbst das Leben.

Für den Schaden mussten die Opfer anschließend auch noch zahlen: eine Milliarde Reichsmark. Versicherungsleistungen wurden zugunsten des Reiches eingezogen. Dieses „Sühnegeld" bedeutete – zusammen mit der Ausschaltung der Juden aus den letzten Positionen der Wirtschaft – für viele Familien den finanziellen Ruin.

▶ *Geschichte In Clips: Zum „Novemberpogrom" siehe Clip-Code 7313-01*

Enteignung und Vertreibung

Viele Juden dachten, der „Novemberpogrom" sei der Höhepunkt des Schreckens gewesen. Nach Diskriminierung und Entrechtung zielten die nun folgenden Maßnahmen jedoch darauf, den jüdischen Bürgern ihre Existenz zu rauben und ein Leben in Deutschland damit unmöglich zu machen.

Bereits im April 1933 hatte mit dem Boykottaufruf gegen jüdische Geschäfte der Ausschluss der Juden aus dem Wirtschaftsleben begonnen. Der Entzug öffentlicher Aufträge, ausbleibende Kundschaft und bürokratische Schikanen zwangen die jüdischen Gewerbetreibenden, ihre Geschäfte zu schließen oder zu Spottpreisen zu verkaufen. Diese Aufkäufe durch „Arier", die die Notlage ihrer jüdischen Mitbürger ausnutzten, wurden als „Arisierung" bezeichnet. Von 100 000 jüdischen Betrieben existierten im April 1938 noch knapp 40 000. Wenig später machten weitere Berufsverbote und die „Zwangsarisierung" jüdischen Immobilienbesitzes dem jüdischen Geschäftsleben ein Ende. Die „Verordnung zur Ausschaltung der Juden aus dem deutschen Wirtschaftsleben" vom 12. November 1938 vernichtete die noch verbliebenen Existenzen. Juden mussten Wertpapiere, Schmuck, Edelmetall und Kunstgegenstände weit unter Wert an den Staat verkaufen.

Mit Beginn des Zweiten Weltkrieges radikalisierte sich die „Judenpolitik". Die deutschen Juden wurden nun offiziell als „Reichsfeinde" behandelt. Das NS-Regime richtete Sperrstunden ein, in denen sie ihre Wohnungen nicht verlassen durften. Seit dem 15. September 1941 mussten alle Juden vom sechsten Lebensjahr an einen gelben Stern auf der Kleidung tragen, der sie öffentlich stigmatisierte. Ab dem 1. Juli 1943 waren die Juden unter Polizeirecht gestellt und damit endgültig entrechtet. Zu diesem Zeitpunkt lebten jedoch nur noch wenige Juden in Deutschland. Wer es nicht geschafft hatte, das Reich zu verlassen oder in einem sicheren Versteck unterzutauchen, wurde mit Sammeltransporten in eines der Konzentrationslager im Reich oder den besetzten Gebieten deportiert.

▲ **Versteigerungsanzeige von „nichtarischem" Besitz in der Frankfurter Zeitung 1941.**

In den Kriegsjahren fanden fast täglich Versteigerungen von jüdischem Besitz statt, der bei den Deportationen zurückgelassen werden musste. Nur wenige Deutsche empfanden bei den Käufen Skrupel.

Ausgrenzung und Verfolgung

Emigration   Zwischen 1933 und 1945 ergriffen allein im deutschsprachigen Raum über eine halbe Millionen Menschen die Flucht ins Ausland, um dem wachsenden Terror des NS-Regimes zu entgehen. Über 90 Prozent waren jüdischer Herkunft; die übrigen Emigranten gehörten zu den politischen Gegnern des Nationalsozialismus, die von Verfolgung und KZ-Haft bedroht waren oder wie viele Künstler und Wissenschaftler keine Existenzmöglichkeiten mehr hatten.

Die jüdische Emigration vollzog sich in Schüben und erreichte 1938 nach dem „Novemberpogrom" ihren Höhepunkt. Bis zu diesem Zeitpunkt hatten etwa 130 000 Juden das Land verlassen; in den folgenden zwei Jahren flohen fast noch einmal so viele. Abgesehen davon, dass sie ihre Heimat nicht verlassen wollten, raubte ihnen der NS-Staat durch die Beschlagnahmung von Besitz und Vermögen das notwendige Geld für die Auswanderung. Zusätzlich waren die Ausreisewilligen von den NS-Behörden systematischen Schikanen und Demütigungen im Kampf um die notwendigen Ausreisepapiere ausgesetzt. Mit Unterstützung ausländischer Hilfsorganisationen bemühten sich jüdische Hilfsvereine, die Ausreisewilligen zu beraten, Kontakte in alle Welt herzustellen und Mittel für die Auswanderung ins Exil zu beschaffen.

Angesichts der wachsenden Flüchtlingsströme verschärften jedoch immer mehr Länder ihre Aufnahmebedingungen, da sie soziale und wirtschaftliche Belastungen befürchteten. Daneben sorgten in einigen Ländern Fremdenfeindlichkeit und Antisemitismus für die Durchsetzung strikterer Einwanderungsgesetze. Auch eine im Sommer 1938 im französischen Evian-les-Bains einberufene Flüchtlingskonferenz änderte an der Haltung des Auslands nichts. Erst nach dem „Novemberpogrom" öffneten wieder Länder ihre Grenzen in größerem Umfang für Juden. Bis September 1939 retteten sich 75 000 Flüchtlinge – darunter 10 000 Kinder ohne ihre Eltern – nach Großbritannien.

Mit Beginn der systematischen Deportationen wurde Juden im Oktober 1941 offiziell die Ausreise verboten. Viele unternahmen verzweifelte Versuche, illegal über die Grenzen zu gelangen, oder blieben hilflos zurück, was meist den sicheren Tod bedeutete.

▲ **Jüdische Emigranten protestieren in New York gegen die Abschiebung.**

Foto vom 12. Juni 1936.

Das jüdische Ehepaar Richter protestiert auf der amerikanischen Einwandererinsel Ellis Island gegen die drohende Abschiebung zurück nach Deutschland, weil es keine gültigen Einreisepapiere besaß.

Nationalsozialismus und deutsches Selbstverständnis

M1
„Recht ist, was dem Volke nützt"

Hans Frank, seit 1934 Reichsminister, Präsident der Akademie für deutsches Recht (1933–1942) und seit 1939 Generalgouverneur von Polen äußert sich im Jahr 1936 zur Funktion der Gerichte im „Führerstaat":

1. Der Richter ist nicht als Hoheitsträger des Staates über den Staatsbürger gesetzt, sondern er steht als Glied in der lebendigen Gemeinschaft
5 des deutschen Volkes. Es ist nicht seine Aufgabe, einer über der Volksgemeinschaft stehenden Rechtsordnung zur Anwendung zu verhelfen oder allgemeine Wertvorstellungen durchzusetzen, vielmehr hat er die
10 konkrete völkische Gemeinschaftsordnung zu wahren, Schädlinge auszumerzen, gemeinschaftswidriges Verhalten zu ahnden und Streit unter Gemeinschaftsgliedern zu schlichten.
2. Grundlage der Auslegung aller Rechtsquellen ist
15 die nationalsozialistische Weltanschauung, wie sie insbesondere in dem Parteiprogramm und den Äußerungen unseres Führers ihren Ausdruck findet.
3. Gegenüber Führerentscheidungen, die in die Form eines Gesetzes oder einer Verordnung gekleidet
20 sind, steht dem Richter kein Prüfungsrecht zu. […]
4. Gesetzliche Bestimmungen, die vor der nationalsozialistischen Revolution erlassen worden sind, dürfen nicht angewendet werden, wenn ihre Anwendung
25 dem heutigen gesunden Volksempfinden ins Gesicht schlagen würde. […]
5. Zur Erfüllung seiner Aufgaben in der Volksgemeinschaft muss der Richter unabhängig sein. Er ist nicht an Weisungen gebunden. Unabhängigkeit
30 und Würde des Richters machen geeignete Sicherungen gegen Beeinflussungsversuche und ungerechtfertigte Angriffe erforderlich.

Deutsches Recht, 6. Jg. (1936), S. 10; zitiert nach: Walther Hofer (Hrsg.), Der Nationalsozialismus. Dokumente 1933–1945, Frankfurt am Main ⁴⁰2004, S. 101f.

▲ Zum Besuch des preußischen Innenministers an ihrem Ausbildungsort in Jüterbog (Brandenburg) haben sich angehende Juristen diese Aktion ausgedacht.
Foto von 1934.

1. Arbeiten Sie die Änderungen heraus, die hier im Vergleich zur bisherigen Rechtsauffassung angesprochen werden. Vergleichen Sie die Stellungnahme auch mit den einschlägigen Artikeln unseres Grundgesetzes.
2. Erläutern Sie, womit diese Änderungen von Frank gerechtfertigt werden.
3. Erörtern Sie die Konsequenzen dieser neuen Auffassung für die Rechtspraxis.

Ausgrenzung und Verfolgung

▲ Boykottzettel an einer Arztpraxis in Berlin.
Foto vom 1. April 1933.

M2
„Sein eigenes Begräbnis erleben"

Die jüdische Ärztin Hertha Nathorff dokumentiert in ihrem Tagebuch die Repressalien, denen sie mit zahlreichen Kolleginnen und Kollegen zusammen ausgesetzt ist. 1939 emigriert sie in die USA.

14. April 1933
„Sie schalten gleich". Nein, sie wüten. Aus allen Berufen, aus allen Stellen schalten sie die Juden aus „zum Schutze des deutschen Volks". Was haben wir diesem Volk denn bis heute getan? In den Krankenhäusern ist es furchtbar. Verdiente Chirurgen haben sie mitten aus der Operation herausgeholt und ihnen das Wiederbetreten des Krankenhauses einfach verboten. Andere haben sie auf Wagen geladen und unter dem Gejohl der Menge durch die Stadt geführt. Verschiedene Bekannte sind Hals über Kopf auf und davon ins Ausland, weil sie politisch verdächtig waren. Mein altes Krankenhaus hat seine tüchtigsten und besten Ärzte verloren, die und die Patienten sind verzweifelt, es geht alles drunter und drüber. Die Hetzreden des Herrn Goebbels übersteigen alles, was an Hetze und Verlogenheit bisher da war, und das Volk hört es an und schweigt – und vor allem, die führenden Ärzte, die prominenten Professoren, was tun sie für ihre verratenen Kollegen? [...]

April 1933
Ein Brief vom Magistrat Charlottenburg: „Sie werden gebeten, Ihre Tätigkeit als leitende Ärztin der Frauen- und Beratungsstelle einzustellen!" Aus.
Also herausgeworfen – aus. Meine armen Frauen, wem werden sie nun in die Hände fallen? Fast 5 Jahre habe ich diese Stelle geleitet, groß und bekannt gemacht, und nun? Aus, aus – ich muss es mir immer wieder sagen, damit ich es fassen kann.

Mai 1933
[...] Nun fangen sie in meiner Sprechstunde an, mich zu fragen, ob ich etwa Jüdin bin. Ihr Rasseninstinkt ist bewundernswert. „Frau Doktor, Sie sind doch eine so reizende Frau, warum haben Sie bloß einen Juden geheiratet?" Ganz fassungslos habe ich die Patientin angeschaut.

12. Mai 1933
Eine Patientin kommt weinend zu mir. Sie war bei der üblichen Vortragsstunde ihres Betriebs, und da wurde gelehrt: Wer einmal Beziehungen zu einem Juden gehabt hat, kann nie mehr rein arische Kinder bekommen. Und sie hat früher einmal einen jüdischen Freund gehabt. Ich habe lange reden müssen, das etwas primitive Geschöpf von dem Blödsinn dieser Behauptung zu überzeugen. Jetzt atmet sie auf: „Frau Doktor, ich wollte schon den Gashahn aufmachen, da bin ich im letzten Augenblick noch zu Ihnen gelaufen." Ja, aber wie viele haben niemand, zu dem sie laufen können, und dann?

15. Mai 1933
Kollege H. ist tot! Selbstmord – er hat es nicht ertragen können, dass er nicht als voll anerkannt wird. Ich kann es so gut verstehen. Wahrlich, hätte ich nicht Mann und Kind, ich – ich weiß nicht, was ich täte. [...]

30. Juni 1933
Die letzte Kassen-Sprechstunde. Ich habe tapfer durchgehalten. Meine Wohnung gleicht einem blühenden Garten. Abschiedsblumen. Wie das ist, sein eigenes Begräbnis zu erleben! [...]

Barbara Bronnen (Hrsg.), Geschichten vom Überleben. Frauentagebücher aus der NS-Zeit, München 1998, S. 32–36

1. Beschreiben Sie, wie der nicht betroffene Teil der Bevölkerung auf die Zwangsmaßnahmen reagierte.
2. Beurteilen Sie die gesellschaftlichen Folgen der antisemitischen Maßnahmen.

Nationalsozialismus und deutsches Selbstverständnis

M3
„Nürnberger Gesetze"

Aus dem „Reichsbürgergesetz" und dem „Blutschutzgesetz" („Nürnberger Gesetze") vom 15. September 1935:

3 a) „Reichsbürgergesetz", 15. September 1935:
§ 1 (1) Staatsangehöriger ist, wer dem Schutzverband des Deutschen Reiches angehört und ihm dafür besonders verpflichtet ist.
(2) Die Staatsangehörigkeit wird nach den Vorschriften des Reichs- und Staatsangehörigkeitsgesetzes erworben.
§ 2 (1) Reichsbürger ist nur der Staatsangehörige deutschen oder artverwandten Blutes, der durch sein Verhalten beweist, dass er gewillt und geeignet ist, in Treue dem deutschen Volk und Reich zu dienen.
(2) Das Reichsbürgerrecht wird durch Verleihung des Reichsbürgerbriefes erworben.
(3) Der Reichsbürger ist der alleinige Träger der vollen politischen Rechte nach Maßgabe der Gesetze.
3 b) „Gesetz zum Schutze des deutschen Blutes und der deutschen Ehre", 15. September 1935:
Durchdrungen von der Erkenntnis, dass die Reinheit des deutschen Blutes die Voraussetzung für den Fortbestand des deutschen Volkes ist, und beseelt von dem unbeugsamen Willen, die deutsche Nation für alle Zukunft zu sichern, hat der Reichstag einstimmig das folgende Gesetz beschlossen, das hiermit verkündet wird:
[...]
§ 1 (1) Eheschließungen zwischen Juden und Staatsangehörigen deutschen oder artverwandten Blutes sind verboten.
Trotzdem geschlossene Ehen sind nichtig, auch wenn sie zur Umgehung dieses Gesetzes im Ausland geschlossen sind.
(2) Die Nichtigkeitsklage kann nur der Staatsanwalt erheben.
§ 2 Außerehelicher Verkehr zwischen Juden und Staatsangehörigen deutschen oder artverwandten Blutes ist verboten.
§ 3 Juden dürfen weibliche Staatsangehörige deutschen oder artverwandten Blutes unter 45 Jahren in ihrem Haushalt nicht beschäftigen.

▲ Öffentliche Diskriminierung eines Paares.
Foto aus Norddeutschland, 1933.

§ 4 (1) Juden ist das Hissen der Reichs- und Nationalflagge und das Zeigen der Reichsfarben verboten.
(2) Dagegen ist ihnen das Zeigen der jüdischen Farben gestattet. Die Ausübung dieser Befugnis steht unter staatlichem Schutz.
§ 5 (1) Wer dem Verbot des § 1 zuwiderhandelt, wird mit Zuchthaus bestraft.
(2) Der Mann, der dem Verbot des § 2 zuwiderhandelt, wird mit Gefängnis oder Zuchthaus bestraft.
(3) Wer den Bestimmungen der §§ 3 oder 4 zuwiderhandelt, wird mit Gefängnis bis zu einem Jahr und mit Geldstrafe oder mit einer dieser Strafen bestraft.

Wolfgang Michalka (Hrsg.), Deutsche Geschichte 1933–1945, Frankfurt am Main 1993, S. 95f.

1. Arbeiten Sie die Folgen des „Gesetzes zum Schutze des deutschen Blutes und der deutschen Ehre" für das Zusammenleben der jüdischen und nichtjüdischen Bevölkerung heraus.
2. Erörtern Sie die Auswirkungen des „Reichsbürgergesetzes".

Ausgrenzung und Verfolgung

◀ Passanten vor einem zerstörten jüdischen Geschäft in Hannover.
Foto vom 10. November 1938.

M4
Das „Novemberpogrom" in unterschiedlicher Perspektive

Die Sopade, wie sich die SPD im Prager, später Pariser Exil nennt, gibt seit 1934 regelmäßig „Deutschland-Berichte" heraus und informiert mithilfe eines geheimen Berichterstattersystems über die Situation im nationalsozialistischen Deutschland. Nach dem 9./10. November 1938 berichtet sie:

Alle Berichte stimmen dahin überein, dass die Ausschreitungen von der großen Mehrheit des deutschen Volkes scharf verurteilt werden. In den ersten Pogromtagen sind im ganzen Reich viele
5 hundert Arier verhaftet worden, die ihren Unwillen laut geäußert haben. Oft wird die Frage gestellt: „Wer kommt nach den Juden an die Reihe?" – Man muss sich allerdings – wie groß die allgemeine Empörung auch sein mag – darüber klarwerden, dass
10 die Brutalitäten der Pogromhorden die Einschüchterung gesteigert und in der Bevölkerung die Vorstellung gefestigt haben, jeder Widerstand gegen die uneingeschränkte nationalsozialistische Gewalt sei zwecklos. […] Bemerkenswert ist übrigens, dass,
15 wie nach jeder früheren Welle von Ausschreitungen so auch diesmal wieder, das Gerede auftaucht, Hitler habe das nicht gewollt. „Hitler will zwar, dass die Juden verschwinden, aber er will doch nicht, dass sie totgeschlagen und so behandelt wer-
20 den" usw. usw.

Aus den Ermittlungsakten der Staatsanwaltschaft beim Landgericht Wiesbaden zum Judenpogrom in Wiesbaden-Biebrich am 10. November 1938:

Die Übergriffe begannen damit, dass am 10. November 1938 mit Tagesbeginn eine Personengruppe die Biebricher
25 Synagoge erbrach und das Innere verwüstete. Aufgrund dieses Ereignisses waren an diesem Morgen bereits sehr viel Leute in den Biebricher Straßen unterwegs. Etwa gegen 8 Uhr versammelte sich eine große, zahlenmäßig kaum
30 schätzbare Menschenmenge vor dem Konfektionshaus der jüdischen Kaufleute Halberstadt und Bloch in der Hopfgartenstr. 13. Nachdem einige Leute Backsteine gegen die Fenster und Türen geworfen hatten, drang eine Anzahl von ihnen in das
35 Haus und in die im ersten Stock dieses Hauses gelegenen einzigen Wohnungen der beiden Geschäftsinhaber ein. Die Möbel wurden durcheinandergeworfen und größtenteils völlig zertrümmert. Während die jüdischen Wohnungen Bieb-
40 richs nacheinander heimgesucht wurden, erschien gegen Mittag eine große Menschenzahl in der Rathausstraße. Sie versammelte sich vor dem Grundstück Nr. 44. Unter Drohrufen drang ein Teil in die im ersten Stock gelegene Wohnung des jüdischen
45 Apothekers Oppenheimer und zerstörte das gesamte Inventar. Nachdem der größte Teil zerschlagen war, wälzte sich die Menge zum Haus Nr. 69, in dem der jüdische Getreidehändler Oppenheim wohnte. Von da aus ging es vor das Haus Nr. 8
50 des Kaufmanns Lewy. In beide Wohnungen drang von den unten versammelten Leuten eine Anzahl ein und verwüstete die gesamte Inneneinrichtung.
Im Verlaufe des Nachmittags erschien auch in der Elisabethenstr., vor dem Haus des jüdischen Kauf-
55 manns Stern, eine große Menschenmenge. Unter den Rufen „Wo ist der Jude? Wir schneiden ihm den Hals ab!" drang ein Teil von den Leuten mit

Gewalt in die Stern'sche Wohnung. Der Zeuge Stern war zu dieser Zeit nicht in seinen Räumen. Die Eindringlinge trafen ihn in der Wohnung seines nichtjüdischen Schwiegersohnes Teidicksmann im Parterre. Einige Leute nahmen Stern fest und brachten ihn mit einem Lastkraftwagen zur Polizeiwache. Anschließend wurde die Wohnung Sterns zerstört. Sämtliche Küchenmöbel wurden zerschlagen, das Geschirr zertrümmert und die Federbetten aufgeschlitzt.

Erster Text: Klaus Behnken (Hrsg.), Deutschland-Berichte der Sozialdemokratischen Partei Deutschlands (Sopade) 1934–1940, Bd. 5 (1938), Frankfurt am Main 1980, S. 1204f. und S. 1209
Zweiter Text: Hessisches Hauptstaatsarchiv Wiesbaden Abt. 468 Nr. 260, Bd. 3, Blatt 346/347

▶ **Gedenktafel für die zerstörte Synagoge in Hannover.**
Die Tafel wurde 1978 angebracht.

1. Vergleichen Sie die Berichte miteinander und erklären Sie das unterschiedliche Verhalten.
2. Erörtern Sie, welche Ziele das Regime mit solchen Lage- und Stimmungsberichten verfolgte.

M5
„Gedenken heißt immer auch Erinnern"

Im Jahr 2000 hält der Präsident des Zentralrats der Juden in Deutschland, Paul Spiegel, anlässlich der Veranstaltung zum Gedenken an die Reichspogromnacht am 9. November 1938 in Berlin folgende Rede:

Die Erinnerungen an die Geschehnisse von damals werden spontan gegenwärtig, wenn wir die Bilder der letzten Wochen und Monate sehen: wenn Synagogen angegriffen und geschändet werden wie etwa in Lübeck, Erfurt, in meiner Heimatstadt Düsseldorf und auch hier in Berlin. Wir sehen voll Zorn und Verbitterung die Bilder, wenn Menschen durch die Straßen gejagt werden, wenn sie öffentlich geschlagen, immer öfter auch getötet werden. [...]
Machen Sie Ihre demokratisch gewählten Politiker mitverantwortlich für das, was hier geschieht. Was nützt es, in einer Sondersitzung des Deutschen Bundestages nach den Attentaten auf die Synagogen in Düsseldorf und Berlin in wohl klingenden Reden den Antisemitismus zu verdammen, wenn einige Politiker am nächsten Tag Worte wählen, die missverstanden werden können? Wenn sie die Zuwanderungsfrage heute aus taktischen Gründen zum Wahlkampfthema machen wollen, von sogenannten „nützlichen" und „unnützen" Ausländern faseln. [...]
Wir alle sind jeden Tag – an einem Tag wie heute ganz besonders – aufgefordert, endlich Ernst zu machen mit dem Schutz der Menschenwürde. Nur wenn wir dies auch ernst nehmen, werden Gedenkveranstaltungen wie die heutige nicht zu inhaltlosen, lästigen Ritualen oder Inszenierungen, sondern sind sinnvolle Zeichen einer lebendigen und starken Demokratie.
Gedenken heißt immer auch Erinnern. Wir in der jüdischen Gemeinschaft haben von Kindheit an gelernt, dass Erinnern ein wichtiger Bestandteil unserer Geschichte ist. Der Talmud sagt: „Das Geheimnis der Erlösung heißt Erinnerung." Wir sind es den Opfern der Shoa schuldig, sie und ihre Leiden niemals zu vergessen! Wer diese Opfer vergisst, tötet sie noch einmal!

Die Welt, 10. November 2000

1. Erläutern Sie den Vorwurf Spiegels an einige Politiker, „Worte zu wählen, die missverstanden werden können" (Zeile 16ff.). Finden Sie aktuelle Beispiele.
2. Erörtern Sie, inwiefern Spiegel hier Geschichtspolitik betreibt. Verfassen Sie einen Essay über die heutige Bedeutung der Menschenwürde.

Wirtschaft für den Krieg

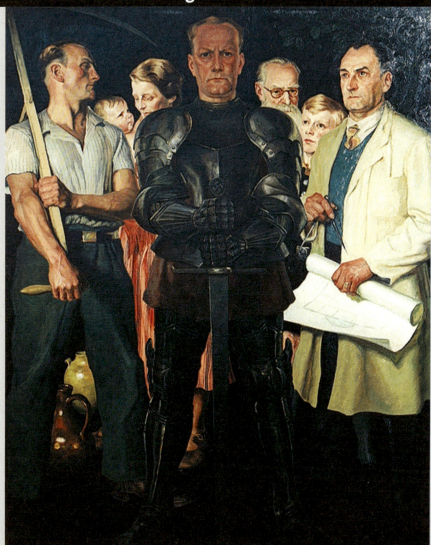

8. Februar 1933
Hitler fordert in einer Ministerbesprechung, dass die Wirtschaft der Aufrüstung zu dienen habe.

22. Oktober 1936
Ein Vierjahresplan tritt in Kraft, der Deutschland gezielt auf den Krieg vorbereitet.

▲ „Deutsche Symphonie."
Gemälde von Hans Toepper, ca. 1938.
- *Beschreiben Sie das Gemälde. Beachten Sie dabei Vorder- und Hintergrund-, Zentral- und Seitenposition, Alter und Geschlecht, Blickkontakt und Attribute der Abgebildeten.*
- *Interpretieren Sie das hier versinnbildlichte Gesellschaftsmodell und leiten Sie daraus die politischen Konsequenzen ab.*

Die Überwindung der Wirtschaftskrise

Hitler war 1933 mit dem Versprechen angetreten, mithilfe von „zwei großen Vierjahresplänen" die wirtschaftlichen und sozialen Probleme zu überwinden und allen Deutschen „Arbeit und Brot" zu verschaffen. Davon ausgeschlossen waren die Juden und andere Minderheiten, die von den Nationalsozialisten ab 1933 aus dem deutschen Wirtschaftsleben verdrängt wurden.[1]

Tatsächlich konnte das Regime schneller Erfolge vorweisen als Anhänger und Gegner im In- und Ausland dies für möglich gehalten hätten. Bis 1936 sank die Zahl der Arbeitslosen von über sechs auf unter zwei Millionen. Industrieproduktion und Sozialprodukt lagen über den Marken der „goldenen Zwanzigerjahre". Wie hatte es zu diesem erstaunlichen Aufschwung kommen können?

Genauere Untersuchungen haben gezeigt, dass die Nationalsozialisten die Arbeitslosenzahlen schönten, indem sie nicht alle Arbeitssuchenden in der offiziellen Statistik aufführten (▶ M1). Unter anderem entzogen sie bestimmten Berufsgruppen ihren Anspruch auf Arbeitslosenunterstützung. Obwohl arbeitslos, wurden diese dann ab 1933 von der offiziellen Zählung ausgeklammert.

Bereits vor der „Machtergreifung" signalisierten viele Wirtschaftsdaten einen positiven

▲ **Nationalsozialistisches Plakat zur „Volksabstimmung" 1936.**
Bei den Reichstagswahlen vom 29. März 1936 erhielten die Nationalsozialisten nach offiziellem Ergebnis 99 Prozent der Stimmen.

Trend. Als Hitler die Regierung übernahm, war der Tiefpunkt der Weltwirtschaftskrise bereits überwunden. Die ersten Arbeitsbeschaffungsmaßnahmen der Nationalsozialisten führten nur fort, was bereits von den vorigen Regierungen eingeleitet worden war. Ebenso setzte das 1935 in Form des Reichsarbeitsdienstes (RAD) eingeführte Beschäftigungsprogramm für Jugendliche lediglich Pläne aus der Weimarer Republik fort. Für die Frauen richteten die Nationalsozialisten einen freiwilligen Arbeitsdienst ein. Gleichzeitig sollte eine breit angelegte Kampagne gegen das sogenannte Doppelverdienertum verheiratete Frauen aus dem Erwerbsleben drängen, um weitere Arbeitsplätze zu schaffen.

Die unvermeidliche Wirkungsverzögerung der am Ende der Weimarer Zeit begonnenen Arbeitsbeschaffungsprogramme machte die Hitler-Regierung zum Nutznießer. Diese schrieb den Rückgang der Arbeitslosigkeit in der Folge allein ihrer Politik zu und schlachtete die vermeintlich schnellen Erfolge propagandistisch aus. Zugpferd der Propaganda war der Autobahnbau, der jetzt mit großem Aufwand einsetzte und wirkungsvoll als Beleg für die Überwindung der Arbeitslosigkeit herausgestellt wurde.

---

[1] *Vgl. dazu S. 32 f.*

In Wahrheit trug er nichts zur Arbeitsbeschaffung bei. Auch hier griffen die Nationalsozialisten auf die Planungen früherer Regierungen zurück. Obwohl der Einsatz von Maschinen absichtlich beschränkt wurde, war die Anzahl der dort beschäftigten Arbeiter (125 000 im Jahr 1936) vergleichsweise gering. Im Gegenzug verschlang der Autobahnbau bis zur kriegsbedingten Einstellung der Baumaßnahmen 1941/42 sechs Milliarden Reichsmark.

Viele der in blindem Aktionismus verordneten Maßnahmen, in denen tausende Arbeitslose schwerste Erdarbeit leisten mussten, waren ökonomisch meist wenig sinnvoll oder sogar kontraproduktiv. Die ideologisch unterfütterten Arbeitsprogramme halfen zwar, die Arbeitslosigkeit zu senken, einen höheren Lebensstandard brachten sie für die Masse der Bevölkerung jedoch nicht. Der Preis für die wirtschaftlichen „Erfolge" musste vielmehr mit längeren Arbeitszeiten, niedrig gehaltenen Löhnen und Engpässen bei Konsumgütern bezahlt werden (▶ M2). Ein nationalsozialistisches „Wirtschaftswunder" oder Vollbeschäftigung hat es nie gegeben. Zu keinem Zeitpunkt ging es der nationalsozialistischen Führung wirklich darum, den Arbeitslosen zu helfen und die Wirtschaft wieder in Schwung zu bringen, sondern allein um die Aufrüstung für den nächsten Krieg.

Ideologische Wendepunkte

Zentrale Angriffsziele der NSDAP vor 1933 waren die Großindustrie, Großbanken, Warenhäuser und Handelsketten gewesen. Gegen diese „Erfindungen des Judentums und des Liberalismus" hatte die Partei für Kleinhändler, Gewerbetreibende und für Kleinbauern gekämpft.[1)]

Nach der „Machtergreifung" indessen stellten die Nationalsozialisten bald fest, dass sie die Modernisierung der Industriegesellschaft in Deutschland fördern mussten, wenn sie Großmachtpolitik betreiben wollten. Den dafür notwendigen Prozess beschleunigten sie durch die Förderung der Großindustrie und durch nachhaltige Mobilisierung der Gesellschaft. Den Machthabern war der „Verrat" an den eigenen Prinzipien sehr wohl bewusst. Deshalb sollte in einer fernen Zukunft, wenn der „Lebensraum im Osten" erst gewonnen war, die propagierte Wirtschafts- und Gesellschaftsutopie im neu zu besiedelnden Gebiet verwirklicht werden.

Schulden für die Aufrüstung

Soweit man von einem spezifisch deutschen „Wirtschaftsaufschwung" ab 1933 sprechen kann, stand dieser auf zwei Säulen: auf der Planung, Deutschland wieder kriegsbereit zu machen, und auf einer höchst riskanten Schuldenpolitik. Nachdem die Nationalsozialisten eine wirtschaftsfreundliche Politik, die Beibehaltung von Privateigentum und Gewinnorientierung in Aussicht gestellt hatten, fanden sie dafür auch Unterstützung von Unternehmerschaft und Banken.

In der Folge förderten die Nationalsozialisten durch Subventionen, Steuererleichterungen und Staatsaufträge vor allem die rüstungsrelevante Industrie (▶ M3). Ab Ende 1934 begann die Umstellung der wirtschaftlichen Produktion auf die Bedürfnisse der „Wehrwirtschaft". Die Ausgaben im Bereich von Rüstung und Reichswehr stiegen explosions-

---

[1)] Vgl. das Parteiprogramm der NSDAP von 1920 auf S. 10.

▶ **Grundsteinlegung für das Volkswagenwerk in Wolfsburg durch Adolf Hitler.**
Foto vom 26. Mai 1938.
1934 forderte Hitler den Bau eines Wagens, der für jeden „Volksgenossen" erschwinglich sein sollte. Die Produktion des aufwändig beworbenen „KdF-Wagens" sollte von den Käufern durch die Einzahlung von Sparraten vorfinanziert werden. Die Sparer wurden enttäuscht: Ab 1939 produzierte das neue Volkswagenwerk nur noch Militärfahrzeuge.

artig an. Von 30 Milliarden ausgegebenen Reichsmark konnten jedoch lediglich 18 Milliarden aus Steuermitteln gedeckt werden. Die Staatsverschuldung wuchs dramatisch (▶ M4).
Die Ausgaben für die Rüstung wurden nicht über Banknoten, sondern über sogenannte Mefo-Wechsel finanziert. Reichsbankpräsident *Hjalmar Schacht*, der seit 1935 auch Reichswehrminister und Generalbevollbemächtigter für die Kriegswirtschaft war, hatte im März 1933 mit dem Kapital von fünf Industrieunternehmen, darunter Krupp und Siemens, die Scheinfirma Metallurgische Forschungsgesellschaft (Mefo) gegründet. Diese versah Wechsel von Rüstungslieferanten mit ihrer Unterschrift, sodass sie bei der Reichsbank gegen Bargeld eingereicht werden konnten. So ließ sich die Aufrüstung auf Pump verschleiern, denn die Wechsel galten nicht als Staatsschulden und wurden nicht im Reichshaushalt verzeichnet. Als die Mefo-Wechsel fällig wurden und nicht gezahlt werden konnten, warnte Schacht Hitler Anfang 1939 vor der Inflationsgefahr und trat als Reichsbankpräsident zurück. Die Tilgung der horrenden Fehlbeträge sollte später durch die Einnahmen aus besetzten Territorien erfolgen. Der Eroberungskrieg war von Anfang an in der Wirtschaftspolitik mit eingeplant.

Autarkiestreben Verbunden mit der Aufrüstung war das Ziel der deutschen Führung, die eigene Wirtschaft autark, also von ausländischen Gütern und Rohstoffen möglichst unabhängig zu machen, um Versorgungsengpässe im Kriegsfall zu vermeiden. Dazu sollten die Einfuhren eingeschränkt und die Produktion von Rohstoffen, Fertigwaren sowie auch landwirtschaftlichen Erzeugnissen im Inland gesteigert werden. 1936 versuchte Hitler in einem Vierjahresplan, die wichtigsten Initiativen dafür zu bündeln. So mussten unter anderem jetzt einheimische Bodenschätze auch dann abgebaut werden, wenn sie qualitativ schlechter oder aufwändiger zu gewinnen waren als die auf dem Weltmarkt gehandelten Güter. Außerdem trieb man ohne Rücksicht auf Kosten die synthetische Erzeugung von Benzin und Gummi voran. Solche Förderstrategien wurden nicht allein von den führenden Nationalsozialisten entwickelt, sondern trugen zum Teil deutlich die Handschrift derjenigen Großunternehmen, die ein massives Interesse an der Aufrüstung hatten. Mit diesen Investitionen in den zukünftigen Krieg brachte sich Hitler-Deutschland am Ende der Dreißigerjahre selbst in Zugzwang, da die Schuldenpolitik ein bedrohlich steigendes Inflationsrisiko verursachte. Die Hypotheken auf die „Eroberung neuen Lebensraumes" mussten eingelöst werden.

Lesetipp
Adam Tooze, Ökonomie der Zerstörung, München 2008

Wirtschaft für den Krieg

M1
Entwicklung der Arbeitslosigkeit

a) *Unsichtbar Arbeitslose, gemessen an den registrierten Arbeitslosen (Prozent)*

Neben den bei den Arbeitsämtern als Arbeit suchend registrierten Arbeitslosen gab es auch Erwerbspersonen, die zwar Arbeit suchten, sich aber nicht bei den Arbeitsämtern meldeten, weil sie keinen Anspruch auf Arbeitslosengeld oder schlechte Aussichten auf eine Vermittlung hatten. Diese werden als unsichtbar Arbeitslose bezeichnet. Dazu zählten die Berufsgruppen der Hausgehilfinnen, der in der Fischerei Beschäftigten sowie Land- und Forstarbeiter, die ab 1933 ihren Anspruch auf Arbeitslosenunterstützung verloren. Schlechte Aussichten auf Arbeitsvermittlung hatten im Zeichen der NS-Kampagne gegen das sogenannte Doppelverdienertum vor allem verheiratete Frauen, die wegen mangelnder Bedürftigkeit in der Regel auch kein Arbeitslosengeld bezogen.

	Winter	Frühjahr	Sommer	Herbst
1931	18	20	24	24
1932	22	26	29	28
1934	36	50	53	45

b) *Arbeitslosigkeit im Januar 1933 und 1934 im Vergleich (Mio.)*

Neben den registrierten und den unsichtbar Arbeitslosen berücksichtigt die folgende Statistik auch Quasi-Arbeitslose. Dies sind Erwerbspersonen ohne reguläre Anstellung, die bei den Arbeitsämtern als arbeitslos registriert waren, jedoch von den Nationalsozialisten ab 1933 aus der Arbeitslosenstatistik ausgeklammert worden sind, weil sie bei Notstandsarbeiten, als Landhelfer oder im Arbeitsdienst tätig waren.

	Januar 1933	Januar 1934
Registrierte Arbeitslose	6,0	3,8
Unsichtbar Arbeitslose	1,5	1,4
Quasi-Arbeitslose	0,1	0,8
Arbeitslose insgesamt	**7,6**	**6,0**

Christoph Buchheim, Michael Hutter und Harold James (Hrsg.), Zerrissene Zwischenkriegszeit. Wirtschaftshistorische Beiträge. Knut Borchardt zum 65. Geburtstag, Baden-Baden 1994, S. 106

1. Analysieren Sie die Entwicklung der Arbeitslosigkeit.
2. Beurteilen Sie die Ergebnisse. Welche Schlüsse lassen sich daraus ziehen?

M2
Einkommen, Arbeitszeiten und Lebenshaltung

	1928	1929	1932	1933	1934	1935	1936	1937
Bruttosozialprodukt (Mrd. RM*)	–	89,0	58,0	59,0	67,0	74,0	83,0	93,0
davon Konsum		72,0	81,0	78,0	75,0	72,0	65,0	64,0
Beschäftigung (Mio.; Jahresdurchschnitt)		18,4	12,9	13,4	15,5	16,4	17,6	18,9
Durchschnittliche Arbeitszeit in der Industrie (wöchentlich)	–	46,04	41,47	42,94	44,56	44,44	45,56	46,06
Löhne und Gehälter (Mrd. RM)	44,9	–	27,4	27,7	31,2	35,4	37,7	41,5
Vermögens- und Unternehmereinkommen, unverteilte Gewinne (Mrd. RM)	25,6	–	15,6	16,7	19,4	22,1	25,2	28,6
Stundenverdienste in der Industrie (Arbeiter, Durchschnitt) Index 1932 = 100	–	132,7	100	96,9	99,3	100,8	102,5	104,6
Wochenverdienste (Arbeiter) Index 1932 = 100	–	149,4	100	102,2	109,7	112,3	116,5	120,6
Lebenshaltungsindex 1932 = 100		127,7	100	97,8	100,4	102,0	103,2	103,7

Der große Ploetz, Freiburg i. Br. ³⁵2008, S. 965

* RM = Reichsmark

1. Fassen Sie die wichtigsten Trends der Statistik mit eigenen Worten zusammen.
2. Analysieren Sie die Entwicklung der durchschnittlichen Arbeitszeit.
3. Interpretieren Sie die Entwicklung von Löhnen und Lebenshaltung aus Arbeitnehmersicht.

Nationalsozialismus und deutsches Selbstverständnis

M3
Wirtschaft in Zahlen

a) Selbstversorgungsgrad bei Grundnahrungsmitteln in Prozent

	1927/28	1938/39
Brotgetreide	79	115
Kartoffeln	96	100
Zucker	100	101
Fleisch	91	97
Fett	44	57

Karl-Dietrich Bracher, Manfred Funke und Hans Adolf Jacobsen (Hrsg.), Nationalsozialistische Diktatur 1933-1945, Bonn 1983, S. 308

[1)] einschl. Saargebiet
[2)] einschl. Österreich
[3)] Dort wurde synthetisches Benzin durch Kohleverflüssigung hergestellt.

b) Produktion wichtiger Grundstoffe (in 1000 Tonnen)

	1928	1935[1)]	1938[2)]	1939[2)]
Steinkohleförderung	150 871	151 908	186 186	187 956
Braunkohleförderung	165 185	147 005	194 985	212 109
Erdölförderung	92	427	609	885
Eisenerzförderung	6 475	6 044	12 351	14 710
Benzine aller Art (aus Mineralöl)	241	877,8 (1936)	1 494	
Treibstofferzeugung der Hydriersynthesewerke[3)]	–	–	766	1 049,6
Kunstkautschukerzeugung	–	–	5,2	22,4

Der große Ploetz, a.a.O., S. 975

c) Rüstungsausgaben, öffentliche Investitionen und Sozialprodukt (in Mio. Reichsmark)

	1932	1933	1934	1935	1936	1937	1938	1939
Rüstung (Wehrmacht)	620	720	3 300	5 150	9 000	10 850	15 500	32 300
Öffentliche Investitionen	1 970	2 430	3 460	3 890	4 220	4 620	5 530	–
davon Verkehr	850	1 238	1 694	1 876	2 144	2 400	3 376	–
Öffentliche Verwaltung	800	810	1 200	1 400	1 400	1 420	1 200	–
Versorgungsbetriebe	218	200	289	390	500	600	700	–
Wohnungsbau	150	185	275	220	175	200	250	–
Rüstung in Prozent der öffentl. Investitionen	21,5	29,6	96,2	132,4	213,3	234,8	280,3	–
Anteil der Rüstung am Volkseinkommen (Prozent)	1,4	1,6	6,3	8,7	13,7	14,7	18,9	23

Nach: Dietmar Petzina, Werner Abelshauser und Anselm Faust, Sozialgeschichtliches Arbeitsbuch III. Materialien zur Statistik des Deutschen Reiches 1914–1945, München 1978, S. 149

1. Erläutern Sie die wirtschaftlichen Anstrengungen, die während der NS-Zeit unternommen wurden.
2. Trennen Sie die Bereiche in zivilen und militärischen Sektor und interpretieren Sie die Unterschiede im Versorgungs- bzw. Produktionsfortschritt.

M4
Schuldenentwicklung in Mrd. Reichsmark (jeweils am 31.3.)

1932	11,4	1936	14,4
1933	11,6	1937	16,1
1934	11,8	1938	19,1
1935	12,5	1939	30,7

Kurt G. A. Jeserich u. a. (Hrsg.), Deutsche Verwaltungsgeschichte, Bd. 4, Stuttgart 1985, S. 855

1. Erörtern Sie die Schuldenentwicklung und setzen sie in Bezug zur Ausgabenentwicklung in M3.
2. Beurteilen Sie auf der Grundlage von M1 bis M4: *Gab es ein nationalsozialistisches „Wirtschaftswunder"?*

Wirtschaft für den Krieg

Der Weg in den Krieg

▲ „Spineless ‚Leaders' of Democracy".
Englische Karikatur von David Low von 1936.

- Analysieren Sie die Einstellung des Karikaturisten gegenüber der Demokratie.
- Interpretieren Sie die Haltung des Zeichners gegenüber der englischen Politik.
- Erörtern Sie die Bedeutung einer nichtdeutschen Quelle für unser Geschichtsbild vom „Dritten Reich".

14. Oktober 1933
Das Deutsche Reich tritt aus dem Völkerbund aus.

26. Januar 1934
Das Deutsche Reich schließt mit Polen einen Nichtangriffspakt.

16. März 1935
Die allgemeine Wehrpflicht wird wieder eingeführt.

18. Juni 1935
England schließt mit dem Deutschen Reich ein Flottenabkommen.

7. März 1936
Die Wehrmacht marschiert in das entmilitarisierte Rheinland ein.

25. Oktober 1936
Mussolini verkündet die „Achse Berlin-Rom".

25. November 1936
Das Deutsche Reich und Japan beschließen eine gemeinsame antisowjetische Politik („Antikominternpakt").

6. November 1937
Italien tritt dem „Antikominternpakt" bei; „Achse Berlin-Rom-Tokio".

13. März 1938
Österreich wird an das Deutsche Reich angeschlossen.

29. September 1938
Konferenz von München: Großbritannien, Frankreich, Italien und Deutschland beschließen die Eingliederung des Sudetenlandes in das Deutsche Reich.

15. März 1939
Deutsche Truppen marschieren in die „Rest-Tschechei" ein.

23. August 1939
Das Deutsche Reich schließt einen Nichtangriffspakt mit der Sowjetunion („Hitler-Stalin-Pakt").

Grundlagen der NS-Außenpolitik

Die Öffentlichkeit in den europäischen Staaten beobachtete mit Misstrauen die nationalsozialistische „Machtergreifung": den NS-Straßenterror, die Aushöhlung der Weimarer Verfassung, die Ausschaltung der Parteien sowie die einsetzende antijüdische Politik. Aber Hitler beließ zunächst den bisherigen Außenminister *Konstantin von Neurath* im Amt. Dies schien die Kontinuität der Weimarer Außenpolitik zu verbürgen, die auf diplomatischem Weg versucht hatte, eine Revision des Versailler Vertrages und politische sowie militärische Gleichberechtigung zu erreichen.

Die Pläne Hitlers blieben aber nicht bei einer Revision der Versailler Regelungen stehen (◆ M1, M2). Ziele seiner Außenpolitik waren die Eroberung von „Lebensraum" im Osten Europas und die Herrschaft der „arischen Rasse". Die Zerschlagung der kommunistischen UdSSR und zugleich des „jüdischen Bolschewismus" insgesamt bildeten den eigentlichen Kern von Hitlers außenpolitischem Programm. Letztendlich sollte wohl die Beherrschung eines europäischen Imperiums als Ausgangspunkt dienen, im Bündnis mit Japan und eventuell Großbritannien in einem Krieg der Kontinente gegen die USA die Weltherrschaft des Deutschen Reiches zu vollenden. Hitler ging dabei in den Dreißigerjahren keineswegs nach einem bestimmten Plan vor, sondern reagierte jeweils mit Skrupellosigkeit auf die Veränderungen der internationalen Politik, und er hatte Glück.

Bruch mit Versailles

Schon im Oktober 1933 trat das Deutsche Reich aus dem Völkerbund aus. Im Januar 1934 schloss es einen Nichtangriffspakt mit Polen und durchbrach damit die außenpolitische Isolation. Die Sowjetunion war jetzt gewarnt und suchte den Schulterschluss mit den ehemaligen Alliierten. Im September 1934 trat sie dem Völkerbund bei. Schon im Juli 1934 hatte Hitler einen nationalsozialistischen Putsch in Österreich vorangetrieben, um den 1919 von den Alliierten verbotenen Anschluss Österreichs an das Deutsche Reich vorzubereiten. Die Aktion scheiterte am massiven Einspruch des Nachbarlandes Italien. Mussolini drohte mit militärischem Eingreifen.

Am 13. Januar 1935 fand die im Versailler Vertrag vorgesehene Volksabstimmung über die Zukunft des Saargebiets statt. Das Votum von 91 Prozent der Bevölkerung für die Rückkehr ins Deutsche Reich feierte das Naziregime als großen Erfolg. Kurz darauf erklärte Hitler alle Rüstungsbeschränkungen des Versailler Vertrags für nichtig und führte die allgemeine Wehrpflicht wieder ein.

Drei Monate später, am 18. Juni 1935, kam sogar ein deutsch-englisches Abkommen zustande, in dem die relative Stärke der Flotten beider Länder festgeschrieben wurde. Damit hatte sich ein Siegerstaat über das Verbot hinweggesetzt, militärische Abkommen mit Deutschland zu schließen. Im März 1936 besetzten deutsche Truppen das entmilitarisierte Rheinland. Die Westmächte reagierten auch auf diese Vertragsverletzung nur mit Protesten. Der Versailler Vertrag war bedeutungslos geworden.

Neue Bündnisse

Als Hitler Ende 1935 Italien im Krieg gegen Äthiopien unterstützte, begann die Annäherung der beiden faschistischen Diktaturen. Am 1. November 1936 verkündete Mussolini die „Achse Berlin-Rom". Ein Jahr später trat Italien auch dem *Antikominternpakt* bei, in dem sich Deutschland und Japan 1936 dazu verpflichtet hatten, weltweit den Kommunismus zu bekämpfen und die Sowjetunion außenpolitisch zu isolieren. Im März 1939 schloss sich dem auch Spanien

Der Weg in den Krieg

unter General *Franco* an, den die Nationalsozialisten und die italienischen Faschisten im Bürgerkrieg seit 1936 massiv unterstützt hatten. Wenn auch das von Hitler stets angestrebte Bündnis mit England nicht zustande gekommen war, so schien das „weltpolitische Dreieck" Berlin-Rom-Tokio eine Politik ohne – oder sogar gegen – das britische Weltreich zuzulassen.

Der amerikanische Präsident *Franklin D. Roosevelt* signalisierte zwar in einer Rede eine Abwendung von der Neutralitätspolitik, aber weder Hitler noch Mussolini ließen sich davon beeindrucken. England, Frankreich und die meisten anderen westeuropäischen Länder hatten mit inneren Problemen und den Nachwirkungen der Weltwirtschaftskrise zu kämpfen. Sie wollten unbedingt am Frieden festhalten und setzten auf *Appeasement* („Beschwichtigung") als Maxime ihrer Außenpolitik. Nur so ist es zu erklären, dass das Deutsche Reich keinen ernsthaften Widerstand fand und ab 1938 die Aggressivität seiner Außenpolitik noch steigern konnte.

Expansion 1937/38 hatte Hitler die Billigung Mussolinis sicher, als er versuchte, massiven Einfluss auf Österreich zu gewinnen. Die österreichische Regierung setzte in ihrer Not eine Volksabstimmung über die Selbstständigkeit an, doch Hitler kam dem zuvor und marschierte im März 1938 mit seinen Truppen ein. Die Mehrzahl der Österreicher bereitete ihm einen triumphalen Empfang.

Auch in Deutschland fand Hitlers Politik jetzt fast uneingeschränkte Zustimmung. Nun forderte Hitler die „Lösung des Sudetenproblems", die für ihn darin bestand, die deutschsprachig dominierten Gebiete der Tschechoslowakei dem Reich einzugliedern. Er machte sich dabei bestehende Konflikte zunutze. Nicht nur die Deutschen, auch Polen, Ungarn und andere Volksgruppen in der Tschechoslowakei erhoben Autonomieforderungen. Mit seiner Beteuerung, das sudetendeutsche Gebiet sei die letzte territoriale Forderung des Deutschen Reiches, konnte Hitler sich wiederum durchsetzen. Auf der *Konferenz von München* am 29. September 1938 legten Deutschland, Italien, Frankreich und England ohne Beteiligung von Vertretern der Tschechoslowakei die Modalitäten für die geforderten territorialen Veränderungen fest. Nur ein halbes Jahr später waren Hitlers Beteuerungen als Lügen entlarvt. Am 15. März 1939 marschierten deutsche Truppen in der „Rest-Tschechei" ein. Am Tag darauf wurde das Protektorat Böhmen und Mähren de facto der Reichsverwaltung unterstellt. Diesmal konnte das Deutsche Reich seinen Schritt nicht mehr mit dem Hinweis auf das Selbstbestimmungsrecht der Völker begründen. Erneut griffen die anderen europäischen Mächte nicht ein, aber sie wussten nun, dass sie nicht länger zusehen konnten.

▲ **Diktatoren unter sich: Mussolini und Hitler während der Münchener Konferenz.**
Foto (Ausschnitt) vom 29. September 1938.

▲ Die Erweiterung des Deutschen Reiches zwischen 1933 und 1939.

Schon Ende März gaben Frankreich und England eine verbindliche Garantieerklärung für Polen ab, das zunehmend die Zielscheibe aggressiver deutscher Propaganda wurde. Der nächste Schritt der Machtausdehnung auf Kosten Polens musste den von Hitler längst einkalkulierten Krieg bedeuten.

In dieser Phase gelang der deutschen Diplomatie ein spektakulärer Erfolg: Die Nationalsozialisten, die sich immer als schärfste Feinde des „Bolschewismus" verstanden und inszeniert hatten, schlossen einen Nichtangriffspakt mit der Sowjetunion („Hitler-Stalin-Pakt"; ▶ M3). Diese hatte kurz zuvor noch Verhandlungen über einen britisch-französisch-sowjetischen Dreibund unter möglicher polnischer Beteiligung geführt, die aber gescheitert waren.

Der sowjetische Diktator *Josef W. Stalin* konnte sich nun bei einem zu erwartenden Angriff Deutschlands auf Polen aus allen Kampfhandlungen heraushalten und wusste seine Einflusssphäre in Osteuropa gesichert. In einem geheimen Zusatzprotokoll vereinbarten Deutschland und die Sowjetunion die Aufteilung Polens.

Der Weg in den Krieg

Hitlers Rede zu seinen neuen Ministern
So geht es jetzt weiter

M1
Kampf gegen Versailles

Nur wenige Tage nach der „Machtergreifung", am 3. Februar 1933, führt Hitler vor den Befehlshabern von Heer und Marine seine außenpolitischen Vorstellungen aus. Die Rede wird von Generalleutnant Liebmann protokolliert:

Ziel der Gesamtpolitik allein: Wiedergewinnung der pol. Macht. Hierauf muss gesamte Staatsführung eingestellt werden (alle Ressorts!). → Ministerbesprechung
1. Im Innern. Völlige Umkehrung der gegenwärt. innenpol. Zustände in D. Keine Duldung der Betätigung irgendeiner Gesinnung, die dem Ziel entgegensteht (Pazifismus!). Wer sich nicht bekehren lässt, muss gebeugt werden. Ausrottung des Marxismus mit Stumpf und Stiel. Einstellung der Jugend u. des ganzen Volkes auf den Gedanken, dass nur d. Kampf uns retten kann u. diesem Gedanken gegenüber alles zurückzutreten hat. (Verwirklicht in d. Millionen d. Nazi-Beweg. Sie wird wachsen.) Ertüchtigung der Jugend u. Stärkung des Wehrwillens mit allen Mitteln. Todesstrafe für Landes- u. Volksverrat. Straffste autoritäre Staatsführung. Beseitigung des Krebsschadens der Demokratie!
2. Nach außen. Kampf gegen Versailles. Gleichberechtigung in Genf[1)] aber zwecklos, wenn Volk nicht auf Wehrwillen eingestellt. Sorge für Bundesgenossen. […]
4. Aufbau der Wehrmacht wichtigste Voraussetzung für Erreichung des Ziels: Wiedererringung der pol. Macht. Allg. Wehrpflicht muss wiederkommen. Zuvor aber muss Staatsführung dafür sorgen, dass die Wehrpflichtigen vor Eintritt nicht schon durch Pazif., Marxismus, Bolschewismus vergiftet werden oder nach Dienstzeit diesem Gifte verfallen. Wie soll pol. Macht, wenn sie gewonnen ist, gebraucht werden? Jetzt noch nicht zu sagen. Vielleicht Erkämpfung neuer Export-Mögl., vielleicht – und wohl besser – Eroberung neuen Lebensraumes im Osten u. dessen rücksichtslose Germanisierung. […] – Gefährlichste Zeit ist die des Aufbaus der Wehrmacht. Da wird sich zeigen, ob Fr(ankreich) Staatsmänner hat; wenn ja, wird es uns Zeit nicht lassen, sondern über uns herfallen (vermutlich mit Ost-Trabanten). *Hilfer- u. Schutzkronen*

---
1) Sitz des Völkerbundes

Walther Hofer (Hrsg.), Der Nationalsozialismus. Dokumente 1933–1945, Frankfurt am Main [49]2004, S. 180f.

1. Geben Sie die Ziele der nationalsozialistischen Außenpolitik wieder.
2. Arbeiten Sie heraus, welche Reaktionen Hitler von den europäischen Nachbarn auf seine Außenpolitik erwartet.
3. Charakterisieren Sie stilistische Besonderheiten der hier verwendeten Quellenform. Berücksichtigen Sie dabei, welche Position der Schreiber bei der Übermittlung der „Fakten" einnimmt.

M2
„Frieden und Freundschaft"

Für die Öffentlichkeit gibt Hitler am 17. Mai 1933 vor dem Reichstag erstmals eine außenpolitische Erklärung ab:

Wenn ich in diesem Augenblick bewusst als deutscher Nationalsozialist spreche, so möchte ich namens der nationalen Regierung und der gesamten Nationalerhebung bekunden, dass gerade uns in diesem jungen Deutschland das tiefste Verständnis beseelt für die gleichen Gefühle und Gesinnungen sowie für die begründeten Lebensansprüche der anderen Völker. Die Generation dieses jungen Deutschlands, die in ihrem bisherigen Leben nur die Not, das Elend und den Jammer des eigenen Volkes kennenlernte, hat zu sehr unter dem Wahnsinn gelitten, als dass sie beabsichtigen könnte, das gleiche anderen zuzufügen. […] Indem wir in grenzenloser Liebe und Treue an unserem eigenen Volkstum hängen, respektieren wir die nationalen Rechte auch der anderen Völker aus dieser selben Gesinnung heraus und möchten aus tiefinnerstem Herzen mit ihnen in Frieden und Freundschaft leben. […] Wir aber haben keinen sehnlicheren Wunsch, als dazu beizutragen, dass die Wunden des Krieges und des Versailler Vertrages endgültig geheilt werden. Deutschland will keinen anderen Weg dabei gehen als den, der durch die Verträge selbst als berechtigt anerkannt ist. Die Deutsche Regierung wünscht, sich über alle schwierigen Fragen mit den Nationen friedlich auseinanderzusetzen. Sie weiß, dass jede militärische Aktion in

Europa auch bei deren völligem Gelingen, gemessen an den Opfern, in keinem Verhältnis stehen würde zu dem Gewinn.

Max Domarus, Hitler. Reden und Proklamationen 1932–1945, Bd. 1, Würzburg 1962, S. 271–273

1. Erläutern Sie, welches Deutschlandbild Hitler zeichnet.
2. Vergleichen Sie M2 mit M1. Berücksichtigen Sie dabei den jeweiligen Kontext.
3. Erörtern Sie die Zielsetzung, die Hitler mit seiner öffentlichen außenpolitischen Erklärung verfolgte.

M3
Der Nichtangriffspakt mit der UdSSR

Im August 1939 wird der Öffentlichkeit ein Abkommen präsentiert, das der sowjetische Außenminister Wjatscheslaw M. Molotow mit dem deutschen Außenminister Joachim von Ribbentrop ausgehandelt hat:

Art. 1 Die beiden vertragschließenden Teile verpflichten sich, sich jeden Gewaltakts, jeder aggressiven Handlung und jedes Angriffs gegeneinander, und zwar sowohl einzeln als auch gemeinsam mit anderen Mächten, zu enthalten.
Art. 2 Falls einer der vertragschließenden Teile Gegenstand kriegerischer Handlungen seitens einer dritten Macht werden sollte, wird der andere vertragschließende Teil in keiner Form diese dritte Macht unterstützen. [...]
Art. 4 Keiner der beiden vertragschließenden Teile wird sich an irgendeiner Mächtegruppierung beteiligen, die sich mittelbar oder unmittelbar gegen den anderen Teil richtet.
Geheimes Zusatzprotokoll[1]: Für den Fall einer territorial-politischen Umgestaltung der zum polnischen Staate gehörenden Gebiete werden die Interessensphären Deutschlands und der UdSSR ungefähr durch die Linie der Flüsse Narew, Weichsel und San abgegrenzt.

[1] Das Zusatzprotokoll wurde im Westen 1948 bekannt; die Sowjetunion bestritt bis 1989 die Existenz dieser Abmachung.

„Fragt sich, wie lange die Flitterwochen dauern werden?"
Karikatur von Clifford K. Berryman im „Washington Star" vom 9. Oktober 1939.

Die Frage, ob die beiderseitigen Interessen die Erhaltung eines unabhängigen polnischen Staates erwünscht erscheinen lassen und wie dieser Staat abzugrenzen wäre, kann endgültig erst im Laufe der weiteren politischen Entwicklung geklärt werden. In jedem Falle werden beide Regierungen diese Frage im Wege einer freundschaftlichen Verständigung lösen.

OSTEUROPA. Zeitschrift für Gegenwartsfragen des Ostens, 39. Jg. (1989), S. 417–419

1. Geben Sie die Punkte des deutsch-sowjetischen Abkommens wieder.
2. Erläutern Sie, was der Nichtangriffspakt über die außenpolitischen Planungen beider Länder aussagt.
3. Erörtern Sie die Bedeutung des geheimen Zusatzprotokolls.

Der Weg in den Krieg

Der Zweite Weltkrieg

▲ Europa im Zweiten Weltkrieg.

1./3. September 1939
Deutschland überfällt Polen, daraufhin erklären Großbritannien und Frankreich Deutschland den Krieg.

1940
Deutsche Truppen besetzen Dänemark, Norwegen, Belgien, die Niederlande und Frankreich.

22. Juni 1941
Das Deutsche Reich überfällt die Sowjetunion.

7. Dezember 1941
Japan startet einen Luftangriff auf den amerikanischen Stützpunkt Pearl Harbor im Pazifik.

11. Dezember 1941
Das Deutsche Reich erklärt den USA den Krieg.

24. Januar 1943
Konferenz von Casablanca; die USA und Großbritannien fordern die „bedingungslose Kapitulation Deutschlands, Italiens und Japans."

2. Februar 1943
Die 6. Armee kapituliert bei Stalingrad – Wende des Krieges.

6. Juni 1944
Die Alliierten landen in der Normandie.

4. – 11. Februar 1945
Konferenz von Jalta: Die USA, Großbritannien und die Sowjetunion treffen Regelungen zur Besetzung Deutschlands.

30. April 1945
Hitler begeht Selbstmord.

7./9. Mai 1945
Das Deutsche Reich kapituliert bedingungslos; in Europa endet der Krieg.

6./9. August 1945
Der amerikanische Abwurf der ersten Atombomben über Hiroshima und Nagasaki zwingt Japan zur Kapitulation.

Hitlers Anfangserfolge 1939/40

Am 1. September 1939 griffen deutsche Truppen ohne Kriegserklärung Polen an. Nach Ablauf ihrer Ultimaten erklärten Frankreich und Großbritannien Deutschland am 3. September den Krieg. Allerdings hielten sich die Westmächte vorläufig in der Defensive, weil sie sich militärisch noch zu schwach fühlten. Daher war der erste „Blitzkrieg" der deutschen Wehrmacht erfolgreich. Bereits Ende September wurde Polen zwischen Deutschland und der Sowjetunion aufgeteilt.

Als die englische Regierung auf deutsche Friedensangebote nicht reagierte, ließ Hitler im April 1940 Dänemark und Norwegen besetzen, einen Monat später Belgien, die Niederlande und Luxemburg. In Frankreich stießen deutsche Streitkräfte bis nach Calais vor, am 14. Juni zogen die Deutschen kampflos in Paris ein.

Die Briten – seit Mai 1940 unter dem konservativen Premierminister *Winston Churchill* – waren entschlossen, den Krieg gegen das Deutsche Reich unter allen Umständen durchzustehen. Daher strebten Hitler und sein Generalstab eine Invasion auf den Britischen Inseln an. Der Plan erwies sich aber als grobe Fehleinschätzung. Zum ersten Mal erreichte Hitler sein militärisches Ziel nicht. Im Gegenteil: Die strategische Lage verschlechterte sich durch die immer deutlichere Parteinahme der USA für die Engländer.

▲ **Winston Churchill.**
Der britische Journalist, Offizier und Politiker Winston Churchill (1874 – 1965) war von 1940 bis 1945 und 1951 bis 1955 Premierminister und von 1940 bis 1955 Führer der Konservativen. 1953 erhielt er den Nobelpreis für Literatur.

Krieg gegen die Sowjetunion

Ohne im Westen den Gegner besiegt zu haben, kündigte Hitler bereits im Sommer 1940 der Spitze der Wehrmacht den Krieg gegen die Sowjetunion an. Er wartete allerdings dazu noch das nächste Frühjahr ab, weil deutsche Truppen dem italienischen Bündnispartner auf dem Balkan und in Nordafrika beistehen mussten.

Mit einem Überraschungsangriff eröffnete Hitler im Juni 1941 ohne Kriegserklärung den Kampf gegen die Sowjetunion (▶ M1). Zwar gelang es in der Anfangsphase, weit ins Innere des Landes vorzudringen, doch auf Dauer erwies sich das Prinzip des „Blitzkrieges" hier als völlig unrealistisch. Die Weite des Landes und das raue Klima, auf das die Wehrmacht nur unzureichend vorbereitet war, stoppten den deutschen Vormarsch gemeinsam mit einer zunehmend gut organisierten Roten Armee. In einer Kesselschlacht bei *Stalingrad* gelang der sowjetischen Armee Anfang 1943 ein überwältigender Sieg, dessen psychologische Wirkung für beide Seiten von großer Bedeutung war.

Gegen die tiefe Niedergeschlagenheit in der Bevölkerung versuchte Propagandaminister Goebbels anzukämpfen, indem er zum *totalen Krieg* aufrief, doch der Mythos, der den „Führer" umgeben hatte, war zerstört (▶ M2).

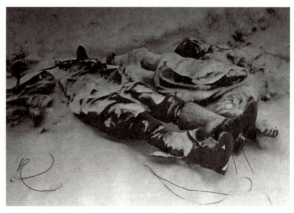

▲ **Tote Soldaten auf dem Schlachtfeld bei Stalingrad.**
Foto von 1943.

Der Zweite Weltkrieg

▲ Ukrainische Familie, die zur Zwangsarbeit nach Volzum in Niedersachsen verschleppt wurde.
Foto vom Mai 1943.
Meist kamen die Kinder mit ihren Eltern, oft waren sie aber auch ganz auf sich allein gestellt.

Die deutsche Wirtschaft im Krieg

Die NS-Machthaber waren bemüht, die Belastungen für die deutsche Bevölkerung in möglichst engen Grenzen zu halten. Niemand sollte Hunger leiden, denn Hitler lebte in ständiger Angst vor Streiks und inneren Unruhen, wie sie am Ende des Ersten Weltkriegs stattgefunden hatten. Nicht zuletzt durch die enormen Gebietsgewinne gelang es, die Zufuhr an Rohstoffen und Lebensmitteln ins Deutsche Reich zu steigern. Rücksichtslos wurde die jüdische Enteignungspolitik in den besetzten Ländern fortgeführt, die fremden Staatskassen bis zum Bankrott mit riesigen Kontributionen belastet und Produktion, Ressourcen und Lebensmittel für die deutschen Bedürfnisse ausgebeutet. Den durch den deutschen Lebensmittelraub verursachten Hungersnöten fielen Millionen Menschen zum Opfer.

Zu den Maßnahmen, mit denen die Leistung der deutschen Kriegswirtschaft gesteigert werden sollte, zählte auch der Einsatz ausländischer Gefangener und Zwangsarbeiter (▶ M3). Da 1,8 Millionen Kriegsgefangene den Ausfall der in die Wehrmacht eingezogenen Männer nicht ausgleichen konnten, wurden in den besetzten Gebieten systematisch arbeitsfähige Menschen gefangen genommen und nach Deutschland geschickt – rund sieben Millionen Frauen und Männer insgesamt, darunter auch Kinder ab zehn Jahre. Diese Altersgrenze wurde ab 1943 oft noch unterschritten. Mehr als vier Millionen „Fremdarbeiter" stammten aus der Sowjetunion, eine Million aus Polen. Massentransporte in Güterwaggons, schlechte Behandlung und Unterbringung, mangelhafte Ernährung sowie schwerste körperliche Arbeit gehörten zu den unmenschlichen Bedingungen, denen die Opfer in der Regel ausgesetzt waren.

Gleichzeitig nahm mit dem Krieg der politische Druck auf die Bevölkerung zu. Offene Kritik an dem Krieg und Zweifel am „Endsieg" wurden gerichtlich verfolgt, wobei die Nationalsozialisten sich nicht nur auf die Gestapo verlassen konnten, sondern auch auf ein Heer von Denunzianten.

Lesetipp
Volkhard Knigge u. a. (Hrsg.), Zwangsarbeit. Die Deutschen, die Zwangsarbeiter und der Krieg, Weimar 2010 (Ausstellungskatalog)

Internettipps
- *www.mit-stempel-und-unterschrift.de*
- *www.ausstellung-zwangsarbeit.org*

Nationalsozialismus und deutsches Selbstverständnis

Der europäische Krieg wird zum Weltkrieg

Am 7. Dezember 1941 eröffnete Japan mit einem Luftangriff auf die amerikanische Pazifikflotte in *Pearl Harbor* die Kampfhandlungen gegen die USA. Deutschland und Italien erklärten daraufhin den Vereinigten Staaten den Krieg. Dagegen formierte sich auf der anderen Seite die *Anti-Hitler-Koalition* einschließlich der UdSSR, die der britische Premierminister Churchill – trotz weltanschaulicher Bedenken – förderte.

Die großen Materialreserven, das Industriepotenzial und die frischen Truppen der USA verhalfen den Alliierten auch im Westen zu einer deutlichen Überlegenheit. Als den Amerikanern und Engländern am 6. Juni 1944 die Landung an der Küste der Normandie gelang, war die deutsche Niederlage nur noch eine Frage der Zeit. Da die nationalsozialistische Führung verbissen den Widerstand aufrechthielt, sanken die meisten deutschen Großstädte unter den alliierten Luftangriffen in Schutt und Asche. Erst als die Rote Armee vor Berlin stand, begingen Hitler und mehrere seiner Mitarbeiter Selbstmord. Daraufhin erfolgte die deutsche Gesamtkapitulation, die am 8. Mai 1945 in Kraft trat. Der Krieg in Europa war zu Ende.

Der Zweite Weltkrieg endete drei Monate später mit der bedingungslosen Kapitulation Japans, nachdem die USA über Hiroshima und Nagasaki erstmals Atombomben abgeworfen hatten. Der amerikanische Präsident *Harry S. Truman*, der nach dem Tode Roosevelts im April 1945 die Macht übernommen hatte, schob Bedenken gegen die gewaltige Zerstörungskraft der Atomwaffen u. a. mit dem Hinweis beiseite, dass die Japaner nur auf diese Weise zur „bedingungslosen Kapitulation" gezwungen werden könnten. Über 200 000 Menschen starben bei den Bombenabwürfen sofort. Die Langzeitfolgen der radioaktiven Verseuchung wurden erst später deutlich: Zahllose Menschen starben an Leukämie und an anderen Krebserkrankungen.

Lesetipp
Jörg Friedrich, *Der Brand. Deutschland im Bombenkrieg 1940–1945*, Berlin 2004

Filmtipp
Der Untergang, Deutschland / Italien / Österreich 2004, Regie: Oliver Hirschbiegel

▲ **Die zerbombte Innenstadt von Hamburg.**
Wie in vielen anderen deutschen Städten wurden in Hamburg große Teile der Innenstadt durch alliierte Bombenangriffe zerstört. Umgekehrt legten die Deutschen allein in Großbritannien ein Dutzend Städte in Trümmer.

◀ **Deutsche Soldaten auf dem Weg in die Gefangenschaft.**
*Foto vom 4. Mai 1945.
Mehr als 10,5 Millionen deutsche Soldaten waren bei Kriegsende in alliierter Gefangenschaft. Erst 1956 kehrten die letzten deutschen Kriegsgefangenen aus der Sowjetunion zurück.*

Der Zweite Weltkrieg

M1
„Völlige Vernichtung"

Am 10. Oktober gibt der Oberbefehlshaber der 6. Armee, General von Reichenau, folgenden Befehl zum „Verhalten der Truppen im Ostraum" aus, der von Hitler als vorbildlich bezeichnet und danach auch von anderen Truppenteilen übernommen wird:

Hinsichtlich des Verhaltens der Truppe gegenüber dem bolschewistischen System bestehen vielfach noch unklare Vorstellungen. Das wesentlichste Ziel des Feldzuges gegen das jüdisch-bolschewistische
5 System ist die völlige Zerschlagung der Machtmittel und die Ausrottung des asiatischen Einflusses im europäischen Kulturkreis. Hierdurch entstehen auch für die Truppe Aufgaben, die über das hergebrachte einseitige Soldatentum hinausgehen. Der
10 Soldat ist im Ostraum nicht nur ein Kämpfer nach den Regeln der Kriegskunst, sondern auch Träger einer unerbittlichen völkischen Idee und der Rächer für alle Bestialitäten, die deutschem und anverwandtem Volkstum zugefügt wurden. Deshalb
15 muss der Soldat für die Notwendigkeit der harten, aber gerechten Sühne am jüdischen Untermenschentum volles Verständnis haben. Sie hat den weiteren Zweck, Erhebungen im Rücken der Wehrmacht, die erfahrungsgemäß stets von Juden ange-
20 zettelt wurden, im Keime zu ersticken. Der Kampf gegen den Feind hinter der Front wird noch nicht ernst genug genommen.
Immer noch werden heimtückische, grausame Partisanen und entartete Weiber zu Kriegsgefangenen
25 gemacht, immer noch werden halb uniformierte oder in Zivil gekleidete Heckenschützen und Herumtreiber wie anständige Soldaten behandelt und in die Gefangenenlager abgeführt. [...] Fern von allen politischen Erwägungen der Zukunft hat der
30 Soldat zweierlei zu erfüllen:
1.) die völlige Vernichtung der bolschewistischen Irrlehre, des Sowjetstaates und seiner Wehrmacht.
2.) die erbarmungslose Ausrottung artfremder Heimtücke und Grausamkeit und damit die Siche-
35 rung des Lebens der deutschen Wehrmacht in Russland. Nur so werden wir unserer geschichtlichen Aufgabe gerecht, das deutsche Volk von der asiatisch-jüdischen Gefahr ein für allemal zu befreien.

Reinhard Rürup (Hrsg.), *Der Krieg gegen die Sowjetunion 1941–1945. Eine Dokumentation*, Berlin 1991, S. 122

1. *Geben Sie mit eigenen Worten wieder, welche Aufgaben den Soldaten „im Ostraum" laut Befehl zukommen.*
2. *Informieren Sie sich über damalige und heutige Völkerrechtsvereinbarungen, die auch im Krieg gültig bleiben. Arbeiten Sie heraus, inwiefern die Deutschen dagegen verstoßen haben.*
3. *Erklären Sie, warum es unter den Soldaten „unklare Vorstellungen" über die Kriegsführung gab.*
4. *Erörtern Sie, inwiefern die deutsche Kriegsführung eine Umsetzung der nationalsozialistischen Rassenideologie ist (S. 11f., M2).*
5. *Keine Ausstellung wurde in Deutschland so kontrovers diskutiert wie die Wanderausstellung zu den Verbrechen der Wehrmacht während des Zweiten Weltkrieges, die zwischen 1995 und 1999 und danach noch einmal in überarbeiteter Form zwischen 2001 und 2004 in zahlreichen Städten gezeigt wurde. Informieren Sie sich über den Inhalt und die zeitgenössische Diskussion zu der „Wehrmachtsausstellung" (vgl. S. 92). Nehmen Sie in einem Essay Stellung zu der Debatte.*

M2
Bombenangriffe und Durchhalteparolen

Jörg Friedrich, der sich bei seinen Forschungen mit den Bombenangriffen auf Deutschland und deren Auswirkungen befasst, schildert die durch die alliierte Luftüberlegenheit ausgelöste Stimmung in der deutschen Bevölkerung und die Gegenpropaganda des NS-Regimes:

Der dringlichsten Frage der Volksgenossen weicht der Staat aus: „Wo hat der Feind angegriffen, wie hoch sind die Verluste?" Zeitungen kleiden die Ruhrschlacht in Phrasen. „Standhaftigkeit gegen
5 Mordbrenner." „Härte und Entschlossenheit gegen britischen Terror." Das Informationsloch wird gefüllt vom Gerücht. Das Gerücht übertreibt, doch folgt die Wirklichkeit ihm nach. Es ist ihr ein Stück voraus. Anfang Juli [1943] sind ihm „neuartige
10 Kampfmethoden der Feindmächte" bekannt. Die Brände greifen rasch um sich. [...] Nach der Bearbeitung der „Ruinenstädte des Ruhrgebiets" greift der Luftterror nach dem gesamten Reichsgelände. Berlin, München, Nürnberg werden „Stalingrad

▲ **Ausbildung von Kindersoldaten für die „Volksfront".**
Foto um 1944/45.
Obwohl die militärische Niederlage der Wehrmacht nicht mehr abzuwenden war, schickte Hitler mit Erlass vom 25. September 1944 ein letztes Aufgebot an die Front: alte Männer, Kinder und Jugendliche. Nur notdürftig ausgerüstet und ausgebildet, diente die „Volksfront" als Kanonenfutter für die alliierten Armeen.

gleichgemacht". Im Westen entsteht das Aufmarsch- und Kriegsgebiet, Tausende nicht identifizierbare Leichen gelangen in Massengräber. Der Phosphor lässt sie zu kleinen Mumien schrumpfen. Sie sind im Keller bei lebendigem Leibe verbrannt. Um ein Uhr nachts steht die Bevölkerung vor den Bunkern Schlange. Im Hamburger Feuersturm vergeht die Siegeszuversicht. Das Sicherheitsgefühl ist „urplötzlich zusammengesackt". Ein quälendes Gefühl sagt, dass ein Gegner, der solche Attacken führt, unbezwinglich ist. „Die werden uns fertigmachen." Wir sollten aufhören, „um jeden annehmbaren Preis Schluss machen", denn „die Opfer werden von Tag zu Tag größer". [...]

Am 8. November 1943 hält Hitler seine letzte öffentliche Rede vor den „Alten Kämpfern"; sie wird auf Magnetophonband mitgeschnitten, um 20.15 Uhr sendet sie der Funk. Er spricht vorwiegend von der Kraft, die das Opfer verleiht. Wer seinen Besitz eingebüßt habe, könne den Rückgewinn nur vom Sieg erwarten. „So sind Hunderttausende von Ausgebombten die Avantgarde der Rache." Die Industrieschäden seien belanglos, die zwei oder drei Millionen ruinierter Wohnungen in kürzester Zeit wieder aufgebaut, „mögen sie zerstören, so viel sie wollen". Ihn schmerze die Pein der Frauen und Kinder, doch beuge er sich in Dankbarkeit vor dem Allmächtigen, dass er keine schwereren Prüfungen, den Kampf auf deutschem Boden, geschickt habe, „sondern dass er es fertig bringen ließ, gegen eine Welt der Übermacht diesen Kampf erfolgreich weit über die Grenzen des Reiches hinauszutragen". Deutschland werde niemals den Fehler von 1918 wiederholen, eine Viertelstunde vor zwölf die Waffen niederzulegen. „Darauf kann man sich verlassen: Derjenige, der die Waffen als allerletzter niederlegt, das wird Deutschland sein, und zwar fünf Minuten nach zwölf." [...] Wenn der Führer von Vergeltung spricht, kommt sie auch. Andererseits ist sein Latein am Ende, sonst würde er nicht den Allbarmherzigen anrufen. „Die Not hat ihn beten gelehrt." Wenigstens erwähnt er die Qual der Frauen und Kinder und nicht die Dome. Ganz gegen seine Art hat Hitler weniger anzukünden, was Deutschland auszuteilen, als was es einzustecken vermag.

Jörg Friedrich, Der Brand, München 2002, S. 479 und 481f.

1. Recherchieren Sie das Ausmaß der durch die alliierte Luftüberlegenheit ausgelösten Zerstörung in den Städten (vgl. S. 55). Beschreiben Sie die Folgen für die Bevölkerung und ihre Stimmung.
2. Erläutern Sie die Versuche der NS-Propaganda, hier gegenzusteuern.
3. Nehmen Sie Stellung zu den Konsequenzen dieses Steuerungsprozesses.

▲ Kennzeichen für Zwangsarbeiter, um 1942.

„Ostarbeiter" aus der Sowjetunion und polnische Arbeiter, die zur Zwangsarbeit nach Deutschland verschleppt wurden, mussten auf ihrer Kleidung die Aufnäher „Ost" bzw. „P" tragen.

- Erklären Sie, warum die „Ostarbeiter" gekennzeichnet wurden.
- Im Jahr 2000 wurde im deutschen Bundestag ein Gesetz über die Entschädigung für ehemalige Zwangsarbeiter beschlossen. Informieren Sie sich darüber und nehmen Sie in einem Referat Stellung dazu.

M3
Einsatz von Arbeitskräften im Krieg

Angaben in Millionen

	Reichsbürger	darunter Frauen	Zwangsarbeiter u. Kriegsgefangene	Einberufene
1939	39,1	14,6	0,3	1,4
1940	34,8	14,4	1,2	5,7
1941	33,1	14,1	3,0	7,4
1942	31,3	14,4	4,1	9,4
1943	30,3	14,8	6,3	11,2
1944	28,4	14,9	7,1	13,0

Wolfgang Schneider, Frauen unterm Hakenkreuz, Hamburg 2001, S. 158

1. Analysieren Sie die Tendenzen und Verschiebungen in den Zahlen der Arbeitskräfte.
2. Erläutern Sie die Gründe für die Entwicklung des Frauenanteils an den zivilen Arbeitskräften.
3. Erörtern Sie gesellschaftliche Veränderungen im Reich, die sich durch die Verschiebungen in der Arbeits- und Alltagswelt ergeben haben könnten.

M4
Tote des Zweiten Weltkrieges

Sichere Angaben über die Verluste liegen nicht vor. Die Zahlen basieren auf neueren Schätzungen.

Sowjetunion	26,3 Mio.	davon 15 Mio. Zivilisten
Deutschland	7,3 Mio.	davon 0,5 Mio. Zivilisten und 2,1 Mio. Flucht- und Vertreibungsopfer
Polen	4,52 Mio.	davon 4,2 Mio. Zivilisten
Japan	1,8 Mio.	davon 0,6 Mio. Zivilisten
Jugoslawien	1,7 Mio.	davon 1,3 Mio. Zivilisten
Frankreich	0,81 Mio.	davon 0,5 Mio. Zivilisten
USA	0,4 Mio.	
Großbritannien	0,39 Mio.	davon 62 000 Zivilisten
Ungarn	0,38 Mio.	davon 0,3 Mio. Zivilisten
Rumänien	0,38 Mio.	
Tschechoslowakei	0,38 Mio.	
Italien	0,33 Mio.	
Niederlande	0,21 Mio.	davon 0,2 Mio. Zivilisten
Gesamtverluste	ca. 55 Mio.	

Nach: Rüdiger Overmans, 55 Millionen Opfer des Zweiten Weltkrieges?, in: Militärgeschichtliche Mitteilungen 2/90, S. 1033ff., Martin Vogt (Hrsg.), Deutsche Geschichte. Von den Anfängen bis zur Gegenwart, Frankfurt am Main ³2006, S. 773 und Fischer Weltalmanach '91, Frankfurt am Main 1990, S. 544

Erläutern Sie, was die Zahl der getöteten Zivilisten über die Art der Kriegsführung aussagt.

Terror und Holocaust

▲ **Zeichnung von Doris Zdekauerová.**
Die Elfjährige starb am 16. Oktober 1944 im Konzentrationslager Theresienstadt.

Herbst 1939
In Polen beginnt das „Germanisierungsprogramm".

1940/41
Mit dem Vordringen der deutschen Truppen setzen die Massenmorde an Juden in den besetzten osteuropäischen Gebieten ein.

1. September 1941
Im Deutschen Reich müssen alle Juden den Judenstern tragen (im besetzten Polen bereits seit Oktober 1939).

20. Januar 1942
Auf der Wannsee-Konferenz werden die Weichen für die „praktische Durchführung der Endlösung der Judenfrage" gestellt.

Juni 1942
In Auschwitz finden erste Massenvergasungen von Juden statt.

1945
In Deutschland und in den von Deutschen besetzten Gebieten sind etwa sechs Millionen Juden ermordet worden.

▲ Plakat, um 1937.

• Erläutern Sie, wie das NS-Regime hier versucht, die Akzeptanz in der Bevölkerung für die heuchlerisch als „Euthanasie" bezeichneten Krankenmorde zu erhöhen.

Vorstufe zum Völkermord: das „Euthanasie"-Programm

Nach den pseudobiologischen Lehren von „Rassenhygiene" und „Erbgesundheit", wie sie die Nationalsozialisten vertraten, galten alle „sozial oder rassisch Unerwünschten" wie die Sinti und Roma und alle slawischen Völker, darunter vor allem Russen und Polen, die Zeugen Jehovas, Homosexuelle oder „Asoziale"[1] als „minderwertig" und „lebensunwert". Dazu zählten auch „erbkranke", geistig und körperlich behinderte Menschen. Das „Gesetz zur Verhütung erbkranken Nachwuchses" vom 14. Juli 1933 ordnete die Zwangssterilisation von Menschen mit vermeintlich verändertem Erbgut an. Ab 1935 wurden schwangere Frauen, bei denen eine „Erbkrankheit" diagnostiziert wurde, zur Abtreibung gezwungen.

In den Monaten vor Kriegsbeginn wurden konkrete Vorbereitungen für den ersten systematischen Massenmord des NS-Regimes getroffen. Seit August 1939 mussten Hebammen und Ärzte den Gesundheitsämtern alle behinderten Neugeborenen und Kleinkinder melden. Diese Meldepflicht war die Grundlage der im Herbst 1939 einsetzenden, verharmlosend als „Euthanasie"[2] bezeichneten Ermordung kranker Kinder in eigens eingerichteten „Kinderfachabteilungen". Bis zum Kriegsende 1945 forderte die „Kindereuthanasie" rund 5 000 Opfer.

Unter dem Deckmantel des Krieges wurde das „Euthanasie"-Programm auf Erwachsene ausgedehnt. Hitler ermächtigte den Leiter der Kanzlei des Führers, *Philipp Bouhler*, und seinen Begleitarzt *Karl Brandt* zunächst mündlich, später in einem Schreiben, „unheilbar Kranken" den „Gnadentod" zu gewähren. Tarngesellschaften organisierten die als *Aktion T4*[3] benannte „Vernichtung unwerten Lebens". Ab 1940 wurden etwa 70 000 Menschen in sechs zu Tötungsanstalten umgerüsteten „Heil- und Pflegeanstalten" durch Vergasung ermordet.

Trotz aller Geheimhaltung und Verschleierungsversuche waren die Morde spätestens im Frühjahr 1941 in weiten Teilen des Reichs bekannt. In der Bevölkerung regte sich öffentlicher Protest, vor allem vonseiten der Angehörigen der Opfer und auch einiger Bischöfe, wie dem evangelischen Landesbischof *Theophil Wurm* oder dem Münsteraner Bischof *Clemens August Graf von Galen*. Ende August 1941 ließ Hitler das „Euthanasie"-Programm offiziell einstellen. Bald darauf begann der organisierte Krankenmord in den besetzten sowjetischen Gebieten und wurde – in anderer Form und weniger auffällig – auch im Reich fortgesetzt. Viele tausend Kranke ließ man verhungern oder tötete sie durch überdosierte Medikamente. Die Methoden und das Personal der T4-Aktion kamen nun bei der systematischen Ermordung der Juden, Sinti und Roma zum Einsatz.

---

[1] *„Asoziale"*: in der NS-Zeit als minderwertig geltende, „arbeitsscheue" oder unangepasst lebende Menschen u. a. aus sozialen Unterschichten, wie Bettler, Landstreicher, Prostituierte, Fürsorgeempfänger oder Alkoholiker

[2] *„Euthanasie"*: Sterbehilfe, abgeleitet von griech. „guter" oder „leichter Tod"

[3] *Aktion T4*: nach dem Verwaltungssitz der Vernichtungsaktion in der Tiergartenstraße 4 in Berlin bezeichneter Code

Beginn der Massenmorde

Nach der Ausgrenzung und Vertreibung der deutschen Juden begann mit dem Zweiten Weltkrieg die Vernichtung der europäischen Juden.

Bereits im Herbst 1939 zeigte sich, welch neuartige Dimension der von Hitler vom Zaun gebrochene Krieg erreichen sollte, der im Osten als „Kampf um Lebensraum" geführt wurde. Unter der Leitung des von Heinrich Himmler neu geschaffenen und von *Reinhard Heydrich* geführten Reichssicherheitshauptamtes (RSHA) rückten eigens für den Angriff auf Polen aufgestellte Einsatzgruppen der SS und Polizei hinter der Wehrmacht vor, um Hitlers rassenideologisches Völkermordkonzept in die Tat umzusetzen. Ein Großteil des eroberten Landes sollte ins Deutsche Reich eingegliedert und von umgesiedelten Deutschen aus den baltischen Staaten und anderen osteuropäischen Gebieten „germanisiert" werden. Die jüdische Bevölkerung wurde ins überbevölkerte *Generalgouvernement* – die besetzten polnischen Gebiete, die nicht unmittelbar dem Reich angegliedert worden waren – vertrieben, in *Ghettos* zusammengepfercht oder sofort erschossen. Repräsentanten der polnischen Oberschicht, Intellektuelle, Geistliche, aber auch Arbeiter und Gewerkschafter wurden zu Tausenden ermordet oder in Konzentrationslager deportiert. Wer nicht „germanisiert" werden konnte – nach deutschen Schätzungen über 95 Prozent der polnischen Bevölkerung – musste harte Zwangsarbeit verrichten.

Zwischen 1939 und 1941 wurden in den verschiedenen Ressorts des Auswärtigen Amts und des RSHA Pläne für eine „territoriale Endlösung der Judenfrage" ausgearbeitet. Diese sahen vor, alle Juden aus dem deutschen Machtbereich in große Judenreservate in Osteuropa, auf die Insel Madagaskar („Madagaskar-Plan") vor der Ostküste Afrikas oder andere entfernte Orte zu deportieren. Während diese Pläne wieder fallengelassen wurden, begann sich ein Programm für eine „Endlösung" herauszubilden, das von Anfang an auf einen Völkermord (Genozid) zielte. Das bei den improvisierten Vertreibungs- und Tötungsaktionen erreichte Ausmaß von Gewalt und Terror stellte dafür die Weichen.

Lesetipp
Harald Welzer, Täter. Wie aus ganz normalen Menschen Massenmörder werden, Frankfurt am Main ⁵2011

Die „Endlösung"

Spätestens im Sommer 1941 fiel im engsten Führungszirkel des Regimes die Entscheidung für den Völkermord an den europäischen Juden (▶ M1).

Planung und Verwirklichung galten als „Geheime Reichssache". Einen schriftlichen Befehl Adolf Hitlers gab es nicht. Der „Wille des Führers" reichte den NS-Instanzen aus, um die Tötungsaktionen vorzubereiten und durchzuführen. Die Verwaltung der „Endlösung der Judenfrage" übernahm Heydrich, die Organisation der Deportationen wurde *Adolf Eichmann*[1] übertragen.

Noch vor dem Überfall auf die Sowjetunion erhielten die Einsatzgruppen der SS und Polizeieinheiten Sondervollmachten, „in eigener Verantwortung gegenüber der Zivilbevölkerung Exekutivmaßnahmen zu treffen". Auch Angehörige der Wehrmacht, der Zivilverwaltung sowie Freiwilligenverbände aus den besetzten Gebieten beteiligten sich an den Massakern (▶ M2). In der UdSSR waren die einmarschierenden deutschen Truppen an manchen Orten als Befreier vom Bolschewismus begrüßt worden. Doch die Brutalität von Wehrmacht, SS und anderen „Sonderkommandos" ließ die Stimmung rasch umschlagen. Von Anfang an war der Feldzug gegen die Sowjetunion – wie der gegen Polen – ein Raub- und Vernichtungskrieg.

▲ **Adolf Eichmann.**
Eichmann (1906–1962, hingerichtet) war SS-Obersturmbannführer, seit 1939 Leiter beim RSHA, Amt IV, Referat IV D 4 „Auswanderung und Räumung", dann Referat IV B 4 „Judenangelegenheiten", und zentraler Organisator der Deportation von 3 Mio. Juden und der „Endlösung.

---

[1] Vgl. dazu auch S. 116 und S. 118 f.

◄ **Gefangene Sinti und Roma im KZ Belzec, 1942.**
Bereits 1938 wurden alle „arbeitsfähigen" Sinti und Roma zur Zwangsarbeit nach Dachau, Buchenwald und Mauthausen verschleppt, schließlich durch Massendeportationen in Konzentrationslager gebracht und ermordet.

Lesetipps
- Frank Bajohr und Dieter Pohl, Der Holocaust als offenes Geheimnis. Die Deutschen, die NS-Führung und die Alliierten, München 2007
- Wolfgang Benz, Der Holocaust, München ⁷2008
- Peter Longerich u. a. (Hrsg.) Enzyklopädie des Holocaust. Die Verfolgung und Ermordung der europäischen Juden, München/Zürich 1998
- Barbara Rogasky, Der Holocaust. Ein Buch für junge Leser, Berlin 2002

In West-, vor allem aber Nordeuropa behandelten die Besatzer die Bevölkerung anders als in Osteuropa. Manche Regionen erhielten eine eigene Zivilverwaltung, oder alte Regierungen bestanden zeitweise weiter fort – so in Dänemark bis 1943. Die unterschiedliche Behandlung resultierte aus der verbrecherischen Rassenideologie des Nationalsozialismus, die „arische" Angelsachsen, „Wikinger" oder Franken für wertvoller hielt als Slawen oder Juden.

Zwischen Juni 1941 und April 1942 ermordeten die Einsatzgruppen in den besetzten Gebieten der Sowjetunion über eine halbe Million Menschen. Nahezu die ganze jüdische Bevölkerung der eroberten Gebiete, Sinti und Roma, Kriegsgefangene und Kommunisten wurden durch Massenerschießungen und durch Autoabgase in LKWs getötet. Bei der größten dieser Mordaktionen in der Schlucht von Babi Jar bei Kiew im September 1941 starben innerhalb von zwei Tagen mehr als 33 000 Juden. Seit Oktober 1941 wurden Juden, Sinti und Roma sowie andere Verfolgte im Reich und in den besetzten Ländern zudem systematisch in Konzentrationslagern und Ghettos zusammengezogen und anschließend in neu eingerichtete Vernichtungslager im Osten deportiert.

Am 20. Januar 1942 trafen sich hohe Verwaltungsbeamte, SS-Offiziere und Staatssekretäre aus den Innen-, Justiz- und Außenministerien unter der Leitung von Heydrich in einer Villa am Berliner Wannsee, um die „praktische Durchführung" der bereits begonnenen „Endlösung der Judenfrage" zu koordinieren. Laut Konferenzprotokoll der nach ihrem Tagungsort benannten *„Wannsee-Konferenz"* sollten über elf Millionen europäische Juden ermordet werden. Auf ein Programm zur Ermordung sämtlicher Sinti und Roma legte sich das NS-Regime nie fest, jedoch erließ Heinrich Himmler Ende 1942 den Befehl, alle im Deutschen Reich und in den besetzten Ländern lebenden „zigeunerischen Sippen" und „Zigeuner-Mischlinge" in Konzentrationslager einzuweisen.

Die Massaker und Exekutionen mündeten nun in einen industriell betriebenen Massenmord (▶ M3, M4). Bereits im Frühjahr 1940 war auf polnischem Boden das größte Konzentrations- und Vernichtungslager Auschwitz errichtet worden (▶ M5). Seit Herbst 1941 entstanden mit Belzec, Sobibor, Treblinka, Lublin-Majdanek und Chelmno weitere Vernichtungslager, das Lager Auschwitz wurde um mehrere Teillager erweitert.

Die Menschen, die die Transporte in den Güter- und Viehwaggons überlebten, wurden nach ihrer Ankunft in den Vernichtungslagern meist sofort in Gaskammern durch das Blausäurepräparat Zyklon B getötet oder durch Zwangsarbeit, Folter, medizinische Versuche und unmenschliche Lebensbedingungen vernichtet.

Etwa 1,5 Millionen jüdische Opfer sind für Auschwitz dokumentiert, 900 000 wurden zwischen Juli 1942 und August 1943 in Treblinka ermordet, 600 000 in Belzec, 250 000 in

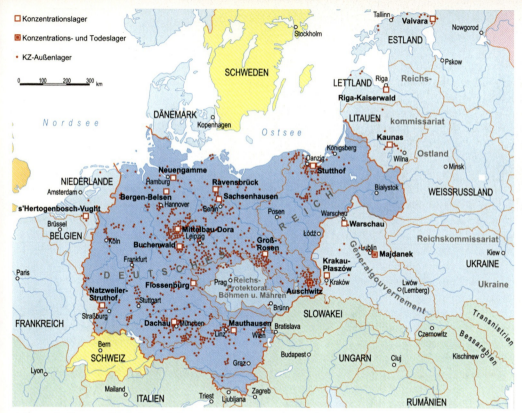

▲ **Konzentrations- und Todeslager, Anfang 1944.**
Dem Holocaust fielen 165 000 Juden aus Deutschland, 65 000 aus Österreich, etwa 32 000 aus Frankreich und Belgien, mehr als 100 000 aus den Niederlanden, 60 000 aus Griechenland, ebenso viele aus Jugoslawien, über 140 000 aus der Tschechoslowakei, eine halbe Million aus Ungarn, 2,1 Millionen aus der Sowjetunion und 2,7 Millionen aus Polen zum Opfer. Auch Juden aus Albanien, Norwegen, Dänemark, Italien, Luxemburg und Bulgarien starben im Zeichen der nationalsozialistischen Rassenideologie. Bei Pogromen und Massakern in Rumänien und Transnistrien wurden zudem über 200 000 Menschen vernichtet. Diese Zahlen gelten als „gesicherte Minimalzahlen" (Wolfgang Benz).

Sobibor, 152 000 in Chelmno, mindestens 60 000 in Lublin-Majdanek. Als seit 1944 die Ostfront näher rückte und die Vernichtungslager auf Befehl Himmlers geräumt wurden, kamen zudem unzählige KZ-Insassen auf den grausamen „Todesmärschen" in den Westen durch Hunger, Kälte oder die Schüsse von SS-Männern ums Leben. Insgesamt fielen dem *Holocaust* (*Shoa*)[1] mindestens 5,29 Millionen, wahrscheinlich aber knapp über sechs Millionen Juden aus ganz Europa zum Opfer, darunter mindestens 1,5 Millionen jüdische Kinder unter 14 Jahren. Die Zahl der ermordeten Sinti und Roma ist schwer zu bestimmen. Hochrechnungen gehen von 200 000 bis 500 000 Opfern aus, die von den Einsatzgruppen hinter den Fronten in Osteuropa und in den Vernichtungslagern getötet wurden. Allein in Auschwitz starben etwa 23 000 Sinti und Roma aus elf Staaten. Darüber hinaus kostete der Vernichtungskrieg im Osten zehntausende Angehörige der slawischen Bevölkerungsgruppen, vor allem Polen und Russen, sowie der Sorben in der Lausitz, der Masuren in Ostpreußen und der Kaschuben in Westpreußen das Leben.

Lesetipp
Wolfgang Benz und Barbara Distel (Hrsg.), Der Ort des Terrors. Geschichte der nationalsozialistischen Konzentrationslager, 9 Bde., München 2005–2009

Internettipp
www.buchenwald.de

---

[1] *Der griechische Begriff hólokaustos (dt. „völlig verbrannt") bedeutet im Englischen „Inferno", „Zerstörung" oder „Brandopfer". Er gilt heute als Synonym für die systematische Vernichtung von etwa sechs Millionen europäischen Juden. Im Hebräischen wird für das Leiden der Juden während der NS-Zeit der Begriff „Shoa" (Katastrophe) gebraucht.*

M1
Die Entscheidung für die „Endlösung"

Die Frage, wann die Entscheidung gefallen ist, alle europäischen Juden zu ermorden, ist bis heute in der Forschung umstritten, weil es keinen schriftlichen Befehl dazu gibt. Adolf Hitler erklärt am 30. Januar 1939:

Wenn es dem internationalen Finanzjudentum inner- und außerhalb Europas gelingen sollte, die Völker noch einmal in einen Weltkrieg zu stürzen, dann wird das Ergebnis nicht die Bolschewisierung
5 der Erde und damit der Sieg des Judentums sein, sondern die Vernichtung der jüdischen Rasse in Europa.

Zwei Jahre danach macht sich Joseph Goebbels Aufzeichnungen über eine Rede Hitlers vom 12. Dezember 1941 auf einer Tagung der Reichs- und Gauleiter der NSDAP:

Bezüglich der Judenfrage ist der Führer entschlossen, reinen Tisch zu machen. Er hat den Juden prophe-
10 zeit, dass, wenn sie noch einmal einen Weltkrieg herbeiführen würden, sie dabei ihre Vernichtung erleben würden. Das ist keine Phrase gewesen. Der Weltkrieg ist da, die Vernichtung des Judentums muss die notwendige Folge sein. Diese Frage
15 ist ohne jede Sentimentalität zu betrachten. Wir sind nicht dazu da, Mitleid mit den Juden, sondern nur Mitleid mit unserem deutschen Volk zu haben. Wenn das deutsche Volk jetzt wieder im Ostfeldzug an die 160000 Tote geopfert hat, so werden die
20 Urheber dieses blutigen Konflikts dafür mit ihrem Leben bezahlen müssen.

Christian Gerlach, Krieg, Ernährung, Völkermord. Forschungen zur deutschen Vernichtungspolitik im Zweiten Weltkrieg, Hamburg 1998, S. 123f.

> Erläutern Sie, mit welchen Absichten hier die „Vernichtung der jüdischen Rasse" gerechtfertigt wird.

M2
Serbien ist von Juden und Zigeunern frei

Das Reichssicherheitshauptamt hat entschieden, dass die in Serbien lebenden oder dorthin verbrachten Juden umzubringen seien. Mit Befehl vom 4. Oktober 1941 wird die Massenexekution von Juden und Zigeunern eingeläutet – begründet als Mittel zur Bekämpfung des Widerstandes. Bis zum November 1941 wird der größte Teil der männlichen Juden und Zigeuner vom 14. Lebensjahr an aufwärts ermordet. Der mit der Erschießungsaktion beauftragte Oberleutnant Hans-Dieter Walther verfasst am 1. November 1941 einen Geheimbericht über die „Erschießung von Juden und Zigeunern":

Nach Vereinbarung mit der Dienststelle der SS holte ich die ausgesuchten Juden bzw. Zigeuner vom Gefangenenlager Belgrad ab. Die Lkw. der Feldkommandantur 599, die mir hierzu zur Verfü-
5 gung standen, erwiesen sich als unzweckmäßig aus zwei Gründen:
1. Werden sie von Zivilisten gefahren. Die Geheimhaltung ist dadurch nicht sichergestellt.
2. Waren sie alle ohne Verdeck oder Plane, sodass
10 die Bevölkerung der Stadt sah, wen wir auf den Fahrzeugen hatten und wohin wir dann fuhren. Vor dem Lager waren Frauen der Juden versammelt, die heulten und schrien, als wir abfuhren. Der Platz, an dem die Erschießung vollzogen wurde, ist sehr
15 günstig. Er liegt nördlich von Pančevo unmittelbar an der Straße Pančevo – Jabuka, an der sich eine Böschung befindet, die so hoch ist, dass ein Mann nur mit Mühe hinauf kann. Dieser Böschung gegenüber ist Sumpfgelände, dahinter ein Fluss. Bei
20 Hochwasser (wie am 29.10.), reicht das Wasser fast bis an die Böschung. Ein Entkommen der Gefangenen ist daher mit wenig Mannschaften zu verhindern. Ebenfalls günstig ist der Sandboden dort, der das Graben der Gruben erleichtert und somit auch
25 die Arbeitszeit verkürzt.
Nach Ankunft etwa 1 1/2–2 km vor dem ausgesuchten Platz stiegen die Gefangenen aus, erreichten im Fußmarsch diesen, während die Lkw. mit den Zivilfahrern sofort zurückgeschickt wurden,
30 um ihnen möglichst wenig Anhaltspunkte zu einem Verdacht zu geben. Dann ließ ich die Straße für sämtlichen Verkehr sperren aus Sicherheits- und Geheimhaltungsgründen.

▶ **Massenexekution.**
Foto von 1941.
Ein Soldat einer Einsatzgruppe ermordet einen Juden am Rand eines Massengrabs bei Winniza in der Ukraine.

Die Richtstätte wurde durch 3 l. M.G. und 12
35 Schützen gesichert:
1. Gegen Fluchtversuch der Gefangenen.
2. Zum Selbstschutz gegen etwaige Überfälle von serbischen Banden.
Das Ausheben der Gruben nimmt den größten Teil
40 der Zeit in Anspruch, während das Erschießen selbst sehr schnell geht (100 Mann 40 Minuten). Gepäckstücke und Wertsachen wurden vorher eingesammelt und in einem Lkw. mitgenommen, um sie dann der NSV[1] zu übergeben.
45 Das Erschießen der Juden ist einfacher als das der Zigeuner. Man muss zugeben, dass die Juden sehr gefasst in den Tod gehen – sie stehen sehr ruhig –, während die Zigeuner heulen, schreien und sich dauernd bewegen, wenn sie schon auf dem Er-
50 schießungsplatz stehen.
Einige sprangen sogar vor der Salve in die Grube und versuchten sich totzustellen.
Anfangs waren meine Soldaten nicht beeindruckt. Am 2. Tag jedoch machte sich schon bemerkbar,
55 dass der eine oder andere nicht die Nerven besitzt, auf längere Zeit eine Erschießung durchzuführen. Mein persönlicher Eindruck ist, dass man während der Erschießung keine seelischen Hemmungen bekommt. Diese stellen sich jedoch ein, wenn man
60 nach Tagen abends in Ruhe darüber nachdenkt.

Zitiert nach: Walter Manoschek, „Serbien ist judenfrei". Militärische Besatzungspolitik und Judenvernichtung in Serbien 1941/42, München ²1995, S. 100f.

1. Beschreiben Sie das Vorgehen des deutschen Heeres in Serbien.
2. Erläutern Sie das Verhalten der Soldaten. Welche Erklärung hat Walther dafür?
3. Analysieren Sie die Sprache, in der hier über die Massenmorde berichtet wird. Nehmen Sie Stellung dazu.

[1] NSV: Nationalsozialistische Volkswohlfahrt, vgl. S. 26

M3
„Posener Rede"

Am 4. Oktober 1943 hält Heinrich Himmler bei der SS-Gruppenführertagung im Posener Schloss eine Rede:

Ich will hier vor Ihnen in aller Offenheit auch ein ganz schweres Kapitel erwähnen. Unter uns soll es einmal ganz offen ausgesprochen sein, und trotzdem werden wir in der Öffentlichkeit nie darüber
5 reden. [...]
Ich meine jetzt die Judenevakuierung, die Ausrottung des jüdischen Volkes. Es gehört zu den Dingen, die man leicht ausspricht. – „Das jüdische Volk wird ausgerottet", sagt ein jeder Partei-
10 genosse, „ganz klar, steht in unserem Programm, Ausschaltung der Juden, Ausrottung, machen wir."
Und dann kommen sie alle an, die braven 80 Millionen Deutschen, und jeder hat seinen anständigen Juden. Es ist ja klar, die anderen sind Schweine,

Terror und Holocaust

aber dieser eine ist ein prima Jude. Von allen, die so reden, hat keiner zugesehen, keiner hat es durchgestanden. Von Euch werden die meisten wissen, was es heißt, wenn 100 Leichen beisammen liegen, wenn 500 daliegen oder wenn 1000 daliegen. Dies durchgehalten zu haben, und dabei – abgesehen von Ausnahmen menschlicher Schwächen – anständig geblieben zu sein, das hat uns hart gemacht. Dies ist ein niemals geschriebenes und niemals zu schreibendes Ruhmesblatt unserer Geschichte, denn wir wissen, wie schwer wir uns täten, wenn wir heute noch in jeder Stadt – bei den Bombenangriffen, bei den Lasten und bei den Entbehrungen des Krieges – noch die Juden als Geheimsaboteure, Agitatoren und Hetzer hätten. [...] Die Reichtümer, die sie hatten, haben wir ihnen abgenommen. Ich habe einen strikten Befehl gegeben, den SS-Obergruppenführer Pohl durchgeführt hat, dass diese Reichtümer selbstverständlich restlos an das Reich abgeführt wurden. Wir haben uns nichts davon genommen. Einzelne, die sich verfehlt haben, werden gemäß einem von mir zu Anfang gegebenen Befehl bestraft, der androhte: Wer sich auch nur eine Mark davon nimmt, der ist des Todes. [...] Wir hatten das moralische Recht, wir hatten die Pflicht gegenüber unserem Volk, dieses Volk, das uns umbringen wollte, umzubringen. Wir haben aber nicht das Recht, uns auch nur mit einem Pelz, mit einer Uhr, mit einer Mark oder mit einer Zigarette oder mit sonst etwas zu bereichern. Wir wollen nicht am Schluss, weil wir einen Bazillus ausrotteten, an dem Bazillus krank werden und sterben. Ich werde niemals zusehen, dass hier auch nur eine kleine Fäulnisstelle entsteht [...]. Insgesamt aber können wir sagen, dass wir diese schwerste Aufgabe in Liebe zu unserem Volk erfüllt haben. Und wir haben keinen Schaden in unserem Inneren, in unserer Seele, in unserem Charakter daran genommen. [...] Im Großen und Ganzen war unsere Haltung gut. Manches ist auch in unseren Reihen noch zu bessern. Dieses auszusprechen, ist mit der Sinn dieses Appells der Kommandeure und der Gruppenführer. Ich möchte dieses Kapitel überschreiben mit der Überschrift „Wir selbst".

Zitiert nach: www.nationalsozialismus.de/dokumente/texte/heinrich-himmler-posener-rede-vom-04-10-1943-volltext.html [15.05.2012]

1. Analysieren Sie Himmlers Menschenbild und seine moralischen Vorstellungen, die aus der Rede deutlich werden. Von welchem Bild des SS-Mannes geht er aus?
2. Erläutern Sie, was die Rede über die Öffentlichkeit der Verbrechen aussagt.
3. Beurteilen Sie, inwiefern die Rede als „Schlüsseldokument" für die „Endlösung der Judenfrage" und den Holocaust angesehen werden kann.

M4
„Ganz normale Männer" als Mörder?

Der amerikanische Historiker Daniel Jonah Goldhagen untersucht die Hauptursache der Judenmorde:

Es musste sich etwas ändern, unbedingt. Das Wesen der Juden galt den Deutschen jedoch als unveränderlich, da in ihrer „Rasse" begründet, und nach vorherrschender deutscher Auffassung waren die Juden eine Rasse, die der germanischen Rasse in unüberwindlicher Fremdheit gegenüberstand. Hinzu kam, dass der „Augenschein" den Deutschen zeigte, dass die Mehrheit der Juden sich bereits assimiliert hatte, zumindest in dem Sinne, dass sie Manieren, Kleidung und Sprache des modernen Deutschland übernommen hatte. Also hatten die Juden jede erdenkliche Möglichkeit gehabt, zu guten Deutschen zu werden – und diese ausgeschlagen. Der unumstößliche Glaube an die Existenz einer „Judenfrage" führte mehr oder weniger selbstverständlich zu der Annahme, die einzige „Lösung" bestehe darin, alles „Jüdische" in Deutschland zu „eliminieren": auszugrenzen und zu beseitigen. [...]
Hätten die ganz gewöhnlichen Deutschen die eliminatorischen Ideale ihrer Führung nicht geteilt, dann hätten sie dem sich stetig verschärfenden Angriff auf ihre jüdischen Landsleute und Brüder mindestens ebenso viel Widerstand und Verweigerung entgegengesetzt wie den Angriffen ihrer Regierung gegen die Kirchen oder dem sogenannten Euthanasieprogramm. [...]
Hitler und die Nationalsozialisten taten also nichts anderes, als den bestehenden und angestauten Antisemitismus freizusetzen und zu aktivieren.

Der Jurist Claus Arndt, der in den 1960-Jahren an Untersuchungen über die belasteten Polizeieinheiten beteiligt ist, schreibt in einem 1998 veröffentlichten Brief an Goldhagen:

Ich muss jedoch erhebliche Zweifel anmelden gegen die Richtigkeit jener These von Ihnen, dass die Mordtaten der Polizeiangehörigen in Polen und anderswo […] antisemitisch begründet waren. Bei aller Würdigung der Abscheulichkeit des Antisemitismus halte ich diese Ursachenfeststellung für eine Verharmlosung der Motivierung der Täter.
Leider war deren Motivation viel schlimmer: Sie bestand in ihrem ethisch-moralischen Unvermögen, von menschlichen Werten getragen zu handeln. Ihr Motto war: „Befehl ist Befehl". Es war die Weigerung und totale Unfähigkeit, nach menschlichen und moralischen Grundsätzen zu handeln. Dies wurde nicht zuletzt dadurch bewiesen, dass die Betroffenen sich nicht nur Juden gegenüber so verhielten, sondern auch jeder Menschengruppe gegenüber, die von den ihnen erteilten Befehlen betroffen war. Die gleichen Polizisten sind bei der Vernichtung und Ermordung zum Beispiel der polnischen Intelligenz gegen die Frauen und Kinder dieser Gruppe mit ebenderselben Grausamkeit, Gefühllosigkeit und Brutalität vorgegangen wie gegen Juden.

Der amerikanische Historiker Christopher R. Browning untersucht am Beispiel des Reserve-Polizeibataillons 101, das in Polen 1942 etwa 1200 Juden erschossen hat, die Motive der Männer:

Im Bataillon kristallisierten sich einige ungeschriebene „Grundregeln" heraus. Für kleinere Erschießungsaktionen wurden Freiwillige gesucht beziehungsweise die Schützen aus den Reihen derjenigen genommen, die bekanntermaßen zum Töten bereit waren […]. Bei großen Einsätzen wurden die, die nicht töten wollten, auch nicht dazu gezwungen. […] Neben der ideologischen Indoktrinierung war ein weiterer entscheidender Aspekt […] das gruppenkonforme Verhalten. Den Befehl, Juden zu töten, erhielt das Bataillon, nicht aber jeder einzelne Polizist. Dennoch machten sich 80 bis 90 Prozent der Bataillonsangehörigen ans Töten, obwohl es fast alle von ihnen – zumindest anfangs – entsetzte und anwiderte. Die meisten schafften es einfach nicht, aus dem Glied zu treten und offen nonkonformes Verhalten zu zeigen. Zu schießen fiel ihnen leichter. Warum? Zunächst einmal hätten alle, die nicht mitgemacht hätten, die „Drecksarbeit" einfach den Kameraden überlassen. Da das Bataillon die Erschießungen auch dann durchführen musste, wenn einzelne Männer ausscherten, bedeutete die Ablehnung der eigenen Beteiligung die Verweigerung des eigenen Beitrags bei einer unangenehmen kollektiven Pflicht. Gegenüber den Kameraden war das ein unsozialer Akt. […]
Es gibt auf der Welt viele Gesellschaften, die durch rassistische Traditionen belastet und aufgrund von Krieg oder Kriegsdrohung in einer Art Belagerungsmentalität befangen sind. Überall erzieht die Gesellschaft ihre Mitglieder dazu, sich der Autorität respektvoll zu fügen, und sie dürfte ohne diese Form der Konditionierung wohl auch kaum funktionieren. […] In jeder modernen Gesellschaft wird durch die Komplexität des Lebens und die daraus resultierende Bürokratisierung und Spezialisierung bei den Menschen, die die offizielle Politik umsetzen, das Gefühl für die persönliche Verantwortung geschwächt. In praktisch jedem sozialen Kollektiv übt die Gruppe, der eine Person angehört, gewaltigen Druck auf deren Verhalten aus und legt moralische Wertmaßstäbe fest. Wenn die Männer des Reserve-Polizeibataillons 101 unter solchen Umständen zu Mördern werden konnten, für welche Gruppe von Menschen ließe sich dann noch Ähnliches ausschließen?

Erster Text: Daniel Jonah Goldhagen, Hitlers willige Vollstrecker. Ganz gewöhnliche Deutsche und der Holocaust, übers. v. Klaus Kochmann, Berlin 1996, S. 107f., 489 und 518
Zweiter Text: Claus Arndt, in: „Die Zeit" vom 15.01.1998
Dritter Text: Christopher R. Browning, Ganz normale Männer. Das Reserve-Polizeibataillon 101 und die „Endlösung" in Polen, übers. v. Jürgen Peter Krause, Reinbek bei Hamburg ^{4}2007, S. 224, 241 und 246f.

1. Fassen Sie jeweils die Kernaussagen von Goldhagen, Arndt und Browning mit eigenen Worten zusammen. Vergleichen Sie die Erklärungsansätze.
2. Nehmen Sie Stellung zu den Aussagen.
3. Erörtern Sie anhand Brownings Überlegungen, ob sich Massenverbrechen wie der Holocaust wiederholen können.

Terror und Holocaust

M5
Menschen in Auschwitz

Der österreichische Historiker Hermann Langbein wird 1941 als kommunistischer Widerstandskämpfer in das KZ Dachau eingeliefert, von wo er nach Auschwitz deportiert wird. 1945 gelingt ihm auf dem Evakuierungstransport die Flucht. In den Lagern gehört Langbein jeweils zur Leitung der internationalen Widerstandsbewegung, nach 1945 ist er Generalsekretär des Internationalen Auschwitzkomitees. In seinem Buch „Menschen in Auschwitz" beschreibt er, was die vielen in und um die Konzentrationslager arbeitenden und lebenden Zivilisten wissen konnten und wie sie mit ihrem Wissen umgingen:

„Wir wussten wirklich nichts von Auschwitz und der Judenvernichtung", beteuerten viele Zeugen vor den Frankfurter Richtern, die hohe Funktionen im Staatsapparat oder in der Partei innehatten, als in Auschwitz die Krematorien Tag und Nacht gebrannt hatten; derlei Versicherungen bekommt man nicht nur in deutschen Gerichtssälen zu hören. Viele, die im Dritten Reich Rang und Namen hatten, bemühen sich nachträglich um den Nachweis, die Menschenvernichtung sei ein strengstens gehütetes Geheimnis der SS gewesen. Ihnen gab Kaduk[1] eine drastische Antwort, als er während des Frankfurter Auschwitz-Prozesses einmal lospolterte: „Wenn die Öfen gebrannt haben, dann war eine Stichflamme von fünf Meter Höhe, die hat man vom Bahnhof aus gesehen. Der ganze Bahnhof war voll von Zivilisten. Niemand hat etwas gesagt. Auch Urlauberzüge waren dort. Oft haben die Urlauberzüge Aufenthalt in Auschwitz gehabt und der ganze Bahnhof war vernebelt. Die Wehrmachtsoffiziere haben aus dem Fenster geguckt und haben gefragt, warum es so riecht, so süß. Aber keiner hat den Mut gehabt zu fragen: Was ist denn los? Hier ist doch keine Zuckerfabrik. Wozu sind denn die Schornsteine da?" [...]
Die Tausende an den Vernichtungsstätten eingesetzten SS-Männer waren zwar zu Stillschweigen verpflichtet. Dass jedoch eine solche Verpflichtung nicht jahrelang von so vielen Menschen strikt eingehalten werden kann, liegt auf der Hand, noch dazu, wenn man die Demoralisierung dieser Truppe in Betracht zieht.
Der Schweizer René Juvet berichtet, dass ihn einmal während einer Bahnfahrt durch Bayern ein ihm unbekannter SS-Mann ansprach, der offenbar unter der Wirkung von Alkohol schilderte, wie furchtbar es im KZ Mauthausen zugehe, wo er stationiert war. Sollte Juvet der einzige gewesen sein, der auf einem solchen Weg zufällig Kenntnis von in KZs begangenen Verbrechen erhalten hat?
Wie viele haben Pakete aus den Vernichtungslagern nach Hause geschickt, so wie der Universitätsprofessor Kremer, der in seinem Tagebuch darüber Buch geführt hat? Sollte sich kein Empfänger jemals darüber Gedanken gemacht haben, woher diese im Krieg rar gewordenen Güter stammten?
SSler in gehobenen Stellungen wohnten mit ihren Familien im Lagerbereich. Wer kann glauben, dass alle Frauen und Kinder – die in Auschwitz Vergasen gespielt haben – das Schweigegebot jahrelang eisern eingehalten haben? Eisenbahner kamen bis zur Rampe und sahen aus unmittelbarer Nähe, was vorging. Angestellte der Reichsbahn nahmen Monat für Monat viele Kilo schwere Sendungen von Zahngold in Empfang. In der Filzfabrik Alex Zink in Roth bei Nürnberg wurden Frauenhaare verarbeitet, die diese Firma laufend säckeweise von der Kommandantur in Auschwitz kaufte – eine halbe Mark pro Kilogramm. Das Räderwerk der Tötungsorganisation reichte weit über die Vernichtungsstätten hinaus. [...] Die alliierten Rundfunkanstalten berichteten immer wieder über den organisierten Massenmord im Osten.
[...] Allerdings war es so, wie Ernest K. Bramsted schreibt: „Für viele wurden die falschen Gräuelmärchen der Alliierten (während des Ersten Weltkrieges) eine Art schützender Vorhang, hinter dem sich ihre Gemüter verstecken konnten, um sich nicht über die aktuellen Gräuel informieren zu müssen, die das Naziregime verübte." Wer sich nicht durch unheilvolle Nachrichten seine Ruhe stören lassen wollte, fand Gründe, um alle Gerüchte von sich wegzuschieben.
Nicht wenige Deutsche, die keine SS-Uniform trugen, haben aber nicht nur von der Menschenvernichtung gehört; viele sind als Zivilangestellte mit

---

[1] Oswald Kaduk (1906–1997) war Aufseher im Konzentrationslager Auschwitz, wo er als einer der grausamsten, brutalsten und ordinärsten SS-Männer galt. Im ersten Auschwitz-Prozess 1963–1965 gehörte er zu den Hauptbeschuldigten. Zum Prozess vgl. S. 90 f.

▲ „Selektion" an der Rampe von Birkenau.
Foto vom Mai 1944.
Da das Konzentrationslager Auschwitz völlig überfüllt war, wurde im Oktober 1941 auf Befehl Heinrich Himmlers im drei Kilometer vom Stammlager Auschwitz entfernten Birkenau mit dem Bau eines weiteren Lagers (Auschwitz II) begonnen. Mit vier Gaskammern und mehreren Krematorien ausgestattet, wurde Auschwitz-Birkenau ab 1942 zu einem der größten Konzentrations- und Vernichtungslager und zentralen Deportationsziel fast aller europäischen Juden im deutschen Herrschaftsbereich. Im August 1942 entstand ein zusätzliches Teillager für Frauen, 1943 wurde ein „Zigeunerlager" errichtet. Nach Ankunft der Züge wurden die Menschen an der Rampe „selektiert": Die „Arbeitsfähigen" teilte man zur Zwangsarbeit den Lagern selbst und den Rüstungsbetrieben zu oder überstellte sie den KZ-Ärzten um Dr. Josef Mengele für „medizinische" Experimente. Die große Mehrzahl der Ankommenden, vor allem Alte, Kranke, schwangere Frauen und Mütter mit Kindern, wurde jedoch als „arbeitsunfähig" eingestuft und – unter dem Vorwand, sich duschen und desinfizieren zu müssen – unverzüglich in die Gaskammern geschickt.

Auschwitz in Berührung gekommen und haben selbst gesehen, was dort geschah. […]
Wenn man die Wahrheit nicht erfahren wollte, dann konnte man sich selbst im Bereich des Feuerscheins der Krematorien und des widerlichen Geruchs, den verbranntes Menschenfleisch verbreitet, blind stellen. Der so wie Heydrich bei den IG-Werken beschäftigte Schlosser Hermann Hausmann beteuerte, es sei zwar damals von Vergasungen der Gefangenen gesprochen worden, aber „wir sträubten uns, das zu glauben". Wer sich erfolgreich gesträubt hat, kann nachträglich versichern, er hätte damals nichts von alldem erfahren.

Hermann Langbein, Menschen in Auschwitz, Frankfurt am Main u.a. 1980, S. 502–505

1. Beschreiben Sie, welche Personengruppen direkt oder indirekt mit den Konzentrationslagern in Berührung kamen. Ergänzen Sie um weitere.
2. Erläutern Sie, wie hier der Umgang der Deutschen mit ihrem Wissen über die Verbrechen erklärt wird. Nehmen Sie dazu Stellung.
3. Erörtern Sie, aus welchem Grund sich die SS nachträglich bemüht hat, die Massenvergasungen als Geheimnis darzustellen.
4. Nehmen Sie Stellung zu der Frage, ob Holocaust und Krieg nach Hitlers Machtantritt 1933 unvermeidbar waren. Vergleichen Sie den Essay auf S. 71f.

Terror und Holocaust

Methoden-Baustein: Essay

Kompetenz:
Die Problemstellung eines (historischen) Themas erfassen und anhand von kritischen Fragestellungen und Thesen multiperspektivisch erläutern, diskutieren und beurteilen

Was ist ein Essay?

Wenn wir ein Thema knapp, kenntnisreich, kritisch, klar und sprachlich ausgefeilt auf wissenschaftlichem Niveau erörtern, ist uns ein Essay gelungen. Ein historischer Essay ist der Versuch, eine Antwort auf ein Problem oder eine zentrale Frage zu geben.

Anders als das systematisch angelegte Referat erhebt der Essay weder Anspruch auf eine detailgenaue Darstellung von Sachverhalten noch referiert er den aktuellen Forschungsstand. Ziel ist es, das Thema in einem größeren Zusammenhang aus verschiedenen Perspektiven verständlich zu diskutieren, eigene Positionen zu entwickeln und dem Leser subjektive, zur weiteren Auseinandersetzung anregende Antworten zu geben.

Vorarbeit

- Grundlage ist zunächst eine Idee für ein Thema. Als Anregungen können aktuelle Ereignisse oder Anlässe wie Jubiläen, historische Jahrestage dienen.
- Anschließend ist eine gründliche Recherche und intensive Auseinandersetzung mit dem Thema notwendig, um ein Konzept mit einer tragfähigen Leitfrage entwickeln zu können. Sammeln Sie Argumente für und gegen bestimmte Thesen und ordnen Sie diese Ihrem Konzept zu. Konzentrieren Sie sich auf wesentliche Aspekte.
- Entwerfen Sie einen realistischen Zeitplan für die Bearbeitungsschritte Recherche, Konzept, Schreiben und Überarbeitung.

Aufbau

- Ausgangspunkt ist ein Problem, eine offene Frage oder eine provokante These. Die Überschrift sollte bereits die Kernaussage wiedergeben und den Leser neugierig machen, etwa als Zitat, Metapher, Frage.
- Ein motivierender Einstieg („Aufhänger") führt anschaulich in das Thema ein und kann die Gründe für die Wahl des Themas sowie seine Relevanz erklären.
- Das Problem wird genannt, in den historischen Kontext eingeordnet und seine Bedeutung erläutert, indem etwa kontroverse Positionen argumentativ gegenübergestellt werden.
- Die These/Stellungnahme gibt die Argumentationslinie vor.
- Der Hauptteil enthält die Argumentation, die den eigenen Standpunkt plausibel erläutert, mit Beispielen, eigenen und fremden Thesen (Sekundärliteratur, Zeitungsartikel) oder Belegen (Statistiken, Daten, Fakten) untermauert und Gegenpositionen widerlegt. Der Essay ist frei von Quellennachweisen und Fußnoten, fremde Positionen und Zitate werden jedoch im Text kenntlich gemacht („Wie Autor A belegt ..." oder „Autor B meint dazu ...").
- Das Fazit fasst das Ergebnis der Erörterung knapp zusammen, spitzt sie auf eine abschließende Stellungnahme zu und nennt offene oder weiterführende Aspekte.

Überarbeitung

- Bevor Sie an die Überarbeitung gehen, sollten Sie den Essay einige Zeit ruhen lassen, um innere Distanz zu ihm zu gewinnen. Prüfen Sie dann die Argumentation noch einmal gründlich. Stimmt der Bezug zum Thema? Ist der Aufbau logisch? Weicht die Darstellung vom „roten Faden" ab? Wurden nur Fakten gereiht statt argumentiert? Ist das Fazit schlüssig?
- Feilen Sie abschließend an der Sprache, denn sprachliche und inhaltliche Klarheit sind nicht zu trennen. Formulieren Sie präzise, voraussetzungslos, verständlich und anschaulich.

Waren Holocaust und Krieg nach dem Machtantritt Hitlers unvermeidbar?

Volk ohne Grenzen
Ein Essay von Michael Wildt

Nur vier Tage nach seiner Ernennung zum Reichskanzler traf sich Adolf Hitler mit den Befehlshabern der Reichswehr in der Privatwohnung des Chefs der Heeresleitung, General der Infanterie Kurt Freiherr von Hammerstein. Was er den zwei Dutzend versammelten Generälen am Abend dieses 3. Februar zu sagen hatte, bildete den Kern seines politischen Programms: „Völlige
⁵ Umkehrung der gegenwärtigen innenpolitischen Zustände in Deutschland", so notierte Generalleutnant Curt Liebmann Hitlers Ausführungen. „Keine Duldung der Betätigung irgendeiner Gesinnung, die dem Ziel entgegensteht (Pazifismus!). Wer sich nicht bekehren lässt, muss gebeugt werden. Ausrottung des Marxismus mit Stumpf und Stiel." Und: „Beseitigung des Krebsschadens der Demokratie" sowie „Eroberung neuen Lebensraums im Osten und dessen rücksichts-
¹⁰ lose Germanisierung". […]

Von Anfang an wollte die nationalsozialistische Führung den Krieg um „Lebensraum" führen. Der dazu notwendigen Aufrüstung galten alle Aufmerksamkeit, alle Ressourcen ihrer Politik. Dazu mobilisierte sie die deutsche Bevölkerung und sämtliche ökonomischen Mittel, selbst mit der Konsequenz, durch die immense Schuldenwirtschaft die deutsche Volkswirtschaft zu zerrüt-
¹⁵ ten. In ihrem zynischen Kalkül würden die Beschlagnahmungen, die Kontributionen und der Raub von Vermögen aus den eroberten Gebieten die volkswirtschaftliche Bilanz Deutschlands wieder ausgleichen. Und die jungen Eliten in Staat, Militär und Wirtschaft unterstützten diese Politik, weil sie Gestaltungskraft, Expansion und Machtzuwachs bedeutete.

So eindeutig die nationalsozialistische Politik von 1933 an auf den Krieg ausgerichtet war, so
²⁰ unvermeidlich war er dennoch nicht. Wie Hitlers vorsichtiges Taktieren bei der Besetzung des Rheinlands zeigt, war er sich in diesen ersten Jahren der NS-Herrschaft keineswegs sicher, dass seine Politik aufgehen könnte. Eine entschlossene Reaktion der europäischen Nationen, insbesondere Frankreichs, Englands und auch Italiens, hätte der deutschen Expansionspolitik durchaus Einhalt gebieten können.
²⁵ Doch deuteten die Westmächte die deutsche Außenpolitik als bloße Revision des Versailler Vertrags, dessen Bestimmungen sie mittlerweile durchaus als zu hart beurteilten. Als der britische Premier Chamberlain nach Abschluss des Münchener Abkommens 1938 nach London zurückkehrte, wurde er als „peacemaker" gefeiert, der einen drohenden europäischen Krieg abgewendet habe. Italien betrieb selbst eine Eroberungspolitik im Mittelmeerraum, für die es deutsche Unter-
³⁰ stützung brauchte. Und alle, einschließlich des Vatikans, sahen es gern, wenn sich die nationalsozialistische Aggressivität gegen den Bolschewismus und die Sowjetunion richtete. Den Kern der nationalsozialistischen Politik, den Krieg um „Lebensraum", der an den europäischen Grenzen von 1914 nicht haltmachte, haben die übrigen europäischen Mächte zu spät erkannt, um rechtzeitig eingreifen zu können. Erst als Hitler Polen überfiel, erklärten Großbritannien und Frankreich
³⁵ dem Nazi-Regime den Krieg.

Der Krieg entschied auch über das Schicksal der europäischen Juden. Unvermeidbar war der Holocaust jedoch nicht, obwohl das neue Regime von Anfang an unmissverständlich klarmachte, dass es eine radikal antisemitische Politik betreiben würde. Der Boykott jüdischer Geschäfte am 1. April 1933, die gleich nachfolgenden Gesetze zum Ausschluss von Juden aus dem
⁴⁰ Öffentlichen Dienst sowie die zahlreichen antisemitischen Verordnungen und Schikanen im Reich ließen an der Entschlossenheit des NS-Regimes, die Juden aus Deutschland zu vertreiben, keinen Zweifel. […]

Die Grundlinien der antisemitischen Politik des NS-Regimes in der Vorkriegszeit waren bereits 1933 zu erkennen: die deutschen Juden sozial zu isolieren, sie zu berauben und aus Deutschland
⁴⁵ zu vertreiben. Das Parteiprogramm der NSDAP von 1920 hatte unmissverständlich unter Punkt

---

Kernaussage als offene Frage und provokante These

Motivierender, anschaulicher Einstieg mit aussagekräftigen Zitaten

Problem mit knappen Hintergrundinformationen (Kriegsziele und Aufrüstung)

These/Stellungnahme (Krieg war nicht unvermeidbar)

Argumentation (Frühes Eingreifen der Westmächte hätte Krieg verhindern können)

Thesen, Beispiele und Belege untermauern die eigene Position (Westmächte erkannten die Gefahr zu spät)

Verknüpfung der Kernaspekte Krieg und Holocaust; ergänzende These/Stellungnahme (Holocaust war nicht unvermeidbar)

These

Essay

Methoden-Baustein: Essay

Beispiel für Beleg

4 festgelegt: „Staatsbürger kann nur sein, wer Volksgenosse ist. Volksgenosse kann nur sein, wer deutschen Blutes ist, ohne Rücksichtnahme auf Konfession. Kein Jude kann daher Volksgenosse sein." 37 000 deutsche Juden verließen 1933 das Land, in den folgenden vier Jahren waren es jeweils gut über 20 000.

50 Den Flüchtlingen wurden zahlreiche Steuern, Abgaben, Gebühren auferlegt, sodass sie von ihrem Vermögen nur einen geringen Bruchteil für ihr neues Leben im Ausland mitnehmen konnten. […]

Hintergrundinformationen (jüdische „Emigrationspolitik")

Doch geriet die antisemitische Politik des Regimes, die deutschen Juden zugleich auszurauben und vertreiben zu wollen, in einen unüberbrückbaren Widerspruch, denn mittellose jüdische 55 Menschen waren im Ausland nicht erwünscht und besaßen kaum eine Chance, irgendwohin emigrieren zu können. So behinderten die Nationalsozialisten durch ihre Raubpolitik selbst, was sie erreichen wollten: die Vertreibung der Juden aus Deutschland. Die Auswanderung, stellte der Oberabschnitt Süd des Sicherheitsdienstes der SS (SD) Ende 1937 fest, sei „praktisch zum Stillstand gekommen".

These (Hindernisse bei Vertreibung führten zu größerer Radikalität des NS-Regimes)

60 Solche selbstgeschaffenen Sackgassen führten im NS-Regime nicht dazu, pragmatisch auf Schwierigkeiten zu reagieren und die Zielvorgaben zu überprüfen. Vielmehr versuchte man, die Hindernisse mit noch größerer Radikalität und Entschlossenheit des Willens zu überwinden. […] Das Regime begann, die „Judenfrage" mit systematischer Gewalt zu „lösen".

Die Atmosphäre in Deutschland im Jahr 1938 blieb gewalttätig aufgeladen. Die vom NS-Regime 65 inszenierte Sudetenkrise führte zu einer immer schriller werdenden Pressekampagne für die „unterdrückten" Sudetendeutschen in der Tschechoslowakei, die „heim ins Reich" geholt werden sollten. Zugleich wuchs die Angst vor einem Krieg, der um das Sudetenland geführt werden müsste. In Behördenberichten war von einer „wahren Kriegspsychose", sogar von „Panik" die Rede. […]

These (spannungsgeladene Vorkriegsatmosphäre steigerte Gewaltbereitschaft)

70 Die Zerstörungswut, die hasserfüllten Emotionen, die wenige Wochen später den Novemberpogrom beherrschten, sind nur mit der gewalttätigen Aufladung des Jahres 1938 und den Spannungen, die Europa an den Rand des Krieges brachten, zu begreifen. […]

Die kleinen Pogrome in der Provinz im September und Oktober sowie die Gewaltexzesse am 9. und 10. November 1938 zielten nicht mehr allein auf Diskriminierung und Isolierung der jüdischen 75 Nachbarn, sondern auf deren endgültige Vertreibung und auf die Auslöschung der jüdischen Kultur in Deutschland. Morde wurden dabei billigend in Kauf genommen. […]

Im Schatten des Krieges radikalisierte sich die nationalsozialistische Verfolgungspolitik zum Massenmord. Zwar lag die Auslöschung ganzer jüdischer Gemeinden, wie sie im Vernichtungskrieg gegen die Sowjetunion im Spätsommer 1941 geschah, ebenso wie die systematische De-80 portation der europäischen Juden in die Vernichtungslager oder der Massenmord von Hunderttausenden in den Gaskammern noch außerhalb des Horizonts der Täter. Aber ihrem Denken, ihrer Absicht, ein „judenfreies" Europa zu schaffen, war der Völkermord inhärent.

Fazit als knappe Zusammenfassung der Argumente/eigene Stellungnahme (erst durch Krieg steigerte sich antisemitische Verfolgung zum Massenmord)

Aber erst der Krieg ließ die Verfolgung zur Vernichtung werden. Der Holocaust, die systematische, organisierte Ausrottung der europäischen Juden, war keineswegs mit der Machtergreifung 85 unvermeidlich, er lag 1933 noch außerhalb des Horizonts antisemitischer Politik. Aber die Unerbittlichkeit, mit der alle Juden aus dem deutschen Machtbereich zum Verschwinden gebracht werden sollten, sowie der unbedingte Wille zum Krieg machten den Holocaust zu einer Handlungsoption, die der Politik der Nationalsozialisten innewohnte. Es führte kein zwangsläufiger Weg von der Machtergreifung 1933 nach Auschwitz, doch unter den Gewaltverhältnissen, in 90 der rassistischen Logik, die mit kaltem Kalkül Menschen in Problemfälle verwandelte, schien der Massenmord schließlich für viele Deutsche eine „Endlösung" zu sein.

Abschließende undogmatische Stellungnahme

Michael Wildt, Volk ohne Grenzen. Waren Holocaust und Krieg nach dem Machtantritt Hitlers unvermeidbar?, in: Spiegel Special Geschichte 1/2008, S. 136-143, hier S. 136, 139 und 141-143

Zwischen Anpassung und Widerstand

Flugblätter der Widerstandsbewegung in Deutschland.

Aufruf an alle Deutsche!

Der Krieg geht seinem sicheren Ende entgegen. Wie im Jahre 1918 versucht die deutsche Regierung alle Aufmerksamkeit auf die wachsende U-Bootgefahr zu lenken, während im Osten die Armeen unaufhörlich zurückströmen, im Westen die Invasion erwartet wird. Die Rüstung Amerikas hat ihren Höhepunkt noch nicht erreicht, aber heute schon übertrifft sie alles in der Geschichte seither Dagewesene. Mit mathematischer Sicherheit führt Hitler das deutsche Volk in den Abgrund. Hitler kann den Krieg nicht gewinnen, nur noch verlängern! Seine und seiner Helfer Schuld hat jedes Mass unendlich überschritten. Die gerechte Strafe rückt näher und näher!

Was aber tut das deutsche Volk? Es sieht nicht und es hört nicht. Blindlings folgt es seinen Verführern ins Verderben. Sieg um jeden Preis, haben sie auf ihre Fahne geschrieben. Ich kämpfe bis zum letzten Mann, sagt Hitler – indes ist der Krieg bereits verloren.

Deutsche! Wollt Ihr und Eure Kinder dasselbe Schicksal erleiden, das den Juden widerfahren ist? Wollt Ihr mit dem gleichen Masse gemessen werden, wie Eure Verführer? Sollen wir auf ewig das von aller Welt gehasste und ausgestossene Volk sein? Nein! Darum trennt Euch von dem nationalsozialistischen Untermenschentum! Beweist durch die Tat, dass Ihr anders denkt! Ein neuer Befreiungskrieg bricht an. Der bessere Teil des Volkes kämpft auf unserer Seite. Zerreisst den Mantel der Gleichgültigkeit, den Ihr um Euer Herz gelegt! Entscheidet Euch, eh' es zu spät ist!

▲ Flugblatt „Aufruf an alle Deutsche!" der „Weißen Rose" vom Januar 1943 (Ausschnitt).

Das fünfte von insgesamt sechs Flugblättern der Widerstandsgruppe wurde in mehreren hundert Exemplaren in der Münchener Universität ausgelegt.

- Erläutern Sie, wie in dem Flugblatt der Widerstand gegen das NS-Regime begründet wird.

8. November 1939
Georg Elsers Attentat auf Hitler missglückt.

Herbst 1942
49 Mitglieder der „Roten Kapelle" werden hingerichtet.

Februar 1943
Die Geschwister Scholl werden bei einer Flugblattaktion ergriffen und hingerichtet.

Februar/März 1943
In der Berliner Rosenstraße protestieren Hunderte nichtjüdischer Frauen erfolgreich gegen die Inhaftierung ihrer jüdischen Männer.

19. April – 16. Mai 1943
Die SS schlägt den Aufstand im Warschauer Ghetto nieder.

20. Juli 1944
Das Attentat Graf Stauffenbergs auf Hitler schlägt fehl.

Lesetipps
- Wolfgang Benz (Hrsg.), Lexikon des deutschen Widerstandes, Frankfurt am Main ²2004
- Gerd R. Ueberschär, Für ein anderes Deutschland. Der deutsche Widerstand gegen den NS-Staat 1933–1945, Frankfurt am Main 2006

Anpassung, Opposition, Widerstand

Eine breite *Widerstandsbewegung* gegen das NS-Regime hat es nicht gegeben. Hitlers Herrschaft wurde über viele Jahre von einer großen Mehrheit des deutschen Volkes akzeptiert. Selbst in Kreisen, die keine enge Identifikation mit den Zielen und Wertmaßstäben der Nationalsozialisten aufbrachten, verließen sich die meisten auf die politische Führung und arrangierten sich mit dem NS-Staat. Durch die wirtschaftlichen und politischen „Erfolge" gelang es dem Regime immer wieder, bei großen Teilen der deutschen Bevölkerung Zustimmung und Begeisterung hervorzurufen. Erst die Kriegserfahrung, vor allem die Bombardierung deutscher Städte, ließ bei den meisten die Begeisterung in stille Resignation umschlagen.

Neben der Begeisterung für das System und dem bloßen Mitmachen gab es jedoch in allen sozialen Schichten immer Gruppen und Einzelpersonen, die sich nicht mit der NS-Herrschaft abfinden wollten und ihre Ablehnung auf andere Weise, etwa durch passive Verweigerung oder *nonkonformes*, d. h. *unangepasstes Verhalten* ausdrückten. Das Verweigern des Hitler-Grußes, die Umgehung einzelner Gesetze oder das Hören ausländischer „Feindsender" zeigen, dass die „Volksgemeinschaft" nicht so geschlossen war, wie es die Propaganda zu vermitteln suchte.

Nur eine Minderheit hatte den Mut, Maßnahmen der NS-Herrschaft öffentlich zu kritisieren oder nicht zu befolgen, noch weniger wagten es, Juden und anderen Verfolgten zu helfen oder das Regime zu bekämpfen. Zwischen der stillen Verweigerung und der Planung und Durchführung eines Umsturzes gab es eine Vielzahl von Abstufungen (▶ M1). So differenziert die Motive des Widerstands auch waren, gemeinsam war allen Gruppierungen der feste Glaube an ethische Grundnormen, der ihnen die Kraft zu einem eigenverantwortlichen Denken gab. Nachfolgende Generationen haben den Zeitgenossen immer wieder vorgeworfen, kaum und viel zu spät Widerstand gegen das NS-Regime geleistet zu haben. Dass die Erfolge des Widerstands bescheiden blieben, lag vor allem am fehlenden Rückhalt in der Bevölkerung und an der Brutalität, mit der die Nationalsozialisten jede Opposition im Keim zu ersticken suchten. Hinzu kam die Heterogenität der Widerstandsgruppen. Nach der frühen Zerschlagung der Arbeiterbewegung waren es Einzelpersonen und kleine isolierte Gruppen unterschiedlicher Herkunft und Ausrichtung, die den Mut zum Protest fanden. Widerstand bedeutete Gefahr, nicht nur für die eigene Person, sondern auch für Familie und Freunde. Unzählige Widerstandskämpfer bezahlten ihren Einsatz mit dem Leben.

Ziele und Formen

Die letzte Übersteigerung des NS-Regimes seit Beginn des Zweiten Weltkriegs hatte zwar viele von der Notwendigkeit der Gewalt gegen die Diktatur überzeugt, aber auf die Frage „Was dann?" gab es keine eindeutige Antwort. Die Vorstellungen der politischen Zukunft reichten von der Errichtung einer Monarchie oder eines ständischen Staates über verschiedene demokratische Staatsformen bis hin zu einer kommunistischen Gesellschaft.

Einzelpersonen, lose Gesprächskreise oder Verschwörergruppen arbeiteten auf sehr verschiedene Weise, meist ohne gegenseitige Kontakte wegen des hohen Risikos eines Verrates. Es wurden Flugblätter verteilt, Gegenparolen an die Hauswände belebter Straßen geschrieben, ausländische Sender abgehört und regimefeindliche Nachrichten verbreitet. In Rüstungsbetrieben kam es zu Arbeitsniederlegungen und Sabotageakten. Trotz NS-Terror und Lebensgefahr gab es Männer und Frauen, die verfolgten Juden halfen, sie versteckten oder auf andere Weise vor dem sicheren Tod zu bewahren

Filmtipp
Rosenstraße, Deutschland / Niederlande 2003, Regie: Margarethe von Trotta

◀ **Denkmal für Georg Elser.**
Foto vom 9. November 2011.
Die 17 Meter hohe Stahlskulptur in der Berliner Wilhelmstraße, nahe Hitlers ehemaliger Reichskanzlei, wurde am 8. November 2011 eingeweiht. Sie zeigt die Silhouette des Gesichts von Georg Elser und leuchtet bei Dunkelheit. Bis in die 1990er-Jahre wurde Elser in der offiziellen Gedenkkultur kaum gewürdigt. Heute gibt es etliche Gedenkstätten, Straßen, Plätze und Schulen, die nach ihm benannt sind. Seit 2001 wird in seinem Namen ein Preis für Zivilcourage verliehen.

versuchten (▶ M2). Nicht selten waren an solchen Aktionen mehrere Personen oder Familien beteiligt. Ihr Beispiel zeigt, dass es zwar riskante, aber viele unterschiedliche Handlungsmöglichkeiten gab. Trotz umfangreicher Sicherheitsvorkehrungen sind mehrere Attentate auf Hitler zur Ausführung gekommen. *Georg Elser*, ein Tischler aus Württemberg, scheiterte aber am 8. November 1939 in München mit einem Bombenanschlag ebenso wie alle anderen, die Hitler mit Gewalt zu beseitigen versuchten. Vermutlich wurden über 10 000 Angehörige des Widerstandes von NS-Schergen getötet oder vom Volksgerichtshof zum Tode verurteilt.

▶ *Geschichte In Clips:*
Zum Elser-Attentat
siehe Clip-Code 7313-02

Widerstand aus der Arbeiterbewegung

Schon vor 1933 hatten Kommunisten und Sozialdemokraten gegen die Nationalsozialisten gekämpft. Sie wurden deshalb nach der Machtübernahme Hitlers sofort massiv verfolgt. Partei- und Gewerkschaftsmitglieder wurden verhaftet, zur Flucht ins Ausland gezwungen oder ermordet (▶ M3). Ein gemeinsames Vorgehen kam allerdings nicht zustande, da die politischen Gegensätze zwischen KPD und SPD zu groß waren. Die ins Exil geflohenen und im Lande verbliebenen Kommunisten und Sozialdemokraten versuchten, die Kontakte zu den eigenen Mitgliedern sowie zu anderen Widerstandsgruppen aufrechtzuerhalten, verbreiteten Flugblätter, organisierten Hilfe für Verfolgte und entwarfen Pläne für die Zeit nach dem „Dritten Reich". Um der Verfolgung zu entgehen, operierten sie aus dem Untergrund und bildeten möglichst kleine lokale oder locker verbundene größere Netzwerke.

Eine dieser Widerstandsgruppen war die „Rote Kapelle". Die Bezeichnung stammte von der Geheimen Staatspolizei und galt einer seit 1939 bestehenden, vorwiegend kommunistisch orientierten Gruppe, die die UdSSR über Funk mit Berichten zur politischen, wirtschaftlichen und militärischen Lage versorgte. In einer Geheimdruckerei erstellten konspirative Helfer Zeitschriften und Flugblätter mit Reden von Bischof Clemens August Graf von Galen, *Thomas Mann*, Winston Churchill und Josef Stalin. Nach der Enttarnung einer Spionageaktion wurde die Organisation 1942/43 zerschlagen und viele Mitglieder hingerichtet.

Die „Weiße Rose"

Die Angehörigen der *„Weißen Rose"* waren fast ausschließlich Studenten bis zum Alter von 25 Jahren. In bürgerlichen Elternhäusern mit vorwiegend christlichen Traditionen aufgewachsen, hatten sie zum Teil begeistert der Hitler-Jugend angehört, aber bald die moralische Verwerflichkeit der NS-Bewegung durchschaut.

Zwischen Anpassung und Widerstand

    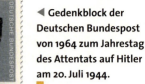

◀ **Gedenkblock der Deutschen Bundespost von 1964 zum Jahrestag des Attentats auf Hitler am 20. Juli 1944.**
• Informieren Sie sich über die Biografien der abgebildeten Personen. Vergleichen Sie die Motive ihres Widerstands und das jeweilige Vorgehen.

Filmtipp
Sophie Scholl – Die letzten Tage, Deutschland 2005, Regie: Marc Rothemund

Durch ihren Fronteinsatz wurden einige Zeugen der Unmenschlichkeit von Kriegsführung und Besatzungspolitik und hegten bald Zweifel am „Endsieg". In München, wo die meisten Angehörigen der „Weißen Rose" studierten, bildete sich um die Geschwister *Hans und Sophie Scholl, Willi Graf, Alexander Schmorell* und ihren Universitätslehrer, den Musikwissenschaftler *Kurt Huber*, ein Freundeskreis.
Im Sommer 1942 erschien das erste Flugblatt der „Weißen Rose". 100 Exemplare verschickte man an ausgesuchte Adressen. Mitte Februar 1943 wurde das letzte Flugblatt in einer Auflage von 3 000 Exemplaren erstellt und wieder teilweise per Post versandt.[1]
Bei der Verteilung des Rests im Lichthof der Universität hielt ein Hausmeister die Geschwister Scholl fest und übergab sie der Polizei. In mehreren Prozessen wurden Angehörige des Freundeskreises, darunter auch das Geschwisterpaar, zum Tode verurteilt und hingerichtet, andere erhielten Gefängnisstrafen.

Die Rolle der Kirchen

Obwohl die Kirchen vor der „Machtergreifung" die Unvereinbarkeit von Weltanschauung und Politik mit der christlichen Lehre betonten, änderten sie ihre ablehnende Haltung gegenüber dem neuen Regime.

Filmtipp
Der neunte Tag, Deutschland / Luxemburg / Tschechien 2004, Regie: Volker Schlöndorff

In einem 1933 mit dem Heiligen Stuhl geschlossenen Abkommen (*Reichskonkordat*) garantierte die NS-Regierung der katholischen Kirche ihre Unabhängigkeit und die Nichteinmischung des Staates in kirchliche Institutionen. Im Gegenzug war Geistlichen jegliche politische Betätigung untersagt. Als die Nationalsozialisten jedoch dazu übergingen, Bekenntnisschulen und katholische Verbände aufzulösen oder „gleichzuschalten", Klöster und kirchliche Heime zu enteignen, forderte dies Protest heraus. Im März 1937 wandte sich der Papst mit einer *Enzyklika* gegen die Verdrängung des Christentums und die „Vergötzung" des Nationalsozialismus, nicht jedoch gegen die NS-Verbrechen. Lediglich einzelne Priester, Ordensgeistliche und Laien verurteilten offen die Judendiskriminierung und die Tötung behinderter Menschen („Euthanasie") (▶ M4).
Die evangelische Kirche war gespalten. Die nationalsozialistische Richtung der *Deutschen Christen* setzte sich für die „Gleichschaltung" der evangelischen Landeskirchen ein. Dagegen formierte sich im Mai 1934 auf Initiative des Pfarrers *Martin Niemöller* die *Bekennende Kirche*, der sich mehr als die Hälfte der evangelischen Pfarrer anschloss. In Schriften und Predigten protestierten sie gegen die staatliche Vereinnahmung der Kirche, die nationalsozialistische Rassenpolitik und die Konzentrationslager.

---

[1] Vgl. das Flugblatt auf S. 73.

Nationalsozialismus und deutsches Selbstverständnis

Militärischer Widerstand – der 20. Juli 1944

Der einzige Machtfaktor im Hitlerstaat, der zur Organisation und Durchführung eines Umsturzes in der Lage schien, war das Militär. Außerdem waren die Generäle die ersten Befehlsempfänger für Hitlers maßlose Eroberungspläne, und da dieser sprunghaft und ohne strategischen Sachverstand befehligte, wuchs aufseiten der militärischen Führung die Skepsis. Selbst moralische Einwände kamen zum Tragen, denn der rassistische Vernichtungskrieg Hitlers ging für viele weit über das hinaus, was Berufssoldaten zu tun bereit waren (▶ M5). Generaloberst *Ludwig Beck*, der 1938 wegen Hitlers Einmarsch in die Tschechoslowakei als Generalstabschef zurückgetreten war, versuchte seitdem, den Widerstand gegen das Regime zu organisieren. Gemeinsam mit dem ehemaligen Oberbürgermeister von Leipzig, *Carl Friedrich Goerdeler*, plante er schon eine neue deutsche Regierung und knüpfte Kontakte mit dem Ausland. Erst nach der militärischen Wende Anfang 1943 erhielt die Verschwörung größeren Rückhalt und mehr Teilnehmer, so neben *Henning von Tresckow* den aus einem alten schwäbischen Adelsgeschlecht stammenden Obersten *Claus Schenk Graf von Stauffenberg*, der als Mitglied des Generalstabs direkten Zugang zu Hitler hatte. Stauffenberg deponierte am 20. Juli 1944 eine Aktentasche voll Sprengstoff in Hitlers Nähe. Die Bombe verfehlte ihren Zweck, Hitler blieb fast unverletzt. Das Regime nahm grausam Rache. Graf Stauffenberg und seine engsten Mitarbeiter wurden noch in derselben Nacht erschossen. Die Geheime Staatspolizei verhaftete 7 000 Personen, auch solche, die mit der Verschwörung nichts zu tun hatten. Himmlers Anordnung der „absoluten Sippenhaftung" bedeutete, dass Verwandte für die Tat mitverantwortlich waren und gleichfalls bestraft wurden.

Der Kreisauer Kreis

Auf dem schlesischen Gut Kreisau, das dem Sachverständigen für Kriegs- und Völkerrecht im Oberkommando der Wehrmacht, *Helmuth James Graf von Moltke*, gehörte, trafen sich seit Ende 1938 Männer verschiedener Anschauungen und Herkunft: Konservative, Sozialisten, ehemalige Gewerkschaftsvertreter, Großgrundbesitzer, protestantische und katholische Geistliche. Der *Kreisauer Kreis* erarbeitete Grundsätze für einen Staats- und Gesellschaftsaufbau nach dem Sturz Hitlers. Staatsstreichpläne wurden zwar nicht konkret ausgearbeitet, aber es bestanden Kontakte zu Widerstandsgruppen im In- und Ausland, so auch zu den Attentätern vom 20. Juli 1944. Viele Mitglieder des Kreisauer Kreises, wie Moltke, Pater *Alfred Delp* oder der Gewerkschaftsführer *Julius Leber*, wurden hingerichtet.

▲ **Polnische Briefmarke von 1948 zum fünften Jahrestag des Warschauer Ghettoaufstandes.**

Die Juden waren keineswegs nur passive Opfer der NS-Herrschaft. Eindrucksvollster Beweis dafür ist der jüdische Aufstand im Warschauer Ghetto, wo die Nazis 500 000 Juden in einen kleinen abgeriegelten Bezirk eingepfercht hatten. Als immer mehr Juden in Lager deportiert wurden, bildete sich die „Jüdische Kampforganisation", die im Frühjahr 1943 einen bewaffneten Aufstand organisierte. Der Aufstand scheiterte zwar, jedoch wirkte er wie eine Aufforderung: In zahlreichen Ghettos und Konzentrationslagern gab es Revolten. Über 1,5 Millionen Juden beteiligten sich zudem in den alliierten Armeen oder als Partisanen am Kampf gegen den NS-Staat.

○ Nehmen Sie Stellung zu der Frage, warum der jüdische Widerstand für das Selbstverständnis der Juden so wichtig ist.

Zwischen Anpassung und Widerstand

◀ **Kriegsprotest.**
Dieser Zettel wurde 1942 in einer Zugtoilette bei Wuppertal gefunden.

M1
Was heißt Widerstand?

Der Historiker Wolfgang Benz definiert, was unter dem Begriff Widerstand im Nationalsozialismus verstanden werden kann:

Die Bezeichnung Widerstand fasst als Oberbegriff verschiedenartige Einstellungen, Haltungen und Handlungen zusammen, die gegen den Nationalsozialismus als Ideologie und praktizierte Herrschaft gerichtet waren. Im weitesten Sinne sind darunter die ins Exil geflohenen Antifaschisten ebenso zu verstehen, die wenig oder keine Möglichkeit hatten, etwas ähnlich Entscheidendes gegen die Regierung Hitlers zu unternehmen, wie die Männer, die das Attentat des 20. Juli 1944 unternahmen. Zum Widerstand rechnet man auch diejenigen, die sich weder durch Lockung noch durch Zwang vom Nationalsozialismus vereinnahmen ließen; die ihre geistige Unabhängigkeit, ihre demokratische oder rechtsstaatliche Überzeugung, die Werte und Normen ihres Milieus – etwa im Rahmen der Arbeiterbewegung oder innerhalb kirchlicher und sonstiger religiöser und weltanschaulicher Bindungen – bewahrten und verteidigten.
Im engeren Sinne ist aber zwischen den kritischen bis abweisenden Haltungen der Verweigerung und Selbstbehauptung einerseits und den bewussten Anstrengungen zur Änderung der Verhältnisse andererseits zu unterscheiden. Opposition gegen das Unrechtsregime war noch nicht gleichbedeutend mit persönlichem Einsatz und den damit verbundenen Gefährdungen. Diesen setzte sich jeder aus, der mit Flugblättern, Wandparolen, als Kurier zu Regimegegnern im Ausland aktiv war oder einem Verschwörerkreis angehörte, in dem der Sturz der Diktatur und eine neue Staats- und Gesellschaftsordnung geplant wurden.
Verweigerung (als individuelle Abwehr des nationalsozialistischen Herrschaftsanspruchs und als Selbstbehauptung von Gruppen), Opposition (als Haltung grundsätzlicher Gegnerschaft) und Widerstand als bewusstes Handeln waren Formen kritischer und gegnerischer Einstellung zum NS-Regime. Sie bauten aufeinander auf und steigerten sich von der passiven Abwehr zum aktiv verwirklichten Wunsch nach Veränderung des Regimes. […]
Um der damaligen Wirklichkeit zu entsprechen und um den verschiedenen Formen von Opposition gerecht zu werden, ist Widerstand im eigentlichen Sinn nicht nur als Haltung zu definieren, sondern als Handeln, das auf grundsätzlicher Ablehnung des Nationalsozialismus beruhte, das auch ethischen, politischen, religiösen, sozialen oder individuellen Motiven darauf abzielte, zum Ende des Regimes beizutragen. Voraussetzung und Anlass war eine Haltung von Dissens zum NS-Regime (Ian Kershaw) oder von „weltanschaulicher Distanz" (Richard Löwenthal). Widerstand wurde daraus, wenn diese Haltung sich zur Absicht verdichtete, eine Änderung der Verhältnisse herbeizuführen. Widerstand im eigentlichen Sinne war dann jeder „bewusste Versuch, dem NS-Regime entgegenzutreten" (Christoph Kleßmann) und die damit verbundenen Gefahren auf sich zu nehmen.

Wolfgang Benz, Der 20. Juli 1944 und der Widerstand gegen den Nationalsozialismus, Erfurt 2004, S. 17–19

1. *Geben Sie mit eigenen Worten wieder, was Benz als Widerstand definiert.*
2. *Der Historiker Detlef Peukert unterscheidet verschiedene Formen abweichenden Verhaltens während des Nationalsozialismus, die von Nonkonformität (unangepasstem Verhalten) über Verweigerung und Protest bis zum Widerstand reichen. Als Widerstand definiert er nur, wenn das NS-Regime als Ganzes abgelehnt und Maßnahmen zu dessen Beseitigung getroffen wurden. Vergleichen Sie mit der Definition von Benz.*
3. *Bewerten Sie diese Form von Kategorisierung.*

M2
Rettungswiderstand

Der 1924 in Polen geborene deutsche Historiker, Schriftsteller und Publizist Arno Lustiger hat den Holocaust überlebt und sammelt seit vielen Jahren Materialien über die Judenrettung während der NS-Zeit. Sein Buch „Rettungswiderstand" versammelt Berichte über Judenretter aus rund 30 europäischen Ländern. Darunter findet sich auch die Geschichte des Feldwebels Anton Schmid, der 1942 für seine Rettungsaktionen im besetzten Litauen vom Kriegsgericht zum Tode verurteilt worden ist:

Am 24. Juni 1941 marschierten die deutschen Truppen in Wilna ein. Die Verfolgung der Juden begann sofort. [...] Bis Ende 1941 waren 33 000 von den 57 000 Juden Wilnas ermordet worden, 12 000
5 „legale" Juden mit gelben Scheinen, Ausweis einer produktiven Tätigkeit, sollten zunächst am Leben bleiben. [...]
Auf diese tragische Situation stieß Feldwebel Anton Schmid, als er nach Wilna versetzt wurde. [...] Er
10 hatte die Aufgabe, Soldaten, die die Verbindung zum Truppenteil verloren hatten, einzusammeln und an die Front zu schicken. Seine Dienststelle befand sich im Wilnaer Bahnhof und in einigen dazugehörigen Gebäuden.
15 Innerhalb weniger Monate, zwischen Spätsommer 1941 und Januar 1942, vollbrachte er schier unglaubliche Heldentaten. Er transportierte mit seinem Wehrmachtslastwagen, mit Marschbefehlen, die er selbst ausstellte, über dreihundert Juden aus
20 Wilna nach Woronowo, Grodno, Bialystok und Lida, denn die Juden Weißrusslands waren noch nicht so wie in Wilna von der Vernichtung bedroht. Schmid rettete ihnen damit zunächst das Leben. Je 20 bis 25 seiner Schützlinge mussten sich
25 nach einem ausgeklügelten System in Schmids Werkstätten verstecken und dort übernachten, bis der Abfahrtstermin kam. Schmid beschäftigte in den seiner Sammelstelle angeschlossenen Werkstätten 140 Handwerker, die er mit „gelben Scheinen"
30 ausstattete, was sie und ihre Familien vor Razzien schützte. Er versorgte sie auch mit Lebensmitteln. [...]
Feldwebel Schmid war in dieser schrecklichen Zeit über das Geschehen in Wilna bestens informiert.
35 Dieses Wissen bedeutete für ihn, keinen Befehl, keine Anweisung, kein Verbot seitens der Wehrmacht, SS, Gestapo oder Zivilverwaltung bezüglich der Juden zu beachten. Seine eigenen Beobachtungen und Gefühle konnte er mit keinem seiner Ka-
40 meraden oder Vorgesetzten teilen. Als Teil der Besatzungsmacht hätte er, wie die meisten seiner Kameraden, fern von der Front, ein sorgenloses, angenehmes Leben führen können. Er entschied sich aber, der Stimme seines Gewissens zu folgen,
45 und bezahlte das mit seinem Leben.

Arno Lustiger, Rettungswiderstand. Über die Judenretter in Europa während der NS-Zeit, Göttingen 2011, S. 96 f.

1. Erklären Sie den Begriff „Rettungswiderstand".
2. Stellen Sie die abschließende Aussage über Anton Schmid den Argumenten von Arndt und Browning in M4 auf S. 67 gegenüber. Nehmen Sie Stellung.

M3
Kommunistischer Widerstand

Dagobert Biermann war Kommunist und arbeitete im Hamburger Hafen. Nach dem Krieg erzählt seine Frau Emmi vom Schicksal ihres Mannes:

1936 war ich schwanger, und grad da begann wieder die illegale Arbeit. Hitler ließ Kriegsmaterial nach Spanien liefern. Da wollten die Faschisten die Republik kaputthauen, und die Nazis halfen denen
5 dabei. Mein Bruder war Ewerführer[1] im Hamburger Hafen. Er hatte Wind davon bekommen, dass Schiffe mit Munition nach Spanien rausgehen. Getarnt waren die als Handelsschiffe. Wir mussten die Arbeiter in Spanien doch warnen! Die sollten die
10 gleich übern Schnabel nehmen[2], wenn die da ankommen. Mein Bruder spionierte aus, wo die Schiffe lagen, und notierte sie. Unter Lebensgefahr! Aber er war ja roter Betriebsrat gewesen und hatte eine gute Nummer im Hafen. Die Kollegen verpfif-
15 fen ihn nicht. Die Unterlagen wurden nach Spanien geschmuggelt. Wenn ein Waffenschiff im Hafen

---
[1] **Ewer**: kleines Küstenschiff
[2] umgangssprachlich: etwas übernehmen, in Empfang nehmen

Zwischen Anpassung und Widerstand

▲ Wer regimekritische Meinungen verbreiten wollte, musste erfinderisch sein.

lag, rief mein Mann den Herbert Michaelis, unsern Kurier, an, und der nahm die neuesten Nachrichten mit. […]
Mein Mann kam in „Schutzhaft". So hieß das damals. Ich wollte genau wissen, wo er sitzt, aber ich wurde immer abgewiesen. Eines Tages hab ich dann doch erfahren, dass er in Fuhlsbüttel ist. Und man erlaubte mir, seine Wäsche zu holen und ihm neue zu bringen. Aber ich hab ihn nicht gesehen, nur das Blut, das an der Wäsche klebte. Die Wäsche wurde von der SS in Empfang genommen, und die haben die Wäsche gegen das Licht gehalten, ob auch nichts darin versteckt ist. Einmal machte ich eine Entdeckung. Da, wo die kleinen Stäbe in den Hemdkragen kamen, die Stelle war zugenäht. Darin war ein Kassiber[3], auf dünnem Papier geschrieben. Da stand drauf: „Michaelis packt aus." Das war das Zeichen, jetzt sollte der Prozess beginnen. Zwei Jahre hatte das gedauert. Solange hatten die gebraucht, bis sie was zusammengestoppelt hatten gegen meinen Mann. […] Für den Prozess kam extra der Volksgerichtshof nach Hamburg. […] Mein Mann und mein Bruder hatten zuerst immer geleugnet, etwas mit der Sache zu tun zu haben, mit den Waffen und den Informationen für die Spanier. Aber dann wurden Geschosse auf den Tisch gepackt, die mein Bruder aus dem Hafen mitgebracht hatte. Sogar Dumdumgeschosse hatte er von den Schiffen geklaut, die reißen große Wunden. Die hatten wir Michaelis mitgegeben, damit die Spanier wussten, was ihnen blühte.
Mein Bruder hat mir später erzählt, wie er sich verteidigt hat. Er hat auf doof gemacht. Im Hafen klauen alle mal, hat er gesagt, nur so aus Spaß wird geklaut. Und dann hat er immer Platt gesprochen, das war für die Richter was Neues. Die Richter wollten darauf hinaus, mein Mann hätte meinen Bruder beauftragt, die Sache auszubaldowern. Das hätte gereicht, dann hätten sie ihn gleich umgebracht. Der Pflichtverteidiger meines Bruders war aber ausnahmsweise ein guter Mann. Er wollte meinen Bruder direkt fragen: „Hat Biermann Sie beauftragt?" Wenn er dann mit Nein antwortet, musste der Anklagepunkt fallengelassen werden. Aber die Anwälte mussten alle Fragen vorlegen. Die Frage wurde natürlich nicht zugelassen, die wollten meinem Mann an den Kragen. Da hat der Anwalt alles auf eine Karte gesetzt und die Frage einfach dazwischengerufen. Und mein Bruder sagte natürlich sofort: „Nee, mein Schwager hat mich nicht dazu beauftragt." Damit entfiel der Punkt.
Mein Bruder wurde freigesprochen. Ein „irregeleiteter Arbeiter", meinten die Richter. Mein Mann kriegte sechs Jahre. Ich war bei der Urteilsverkündung dabei, bin am Schluss schnell durch die Barriere gelaufen und hab ihm die Hand gedrückt. Wir wurden sofort auseinandergerissen. Er konnte mich noch trösten: „Die sechs Jahre sitz ich auf einer Arschbacke ab." Das war 1937. Er ist nie wieder rausgekommen.

Harald Focke und Uwe Reimer, Alltag der Entrechteten, Reinbek bei Hamburg 1980, S. 27 ff.

1. Beschreiben Sie die politische Arbeit, die hier von Kommunisten geleistet wurde.
2. Analysieren Sie die Motive der Beteiligten.
3. Arbeiten Sie aus dem Text die speziellen Merkmale der hier verwendeten Quellengattung heraus.

---

[3] **Kassiber**: geheimer Brief von einem oder an einen Gefangenen

M4
„Wir fordern Gerechtigkeit"

Immer wieder nutzt der katholische Bischof von Münster, Clemens August Graf von Galen, seine Predigten, um Unrecht und Missstände des NS-Regimes, besonders die Tötung behinderter Menschen („Euthanasie") und die Enteignung von Klöstern, anzuprangern. Der folgende Auszug stammt aus einer Predigt vom 13. Juli 1941:

Bei den Anordnungen und Strafverfügungen der GSTP[1)] ist die Verwaltungsgerichtsbarkeit ausgeschlossen. Da wir alle keinen Weg kennen, der für eine unparteiische Kontrolle der Maßnahmen der GSTP, ihrer Freiheitsbeschränkungen, ihrer Aufenthaltsverbote, ihrer Verhaftungen, ihres Gefangenhaltens deutscher Volksgenossen in Konzentrationslagern gegeben wäre, so hat bereits in weitesten Kreisen des deutschen Volkes ein Gefühl der Rechtlosigkeit, ja feiger Ängstlichkeit Platz gegriffen, das die deutsche Volksgemeinschaft schwer schädigt. Die Pflicht meines bischöflichen Amtes, für die sittliche Ordnung einzutreten, die Pflicht meines Eides, in dem ich vor Gott und vor dem Vertreter der Reichsregierung gelobt habe, nach Kräften „jeden Schaden zu verhüten, der das deutsche Volk bedrohen könnte", drängen mich, angesichts der Taten der GSTP diese Tatsache öffentlich warnend auszusprechen. Meine Christen! Man wird mir vielleicht den Vorwurf machen, mit dieser offenen Sprache schwäche ich jetzt im Kriege die innere Front des deutschen Volkes. Demgegenüber stelle ich fest: Nicht ich bin die Ursache einer etwaigen Schwächung der inneren Front, sondern jene, die ungeachtet der Kriegszeit, ungeachtet der Schreckenswoche schauriger Feindesangriffe, schuldlose Volksgenossen ohne Gerichtsurteil und Verteidigungsmöglichkeit in harte Strafe nehmen, unsere Ordensleute, unsere Brüder und Schwestern, ihres Eigentums berauben, auf die Straße setzen, aus dem Lande jagen. Sie zerstören die Rechtssicherheit, sie untergraben das Rechtsbewusstsein, sie vernichten das Vertrauen auf unsere Staatsführung. Und darum erhebe ich im Namen des rechtschaffenen deutschen Volkes, im Namen der Majestät der Gerechtigkeit und im Interesse des Friedens und der Geschlossenheit der inneren Front meine Stimme, darum rufe ich laut als deutscher Mann, als ehrenhafter Staatsbürger, als Vertreter der christlichen Religion, als katholischer Bischof: Wir fordern Gerechtigkeit.
Bleibt dieser Ruf ungehört und unerhört, wird die Herrschaft der Königin Gerechtigkeit nicht wiederhergestellt, so wird unser deutsches Volk und Vaterland trotz des Heldentums unserer Soldaten und ihrer ruhmreichen Siege an innerer Fäulnis und Verrottung zugrunde gehen. Lasset uns beten für alle, die in Not sind, besonders für unsere Ordensleute, für unsere Stadt Münster, dass Gott weitere Prüfungen von uns fernhalte, für unser deutsches Volk und Vaterland und seinen Führer!

Heinrich Portmann, Der Bischof von Münster, Münster 1946, S. 132 f.

[1)] **GSTP**: Geheime Staatspolizei (Gestapo)

---

1. Analysieren Sie Beweggründe und Ziele für Galens Predigt.
2. Überprüfen Sie, inwiefern es sich bei dieser Predigt um eine Form des Widerstands handelt.

M5
Widerstand im Militär

Die Offiziere Henning von Tresckow und Claus Schenk Graf von Stauffenberg sind maßgeblich an einem Bombenanschlag auf Hitler am 20. Juli 1944 beteiligt. Tresckow distanzierte sich seit 1934 innerlich vom Regime und beteiligte sich an mehreren Attentaten auf Hitler. Ein Weggefährte erinnert sich an ein Treffen mit ihm am 17. November 1942 beim Oberkommando der Heeresgruppe Mitte in Smolensk:

Hier griff Henning ein. Er müsse mir etwas Entscheidendes sagen. Unser Generalstab verdiene diesen Namen nicht mehr. Nur noch die Kragenspiegel und die karmesinroten Streifen an den Hosen ließen ihn noch als solchen erscheinen. Clausewitz und der alte Moltke seien nicht mehr gefragt. Hitler habe – mit seinen eigenen Worten – gefordert, der Generalstabsoffizier müsse sein wie ein „Bluthund, der gierig an der Leine zerre, um, losgelassen, sich auf den Feind zu stürzen und ihn zu zerfleischen". Eine Beleidigung des Generalstabs

◀ **Ehemalige Hinrichtungsanlage und heutige Gedenkstätte Plötzensee in Berlin.**
Foto von 2011.
Das Gefängnis Plötzensee war während der NS-Zeit eine der größten Hinrichtungsstätten in Deutschland. Zwischen 1933 und 1945 wurden dort 2 891 Menschen ermordet. Etwa die Hälfte der Hingerichteten waren deutsche Widerstandskämpfer. Bis 1936 wurden die Menschen mit dem Handbeil auf dem Gefängnishof getötet, ab 1936 mit der Guillotine. 1942 wurde im Hinrichtungsraum ein Stahlträger mit acht Eisenhaken eingebaut. An diesem Haken wurden die Verurteilten erhängt, zunächst die Angehörigen der Widerstandsorganisation „Rote Kapelle", später die am Umsturzversuch vom 20. Juli 1944 beteiligten Widerstandskämpfer.

seien diese Worte des Führers gewesen. Hitler wolle nur noch „subalterne Erfüllungsgehilfen" im Generalstab haben. „Erfüllungsgehilfen im Dienste eines Kapitalverbrechers", rief er. Und er wiederholte die Worte. [...]

Nach einer Pause fragte ich ihn, was an den Gerüchten von Übergriffen der SS gegen die Zivilbevölkerung in den rückwärtigen Gebieten sei. Diese Gerüchte träfen zu, antwortete er, allerdings mit der Ergänzung, dass es sich nicht um einzelne Übergriffe handele, sondern um planmäßige Ausrottungen von Menschen. Man habe bei der Heeresgruppe zuverlässige Informationen, dass der SD und die SS Spezialeinheiten gebildet hätten, die das sorgfältig organisiert betreiben, und zwar in einem Umfang, der jede Fantasie übersteige. Während wir, die Soldaten an der Front, uns vorne totschießen lassen dürften, betreibe die SS in unserem Rücken ein grauenvolles Geschäft. Er, Henning, sehe darin eine Schändung der Opferbereitschaft des Soldaten an der Front.

Fassungslos hatte ich ihm zugehört. Es war ungeheuerlich, was er gesagt hatte. Dann sprach er davon, dass er auf den Tag hinarbeite, an dem dies alles zu Ende sei. Niemand könne heute sagen, wann dieser Tag komme, aber kommen werde er mit Sicherheit, und er werde schrecklich sein.

Im Juni 1944 erklärt Tresckow gegenüber Freunden:

Das Attentat auf Hitler muss erfolgen, um jeden Preis. Sollte es nicht gelingen, so muss trotzdem der Staatsstreich versucht werden. Denn es kommt nicht mehr auf den praktischen Zweck an, sondern darauf, dass die deutsche Widerstandsbewegung vor der Welt und vor der Geschichte unter Einsatz des Lebens den entscheidenden Wurf gewagt hat. Alles andere ist daneben gleichgültig.

Kurz vor dem Attentat vom 20. Juli 1944, das Hitler überlebt hat, sagt Stauffenberg zu einer Bekannten:

Es ist Zeit, dass jetzt etwas getan wird. Derjenige allerdings, der etwas zu tun wagt, muss sich bewusst sein, dass er wohl als Verräter in die deutsche Geschichte eingehen wird. Unterlässt er jedoch die Tat, dann wäre er ein Verräter vor seinem eigenen Gewissen.

Erster Text: Reinhard Rürup (Hrsg.), Der Krieg gegen die Sowjetunion. Eine Dokumentation, Berlin 1991, S. 193
Zweiter Text: Peter Steinbach und Johannes Tuchel (Hrsg.), Widerstand in Deutschland 1933–1945. Ein historisches Lesebuch, München ³2000, S. 326
Dritter Text: Peter Hoffmann, Claus Schenk Graf von Stauffenberg und seine Brüder, Stuttgart 1992, S. 395

1. *Beschreiben Sie die Motive des Widerstandes im Militär.*
2. *Erklären Sie, wie es möglich war, dass ein radikaler Regimegegner jahrelang höchste Funktionen innehatte. Welche Schlüsse lässt das auf die Person und die Stabilität des Regimes zu?*
3. *Erörtern Sie, unter welchen Umständen in unserem Staat ein Widerstandsrecht besteht. Berücksichtigen Sie dazu auch Artikel 20 des Grundgesetzes.*
4. *Erörtern Sie, warum der Widerstand im deutschen Selbstverständnis nach Kriegsende zunächst eine zwiespältige Rolle spielte.*

Methoden-Baustein: Historische Spielfilme

Umgang mit historischen Spielfilmen
Historische Spielfilme legen für ihre Handlung historische Personen, Ereignisse oder Epochen zugrunde. Wie andere Spielfilme auch gehorchen sie den Regeln der Filmdramaturgie. Sie haben immer das Ziel, den Zuschauer zu unterhalten und Spannung zu erzeugen. Im Gegensatz dazu erheben historische Dokumentationen nicht in erster Linie den Anspruch zu unterhalten. Sie wollen vielmehr den Zuschauern Wissen über die Vergangenheit vermitteln. Sie verwenden historische Quellen und versuchen, die Zusammenhänge herzustellen.

Manche Spielfilme verwenden Historisches nur als Kulisse für ihre Erzählungen und berücksichtigen die historische Wahrheit nur wenig. Andere versuchen, die Geschichte mit filmischen Mitteln auf der Grundlage von Quellen möglichst exakt zu rekonstruieren. Bei Spielfilmen über historische Persönlichkeiten, den sogenannten „Biopics", bilden die gesicherten biografischen Erkenntnisse die Basis für den Film. Lücken in der Überlieferung werden in der Regel frei ergänzt, Dialoge oder Situationen erfunden, um durch die zusammenhängende Handlung die Person näher zu charakterisieren.

Als Informationsquelle für reale historische Ereignisse sind deshalb historische Spielfilme niemals uneingeschränkt zu nutzen. Die folgenden Hinweise ermöglichen die Analyse von historischen Spielfilmen wie dem gewählten Beispiel: „Georg Elser – Einer aus Deutschland".

> **Kompetenz:**
> Die Entstehung, die Dramaturgie und die Wirkung eines historischen Spielfilms analysieren und seine Bedeutung für die Wahrnehmung geschichtlicher Phänomene erörtern

Formale Kennzeichen
- Wer hat den Film in Auftrag gegeben und produziert?
- Wo wurde der Film gezeigt?

Inhalt
- Was ist das Thema des Films?
- Welche Ereignisse und Personen werden dargestellt?
- Welche filmsprachlichen Mittel werden verwendet?

Historischer Hintergrund
- Welche Fakten über das thematisierte historische Geschehen lassen sich ermitteln?
- Wo stimmen historische Tatsachen und Film nicht überein?
- Wo fügt der Film den historischen Ereignissen etwas hinzu?
- Bei Spielfilmen, die sich nicht auf konkrete historische Personen und Ereignisse beziehen: Erfasst die Darstellung des vergangenen Geschehens das Wesentliche?

Intention und Wirkung
- Welches Bild von der dargestellten Zeit und von den Personen wird vermittelt?
- Welche Zielgruppen will der Film erreichen?
- Welche Denkanstöße vermittelt der Film?
- Welche Bedeutung hat die Musik?

Bewertung und Fazit
- Wie werden die historischen Ereignisse filmisch umgesetzt? Sind Tendenzen erkennbar?
- Wo müssten andere Informationen ergänzt werden? Wo müsste korrigiert werden?
- Welche Rezensionen zu dem Film gibt es?

Methoden-Baustein: Historische Spielfilme

Allgemeine Hinweise zur Filmanalyse

Struktureinheiten von Filmen
Die beiden wichtigsten filmischen Einheiten (Abschnitte) sind:

1. *Einstellung (shot):* Bei ihr handelt es sich um die kleinste Einheit des Films. Sie umfasst den Zeitraum von der Aufblende bis zur Abblende der Kamera. Meist ist sie nur wenige Sekunden lang, sie kann aber auch einige Minuten dauern.
2. *Sequenz:* Sie besteht meist aus mehreren Einstellungen und bildet eine inhaltlich zusammenhängende Einheit des Filmes.

Kameraperspektiven
Unterschieden werden muss zwischen „Vogelperspektive" (Kamera von oben), „Froschperspektive" (Kamera von unten) oder „Normalsicht" (Kamera auf Augenhöhe).
Mit der „Froschperspektive" können Personen erhöht und bedrohlich dargestellt werden, die „Vogelperspektive" lässt die Zuschauer auf Personen herabblicken und vermindert sie in der Bedeutung.

Einstellungsgrößen
Je nach dem, was ins Bild gerückt ist, spricht man von „Panoramaeinstellung"/„Supertotale" (Landschaft, bei der Menschen nur klein zu erkennen sind), „Totale" (Personen werden in ihrer Umgebung gezeigt), „Naher Einstellung" (Personen vom Kopf bis zur Körpermitte), „Großaufnahme" (Kopf und Teile der Schultern) oder „Detail". Die Übergänge zwischen den Einstellungsgrößen sind dabei fließend.
Die Totale ordnet eine Person in ihr Umfeld ein, lässt sie unter Umständen verloren und „einsam" wirken, Großaufnahmen erhöhen die Bedeutung einer Person, betonen ihre Individualität.

Hell-Dunkel-Kontraste/Farben
Eine weiteres Gestaltungsmittel sind Farben. Sie haben auf den Betrachter unterschiedliche Wirkungen. So gelten blaue Farben in der Regel als kalt, rote und braune Töne hingegen als warm und emotional.

Sequenz	Dauer (in Min.)	Zahl der Einstellungen	Besonderheiten

▲ **Muster für ein Sequenzprotokoll.**

Das Sequenzprotokoll ist der Ausgangspunkt für jede Filmanalyse. In ihm werden die Dauer der einzelnen Abschnitte und Besonderheiten in der Filmsprache notiert.
Unter Besonderheiten können u. a. aufgeführt werden:
Wo gibt es auffällige Großaufnahmen und Kamerapositionen?
Wie bewegt sich die Kamera?
Wie ist das Verhältnis von kurzen und langen Einstellungen?
Wo gibt es auffällige „Schnittstellen"?

Welche Wirkung erzielen Geräusche bzw. Musik?
Wie sind die Dialoge ausgestaltet?
Wie spricht die Gedankenstimme?
Wie umfangreich ist der Kommentar?
Was sind die Kernsätze?

Beispielsequenz

Georg Elser wird von SA-Männern auf der Toilette des Bürgerbräukellers zusammengeschlagen, weil er den Hitler-Gruß verweigert. Am Ende der Sequenz uriniert ein SA-Mann auf den am Boden liegenden Elser. Zwei unbeteiligte Besucher erleben die Misshandlungen Elsers und verlassen schweigend die Toilette. Funktion der Sequenz: Sie zeigt zum einen das mutige, unangepasste Verhalten Elsers. Zum anderen wird deutlich, dass der Einzelne dem brutalen Regime ausgeliefert ist und von Zeugen und Mitwissern keine Hilfe erwarten kann.

▲ **Georg Elser.**
Foto von 1939. Im Film wird Elser von dem Schauspieler Klaus Maria Brandauer dargestellt.

Filmische Elemente

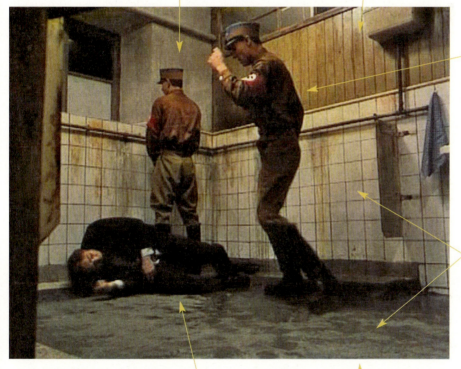

Kadrierung:
Fliesenrand, Toilettenbegrenzung suggerieren Enge und Auswegslosigkeit.

Schwaches Licht, dunkle und düstere Atmosphäre:
Bedrohlichkeit der Situation

SA-Männer in Froschperspektive; der auf Elser eintretende Mann füllt fast die gesamte Bildhöhe aus:
Optische Vergrößerung zeigt Überlegenheit und Stärke.

Die stark verschmutzten Fliesen und der Fußboden steigern die Ekelhaftigkeit der Sequenz.

Georg Elser aus leichter Vogelperspektive:
Optische Erniedrigung und Unterlegenheit. Die Kamera ist Elsers Blickwinkel näher als dem der SA-Männer.

Einstellungsgröße Totale:
Der Zuschauer übersieht die gesamte Szene. Als Beobachter wird er zur Stellungnahme aufgefordert. Zugleich erlebt er die Szene aus der Distanz.

Historische Spielfilme

Methoden-Baustein: Historische Spielfilme

Formale Kennzeichen
Der Film wurde produziert von zwei Produktionsfirmen in Zusammenarbeit mit dem bayerischen und österreichischen Runkfunk. Er kam 1989 in die Kinos.

Inhalt
Der Film stellt dar, wie der aus dem württembergischen Königsbronn stammende Tischler Georg Elser sein Attentat auf Hitler im Münchener Bürgerbräukeller 1938 plant und durchführt. Gegenfigur ist der Gestapo-Mann Wagner, der den Anschlag beinahe verhindert und für die Verhaftung Elsers sorgt.

Historischer Kontext
Informationen zum Leben Georg Elsers bieten neben Zeitzeugenberichten die Angaben Elsers, die er bei Verhören nach seiner Verhaftung machte. Demnach entschloss sich Elser, der grundsätzlich pazifistisch eingestellt war, zu dem Attentat, als er nach dem Münchener Abkommen am 29. September 1938 die Kriegsgefahr erkannte. Elser konstruierte selbst eine Bombe mit Zeitschalter und installierte sie im Münchener Bürgerbräukeller. Mit ihr wollte er Adolf Hitler, der dort am 8. November 1939 zum Gedenken an seinen gescheiterten Putschversuch 1923 sprach, und weitere Mitglieder der NS-Führung töten. Weil Hitler einige Minuten früher als geplant den Saal verlassen hatte, entkam er dem Anschlag. Die Bombe tötete insgesamt acht Personen und verletzte 63. Noch am selben Abend wurde Elser an der Grenze zur Schweiz in Konstanz festgenommen. Er sollte nach dem Krieg in einem Schauprozess verurteilt werden. Am 9. April 1945, wenige Wochen vor Kriegsende, wurde er im Konzentrationslager Dachau ohne Prozess hingerichtet.

Die NS-Propaganda machte den englischen Geheimdienst für das Attentat verantwortlich, was aber nicht zutraf. Elser war ein Einzeltäter. Er zeigte bereits früh eine Abneigung gegen den Nationalsozialismus. In den Verhören bei der Gestapo gab er dafür verschiedene Gründe an: die Verschlechterung der Lebensbedingungen der Arbeiter nach 1933, die Ansprüche der HJ auf die Jugend und nicht zuletzt die Aufrüstungspolitik und Kriegspläne Hitlers. Obwohl er nach eigenen Angaben immer die Kommunistische Partei gewählt hatte und 1928/29 auch der Schutztruppe der Kommunistischen Partei beitrat, war er politisch vor 1933 kaum aktiv.

Intention und Wirkung
Die Kernaussage ist, dass es sich bei Elser um einen Einzeltäter aus dem Volk handelt, der das Attentat allein plante und durchführte. Der Film orientiert sich im Wesentlichen an den gesicherten Fakten zu Elsers Leben und zu den Vorbereitungen der Tat. Erfunden sind die Figur des Gestapo-Offiziers Wagner und die Liebesbeziehung zu der Kellnerin Annemarie.

Einige Episoden werden hinzugefügt, die historisch nicht belegbar sind, aber den Charakter Elsers verdeutlichen sollen. So wird Elser von SA-Männern auf der Toilette des Bürgerbräukellers niedergeschlagen (siehe S. 85). In einer anderen Sequenz tarnt er sich als SA-Mann, um besseren Zugang zum Gastraum zu haben.

Mit seiner spannenden Handlung wendet sich der Film an ein breites Publikum. Er will zeigen, dass es auch einem Einzelnen möglich war, sich gegen die Diktatur zu stellen. Und nicht zuletzt will der Film die Erinnerung an einen exemplarischen Widerstandskämpfer wachhalten: „Kein Denkmal erinnert an ihn", heißt es am Ende des Films.*

Bewertung und Fazit
Der Film wurde mit renommierten Filmpreisen ausgezeichnet. Er darf nicht als detailgetreue Darstellung von Elsers Leben verstanden werden. Die Würdigung eines mutigen Einzelattentäters beruht jedoch auf historischen Tatsachen.

1. *Der Titel des Films lautet „Georg Elser – Einer aus Deutschland". Erläutern Sie, inwiefern Intention und Aussage des Films bereits im Titel vorweggenommen werden.*
2. *Der Film besitz fiktive Elemente. Beurteilen Sie, inwiefern er trotzdem zur historischen Erinnerung beitragen kann.*
3. *Erörtern Sie, warum dem Medium Film in der Erinnerungskultur eine besondere Rolle zukommt.*

* Vgl. S. 75.

Aufarbeitung von Schuld und Verantwortung

20. November 1945 – 1. Oktober 1946
Im Nürnberger Prozess werden die Hauptverantwortlichen für die Kriegsverbrechen zur Rechenschaft gezogen; bis 1949 folgen zwölf Nachfolgeprozesse gegen politische, militärische und wirtschaftliche Führungsgruppen.

1945 – 1950
Die von den Alliierten begonnene „Entnazifizierung" soll die deutsche Bevölkerung von den Einflüssen des Nationalsozialismus „säubern".

10. September 1952
Im Luxemburger Abkommen verpflichtet sich die Bundesrepublik zu einer „Globalentschädigung" für die Holocaust-Opfer.

1963/65
In Frankfurt am Main finden die Auschwitz-Prozesse statt.

1986/87
In der deutschen Presse wird ein „Historikerstreit" um die Einordnung des Holocaust geführt.

3. Januar 1996
Der 27. Januar, der Tag der Befreiung des Vernichtungslagers Auschwitz-Birkenau, wird zum nationalen Gedenktag erklärt; 2005 erhebt ihn die UNO zum internationalen Holocaustgedenktag.

10. Mai 2005
Nach über 15 Jahren Diskussion und Vorbereitung wird in Berlin das Holocaust-Mahnmal eröffnet.

▲ Titelblatt des Magazins „Der Spiegel" Nr. 19 vom 8. Mai 1995. Die Titelbildcollage zeigt einen Ausschnitt aus Caspar David Friedrichs Landschaftsgemälde „Der Wanderer über dem Nebelmeer" (um 1818).

- Untersuchen Sie die Bildelemente und erläutern Sie, auf welche Themen und Probleme der deutschen Geschichte diese hinweisen. Diskutieren Sie, warum das Gemälde Caspar David Friedrichs für das Thema ausgewählt wurde und wofür der Wanderer jeweils steht.
- Interpretieren Sie die Aussage des Titelbildes.
- Beurteilen Sie die Haltung der Redakteure zum Umgang mit der NS-Zeit und gegenüber dem Thema „Vergangenheitsbewältigung".
- Recherchieren Sie in Handbüchern, Lexika und dem Internet, wie der Begriff „Vergangenheitsbewältigung" seit 1945 verwendet und gedeutet wurde. Erörtern Sie, inwiefern der Umgang mit dem Begriff ein Spiegel des Umgangs mit der NS-Vergangenheit in der deutschen Nachkriegsgeschichte ist. Lesen Sie dazu die folgenden Seiten. Vergleichen Sie auch das Kapitel „Deutsches Selbstverständnis nach 1945" ab Seite 162.

▲ **Konfrontation mit den Verbrechen.**
Foto vom 16. April 1945.
Die Täter und Mitläufer, die Sieger und Richter, die Opfer und Zeugen: Auf Befehl des US-Generals George S. Patton mussten sich etwa tausend Weimarer Bürger das gerade befreite KZ Buchenwald ansehen.

NS-Prozesse: Beginn einer Aufarbeitung?

Nach 1945 stand die Frage nach der Schuld im Vordergrund. Opfer und Befreier stellten zunächst die *Kollektivschuldthese* auf, nach der das gesamte deutsche Volk für die Verbrechen Verantwortung trage. Die Deutschen sollten sich mit ihrer Vergangenheit und den Folgen der Hitler-Diktatur auseinandersetzen. Die Alliierten veröffentlichten Bilder und Berichte aus den Konzentrationslagern und zwangen die Bewohner der nahe gelegenen Städte, die Lager und die Opfer anzusehen.

In dieser ersten, bis 1949 reichenden Phase des Umgangs mit der NS-Vergangenheit – der „Phase der politischen Säuberung" (*Norbert Frei*) – übernahmen die Siegermächte die Ahndung der nationalsozialistischen Verbrechen. Von November 1945 bis Oktober 1946 brachten sie die Hauptkriegsverbrecher – 21 ehemalige hohe Parteiführer, Minister und Generäle – vor ein internationales Militärgericht (*Nürnberger Prozess*). Nach fast einjähriger Verhandlung wurden zwölf Angeklagte zum Tode verurteilt, sieben erhielten lange Haftstrafen, drei wurden freigesprochen. In allen vier Besatzungszonen fanden zwischen 1945 und 1949 zahlreiche weitere Prozesse gegen mutmaßliche NS-Täter statt.

Der Nürnberger Prozess mit seinen hunderten von Zeugen, tausenden Beweisdokumenten und erschütternden Fotos und KZ-Filmen, die britische und amerikanische Truppen bei der Befreiung gemacht hatten, trug maßgeblich zur Aufhellung der Geschichte des NS-Regimes bei. Ein nachträgliches Bemänteln und Beschönigen der nationalsozialistischen Verbrechen ist seitdem unmöglich. Allerdings dienten die NS-Prozesse auch vielen Deutschen als Entlastung: Während die noch lebenden, vormals führenden Kräfte des NS-Regimes vor Gericht standen, glaubte sich die Bevölkerung von der Frage einer Mitverantwortung entbunden.

Lesetipp
Jörg Osterloh und Clemens Vollnhals (Hrsg.), NS-Prozesse und deutsche Öffentlichkeit. Besatzungszeit, frühe Bundesrepublik und DDR, Göttingen 2011

Entnazifizierung und Umerziehung

Neben der Aburteilung der Kriegsverbrecher gehörte auch eine umfassende politische Säuberung zum Entnazifizierungskonzept der Alliierten im besetzten Deutschland. Ehemalige NS-Aktivisten sollten aus Ämtern entfernt und bestraft werden. Anders als Briten und Franzosen betrieben die Amerikaner die Entnazifizierung mit großer Strenge und einem gewaltigen bürokratischen Aufwand. Insgesamt waren in den Westzonen über 500 000 Männer und Frauen von Massenentlassungen betroffen; mehr als 170 000 NS-Aktivisten wurden in Internierungslager gebracht („automatischer Arrest"), die meisten von ihnen aber bald wieder entlassen – die letzten 1948.

In der *Sowjetischen Besatzungszone* (SBZ) waren über eine halbe Millionen Menschen aus dem beruflichen und öffentlichen Leben ausgeschaltet worden. Anders als im Westen wurde neben der personellen Säuberung auch eine „strukturelle" Entnazifizierung zur „Ausrottung der Reste des Faschismus" durchgeführt. Die Kommunisten gingen dabei gezielt gegen gesellschaftliche Gruppen vor, die ihnen beim Aufbau des Sozialismus im Weg standen. Dies betraf hauptsächlich Großgrundbesitzer und Industrielle. Sie wurden pauschal als Nazi-Täter verurteilt und enteignet.

1946/47 wurde die Entnazifizierung in den westlichen Besatzungszonen in deutsche Hände übertragen. Jeder Deutsche über 18 Jahre musste einen Fragebogen mit 131 Fragen über seine berufliche und politische Vergangenheit ausfüllen. *Spruchkammern* stuften die erfassten Personen in fünf Kategorien ein: Hauptschuldige, Belastete, Minderbelastete, Mitläufer und Entlastete. Straffrei sollten nur Entlastete und Mitläufer ausgehen. Den übrigen drohten Gefängnis oder Straflager, Geldstrafe und Berufsverbot.

Der Versuch, durch Entnazifizierung und Spruchkammerverfahren alle Täter ihrer gerechten Strafe zuzuführen, scheiterte letztlich an Art und Umfang des Vorhabens (▶ M1). Es war die Zeit der „Persilscheine", die man sich wechselseitig ausstellte, aber auch der Denunziation und der Korruption. Schuldigen gelang es immer wieder, durch Fälschung ihrer Angaben oder Entlastungszeugen als „Mitläufer" eingestuft zu werden. Die große Mehrheit der Bevölkerung fühlte sich diskriminiert und forderte ein schnelles Ende der Überprüfungen.

Mit Beginn des *Kalten Krieges* wurde die Entnazifizierung 1948 in der SBZ und um 1950 in den westlichen Besatzungszonen eingestellt. „Die schwungvoll gestartete Entnazifizierung endet im Westen als Farce und im Osten als Selbstbeweihräucherung", urteilt die Journalistin *Irmgard Hochreither*.

Viel nachhaltiger als die Entnazifizierung erwies sich die Umerziehung der Bevölkerung zu Rechtsstaat und Demokratie. Auch hier waren die US-Amerikaner vorbildlich. Sie gestalteten das Erziehungswesen, Lehrpläne, Presse und Rundfunk um, hielten politische Kurse ab und richteten Amerikahäuser als kulturelle Begegnungsstätten ein. Aber auch in der SBZ gab es Umerziehungsmaßnahmen. Sie dienten jedoch vorrangig der Verbreitung von Kenntnissen über die Sowjetunion.

▶ **Rückgabe von Nazibüchern in der Schule.** Foto um 1945.

Aufarbeitung von Schuld und Verantwortung

▲ Wahlplakat der Freien Demokratischen Partei (FDP) zur Bundestagswahl 1949.

„Schlussstrich-Mentalität"

Gegen Ende der Besatzungszeit wandelte sich die Bewertung der justiziellen Aufarbeitung in der Bevölkerung. 1949 hielt nur noch jeder Dritte Deutsche die Nürnberger Prozesse für gerecht. Ein Großteil sah sich als „Opfer Hitlers" und – nach Jahren der Entnazifizierung und Umerziehung – auch als „Opfer der Alliierten" und ihrer „Siegerjustiz". Die Bevölkerung glaubte, die Vergangenheit nun genügend „aufgearbeitet" zu haben. Eine „Schlussstrich-Mentalität" machte sich breit, weil, so meinten viele, die eigentlichen Schuldigen schon längst bestraft worden seien.

Regierung, Parlament und Medien ließen es in dieser zweiten Phase, der „Phase der Vergangenheitspolitik", an eindeutigen Verurteilungen des NS-Regimes und seiner Verbrechen nicht fehlen. Bundespräsident *Theodor Heuss* kritisierte wiederholt alle Tendenzen zur Verdrängung der Vergangenheit und unterstrich immer wieder die Ehrenhaftigkeit der Widerstandskämpfer des 20. Juli 1944 und anderer Gegner des Nationalsozialismus. Dennoch blieb der Umgang mit der jüngsten Vergangenheit in der Adenauer-Ära zwiespältig.[1]

Auf Druck der Amerikaner und gegen den Willen großer Teile der Bevölkerung verpflichtete sich die Bundesrepublik 1952 im *Luxemburger Abkommen* zu umfangreichen Entschädigungszahlungen für die jüdischen Opfer. Vergleichbare „Wiedergutmachungen" leistete die DDR nicht.[2]

Lesetipp
Fritz Bauer Institut (Hrsg.), „Gerichtstag halten über uns selbst ...". Geschichte und Wirkung des ersten Frankfurter Auschwitz-Prozesses, Frankfurt am Main 2001

Internettipp
www.hr-online.de/website/static/spezial/auschwitzprozess/index.html

„Vergangenheitsbewältigung"

Erst mit der Gründung der *Zentralen Stelle der Landesjustizverwaltungen zur Aufklärung nationalsozialistischer Gewaltverbrechen* (kurz: Zentralstelle oder Zentrale Stelle) 1958 in Ludwigsburg und der systematischen strafrechtlichen Verfolgung von NS-Tätern in den Vernichtungslagern begann in der Bundesrepublik eine neue Phase im Umgang mit der Vergangenheit (▶ M2). 1961 wurde Adolf Eichmann, dem Organisator der jüdischen Deportationen, in Jerusalem der Prozess gemacht[3]; 1963 bis 1965 folgte der Frankfurter Auschwitz-Prozess, dem sich weitere Verfahren (Majdanek-Prozess 1975/81 in Düsseldorf) anschlossen. 750 weitere NS-Täter wurden seit Gründung der Ludwigsburger Zentralstelle 1958 rechtskräftig verurteilt.

Die großen NS-Prozesse der 1960er-Jahre förderten das ganze Ausmaß der Massenvernichtung zutage und die Medien sorgten dafür, dass die Auseinandersetzung mit den Verbrechen zu einer öffentlichen Angelegenheit wurde. Das mit den Prozessen veröffentlichte Aktenmaterial zeigte, wie weit die NS-Herrschaft in alle Bereiche von Staat und Wirtschaft hineingereicht hatte und wie groß die Unterstützung gewesen war, die sie dort gefunden hatte. Die bundesdeutsche Öffentlichkeit wurde buchstäblich im

---

[1] Vgl. dazu im Kapitel „Deutsches Selbstverständnis nach 1945" S. 165 ff.
[2] Vgl. ebd. S. 166 f.
[3] Vgl. dazu auch M2 auf S. 118 f.

Gerichtssaal über die Verbrechen des Nationalsozialismus aufgeklärt. Die Menschen sahen die NS-Herrschaft nicht mehr nur als verhängnisvollen „Betriebsunfall" an oder hielten allein einen kleinen Kreis um Hitler für das „Dritte Reich" verantwortlich. Ein Umdenken setzte ein und damit die dritte Phase, die „Phase der Vergangenheitsbewältigung". Orte des NS-Terrors, etwa frühere Konzentrationslager wie Dachau, wurden zu Gedenkstätten, auch gewann der Nationalsozialismus in westdeutschen Lehrplänen sowie in der politischen Bildung zunehmend an Bedeutung.

Für die weitere juristische Aufarbeitung gab der Deutsche Bundestag den Weg frei. Die NS-Verbrechen drohten nach damaligem Recht 20 Jahre nach Kriegsende zu verjähren. Nach langen Debatten beschloss der Bundestag 1969, Völkermord von jeder Verjährungsfrist auszunehmen. Seit 1979 gilt das auch für gewöhnlichen Mord.

Während die Demokratie der Bundesrepublik immer mehr akzeptiert wurde, wuchs die Kritik an Deutschlands undemokratischer Vergangenheit. Zahlreiche NS-Täter hatten neben den vielen Mitläufern im großen Vergessen untertauchen, ihre Karrieren in der Bundesrepublik fortsetzen und erneut in Schlüsselpositionen aufsteigen können. Die Jüngeren forderten die ältere Generation dazu auf, sich ihrer Vergangenheit zu stellen.[1]

▲ **Ortsbesichtigung im KZ Auschwitz.**
Foto vom 14. Dezember 1964.
Die Mitglieder des Frankfurter Schwurgerichts und zahlreiche Journalisten passieren das Lagertor des Konzentrationslagers Auschwitz im Rahmen des Auschwitz-Prozesses.
Am 20. Dezember 1963 wurde in Frankfurt am Main der Prozess gegen 22 ehemalige Bewacher des Lagers eröffnet.

Der Holocaust im Fokus der Aufmerksamkeit

Ende der 1970er-Jahre begann die „Phase der Vergangenheitsbewahrung", in der sich die Beschäftigung mit dem Nationalsozialismus, vor allem aber auch mit dem Holocaust, deutlich intensivierte und in zahlreichen Diskussionen um Gedenktage, Gedenkreden oder Museen ihren Ausdruck fand.

Im Januar 1979 hatte die bundesdeutsche Öffentlichkeit die Ausstrahlung der vierteiligen US-Fernsehserie „Holocaust" erschüttert. Sie zeigte am Schicksal einer Berliner Arztfamilie die Ausgrenzung und schließlich die Ermordung der Juden und illustrierte detailliert die verschiedenen Formen des Massenmordes. In der wissenschaftlichen Forschung und publizistischen Öffentlichkeit war die Beschäftigung mit dem Holocaust bis zu diesem Zeitpunkt jedoch so weit zurückgegangen, dass der Historiker *Ulrich Herbert* rückblickend von einer „zweiten Verdrängung" spricht. Erst Mitte der Achtzigerjahre wandten sich Historiker dem Thema verstärkt zu. Neben den Juden kamen nun auch andere Opfergruppen in den Blick: „Zigeuner", Behinderte, „Asoziale", Homosexuelle, Kriegsgefangene, Zwangsarbeiter und Deserteure. Im Unterschied zu den 1960er-Jahren, in denen die NS-Prozesse den Fokus auf die Täter gelegt hatten, kam nun viel stärker die Perspektive der Opfer und Überlebenden ins Bewusstsein der Öffentlichkeit.

▲ „**Holocaust.**"
Filmplakat zur TV-Serie von 1979.

---

[1] Vgl. dazu S. 173.

Aufarbeitung von Schuld und Verantwortung

Kontroversen um die Vergangenheit und den Holocaust gab es nach wie vor. Einen der Höhepunkte stellte zweifelsohne der *Historikerstreit* in den Jahren 1986/87 dar, in dem Fachwelt und Presse über die historische Einzigartigkeit des Holocaust und die Rolle der „Vergangenheitsbewältigung" diskutierten (▶ M3).

In der DDR hatte das Thema Holocaust eine geringere Bedeutung. Nicht der Antisemitismus, sondern der Kampf gegen „die Arbeiterklasse" und gegen die Sowjetunion sei das wesentliche Element des „Hitler-Faschismus" gewesen, lautete die immer wieder propagierte Doktrin der SED-Führung. Die Juden erfuhren daher auch keine besondere Anerkennung als Opfer. Erst Ende der 1980er-Jahre rückte die politische Führung der DDR den Holocaust und die Opfer des Antisemitismus stärker in den Fokus.[1]

▲ **Besucher der Wehrmachtsausstellung im Münchener Rathaus.**

Foto vom 24. Februar 1997.
Die Ausstellung „Vernichtungskrieg. Verbrechen der Wehrmacht 1941–1945" des Hamburger Instituts für Sozialforschung, die zwischen 1995 und 2004 in verschiedenen deutschen Städten gezeigt wurde, sorgte für Aufruhr und wissenschaftlichen Streit. Sie widerlegte die Ansicht, die deutsche Armee sei am Völkermord in Osteuropa unbeteiligt gewesen.

Lesetipp
Hamburger Institut für Sozialforschung (Hrsg.), Verbrechen der Wehrmacht. Dimensionen des Vernichtungskrieges 1941–1944, Hamburg ²2001

Der Nationalsozialismus und die Gegenwart

Wie aktuell die deutsche Vergangenheit ist, erweisen die heftigen Diskussionen um die Beteiligung der Bundeswehr an NATO-Einsätzen in Kriegsgebieten, wie 2007 in Afghanistan.

Auch die geschichtswissenschaftliche Erforschung des „Dritten Reiches" ist längst nicht abgeschlossen. Immer wieder haben Untersuchungen zur NS-Zeit öffentliche Kontroversen ausgelöst. Zuletzt sorgte das Buch „Das Amt und die Vergangenheit – Deutsche Diplomaten im Dritten Reich und in der Bundesrepublik" für eine scharf geführte Debatte. Es zeigt, wie sehr das Auswärtige Amt von Anfang an in die verbrecherische Politik der Nationalsozialisten und die Durchführung des Holocaust eingebunden war und dass zahlreiche schwer Belastete dort nach 1945 ihre Karrieren fortsetzen konnten.

Die Gewichtung deutscher Schuld und Verantwortung bleibt bis heute umstritten. Mehr noch: Der Ruf, dieses Kapitel deutscher Geschichte „zu den Akten" zu legen, kommt bis heute quer durch alle Gesellschaftsschichten auf. Zwar steht vor allem der Holocaust nach wie vor im Fokus publizistischer und wissenschaftlicher Debatten. Jedoch wurde in den letzten Jahren deutlich, dass sich das Interesse zunehmend auch auf die Deutschen verlagert – und zwar auf die Deutschen als Opfer. Der Historiker Norbert Frei warnt, damit würden die Opfer des NS-Regimes zwangsläufig zurückgedrängt, und er benennt die gegenwärtigen Chancen im Umgang mit der NS-Vergangenheit: „Das Gebirge an Schuld, das die Deutschen in den Jahren 1933 bis 1945 aufgehäuft haben, bekommt klarere Konturen, je weiter wir uns davon entfernen. Im Laufe der Zeit werden die Fragen zudem immer wieder anders gestellt, manche tauchen überhaupt erst aus der Distanz auf. Insofern glaube ich, dass diese Vergangenheit uns weiter interessieren und auch beunruhigen wird. Angesichts der Dimensionen der Verbrechen wäre alles andere unnormal und überraschend."

---

[1] zur Auseinandersetzung der DDR mit dem Nationalsozialismus vgl. S. 164 f. und 167 ff.

Eine neue „Gedenkkultur"

Die Vorstellung über den Nationalsozialismus wird heute immer mehr von medialen Darstellungen wie Geschichtsdokumentationen oder Spielfilmen geprägt, die das Thema popularisieren und aus den wissenschaftlichen und politischen Kontroversen herausheben.

In wenigen Jahren werden die letzten Zeitgenossen des NS-Regimes verstorben sein. Daher gewinnen Formen des öffentlichen Gedenkens immer mehr an Bedeutung, welche die individuelle durch eine gemeinsame Erinnerung – ein *kollektives Gedächtnis* – ersetzen.[1)]

Eine besondere Form der Aufarbeitung ist daher die Gedenkkultur. Gedenktage, Gedenktafeln und Museen sollen symbolisch an die Vergangenheit erinnern und die Verbrechen der nationalsozialistischen Diktatur im öffentlichen Bewusstsein wachhalten. So wurde der *27. Januar*, der *Tag der Befreiung des Vernichtungslagers Auschwitz-Birkenau*, 1996 zum nationalen Gedenktag und 2005 zum internationalen Holocaustgedenktag erklärt.[2)]

Wie schwierig es ist, eine angemessene Gedenkstätte zu gestalten, zeigen die Diskussionen um das *Denkmal für die ermordeten Juden Europas* in Berlin (▶ M4). 1988 gründeten die Publizistin *Lea Rosh* und der Historiker *Eberhard Jäckel* eine Bürgerinitiative zur Errichtung einer Gedenkstätte. In der Öffentlichkeit wurde heftig darum gestritten, ob nicht ein Mahnmal für alle Opfer des NS-Terrors errichtet werden sollte. Schließlich entschied sich der Bundestag 1999 für einen Entwurf des New Yorker Architekten *Peter Eisenman*.[3)]

Einen besonders kritischen Umgang mit der Geschichte fordern unsere europäischen Nachbarn, mehr noch die Opfer und Hinterbliebenen. Auch wenn das Deutschland der Nachkriegszeit einen überwiegend positiven Beitrag zum friedlichen Zusammenleben der Völker leisten konnte, wird es noch lange am Umgang mit den dunklen Seiten seiner Vergangenheit gemessen werden (▶ M5).

▲ **Begegnung mit Zeitzeugen.**
Foto vom 16. April 2005.
Ein früherer Häftling erläutert Schülern in der Gedenkstätte des ehemaligen KZ Sachsenhausen bei Berlin Fotos und Dokumente.

Internettipps
- *www.topographie.de*
- *www.zukunft-braucht-erinnerung.de*

[1)] Vgl. dazu den Theorie-Baustein „Geschichtsbewusstsein und Geschichtskultur", S. 121–125.
[2)] Vgl. dazu das Kapitel „Geschichts- und Erinnerungskultur: der 27. Januar als Gedenktag", S. 105–112.
[3)] Vgl. M4, S. 97f. und M14, S. 194.

M1
Schwarz wird weiß

1946 erscheint im Münchener Satireblatt „Simplicissimus" die Karikatur „Schwarz wird weiß oder Mechanische Entnazifizierung" von Max Radler mit einem Gedicht von J. Menter. Zu sehen ist der von einem alliierten Besatzungsoffizier (oben rechts) beaufsichtigte bayerische „Entnazifikator", als Patent Heinrich Schmitt, dem bayerischen Sonderminister für politische Befreiung zugeschrieben, der für die Entnazifizierung in Bayern zuständig gewesen ist:

Springt immer rein! Was kann euch schon passieren,
Ihr schwarzen Böcke aus dem braunen Haus[1]!
Man wird euch schmerzlos rehabilitieren.
Als weiße Lämmer kommt ihr unten raus.

Wir wissen schon: Ihr seid es nie gewesen!
(Die andern sind ja immer schuld daran – –)
Wie schnell zum Guten wandeln sich die Bösen,
Man schwarz auf weiß im Bild hier sehen kann.

Jürgen Kniep, Wiederaufbau und Wirtschaftswunder, Augsburg 2009, S. 68

1. Beschreiben Sie die einzelnen Bildelemente.
2. Erläutern Sie mithilfe des Gedichtes die Aussage der Karikatur. Gegen wen richtet sich die Kritik?
3. Erörtern Sie, welche Haltung Radler und Menter zur Entnazifizierung einnehmen.

[1] **Braunes Haus**: Bezeichnung für die NS-Parteizentrale in München von 1930 bis 1945

Nationalsozialismus und deutsches Selbstverständnis

M2
Die Ludwigsburger Zentralstelle

Adalbert Rückerl, seit 1961 als Staatsanwalt bei der Zentralen Stelle der Landesjustizverwaltung zur Aufklärung nationalsozialistischer Verbrechen in Ludwigsburg tätig, die er von 1966 bis 1984 geleitet hat, schreibt über die Anfänge der Behörde:

Der entscheidende Impuls für die Intensivierung und Konzentration der Strafverfolgung nationalsozialistischer Verbrechen ging [...] von einem Verfahren aus, das mehr oder weniger zufällig in Gang
5 gekommen war. Ein ehemaliger SS-Oberführer, im Jahre 1941 Polizeidirektor in Memel, der nach dem Kriege unter falschem Namen ein Flüchtlingslager in der Nähe von Ulm geleitet hatte – aus dem Entnazifizierungsverfahren als „nicht betroffen" hervor-
10 gegangen – und nach Aufdeckung seiner Identität entlassen worden war, hatte gerichtlich auf Wiedereinstellung in den Staatsdienst geklagt. Als über diesen Prozess in der Presse berichtet wurde, erinnerte sich ein Leser daran, dass dieser Mann zu Be-
15 ginn des Russland-Feldzuges im Juni 1941 in maßgebender Position an Massenerschießungen von Juden im deutsch-litauischen Grenzgebiet beteiligt gewesen war. Er wurde 1956 verhaftet.
Die in diesem Verfahren breit angelegten, mit Sorg-
20 falt und großem Nachdruck betriebenen Ermittlungen, die dann zu dem sogenannten „Ulmer Einsatzkommando-Prozess" führten, brachten schließlich die Gewissheit, dass zahlreiche vor allem im Osten begangene schwerste NS-Verbrechen bis dahin ge-
25 richtlich nicht geahndet worden waren. [...]
Man erkannte, dass der Ahndung der bisher offensichtlich strafrechtlich nicht erfassten NS-Verbrechen Ermittlungen vorauszugehen hatten, die jedes bisher bekannte Ausmaß staatsanwaltschaftlicher
30 Aufklärungsarbeit bei Weitem übersteigen musste. Auf Anregung des baden-württembergischen Justizministeriums [...] beschlossen Justizminister und -senatoren der deutschen Bundesländer einschließlich Berlin auf ihrer Konferenz am 3. Oktober 1958
35 in Bad Harzburg die Errichtung einer „Zentralen Stelle der Landesjustizverwaltungen zur Aufklärung nationalsozialistischer Verbrechen" (kurz: Zentrale Stelle). [...]
Die Aufgabenstellung der Zentralen Stelle bewirkte
40 praktisch eine Umkehrung der bei der Strafverfolgung von NS-Verbrechen bis dahin geübten Verfahrensweise. Die Untersuchungen setzten nun nicht mehr erst auf eine Anzeige gegen einen Tatverdächtigen hin ein, wie es bisher die Regel war;
45 vielmehr lösen wie auch immer geartete Hinweise auf eine strafrechtlich noch verfolgbare Tat die Ermittlungen nach den noch unbekannten oder noch nicht ausfindig gemachten Tatbeteiligten aus.
[...] Wohl wurde die Zentrale Stelle alsbald von
50 einem Teil der Presse und gelegentlich auch von Politikern in einer der täglichen Arbeit und dem kollegialen Verhältnis zu den nach wie vor die Hauptlast tragenden Staatsanwaltschaften eher abträglichen Weise zu einer Art Aushängeschild der
55 Justiz und zu einem Symbol des Rechtswillens der Bundesrepublik Deutschland hochstilisiert. Dies sollte jedoch nicht den Blick auf die Tatsache verstellen, dass die damals nach Ludwigsburg abgeordneten, von ihren Heimatbehörden in der Regel
60 überdurchschnittlich gut beurteilten Kräfte ihre Aufgabe von Anfang an durchaus ernst nahmen.
Im Jahre 1959, praktisch im ersten vollen Jahr ihres Bestehens, leitete die Zentrale Stelle 400 Vorermittlungsverfahren ein. Die wichtigsten davon betrafen
65 unter anderem die von den Einsatzgruppen und Einsatzkommandos der Sicherheitspolizei und des SD in der Sowjetunion, die von Sicherheits- und Ordnungspolizei sowie vom Volksdeutschen Selbstschutz in Polen und die in den Vernichtungs-
70 lagern Auschwitz, Belzec, Sobibor, Treblinka und Chelmno begangenen Verbrechen.

Adalbert Rückerl, NS-Verbrechen vor Gericht. Versuch einer Vergangenheitsbewältigung, Heidelberg 1982, S. 140, 142, 145 und 147

1. *Geben Sie die Umstände wieder, die zum „Ulmer Einsatzkommando-Prozess" geführt haben. Welche Rückschlüsse lassen sich daraus auf die Praxis der Entnazifizierung ziehen?*
2. *Charakterisieren Sie Aufgaben und Ziele der Ludwigsburger Zentralstelle.*
3. *Erörtern Sie im historischen Kontext, warum die Zentralstelle auch als „Aushängeschild" angesehen wurde.*
4. *Überprüfen Sie in Lexika, Fachbüchern oder im Internet, wie die Arbeit der Ludwigsburger Zentralstelle heute rückblickend bewertet wird.*

Aufarbeitung von Schuld und Verantwortung

M3
Wie lange haften die Nachgeborenen?

Am 11. Juli 1986 greift der Sozialphilosoph Jürgen Habermas mit seinem in der Wochenzeitung „Die Zeit" veröffentlichten Essay führende Historiker der Bundesrepublik an, vor allem Ernst Nolte. Dieser hatte die Ursachen des Holocaust in Zusammenhang mit den stalinistischen Terrorakten in der Sowjetunion gebracht. Dies brachte ihm den Vorwurf ein, die NS-Verbrechen verharmlosen zu wollen. Daraus entstand eine heftige Debatte um die „Einmaligkeit" des nationalsozialistischen Völkermordes („Historikerstreit"), bei der es auch um die Frage ging, wie „normal" die NS-Zeit jemals in der deutschen Geschichte werden könne. Dazu schreibt Habermas:

Unsere Situation hat sich, im Vergleich zu der vor vierzig Jahren […], gründlich verändert. Damals ging es um die Unterscheidung zwischen der persönlichen Schuld der Täter und der kollektiven
5 Haftung derer, die es – aus wie immer verständlichen Gründen – unterlassen hatten, etwas zu tun. Diese Unterscheidung trifft nicht mehr das Problem von Nachgeborenen, denen das Unterlassungshandeln ihrer Eltern und Großeltern nicht zur Last ge-
10 legt werden kann. Gibt es für diese überhaupt noch ein Problem der Mithaftung? […]
Nach wie vor gibt es die einfache Tatsache, dass auch die Nachgeborenen in einer Lebensform aufgewachsen sind, in der das möglich war. Mit jenem
15 Lebenszusammenhang, in dem Auschwitz möglich war, ist unser eigenes Leben […] innerlich verknüpft. Unsere Lebensform ist mit der Lebensform unserer Eltern und Großeltern verbunden durch ein schwer entwirrbares Geflecht von familialen, ört-
20 lichen, politischen, auch intellektuellen Überlieferungen – durch ein geschichtliches Milieu also, das uns erst zu dem gemacht hat, was und wer wir heute sind. Niemand von uns kann sich aus diesem Milieu heraussstehen, weil mit ihm unsere Identität,
25 sowohl als Individuen wie als Deutsche, unauflöslich verwoben ist. […] Wir müssen also zu unseren Traditionen stehen, wenn wir uns nicht selber verleugnen wollen. […] Aber was folgt aus dieser existenziellen Verknüpfung mit Traditionen und
30 Lebensformen, die durch unaussprechliche Verbrechen vergiftet worden sind? […] Überträgt sich etwas von dieser Haftung auch noch auf die nächste und die übernächste Generation? Aus zwei Gründen, denke ich, sollten wir die Frage bejahen.
35 Da ist zunächst die Verpflichtung, dass wir in Deutschland – selbst wenn es niemand sonst mehr auf sich nähme – unverstellt, und nicht nur mit dem Kopf, die Erinnerung an das Leiden der von deutschen Händen Hingemordeten wachhalten
40 müssen. […] Wenn wir uns über dieses Benjaminsche Vermächtnis[2] hinwegsetzten, würden jüdische Mitbürger, würden überhaupt die Söhne, die Töchter und die Enkel der Ermordeten in unserem Lande nicht mehr atmen können. Das hat auch po-
45 litische Implikationen. Jedenfalls sehe ich nicht, wie sich das Verhältnis der Bundesrepublik beispielsweise zu Israel auf absehbare Zeit „normalisieren" könnte. […]
Nach Auschwitz können wir nationales Selbst-
50 bewusstsein allein aus den besseren Traditionen unserer nicht unbesehen, sondern kritisch angeeigneten Geschichte schöpfen. Wir können einen nationalen Lebenszusammenhang, der einmal eine unvergleichliche Versehrung der Substanz mensch-
55 licher Zusammengehörigkeit zugelassen hat, einzig im Lichte von solchen Traditionen fortbilden, die einem durch die moralische Katastrophe belehrten, ja argwöhnischen Blick standhalten. Sonst können wir uns selbst nicht achten und von anderen nicht
60 Achtung erwarten.
Diese Prämisse hat bisher das offizielle Selbstverständnis der Bundesrepublik getragen. Der Konsens wird heute von rechts aufgekündigt. Man fürchtet nämlich eine Konsequenz: Eine kritisch
65 sichtende Traditionsaneignung fördert in der Tat nicht das naive Vertrauen in die Sittlichkeit bloß eingewöhnter Verhältnisse; sie verhilft nicht zur Identifikation mit ungeprüften Vorbildern.

Jürgen Habermas, Vom öffentlichen Gebrauch der Historie, in: „Historikerstreit". Die Dokumentation der Kontroverse um die Einzigartigkeit der nationalsozialistischen Judenvernichtung, München 1987, S. 246ff.

---

[2] *Der Literaturwissenschaftler Walter Benjamin (1892–1940) war jüdischer Herkunft und nahm sich auf der Flucht vor der Gestapo das Leben. In seinen Aufzeichnungen fand sich die dringende Mahnung, dass die immerwährende Erinnerung an die grausamen Verbrechen der Deutschen die einzig mögliche Sühne wäre.*

1. Erläutern Sie, was Habermas mit einer „kritisch angeeigneten Geschichte" (Zeile 51f.) meint.
2. Analysieren Sie, welche „Erkenntnisinteressen" in der Interpretation des „Dritten Reiches" Habermas bestimmten Gruppen von Zeitgenossen vorwirft.
3. Nehmen Sie Stellung zur Frage der „Mithaftung der Nachgeborenen" und des „richtigen Umgangs" mit der Geschichte des „Dritten Reichs". Wie wirkt sich dies auf das deutsche Selbstverständnis aus?

M4
„Wer darf vergessen werden?"

Der Einweihung des staatlichen Denkmals für die ermordeten Juden Europas („Holocaust-Mahnmal") im Mai 2005 geht eine über 15 Jahre dauernde Planungs- und Vorbereitungsphase voraus, die in Politik und Presse kontrovers diskutiert wird. Der Historiker Reinhart Koselleck (1923–2006) greift 1998 mit einem in der „Zeit" veröffentlichten Artikel in die Überlegungen des Deutschen Bundestags für einen Konzeptentwurf ein:

Die erste Möglichkeit ist [...] ein Denkmal nur für die ermordeten Juden zu schaffen, unter striktem Ausschluss jeder anderen Opfergruppe [...]. Dann müssen wir räumlich, ikonografisch[1], zeitlich und
5 finanziell die jüdischen Wünsche einlösen: ein Opfermal. Oder wir errichten ein Mahnmal beziehungsweise ein Schandmal, jedenfalls ein Denkmal, das primär an die Tat und die Täter erinnert, die die Juden erschlagen, erschossen, vergast, beseitigt und
10 in Asche, Luft und Wasser aufgelöst haben. Also ein Täterdenkmal? Nur scheinbar sind diese beiden Projekte identisch. Errichten wir ein Mahnmal, das die unsäglichen Taten der Deutschen erinnert, dann können wir nicht haltmachen vor den Millionen
15 Toten anderer Gruppen, die von uns als Täter ebenso ermordet worden sind wie die Juden. Oder sollen wir als Erben der Täter eine Grenze ziehen zwischen den mit Gas Ermordeten, zum Beispiel in Sonnenstein, und jenen mit Gas Umgebrachten in
20 Chelmno oder Sobibor? Die Vernichtungskategorien wurden von den Rasseideologen der SS entwickelt, sortiert und exekutiert – der Tod war der gleiche, so einmalig und so verschieden die Menschen auch waren, die unschuldig in diese Mord-
25 maschine eingeschleust wurden. [...]

Aus einem Denkmal nur für die Juden allein folgt zwingend, dass wir für alle anderen Opfergruppen entsprechende Denkmäler errichten müssen. Dies ist die zweite Möglichkeit, die verwirklicht zu wer-
30 den fordert. Jede Lösung unterhalb dieser Vielfalt von Denkmälern wäre verlogen. Doch bisher ist es nur bei Lippenbekenntnissen zur Toleranz geblieben. Für keine der anderen Opfergruppen gibt es eine staatliche Initiative oder private Pressure-
35 groups, als seien ihre Toten Tote minderen Ranges, die eher der Vergessenheit anheimgegeben werden dürfen. Es ist die makabre Ironie dieser zweiten Lösung, dass wir uns weiterhin an die Häftlingskategorien der SS halten, die in den Konzentrations-
40 lagern alle so oder so definierten Gruppen gegeneinander ausspielte. Akzeptieren wir einmal das Denkmal nur für die Juden, dann erhebt sich daraus unentrinnbar jene oft zitierte Denkmalshierarchie, die je nach Zahl der Ermordeten und je nach
45 Einfluss der Überlebenden die nazistischen Tötungskategorien festschreibt und in unterschiedlichen Größenordnungen versteinert. Es stellt sich die Frage, ob wir als Nation der Täter diese Folgelasten gutheißen können. [...]
50 Weder moralisch noch politisch gibt es irgendeinen Grund, diese Millionen Toten, die demselben Terrorsystem zum Opfer gefallen sind wie die Juden, aus unserem Denkmal auszusparen. Daraus folgt die dritte Möglichkeit: dass wir nur ein einziges
55 Denkmal errichten dürfen, ein Mal, das an alle Ermordeten und Beseitigten gemeinsam erinnert. Dann bleibt keiner der von uns ermordeten unschuldigen Menschen aus der mahnenden Erinnerung des Täter-Mals ausgeschlossen. Dies ist die
60 wirkliche geschichtliche Folgelast, die wir als Deutsche auf uns zu nehmen haben.

Die Zeit, Nr. 13/1998, 19. März 1998
[www.zeit.de/1998/13/holocaust.txt.19980319.xml]

---

[1] **Ikonografie**: Bestimmung, Beschreibung oder Erklärung von Bildinhalten

Aufarbeitung von Schuld und Verantwortung

▲ **Das Holocaust-Mahnmal in Berlin, Denkmal für die ermordeten Juden Europas.**
Das Denkmal befindet sich südlich des Brandenburger Tors in der Mitte Berlins auf einem Gelände, das bis 1945 zum Regierungsviertel gehörte und ab 1961 von Mauer und Grenzstreifen eingenommen wurde. Auf 19 000 m² Fläche befinden sich rund 2 700 Stelen aus Beton. Die Wege dazwischen lassen nur Platz für je eine Person. Beim Begehen sorgt dies für Isolation und hält zum Nachdenken an. Zugleich soll die Stelenform an einen jüdischen Friedhof erinnern. Unter dem Gelände ist ein „Ort der Information" eingerichtet, der die Geschichte des Völkermordes an den europäischen Juden dokumentiert. Jährlich suchen mehrere Millionen Menschen das Mahnmal auf.

1. *Arbeiten Sie die Argumente Kosellecks heraus. Was könnten Sie ihm entgegenhalten?*
2. *Erläutern Sie, was er unter einem Opfer- und einem Täterdenkmal versteht. Welche Schwierigkeiten werden in Bezug auf eine mit dem Holocaust verbundene „Erinnerungskultur" deutlich?*
3. *In einem anderen Artikel betont Koselleck, dass die Entscheidung des Deutschen Bundestags für die Errichtung eines Holocaust-Mahnmals von ähnlicher Tragweite sei wie jene von 1969, als die bevorstehende Verjährung für die Ahndung des Völkermordes aufgehoben wurde. Nehmen Sie Stellung zu dieser Aussage.*
4. *Stellen Sie die Aussagen Kosellecks denen von Wolfgang Thierse in M14 auf S. 194 gegenüber. Beurteilen Sie die unterschiedlichen Standpunkte.*

M5
„Erinnerungskultur" statt Geschichtsbewusstsein?

Der Historiker Norbert Frei über die moderne Gedenk- und Erinnerungskultur:

Der „letzte Zeitzeuge" gilt unserer durchmedialisierten Gegenwart als Indikator dafür, wie nahe uns ein Thema noch ist und noch zu gehen hat.
Im Wissen um die Mechanismen schnüren Film
5 und Fernsehen, Magazine und Museen, aber natürlich auch Historiker und politische Bildungseinrichtungen seit Monaten, zum Teil sogar seit Jahren, am Gedenkpaket 1939 – 1949 – 1989. Selbstredend bedürfen dabei die Produktionen zum 70. Jahrestag
10 des deutschen Überfalls auf Polen, zum 60. Geburtstag der Bundesrepublik und zur 20. Wiederkehr des Mauerfalls unterschiedlicher Intonation. In einer Hinsicht aber werden sich die meisten ähneln:

im Rekurs auf den Zeitzeugen und das durch ihn verkörperte Authentizitätsversprechen.

Der Vorstellung, dass es die Stimme des Dabeigewesenen ist, die historisches Verstehen garantiert, ist kaum mehr wirkungsvoll entgegenzutreten in einer Gesellschaft, in der „Erinnerungskultur" an die Stelle von Geschichtsbewusstsein getreten ist. [...]

Unter dem Tugendgebot der Erinnerung scheint weiten Teilen der politischen Klasse, freilich nicht allein in der Bundesrepublik, jeder Begriff von Geschichte und von den Vorzügen einer Geschichtsschreibung, die sich unabhängig von politischen Identitätsstiftungsversuchen und Nützlichkeitserwägungen entfaltet, abhanden gekommen zu sein. Wem als Politiker oder als Bürger jedoch daran liegt, dass nicht nur „gedacht und erinnert", sondern gewusst und verstanden wird, der kann sich nicht auf die Frage beschränken, wie viele seiner Zeitgenossen ein historisch gewordenes Ereignis noch erlebt oder nicht mehr erlebt haben. Und dem muss es am Ende nicht darum gehen, Vergangenheit „lebendig zu halten" – wohl aber um Chancen, sie sich begreifend anzueignen. Dazu bedarf es nicht der meist wohlmeinenden, aber oft unterkomplexen Didaktisierung im Format des „Ich erinnere mich", sondern der Begünstigung von Problembewusstsein, Differenzierungsbedürfnis und kritischer Aufklärung. [...]

Im Unterschied zur Zeitgenossenschaft, die nun ihren Abschluss findet, ist die „Arena der Erinnerungen" gerade erst eröffnet. Denn das „Zeitalter des Gedenkens", für dessen Entstehen „Auschwitz" die erste und entscheidende Ursache war, kommt nicht zu Ende, aber es geht nicht mehr in diesem Ursprung auf. In einer Welt vernetzter Gedächtnisse und globaler Imagologien[1)] ist der Holocaust zu einer Metapher geworden, die für vieles stehen kann, und Hitler – auch – zur Gruselgröße einer multimedialen Populärkultur.

Eine angemessene – und das heißt nicht zuletzt: auf sich verändernde Fragen Auskunft gebende – Vergegenwärtigung der nationalsozialistischen Vergangenheit bleibt auch im 21. Jahrhundert politisch-moralisches Gebot und intellektuelle Herausforderung. Nötig allerdings ist dazu Wissen, nicht nur die Bereitschaft zur Erinnerung. Mit Blick auf eine Gegenwart, die kein persönliches Erinnern an die NS-Zeit mehr kennen wird, sind deshalb neue Anstrengungen gefragt. Das ist im Übrigen nicht allein eine Frage unseres kulturellen Selbstverständnisses, sondern von praktischem Sinn und politischem Nutzen: Denn nur dort, wo aufgeklärtes Geschichtsbewusstsein entsteht, wird der Abbau kollektiver Mythen möglich, die Europa auch sechs Jahrzehnte nach dem Ende des Zweiten Weltkriegs noch beschweren.

Norbert Frei, 1945 und wir. Das Dritte Reich im Bewusstsein der Deutschen. Erweiterte Taschenbuchausgabe, München 2009, S. 17f. und 36f.

1. *Fassen Sie zusammen, wie Frei die moderne Gedenk- und Erinnerungskultur bewertet.*
2. *Erläutern Sie, was er damit meint, dass die „Erinnerungskultur an die Stelle von Geschichtsbewusstsein getreten ist".*
3. *Entwickeln Sie Vorschläge, wie eine von Frei geforderte „angemessene Vergegenwärtigung der nationalsozialistischen Vergangenheit" aussehen könnte.*

[1)] **Imagologie** *(heute: interkulturelle Hermeneutik): vergleichende Wissenschaft, die sich mit dem „Bild vom anderen Land" in Bezug auf Sprache, Kultur, Ansichten und Werte beschäftigt*

Theorie Baustein: Deutschlands Weg in den Nationalsozialismus – ein Sonderweg?

Kompetenz:
Interpretationen und Kontroversen zum „deutschen Sonderweg" beschreiben, analysieren und beurteilen

Lesetipps
- Hans-Ulrich Wehler, Deutsche Gesellschaftsgeschichte. Bd. 5: Von der Gründung der beiden deutschen Staaten bis zur Vereinigung 1949–1990, München 2008
- Heinrich August Winkler, Der lange Weg nach Westen, 2 Bde., München ⁷2010

Die These vom „deutschen Sonderweg"

Wie ist es zu erklären, dass sich in einem modernen, kulturell und industriell hochentwickelten Land wie Deutschland ein derart radikales Diktaturregime entwickeln konnte, das die Welt in einen verheerenden Krieg stürzte und in der Ermordung von über sechs Millionen Menschen gipfelte?

Zu dieser Frage sind zahllose Studien mit unterschiedlichen Antworten und Erklärungsansätzen verfasst worden. Die seit den 1960er- und 1970er-Jahren dominierende These besagt, dass Deutschland einen „Sonderweg" in die Moderne beschritten habe, der sich auffällig von dem anderer west- und mitteleuropäischer Staaten unterscheide (▶ M1). Die Ausgangsfrage lautet dabei, warum Länder wie Großbritannien oder Frankreich die ökonomische und politische Krise um 1930 überstanden, während das Deutsche Reich die Demokratie aufgab und durch eine totalitäre Diktatur ersetzte.

Die Vorstellung eines deutschen Sonderweges gab es bereits im 19. Jahrhundert. Historiker, Publizisten und Bildungsbürgertum feierten den „deutschen Sonderweg" als den überlegenen Weg der Deutschen. Dieser wurde in Abgrenzung zum „Erzfeind" Frankreich mit der Ablehnung der „westlichen", als „undeutsch" empfundenen politischen Prinzipien der Französischen Revolution verbunden. Durch die führende Rolle Preußens im Reich wurde zudem dessen militärische Tradition zur Grundlage deutscher Größe umgedeutet. Die in all dem deutlich werdende Arroganz verstärkte sich im Ersten Weltkrieg durch die „Ideen von 1914" und erst recht nach der Niederlage 1918, ehe sie die nationalsozialistische Ideologie zu welthistorischer Größe überhöhte und pervertierte.

Nach dem Zusammenbruch des „Dritten Reiches" kehrte sich die bislang positiv verstandene „Sonderwegs"-These in ihr Gegenteil um. Im Vergleich mit anderen Staaten sahen Historiker in der Entwicklung Deutschlands einen negativen Sonderweg. Dieser habe mit dem Scheitern der 1848er-Revolution, spätestens mit der Reichsgründung 1871 als einer „Revolution von oben" und Bismarcks autoritärem Regime begonnen, durch die Schwächung der liberal-demokratischen Kräfte das Scheitern Weimars und den Sieg des Nationalsozialismus ermöglicht und nach dem Ende des Zweiten Weltkrieges und des deutschen Nationalstaats sein Ende gefunden.

▲ Propagandapostkarte aus dem Jahr 1933.
- *Beschreiben und benennen Sie die abgebildeten Personen.*
- *Erläutern Sie, welche Wirkung die Art der Darstellung und die Botschaft erzielen sollten.*
- *Beurteilen Sie die auf der Postkarte hergestellte Kontinuitätslinie.*

Vor allem seit den 1980er-Jahren mehrten sich jedoch kritische Stimmen gegen diese lückenlos negative Kontinuitätslinie. So habe das Kaiserreich auch Positives vorzuweisen und auch das Scheitern der Weimarer Republik sei nicht von vornherein alternativlos gewesen. Vor allem wurde kritisiert, dass ein historischer Sonderweg die Existenz von „Normalwegen" voraussetze, die es nicht gebe (▶ M2).

Der Historiker *Heinrich August Winkler* hält an der These vom deutschen „Sonderweg" auch nach 1945 fest. Er beschreibt die späte Entwicklung Deutschlands zu Nationalstaat und Demokratie als „langen Weg nach Westen", der erst mit der Wiedervereinigung 1990 zum Abschluss gekommen sei (▶ M3).

M1
Worum geht es bei der „Sonderwegs"-These?

Der Historiker Hans-Ulrich Wehler fasst in einem Aufsatz aus dem Jahr 1998 die „Sonderwegs"-These zusammen:

Am Anfang steht die Vorstellung von einem positiven deutschen Sonderweg, der von 1871 bis 1945 das Deutsche Reich im Vergleich mit den „westlichen Demokratien" als weit überlegen erscheinen ließ. [...]
Die radikale Umwertung in einen negativen „Sonderweg" ging aus den Erfahrungen des Nationalsozialismus hervor. Denn die Schlüsselfrage seit 1933/1945 lautet: Warum hat Deutschland als einziges westliches Industrie- und Kulturland einen Radikalfaschismus in der Gestalt des nationalsozialistischen Regimes mit all seinen mörderischen Konsequenzen des Genozids und Vernichtungskrieges hervorgebracht?
Es war diese Frage, die emigrierte deutsche Historiker und Sozialwissenschaftler seit den frühen 40er-Jahren umtrieb [...].
Auf der Suche nach deutschen Sonderbedingungen, die den Nationalsozialismus ermöglicht hatten, lenkte diese kompetente Expertengruppe die Aufmerksamkeit auf ein Bündel von historisch wirkungsmächtigen Faktoren, die zusammengenommen eine verhängnisvolle Konstellation geschaffen hätten: Da gab es seit dem ausgehenden 18. Jahrhundert, vollends dann seit 1914 ein deutsches „Sonderbewusstsein", das auf die Unterscheidung vom „Westen" statt auf die Gemeinsamkeiten axiomatischen Wert legte. Da blieb eine „bürgerliche Revolution" aus, wie sie angeblich die „klassischen" Revolutionsländer England, Nordamerika und Frankreich erlebt hatten. Dadurch wurde der Liberalismus irreparabel geschwächt und in die Kümmerform einer Bewegung gepresst, die immer nur eine vom Staat gewährte „Libertät" erwartete. Auf der anderen Seite blieben die traditionellen Machteliten im Adel, im Heer, in der Bürokratie so stark und selbstbewusst, dass sie, gewissermaßen über ihre legitime Lebenszeit hinaus, die Parlamentarisierung und Demokratisierung des politischen Lebens blockieren konnten. Während die industrielle und soziale Modernisierung voranschritten, erzeugte die Bremswirkung dieses traditionellen Überhangs ein so gefährliches Spannungsverhältnis, dass unter den neuen Bedingungen des verlorenen Weltkrieges und der Weltwirtschaftskrise seit 1929 der Weg in die autoritäre, dann die diktatoriale Regierungsform als akzeptable Lösung erschien. Wegen der Verformungen der politischen Modernität konnte dann selbst das NS-Regime eine bis 1945 belastbare Loyalitätsbasis gewinnen. [...]
So sehr manche Vorstellung von deutschen „Eigentümlichkeiten" inzwischen infrage gestellt worden ist, bleibt doch ein Geflecht von soziostrukturellen und vor allem politischen Sonderbedingungen bestehen, die freilich ihre dramatische Wirkung erst seit der zweiten Hälfte des 19. Jahrhunderts entfaltet haben.
Der deutsche Nationalstaat wurde vergleichsweise sehr spät durch drei riskante Einigungskriege geschaffen. Die Nationsbildung konnte, genau genommen, erst seit 1871 vorankommen und erzeugte einen aggressiven, expansionistischen Nationalismus. Mit der Niederlage der 48er-Revolution und dem Erfolg in den Integrationskriegen 1864 und 1871 verband sich eine immense Aufwertung des Militärs [...]. Das Bürgertum dagegen konnte seine Zielutopie von einer „Bürgerlichen Gesellschaft" unter bürgerlicher Herrschaft nicht verwirklichen [...].
Der Liberalismus wurde durch den Ausgang der Revolution [...] und als Folge der konservativen „Wende" von 1878/79 derart geschwächt, dass er, etatistisch[1] gezähmt, seine politikgestaltende Kraft weiterhin einbüßte. Nirgendwo sonst in Europa geriet er auch so zwischen die Mühlsteine von demokratischem Wahlrecht, selbstständiger Arbeiterbewegung und „Kanzlerdiktatur". Und diese Arbeiterbewegung verlor durch die – vielleicht allzu – frühe Parteigründung die Chance einer sozialliberalen Koalition mit dem Liberalismus, ehe sie sich [...] in einem eigenen sozialmoralischen Milieu einigelte – und damit auch isolierte.

---

[1] *etatistisch: ausschließlich auf das Staatsinteresse bzw. die zentralistische Staatsmacht ausgerichtet*

Theorie Baustein: Deutschlands Weg in den Nationalsozialismus – ein Sonderweg?

Letztlich entscheidend für den deutschen „Sonderweg" wurde aber das politische Herrschaftssystem. Denn nur in Deutschland, als einzigem westlichen Land, setzte sich mit der Reichsgründung zwanzig Jahre lang eine charismatische Herrschaft in der Gestalt des Bismarckregimes durch. Die Sonderstellung der Kanzlerpersönlichkeit hat nicht nur in der formativen Phase eines soeben erst geschaffenen Staates die Grundelemente der Politischen Kultur geprägt und das kulturelle Gedächtnis besetzt. Vielmehr hat sie auch auf lange Sicht eine verhängnisvolle Anfälligkeit geschaffen: von Ludendorff über den „Ersatzkaiser" Hindenburg bis hin zum neuen Charismatiker, dem „zweiten Bismarck" seit 1933. All diese Phänomene waren mit wirtschaftlichen und wissenschaftlichen Spitzenleistungen durchaus vereinbar. Sie haben aber die politische Kollektivmentalität verformt und die Chancen liberaler und demokratischer Politik, damit von Problembewältigung in gesellschaftlicher Eigenverantwortung rigoros reduziert, dagegen die plebiszitäre Akklamation und Loyalität gegenüber dem „Führer" strukturell ermöglicht. Die wenigen glücklichen Jahre der Weimarer Republik können das „Sonderweg"-Argument nicht entkräften. Erst der aberwitzige Preis für den „Deutschen Weg" in die Moderne hat ihm jede Attraktivität genommen.

Hans-Ulrich Wehler, Umbruch und Kontinuität: Essays zum 20. Jahrhundert, München 2000, S. 84ff.

1. *Geben Sie wieder, was unter dem „deutschen Sonderweg" verstanden wird.*
2. *Arbeiten Sie die Kriterien heraus, die laut Wehler für den Sonderweg der Deutschen kennzeichnend gewesen sind. Stellen Sie Ihre Ergebnisse in einem Schaubild zusammen.*
3. *Beurteilen Sie die genannten Faktoren. Fallen Ihnen weitere Argumente zur Untermauerung oder zur Kritik an der Sonderwegs-These ein? Vergleichen Sie dazu auch das Kapitel „Die Weimarer Republik und ihre Bürger" ab S. 126, vor allem M11 auf S. 154f.*

M2
„Sonderwege" und „Normalwege" in der Geschichte?

Der Historiker Horst Möller gibt auf einer Tagung im November 1981 im Hinblick auf den deutschen „Sonderweg" Folgendes zu bedenken:

Grundsätzlich ist festzustellen: Die Diskussion über den „deutschen Sonderweg" ist immer geprägt worden durch fundamentale Erschütterungen, seien es nun Revolutionen oder Kriege. Und diese Erschütterungen haben jeweils zu spezifischen Wertungen mit politischer Pointe geführt. Solche auslösenden Erschütterungen waren die Revolutionen von 1848/49, der Erste Weltkrieg, die Revolution von 1918/19, die NS-Machtergreifung 1933 und auch das Kriegsende 1945. Ein Blick auf die Sonderwegsvorstellungen nach diesen Daten lässt jedesmal eine Veränderung in der Bewertung erkennen. [...]
Die Rede vom deutschen Sonderweg impliziert zweierlei: Einmal impliziert sie die Annahme, dass es in der Geschichte Normalwege gibt, und zweitens impliziert sie – zumindest der Intention nach – einen Vergleich, denn sonst könnte man nicht sinnvoll vom Sonderweg sprechen.
Hört der Historiker den Begriff Sonderweg einer Nation, dann antwortet er normalerweise: In der Geschichte gibt es, streng genommen, nur Sonderwege. Insofern ist es nichts Besonderes, vom „deutschen Sonderweg" zu sprechen: Jeder europäische Staat – und natürlich auch die außereuropäischen Staaten – hat gewissermaßen einen Sonderweg in die Moderne beschritten. Gerade eine tiefere historische Betrachtung demonstriert schnell: Die Prämisse eines Normalwegs ist nicht verifizierbar und außerordentlich fragwürdig. Dies umso mehr, als sie meist eine Idealisierung des vermeintlichen Normalwegs impliziert.
So etwa die Annahme, England – der Staat, in dem die moderne parlamentarische Demokratie am frühesten verwirklicht worden ist – habe den historischen Normalweg beschritten. Nun stellen die Historiker immer wieder fest: Gerade die historische Entwicklung Englands kann – verglichen mit der

anderer europäischer Staaten – als Sonderweg par excellence gelten. Auch erweist sich jede Idealisierung schnell als unbegründet, wenn man sich die englische „Demokratie" des 19. Jahrhunderts vorurteilsfreier ansieht: Bis zu den letzten Wahlrechtsreformen der achtziger Jahre war England keineswegs eine moderne Demokratie. Man kann sogar sagen, das Wahlrecht des Deutschen Kaiserreichs von 1871 war während des ersten Jahrzehnts moderner als das englische. […]
Schließlich: Es muss bei einem komparatistischen Vorgehen dieser Art begründet werden, warum England und Frankreich, und nicht auch andere Staaten – beispielsweise: Spanien, Italien oder auch osteuropäische Länder – die Vergleichskriterien liefern. Ausschließliche politische Orientierung des Vergleichs an der heutigen Demokratie mittel- und westeuropäischen Zuschnitts ist zwar politisch begründbar, aber geschichtswissenschaftlich fragwürdig.
Mit diesem Plädoyer für den Vergleich und der Forderung nach kritischer Reflexion über die historische Kategorie eines deutschen Sonderwegs soll nicht die Berechtigung dieser Fragestellung bestritten werden, soll keineswegs einer unangemessenen Beruhigung gegenüber der Problematik der deutschen Geschichte des 20. Jahrhunderts das Wort geredet werden. Die Frage ist unabweisbar: Warum kam es unter den west- und mitteleuropäischen Staaten einzig in Deutschland zu einer Diktatur von solch singulärer Radikalität?

Horst Möller, in: Deutscher Sonderweg – Mythos oder Realität? Kolloquium des Instituts für Zeitgeschichte, München 1982, S. 9–15, hier S. 10ff.

1. Fassen Sie die wesentlichen Aspekte der Argumentation von Horst Möller zusammen.
2. Erläutern Sie, warum und auf welche Weise die Sonderwegsvorstellungen jeweils durch die genannten Kriege und Revolutionen erschüttert worden sind.
3. Beurteilen Sie auf der Grundlage der Aussagen von Möller die Funktion von historischen Deutungen wie der Sonderwegs-These.

M3
Das Ende deutscher Sonderwege

In seiner zweibändigen deutschen Geschichte mit dem Titel „Der lange Weg nach Westen" setzt sich der Historiker Heinrich August Winkler mit der Frage des deutschen Sonderwegs auseinander. In einem Interview mit der Wochenzeitschrift „Focus" erklärt er, warum der deutsche Sonderweg 1990 an sein Ende gekommen ist:

FOCUS: Wofür steht bei Ihnen der Begriff des „Westens"?
Winkler: Das Buch handelt von den großen Schwierigkeiten der Deutschen mit den Ideen des Westens, mit den Ideen von 1789, also von Freiheit, Gleichheit, Brüderlichkeit – und von einer auffälligen Tatsache: Viel später als die Franzosen und Engländer kamen die Deutschen zu einem Nationalstaat.
FOCUS: Woran lag das?
Winkler: Am Heiligen Römischen Reich und an den Mythen, die sich darum rankten. Das Reich wollte mehr sein als ein Nationalstaat, es wollte universal sein und war doch nach dem Dreißigjährigen Krieg kein Machtfaktor mehr. Als das Reich 1806 zusammenbrach, war der Reichsmythos noch lange nicht tot.
FOCUS: Ist also das „Reich" das Antiwestliche und der Nationalstaat das Westliche?
Winkler: Mit dem Westen meine ich Nationalstaat plus Demokratie. Das Bismarck-Reich besaß zwar rechtsstaatliche und liberale Strukturen, aber keine parlamentarisch verantwortliche Regierung. […]
In meiner Sicht stellen jedoch erst die Jahre 1933 bis 1945 die äußerste Steigerung dessen dar, was man die deutsche Abweichung vom Westen, den deutschen Sonderweg genannt hat. Der Reichsmythos hat in den Jahren vor 1933 eine ungewöhnliche Anziehungskraft auf rechte Intellektuelle ausgeübt. Das Reich war die Gegenparole zur Republik von Weimar, zum Friedensvertrag von Versailles, aber auch zur kleindeutschen Reichsgründung von 1871. […] Indem Hitler deutsches Sendungsbewusstsein mit der großdeutschen Idee verband, ermöglichte er es großen Teilen des gebil-

Theorie Baustein: Deutschlands Weg in den Nationalsozialismus – ein Sonderweg?

◀ Heinrich August Winkler (geb. 1938). Foto von 2012.

deten Deutschlands, sich in ihm wiederzuerkennen. Das kann man unter anderem in den fatalen Schriften deutscher Historiker im Zweiten Weltkrieg nachlesen.

FOCUS: Hitler als Messias eines großdeutschen Reiches? Als Vollstrecker der Parole: „Am deutschen Wesen soll die Welt genesen"?

Winkler: Die Idee einer deutschen Sendung findet sich schon bei Fichte, dem ersten Rektor dieser Universität. Die deutsche Sprache ist nicht nur Ursprache, die Deutschen sind nicht nur Urvolk. Ihnen steht auch die geistige Weltherrschaft zu. Aus einer zunächst kulturellen Idee entwickelte sich eine heilsgeschichtliche Überzeugung. Sie eignete sich vorzüglich zur Kompensation tatsächlicher politischer Ohnmacht. Das war nach 1806 nicht anders als in der Weimarer Republik. [...]

FOCUS: Die fatalen Auswirkungen des deutschen Reichsmythos sind jedoch keineswegs alles, was Sie in Ihrer deutschen Geschichte seit 1806 aufbieten. Wo sind die erfreulichen Teile Ihrer Story? [...]

Winkler: Der antiwestliche deutsche Sonderweg war 1945 an sein Ende gekommen. Der Krater des deutschen Nationalismus war ausgebrannt. Im Kalten Krieg gab es dann aber zwei neue Sonderwege. Einmal den westdeutschen, der davon ausging, dass die Bundesrepublik nun eine postnationale[1] Demokratie unter Nationalstaaten sei, die sich besonders dazu eigne, in ein größeres Europa integriert zu werden. Daneben forcierte die DDR mangels nationaler Identität ihren proletarischen Internationalismus[2] innerhalb des Warschauer Paktes. Auch da kann man von einer Art Nachkriegssonderweg sprechen, ebenso wie bei den Versuchen der DDR, eine sozialistische deutsche Nation zu erfinden.

FOCUS: Womit wurden diese Sonderwege überwunden?

Winkler: Eben durch das Besondere der Wiedervereinigung am 3. Oktober 1990. Die alte Forderung „Freiheit und Einheit", das Programm der gescheiterten 1848er-Revolution, wurde endlich verwirklicht. Auf dem Territorium der alten Bundesrepublik und der DDR hat sich ein demokratischer Nationalstaat mit allseits anerkannten und bejahten Grenzen etabliert, der seinen zehnten Geburtstag hinter sich hat. [...]

FOCUS: Was wäre demnach die „Leitkultur" in Deutschland und Europa?

Winkler: [...] In der Sache kann es weder um Musik- oder Esskultur gehen, sondern nur um das, was man politische Kultur nennt, was sich in unserer Verfassung niederschlägt. Das Grundgesetz ist eine westliche und zugleich eine deutsche Verfassung, in der sich besondere deutsche Erfahrungen von der Revolution von 1848 über die Weimarer Republik bis hin zur Herrschaft des Nationalsozialismus niederschlagen. Zu einem deutschen Verfassungspatriotismus gehört daher auch die kritische Aneignung der deutschen Geschichte.

FOCUS Magazin Nr. 50 (2000), zitiert nach: www.focus.de/kultur/medien/kultur-am-ende-deutscher-sonderwege_aid_184869.html [26.04.2012]

[1] **post**: lat. für „nach", „hinter"
[2] **Internationalismus**: Streben nach internationalem Zusammenschluss

1. *Vergleichen Sie die von Winkler genannten „Sonderwegs"-Faktoren mit denen von Wehler in M1.*
2. *Erklären Sie den Reichsmythos. Lesen Sie dazu den Theorie-Baustein „Nation – Begriff und Mythos", S. 156–161.*
3. *Nehmen Sie Stellung zu Winklers Interpretation des „deutschen Sonderwegs" nach 1945. Vergleichen Sie dazu das Kapitel „Deutsches Selbstverständnis nach 1945" ab S. 162.*

Geschichts- und Erinnerungskultur: der 27. Januar als Gedenktag

▲ **Torhaus Auschwitz-Birkenau.**
Foto von Stanislaw Mucha, Februar/März 1945.
Das auf den Schienen zurückgelassene Essgeschirr lässt das Schicksal der Menschen im Lager erahnen. Ebenso wie Auschwitz als Begriff für den Holocaust steht, ist das Bild des Lagertors von Auschwitz-Birkenau im kollektiven Gedächtnis zum Symbol für Auschwitz geworden. Das Bild ist eines von 100 Fotos, die der polnische Fotograf Mucha im Auftrag der sowjetischen Kommission zur Untersuchung der NS-Verbrechen nach der Befreiung des Lagers anfertigte. Er sollte den Zustand des Lagers dokumentieren.
- Beschreiben Sie die Bildelemente, den Bildaufbau und die Perspektive der Aufnahme.
- Analysieren Sie die Wirkung des Bildes.

Der Historiker Harald Schmid zum Aufstieg des 27. Januar 1945 als internationaler „Holocaustgedenktag":

Seit dem Jahr 2000 ist der 27. Januar in kurzer Zeit zum zentralen politischen Gedenktag der europäischen „Holocaust-Erinnerung" aufgestiegen. Mehrere Länder, in der Mehrzahl Mitglieder der Europäischen Union, haben das historische Datum in ihren politischen Gedenkkalender integriert und zelebrieren alljährlich entsprechende Gedächtnisfeiern in Parlament, Öffentlichkeit und Schulen. Und seit die Vollversammlung der Vereinten Nationen den 27. Januar im November 2005 zum „International Day of Commemoration in Memory of the Victims of the Holocaust" bestimmt hat, ist die Befreiung von Auschwitz vollends Teil der internationalen Bemühungen um ein staatenübergreifendes Shoah- und Genozid-Gedächtnis geworden, kurz: ein „Weltgedenktag".

Klaus Bergmann, Gedenktage, Gedenkjahre und historische Vernunft, in: Sabine Horn und Michael Sauer (Hrsg.), Geschichte und Öffentlichkeit. Orte – Medien – Institutionen, Göttingen 2009, S. 24–31, hier S. 25

▲ **Auschwitz-Häftlinge nach der Befreiung.**
Foto vom 27. Januar 1945

Was geschah am 27. Januar 1945?

Am 27. Januar 1945 wurden die Überlebenden des Konzentrationslagers Auschwitz durch Truppen der sowjetischen Armee befreit. Der riesige Lagerkomplex, den die Nationalsozialisten ab 1940 am Rande der in „Auschwitz" umbenannten polnischen Stadt Oświęcim und der umliegenden Region errichtet hatten, bestand aus dem größten Vernichtungslager Auschwitz-Birkenau, zwei weiteren Konzentrationslagern und vielen weiteren Außen- und Nebenlagern. In weniger als fünf Jahren wurden dort über eine Millionen Menschen gefoltert, gequält und ermordet.

Um der vorrückenden Roten Armee keine Spuren der Verbrechen zu hinterlassen, ließ Heinrich Himmler bereits ab Oktober 1944 die Krematorien und Gaskammern sprengen, Raubgut und Dokumente verbrennen oder abtransportieren. Mitte Januar begann die SS damit, das Lager Auschwitz zu räumen. Etwa 58 000 Häftlinge wurden auf Todesmärsche geschickt, bei denen die meisten durch Kälte, Hunger, Entkräftung oder die Schüsse der SS-Wachmannschaften ums Leben kamen. Etwa 9 000 kranke oder zu schwache Häftlinge blieben weitgehend auf sich gestellt in den Lagern zurück (▶ M1). Unter diesen richtete die SS noch in den letzten Tagen vor der Befreiung schreckliche Massaker an, bevor sie fluchtartig das Lager verließ.

In einer aus Dokumenten der SS, der Gestapo, des Reichssicherheitshauptamts, aus Kommandanturbefehlen, Bunkerbüchern, Akten des Nürnberger Prozesses und anderen Quellen zusammengestellten Tageschronik der Ereignisse im KZ Auschwitz findet sich zur Ankunft der sowjetischen Armee am 27. Januar folgender Eintrag: *„Am Samstag gegen 9 Uhr erscheint auf dem Gelände des Häftlingskrankenbaus im Nebenlager Monowitz[1) der erste russische Soldat einer Aufklärungstruppe der 100. Infanteriedivision des 106. Korps. Eine halbe Stunde später kommt die ganze Abteilung an. Die Soldaten verteilen ihr Brot unter den Kranken. [...] Um 15 Uhr treffen die ersten Aufklärungstrupps der Roten Armee in den Lagern Birkenau und Auschwitz ein und werden von den befreiten Häftlingen freudig begrüßt. Nach dem Entminen des umliegenden Geländes marschieren Soldaten der 60. Armee der 1. Ukrainischen Front unter dem Oberbefehl von Generaloberst Pawel Kuroczkin in das Lager ein und bringen den am Leben gebliebenen Häftlingen die Freiheit."*[2)

Der Anblick der zu Skeletten abgemagerten Menschen, der vielen herumliegenden Leichen der erschossenen und in den letzten Tagen verstorbenen Häftlinge sowie der katastrophalen Verhältnisse im Lager war selbst für die abgebrühtesten Soldaten kaum zu ertragen. Obwohl sofort erste Hilfsmaßnahmen eingeleitet und die Kranken medizinisch versorgt wurden, starben in den nächsten Wochen noch hunderte der über 7 000 befreiten Häftlinge an den Folgen der KZ-Haft.

[1) Das KZ Monowitz (Auschwitz III), war ein Arbeitslager im polnischen Ort Monowice auf dem Werksgelände der IG Farben AG und lag etwa sechs Kilometer östlich vom Stammlager Auschwitz I.
[2) Danuta Czech, Kalendarium der Ereignisse im Konzentrationslager Auschwitz-Birkenau 1939–1945, Reinbek bei Hamburg 1988, S. 993–995

Der 27. Januar – Karriere eines internationalen Gedenktags

Nur wenige Deutsche wissen, dass an einem 27. Januar der Komponist Wolfgang Amadeus Mozart und Kaiser Wilhelm II. geboren wurden. Bis vor wenigen Jahren spielte auch der 27. Januar als Tag der Befreiung von Auschwitz im kulturellen und kommunikativen Gedächtnis[1] der Deutschen keine nennenswerte Rolle. In den Nachkriegsjahrzehnten wurde das Datum in der Bundesrepublik hin und wieder mit öffentlichen Gedenkveranstaltungen, in der DDR im Zuge der alljährlichen Befreiungsfeierlichkeiten zum Ende des Zweiten Weltkrieges gewürdigt. Den Status eines nationalen Gedenk- und Feiertages erhielt der 27. Januar jedoch nicht.

Durch die vielen offiziellen Gedenkveranstaltungen, die 1995 zum 50. Jahrestag des Kriegsendes in ganz Europa begangen wurden, stieß die Idee eines Gedenktages für die Opfer des NS-Regimes auf internationale Resonanz. Das Ende des *Ost-West-Konfliktes* 1989/91 hatte die Voraussetzungen für eine gemeinsame europäische Erinnerung geschaffen.

In Deutschland setzte sich besonders der Vorsitzende des Zentralrates der Juden in Deutschland, *Ignatz Bubis*, für die Einführung eines solchen Gedenktages ein und schlug das „europäische" Datum des 27. Januar vor. So wie Auschwitz symbolhaft für die Massenvernichtung des europäischen Judentums steht, sollte der Tag der Befreiung dieses Lagers als Symbol für die nationalsozialistische Schreckensherrschaft über Europa gelten. Im Juni 1995 beschlossen die Bundestagsfraktionen, den 27. Januar zum nationalen Gedenktag, nicht aber zum arbeitsfreien Feiertag zu erheben. Am 3. Januar 1996 proklamierte Bundespräsident *Roman Herzog* den 27. Januar offiziell als Tag des Gedenkens an die Opfer des Nationalsozialismus (▶ M2). Das Gedenken bezog er ausdrücklich auf alle, die der nationalsozialistischen Ideologie und Rassepolitik zum Opfer gefallen sind. Alljährlich wird seither im Bundestag mit der Rede des Bundespräsidenten und eines prominenten Zeitzeugen, in den Landtagen mit Sondersitzungen und in vielen Städten mit Gedenkveranstaltungen an das historische Geschehen gedacht.

Mit der Holocaust-Konferenz in Stockholm, an der Vertreter von 47 Staaten teilnahmen, setzte im Jahr 2000 die internationale Karriere des 27. Januar ein. An die Forderung des Forums, einen jährlichen Gedenktag zur Erinnerung an den NS-Völkermord einzuführen, schloss sich wenig später das *Europäische Parlament* an. 2005 wurde der 27. Januar von der EU zum europäischen Gedenktag und im selben Jahr von den *Vereinten Nationen* (*United Nations Organization, UNO*) zum globalen Gedenktag („International Day of Commemoration in Memory of the Victims of the Holocaust") erklärt (▶ M3). Bis 2008 wurde in 34 Staaten ein Holocaust-Gedenktag eingeführt, davon in 21 Staaten am 27. Januar. Auch wenn sich Status und Gedenkpraxis von Land zu Land unterscheiden, ist es der am weitesten verbreitete Gedenktag der Welt.

Die Geschichte des 27. Januar ist ein Beispiel für Geschichtspolitik „von oben". Einführung und globale Ausweitung sind nicht unumstritten, zumal die verordnete Erinnerung oft auch dazu dient, aktuelle politische Entscheidungen zu legitimieren. Daher wird über die Wahl des Datums und die Art der Einführung diskutiert, darüber, für was der Gedenktag steht, an wen erinnert werden soll, welche Funktion ihm zukommt, wie das Gedenken gestaltet und für die Zukunft bewahrt werden kann (▶ M4, M5). Geschichts- und Erinnerungskultur hat deshalb stets gegenwärtige und künftige Interessen und politischen Ziele zu reflektieren.

▲ **Bundespräsident Roman Herzog bei einer Rede zum zentralen Gedenktag für die Opfer des Nationalsozialismus im Bundestag in Bonn.**
Foto vom 27. Januar 1999.

---

[1] Vgl. dazu den Theorie-Baustein „Geschichtsbewusstsein und Geschichtskultur", S. 121–125.

▲ Sowjetische Soldaten nach der Ankunft im KZ Auschwitz.
Foto, Januar 1945.

M1
Der 27. Januar 1945 in Auschwitz

Unter den Kranken, die von der flüchtenden SS unter furchtbaren Bedingungen im Lagerkomplex Auschwitz zurückgelassen werden, befindet sich auch der an Scharlach erkrankte italienische Chemiker und Schriftsteller Primo Levi. In seinen zwischen Dezember 1945 und Januar 1947 niedergeschriebenen Erinnerungen notiert er, wie er den 27. Januar 1945 im Lager Monowitz nahe Auschwitz erlebt hat:

Wir liegen in einer Welt der Toten und Larven. Um uns und in uns war die letzte Spur von Zivilisation geschwunden. Das Werk der Vertierung, von den triumphierenden Deutschen begonnen, war von
5 den geschlagenen Deutschen vollbracht worden.
Mensch ist, wer tötet, Mensch ist, wer Unrecht zufügt oder erleidet; kein Mensch ist, wer jede Zurückhaltung verloren hat und sein Bett mit einem Leichnam teilt. Und wer darauf gewartet hat, bis
10 sein Nachbar mit Sterben zu Ende ist, damit er ihm ein Viertel Brot abnehmen kann, der ist, wenngleich ohne Schuld, vom Vorbild des denkenden Menschen weiter entfernt als der roheste Pygmäe und der grausamste Sadist.
15 27. JANUAR. Morgengrauen. Auf dem Fußboden das schandbare Durcheinander verdorrter Glieder, das Ding Sómogyi[1)].
Es gibt dringendere Arbeiten. Man kann sich nicht waschen, wir können ihn nicht anfassen, bevor wir
20 nicht gekocht und gegessen haben. Und dann „…rien de si dégoutant que les débordements[2)]", wie Charles richtig meint; der Latrineneimer muss geleert werden. Die Lebenden stellen größere Ansprüche. Die Toten können warten. Wir begaben
25 uns an die Arbeit, wie jeden Tag.
Die Russen kamen, als Charles und ich Sómogyi ein kurzes Stück wegtrugen. Er war sehr leicht. Wir kippten die Bahre in den grauen Schnee.

Primo Levi, Ist das ein Mensch? München/Wien 1991, S. 164f.

1. Beschreiben Sie, wie Levi die letzten Stunden vor der Befreiung erlebt.
2. Analysieren Sie Levis Sprache. Wie lässt sie sich erklären?
3. Ordnen Sie seinen Bericht einer Quellengattung zu.
4. Nehmen Sie Stellung zu Levis Ausführungen über das Menschsein.

M2
„Die Erinnerung darf nicht enden"

Am 3. Januar 1996 proklamiert Bundespräsident Roman Herzog den 27. Januar zum „Tag des Gedenkens an die Opfer des Nationalsozialismus". In einer Ansprache im Deutschen Bundestag am 19. Januar 1996 begründet er diesen Schritt:

Am 27. Januar 1945 wurde das Konzentrationslager Auschwitz befreit. Auschwitz steht symbolhaft für millionenfachen Mord – vor allem an Juden, aber auch an anderen Volksgruppen. Es steht für Bruta-
5 lität und Unmenschlichkeit, für Verfolgung und Unterdrückung, für die in perverser Perfektion organisierte „Vernichtung" von Menschen. […]
Viele haben sich schuldig gemacht, aber die entscheidende Aufgabe ist es heute, eine Wiederho-
10 lung – wo und in welcher Form auch immer – zu verhindern. Dazu gehört beides: die Kenntnis der Folgen von Rassismus und Totalitarismus und die Kenntnis der Anfänge, die oft im Kleinen, ja sogar im Banalen liegen können.

[1)] Ungarischer Mithäftling, der in der Nacht zuvor an einer schweren Infektionskrankheit gestorben ist.

[2)] franz.: „nichts ist so abscheulich / ekelhaft wie die Überflutung [mit Fäkalien]"

Im Großen ist das alles noch verhältnismäßig einfach. Wir Deutschen haben mehr als andere lernen müssen, dass das absolut Unfassbare trotz allem geschehen kann. Die Erinnerung hat es uns aber auch erleichtert, daraus die Lehre zu ziehen, und am klarsten ist diese Lehre in Artikel 1 unseres Grundgesetzes formuliert: „Die Würde des Menschen ist unantastbar". Der Satz kennt keine Relativierung. Unter dem Grundgesetz gibt es keine „wertvollen" und „wertlosen" Menschen, keine „Herrenmenschen" und „Untermenschen", keine Volks- und Klassenfeinde, kein „lebensunwertes" Leben. Unsere Verfassung enthält also alle rechtlichen Sicherungen gegen Totalitarismus und Rassismus, mehr als jede andere Verfassung der Welt und darauf können wir stolz sein.

Aber den einzelnen Menschen kann man dagegen nicht nur mit Rechtsnormen immunisieren. Dazu bedarf es zusätzlicher Anstrengungen, gerade bei denen, die das große Verbrechen nicht mehr selbst erlebt haben und denen auch nicht mehr durch Zeitzeugen Erlebtes vermittelt werden kann.

Das war der Grund dafür, dass ich vor zwei Wochen den 27. Januar, den Tag der Befreiung von Auschwitz, mit Zustimmung aller Parteien zum Tag des Gedenkens an die Opfer des Nationalsozialismus erklärt habe. […] Der 27. Januar soll dem Gedenken an die Opfer der Ideologie vom „nordischen Herrenmenschen" und von den „Untermenschen" und ihrem fehlenden Existenzrecht dienen. Die Wahl des Datums zeigt das unmissverständlich. […]

Ich wünsche mir, dass der 27. Januar zu einem Gedenktag des deutschen Volkes, zu einem wirklichen Tag des Gedenkens, ja des Nachdenkens wird. Nur so vermeiden wir, dass er Alibi-Wirkungen entfaltet, um die es uns am allerwenigsten gehen darf. Eine Kollektivschuld des deutschen Volkes an den Verbrechen des Nationalsozialismus können wir, wie ich schon sagte, nicht anerkennen; ein solches Eingeständnis würde zumindest denen nicht gerecht, die Leben, Freiheit und Gesundheit im Kampf gegen den Nationalsozialismus und im Einsatz für seine Opfer aufs Spiel gesetzt haben und deren Vermächtnis der Staat ist, in dem wir heute leben. Aber eine kollektive Verantwortung gibt es, und wir haben sie stets bejaht. Sie geht in zwei Richtungen:

- Zunächst darf das Erinnern nicht aufhören; denn ohne Erinnerung gibt es weder Überwindung des Bösen noch Lehren für die Zukunft.
- Und zum andern zielt die kollektive Verantwortung genau auf die Verwirklichung dieser Lehren, die immer wieder auf dasselbe hinauslaufen: Demokratie, Rechtsstaat, Menschenrechte, Würde des Menschen. […]

Deshalb meine Mahnung zum Erinnern und zur Weitergabe der Erinnerung. Nicht nur am 27. Januar. Aber vielleicht kann dieser Gedenktag uns dabei helfen.

Ansprache von Bundespräsident Roman Herzog zum Gedenktag für die Opfer des Nationalsozialismus im Deutschen Bundestag am 19. Januar 1996 in: www.bundespraesident.de/SharedDocs/Reden/DE/Roman-Herzog/Reden/1996/01/19960119_Rede.html [15.05.2012]

1. *Fassen Sie die Gründe zusammen, die Roman Herzog für die Einführung des Gedenktages nennt.*
2. *Erläutern Sie, welche Funktion die Erinnerung erfüllen soll.*
3. *Nehmen Sie Stellung zu den Begriffen „Schuld" und „Verantwortung".*
4. *Beurteilen Sie, ob die Ziele, die Herzog mit der Einführung des Gedenktages verfolgte, erreicht worden sind. Erklären Sie seine Absicht, damit „Alibi-Wirkungen" vermeiden zu wollen.*
5. *Entwickeln Sie weitere „Gedenkstrategien" zur Erreichung dieser Ziele.*

M3
Internationales Gedenken an den Holocaust

Am 1. November 2005 erklärt die Generalversammlung der Vereinten Nationen (United Nations Organization, UNO) den 27. Januar zum Internationalen Tag des Gedenkens an die Opfer des Holocaust und nimmt folgende Resolution an:

Die Generalversammlung,
in Bekräftigung der Allgemeinen Erklärung der Menschenrechte, in der verkündet wird, dass jeder Anspruch auf alle darin genannten Rechte und Freiheiten hat, ohne irgendeinen Unterschied, etwa nach Rasse, Religion oder sonstigem Stand,

Geschichts- und Erinnerungskultur: der 27. Januar als Gedenktag

◀ Briefmarke der UNO zum 27. Januar 2008.

unter Hinweis auf Artikel 3 der Allgemeinen Erklärung der Menschenrechte, in dem es heißt, dass jeder das Recht auf Leben, Freiheit und Sicherheit der Person hat, [...]

eingedenk dessen, dass das Gründungsprinzip der Charta der Vereinten Nationen, „die kommenden Generationen vor der Geißel des Krieges zu bewahren", die unauflösliche Verbindung bezeugt, die zwischen den Vereinten Nationen und der beispiellosen Tragödie des Zweiten Weltkriegs besteht,

unter Hinweis auf die Konvention über die Verhütung und Bestrafung des Völkermordes, die verabschiedet wurde, um zu verhindern, dass es je wieder zu Völkermorden kommt, wie sie vom Nazi-Regime begangen wurden, [...]

in Würdigung des Mutes und der Einsatzbereitschaft der Soldaten, die die Konzentrationslager befreiten,

erneut erklärend, dass der Holocaust, bei dem ein Drittel des jüdischen Volkes sowie zahllose Angehörige anderer Minderheiten ermordet wurden, auf alle Zeiten allen Menschen als Warnung vor den Gefahren von Hass, Intoleranz, Rassismus und Vorurteil dienen wird,

1. *beschließt,* dass die Vereinten Nationen den 27. Januar eines jeden Jahres zum Internationalen Tag des Gedenkens an die Opfer des Holocaust erklären werden;
2. *fordert* die Mitgliedstaaten nachdrücklich auf, Erziehungsprogramme zu erarbeiten, die die Lehren des Holocaust im Bewusstsein künftiger Generationen verankern werden, um verhindern zu helfen, dass es in der Zukunft wieder zu Völkermordhandlungen kommt [...];
3. *weist* jede vollständige oder teilweise Leugnung des Holocaust als eines geschichtlichen Ereignisses zurück;
4. *lobt* die Staaten, die sich aktiv um die Erhaltung der von den Nazis während des Holocaust als Todeslager, Konzentrationslager, Zwangsarbeitslager und Gefängnisse genutzten Stätten bemüht haben;
5. *verurteilt vorbehaltlos* alle Manifestationen von religiöser Intoleranz, Verhetzung, Belästigung oder Gewalt gegenüber Personen oder Gemeinschaften auf Grund ihrer ethnischen Herkunft oder religiösen Überzeugung, gleichviel wo sie sich ereignen;
6. *ersucht* den Generalsekretär, als Beitrag zur Verhinderung künftiger Völkermordhandlungen ein Informationsprogramm zum Thema „Der Holocaust und die Vereinten Nationen" aufzustellen und Maßnahmen zur Mobilisierung der Zivilgesellschaft für das Gedenken an den Holocaust und die Holocausterziehung zu ergreifen, um verhindern zu helfen, dass es in der Zukunft wieder zu Völkermord kommt [...].

Zitiert nach: www.humanrights.ch/upload/pdf/
070315_UNO_Resolution.pdf [15.05.2012]

1. Beschreiben Sie die Gründe für die Erklärung des internationalen Holocaust-Gedenktages.
2. Arbeiten Sie Aufgaben und Selbstverständnis der UNO heraus.
3. Bei der Verabschiedung der Resolution bezeichnete UNO-Generalsekretär Kofi Annan den Gedenktag als „eine wichtige Mahnung an die universelle Lektion des Holocaust". Erläutern Sie, welche Lektion damit gemeint ist.
4. In Deutschland und anderen Ländern steht die Leugnung des Genozid unter Strafe. Informieren Sie sich über die Argumente der Holocaust-Leugner (z. B. unter www.bpb.de/publikationen/3STJZH oder www.h-ref.de). Nehmen Sie Stellung zu Bedeutung und Wirksamkeit einer strafrechtlichen Verfolgung.
5. Beurteilen Sie folgende These: Wenn der 27. Januar zum internationalen Gedenktag erhoben und damit auf die ganze Welt ausgedehnt wird, bedeutet dies nicht zugleich eine Entlastung für die Deutschen?

Lesetipp

Markus Tiedemann, „In Auschwitz wurde niemand vergast." 60 rechtsradikale Lügen und wie man sie widerlegt, Mülheim/Ruhr 1996

Internettipp

Animationsclip „Vereinte Nationen" unter: www.e-politik.de/lesen/wissenswerte-animationsclips-zur-politischen-bildung

Nationalsozialismus und deutsches Selbstverständnis

M4
Offizielle Erinnerung contra Familiengedächtnis

Die Kulturwissenschaftlerin Aleida Assmann, die sich insbesondere mit den Themen Gedächtnis und Erinnerung beschäftigt, schreibt 2010 zum Holocaust-Gedenktag:

Der 27. Januar, der inzwischen Teil einer transnationalen Erinnerungskultur geworden ist, ist also selbst kein Datum, das in der Erfahrung der deutschen Bevölkerung verankert ist. Überhaupt
5 kommt weder den nationalsozialistischen Verbrechen noch dem Holocaust im deutschen Familiengedächtnis eine bedeutende Rolle zu. Aus *oral history* Studien, die die Tradierung der NS-Zeit und des Holocaust in deutschen Familien untersucht ha-
10 ben, wissen wir, dass sich ein Hiat [eine Kluft] auftut zwischen dem offiziellen Geschichtswissen, das inzwischen in den Schulen vermittelt wird, und den Erinnerungen, die in der Familie tradiert werden. Während die Themen Nationalsozialismus und
15 Holocaust im Geschichtsunterricht eine zentrale Rolle spielen, kreist die Familienerinnerung weitgehend um Themen wie Bombenkrieg, Hunger, Flucht und Vertreibung, die ihrerseits in der Schule (noch) keinen Platz haben. [...]
20 Während sich die Holocaust-Erinnerungsgemeinschaft geographisch ständig erweiterte, wurde sie zugleich inhaltlich beschränkt. Diejenigen, die sich erinnern, werden immer mehr, diejenigen, die erinnert werden, werden dagegen weniger. Roman
25 Herzog hatte ausdrücklich alle Opfer nationalsozialistischer Vernichtungspolitik ins Bewusstsein der Deutschen heben wollen. Von den Opfergruppen der Sinti und Roma, der Homosexuellen und den Opfern der Euthanasie ist im Zuge der Ausweitung
30 der Holocaust-Erinnerung jedoch keine Rede mehr. Es geht immer ausschließlicher um die jüdischen Opfer, von deren kultureller Erinnerungspraxis das Holocaust-Gedenken stark geprägt ist.
[...] Auf der Seite der sich ausweitenden Erinne-
35 rungsgemeinschaft gibt es eine paradoxe Leerstelle: Die Nation der Helden des 27. Januar, die Nachfahren der Roten Armee und somit der Befreier von Auschwitz, haben selbst keinen Anteil an diesem Gedenken.

▲ **Holocaust-Denkmal von 2005 in Budapest von Gyula Pauer und Can Togay.**
Foto von 2008.

● *Recherchieren Sie Hintergrund, Entstehungsgeschichte und Deutungsabsicht des abgebildeten Holocaust-Denkmals.*

Aleida Assmann, 27. Januar 1945: Genese und Geltung eines neuen Gedenktags, in: Etienne François und Uwe Puschner (Hrsg.), Erinnerungstage. Wendepunkte der Geschichte von der Antike bis zur Gegenwart, München 2010, S. 323 und 332

1. *Geben Sie wieder, warum der 27. Januar laut Assmann nicht in das kommunikative Gedächtnis der Deutschen eingedrungen ist.*
2. *Erläutern Sie, welche Probleme die internationale Ausbreitung des Gedenktages mit sich bringt.*
3. *Erörtern Sie an Beispielen die Aussage, dass das Holocaust-Gedenken stark von den jüdischen Opfern geprägt ist.*

Lesetipp
Harald Welzer u. a., „Opa war kein Nazi." Nationalsozialismus und Holocaust im Familiengedächtnis, Frankfurt a. Main [6]2008

Geschichts- und Erinnerungskultur: der 27. Januar als Gedenktag

M5
„Schafft diesen Gedenktag wieder ab!"

Der Soziologe Y. Michal Bodemann verfasst am 26. Januar 1999 folgenden Kommentar in der Tageszeitung taz:

Der 27. Januar, der Tag der Befreiung von Auschwitz, ist seit 1995 der offizielle deutsche Gedenktag. Und niemand merkt es. Es könnte alles so schön werden: erst ein ordentlicher Gedenktag für die Opfer, dazu das für den ausländischen Besucher eindrucksvolle Eisenman-Mahnmal[1]. [...]

Er scheint als Gedenktag für alle Nazi-Opfer weniger kontrovers: Der 27. Januar erinnert an die Befreiung von Auschwitz durch die Rote Armee 1945. Doch zu diesem Zeitpunkt war das KZ nur noch ein Schatten. In den Wochen zuvor hatte sich die Mordmaschinerie verlangsamt, zehn Tage zuvor wurde Auschwitz evakuiert, über 130 000 Häftlinge wurden auf Transporte und Todesmärsche geschickt, und nur ein elendes Überbleibsel von knapp 8 000 Insassen wurde am 27. Januar befreit.

Warum wurde dieser Tag gewählt? Warum keiner der historisch und national bedeutsamen Tage? Warum nicht der 30. Januar 1933, als die Deutschen Hitler zujubelten? Warum nicht der 10. November 1938, der zentrale Tag der Novemberpogrome, als viele Deutsche zusahen und viele mitmachten? Warum nicht der 1. September 1939, der Beginn des Zweiten Weltkriegs? Oder der 20. Januar 1942, der Tag der Wannseekonferenz? Oder der 8. Mai, der Tag nicht der Befreiung eines einzelnen KZ, sondern der Befreiung Europas insgesamt? [...]

Der 27. Januar ist ein fernes, konstruiertes Datum, ohne deutsche Erinnerung, in einem anderen Land und ohne deutsche Akteure, denn selbst die SS-Wachmannschaften waren damals bereits verschwunden.

Für die Verfolgtenseite mag dieser Tag ein Symbol der Befreiung sein, es waren ihre Angehörigen, die nun das Ende dieses Schreckens vor sich sahen. In Deutschland stand hinter der Entscheidung für diesen Tag offenbar die wohlmeinende, doch naive und beschönigende Idee, in Solidarität mit der Opferseite an das Ende des Mordens zu erinnern. Dadurch, dass der Befreiung von Auschwitz statt seiner Errichtung gedacht wird, stellt sich Deutschland an die Seite der Opfer und der Siegermächte – ein Anspruch, der Deutschen nicht zusteht. Der 27. Januar suggeriert darüber hinaus ein „Ende gut, alles gut". Ein Tag der Erinnerung für Deutsche soll er sein, doch tatsächlich ist es ein Tag der Zubetonierung von Erinnerung, ein Tag, der den historischen Schlussstrich signalisiert.

Wir könnten nun pragmatisch argumentieren: Solange dieser Tag engagiert begangen wird, wäre es ja gut; zumindest besser als gar nichts. Doch der 27. Januar ist eben gerade nicht angenommen worden, er ist ein Tag ohne deutsche Erinnerung geblieben. Die obligatorischen Reden werden zwar gehalten, doch schon bei seiner Einführung 1996 wurden die Feiern im Bundestag um einige Tage vorverlegt, weil es den Abgeordneten so wegen der Urlaubszeit besser passte. Auch 1998 waren die Gedenkfeierlichkeiten Pflichtübungen, die in der Mahnmaldebatte untergingen: Über diesen Tag gab es wenig zu sagen, da kam die Mahnmaldebatte gerade recht. [...]

Y. Michal Bodemann, 27. Januar: Schafft diesen Gedenktag wieder ab!, in: taz vom 26. Januar 1999

1. Fassen Sie die Aussagen Bodemanns mit eigenen Worten zusammen.
2. Vergleichen Sie seine Einschätzung mit den Absichten, die Roman Herzog und die Vereinten Nationen (M2, M3) zur Einführung des Gedenktages formuliert haben.
3. Der Politikwissenschaftler Harald Schmid bezeichnet die Etablierungsgeschichte des 27. Januar – wie auch die des 3. Oktober – als ein Beispiel für etatistische, also vom Staat verordnete, Geschichtspolitik. Beurteilen Sie diese Aussage.
4. Verfassen Sie eine Gedenkrede zum 27. Januar, in der Sie auch Stellung zu den in M4 und M5 genannten Kritikpunkten nehmen.

---

[1] Damit ist das von dem US-amerikanischen Architekten Peter Eisenman entworfene Denkmal für die ermordeten Juden Europas in Berlin gemeint; vgl. dazu S. 98.

Geschichts- und Erinnerungskultur: der Holocaust-Gedenktag in Israel

▲ „Marsch der Lebenden" am israelischen Holocaust-Gedenktag im ehemaligen KZ Auschwitz.
Foto vom 23. April 1998.
Am Holocaust-Gedenktag 2008 trugen jüdische Jugendliche in einem „Marsch der Lebenden" zur Erinnerung an die Opfer des Holocaust israelische Flaggen durch das Tor des ehemaligen KZ Auschwitz. Unter den 7000 Teilnehmern befanden sich auch der israelische und der polnische Ministerpräsident. Der Marsch stand im Zusammenhang mit dem 50-jährigen Jubiläum der israelischen Staatsgründung.

„Die Verbindung von Israel und dem Holocaust gilt gemeinhin als so selbstverständlich, dass es nahezu aussichtslos erscheint, etwas daran infrage stellen zu wollen. Nicht nur verdankte sich die Staatsgründung Israels – wenn nicht ausschließlich, so doch in erheblichem Maße – dem Holocaust, sondern es war auch dieser neu entstandene Staat, der aus nämlichem Grund das Andenken an den Holocaust von Anbeginn an monopolisierte. Wie sollte es auch anders sein? – wird man sich fragen. Die Hauptopfer des Holocaust waren ja Juden; was also hätte näher liegen sollen, als dass der Staat der Juden ihrer gedachte?"[1]
1951 legte das israelische Parlament mit dem Jom ha-Shoa, dem „Tag der Erinnerung an die Märtyrer und Helden des Holocaust", einen nationalen Gedenktag fest. Es dauerte jedoch Jahrzehnte, bis die Erinnerung an den Holocaust einen wichtigen Platz im kollektiven Gedächtnis der Israelis eingenommen hatte. Wie entwickelte sich der Umgang der Israelis mit dem Holocaust? Welche Rolle nimmt er im Selbstverständnis des Staates Israel ein? Und welche Funktion erfüllt dabei dieser Gedenktag?

[1] Moshe Zuckermann, Die Darstellung des Holocaust in Israels Gedenkkultur, in: Monika Flacke (Hrsg.), Mythen der Nationen. 1945 – Arena der Erinnerungen, Bd. 1, Mainz 2004, S. 315–337, hier S. 316 f.

Israel und der Holocaust

Nach dem Ende des Zweiten Weltkrieges wurde der jüdische Staat Israel für viele Überlebende des Holocaust zur Heimat. Seit Jahrhunderten galt vielen in der Diaspora[1] lebenden Juden das Land mit der „heiligen Stadt" Jerusalem als das von Gott versprochene „gelobte Land". Die seit den 1880er-Jahren durch den Zionismus[2] beförderte Einwanderung nach Palästina führte zu Konflikten mit der dort lebenden arabischen Bevölkerung. Diese verschärften sich durch die während der NS-Zeit anwachsenden jüdischen Flüchtlingsströme. Zur Lösung des Palästina-Problems beschloss die UNO nach dem Ende des Zweiten Weltkrieges die Teilung des Landes in einen arabischen und einen jüdischen Staat. Daraufhin wurde am 14. Mai 1948 – gegen den Willen der arabischen Nachbarländer – der Staat Israel gegründet.

In den Jahren nach der Staatsgründung wanderten fast 350 000 Juden, die unter der NS-Herrschaft gelebt hatten, nach Israel ein. Das war rund ein Drittel der Gesamtbevölkerung. Dennoch herrschte in Israel – ähnlich wie in Deutschland und in den USA, wo seit 1945 neben Israel die meisten Juden leben – sowohl bei den Opfern als auch in der Öffentlichkeit Schweigen über den Holocaust. Die Erinnerung an die Verbrechen wurde geradezu verdrängt. Die Opferrolle, in die sich die ehemals Verfolgten mit ihren grausamen Erlebnisberichten begeben hätten, passte nicht zu dem von den Zionisten erschaffenen Ideal des „neuen", starken und wehrhaften Juden, der den neuen Staat aufbauen sollte. In der offiziellen Ideologie Israels wurde vielmehr das heroische Bild der jüdischen Widerstandskämpfer mit der Erinnerung an den Holocaust verknüpft.

Die Einwanderer legten mit ihrer Vergangenheit auch ihre Sprache und Kultur, ihre alte Identität ab. Jiddisch, die Sprache der osteuropäischen Juden, war in Israel lange Zeit verpönt. Hebräisch wurde zur Nationalsprache. Nichts sollte mehr an die mit alten Vorurteilen behafteten schwachen und anpassungsbemühten Diasporajuden erinnern, die sich – so der Vorwurf mancher Zeitgenossen – „wie Lämmer zur Schlachtbank" hätten führen lassen. So blieben nicht nur die Holocaust-Überlebenden mit ihren Erinnerungen allein, auch ihre Kinder mussten mit dem Schweigen und den vielen unbeantworteten Fragen leben.

Jom ha-Shoa – ein nationaler Gedenktag

Nach der Staatsgründung gab es von offizieller Seite zunächst kein Gedenken an den Holocaust. 1951 fasste das israelische Parlament den Beschluss, einen Gedenktag an die Opfer des Holocaust im jüdischen Kalender einzurichten. Die Überlebenden des Warschauer Ghettoaufstandes[3] schlugen den 19. April vor, den Tag, an dem der Aufstand im Jahr 1943 begann. Da das Datum jedoch zu nah an Pessach, dem jüdischen Osterfest, lag, einigte man sich auf die Tage zwischen Pessach und dem israelischen Unabhängigkeitstag am 14. Mai. Alljährlich wird seither am 27. Nisan, nach gregorianischem Kalender im April oder Anfang Mai,[4] der Jom ha-Shoa, der „Tag des Gedenkens an die Märtyrer und Helden des Holocaust", begangen (▶ M1).

---

[1] *Diaspora*: griech.: „Zerstreuung"; Bezeichnung für jüdisches Leben außerhalb Israels
[2] *Zionismus*: politische Bewegung, deren Ziel die Errichtung eines jüdischen Staates in Palästina war. Der Begriff leitet sich von dem Wort Zion ab, das ursprünglich einen Hügel in Jerusalem bezeichnete. Später wurde der Name Zion zum Synonym für die Stadt Jerusalem und das ganze Heilige Land.
[3] Vgl. dazu S. 77.
[4] Der 27. Nisan des jüdischen Kalenders fiel 2010 auf den 11. April, 2011 auf den 2. Mai.

▲ **Fotos der Gedenkstätte Yad Vashem in Jerusalem.**
Zu dem weitläufigen Komplex Yad Vashem (von hebräisch „Denkmal", „Name") gehören mehrere Forschungs- und Lehrzentren, Archive, Denkmäler, thematische Parkanlagen, Ausstellungen und Museen. Anhand von Videoinstallationen, Exponaten und Fotografien dokumentiert die Ausstellung den Völkermord an den europäischen Juden. In der „Halle der Namen" (linkes Foto) werden die Namen und persönlichen Daten der jüdischen Opfer des Holocaust gesammelt. Die „Halle der Erinnerung" (rechtes Foto) ist das zentrale Denkmal in Yad Vashem. Auf dem Fußboden sind die Namen von 22 Konzentrationslagern und Vernichtungsstätten eingraviert. Hier findet eine der offiziellen Gedenkveranstaltungen zum Jom ha-Shoa statt, bei der die Namen der Opfer verlesen werden. Jedes Jahr besuchen mehr als zwei Millionen Menschen Yad Vashem.

Am 28. August 1953 verabschiedete das Parlament ein Gesetz zur Gründung der nationalen Gedenkstätte Yad Vashem. Die Gedenkstätte liegt auf dem „Berg der Erinnerung" in Jerusalem und hat die Aufgabe, die Erinnerung an die Opfer des Holocaust zu bewahren, wissenschaftlich zu dokumentieren und damit an die nächsten Generationen zu übermitteln. In Yad Vashem finden die offiziellen Gedenkveranstaltungen zum Jom ha-Shoa statt. Da der Gedenktag jedoch zunächst kaum Aufmerksamkeit fand, wurde er im Jahr 1959 zum gesetzlichen Feiertag erhoben und seine Begehung genau festgelegt.
Die Feierlichkeiten beginnen stets mit dem Sonnenuntergang am 27. Nisan und enden am folgenden Abend. Bei der Eröffnungszeremonie in Yad Vashem werden sechs Fackeln entzündet, die an die sechs Millionen ermordeten Juden erinnern sollen. Um 10 Uhr am nächsten Tag rufen Sirenen im ganzen Land die Menschen zwei Minuten lang zum Innehalten auf. Dann ruhen Verkehr und Arbeit, der Unterricht wird unterbrochen, die Menschen schweigen. In Anwesenheit von Staats- und Regierungsvertretern finden in Yad Vashem eine Kranzniederlegung und Gedenkveranstaltungen statt. Viele öffentliche Einrichtungen sind an diesem Tag geschlossen, Flaggen werden auf Halbmast gesetzt, Fernsehen und Radio verzichten auf Unterhaltungsprogramme und berichten live von den Feierlichkeiten. In den Familien wird der Verwandten gedacht, die dem Holocaust zum Opfer fielen.

Audiotipp

Podcast „Eichmann und die Folgen". Deutschlandradio, 04:09 Min. unter http://ondemand-mp3.dradio.de/file/dradio/2011/11/14/drk_20111114_1155_54fe6d42.mp3

Eine neue Identität entsteht

Obwohl mit Yad Vashem und dem Jom ha-Shoa bereits eine offizielle Gedenkkultur begründet worden war, ebnete erst der 1961 in Jerusalem geführte Prozess gegen Adolf Eichmann, den „Organisator der Endlösung", den Weg für öffentliche Debatten und für das Verständnis des Holocaust (▶ M2). In den Familien sprach man nun über die Vergangenheit. Je größer der zeitliche Abstand, desto mehr wuchs auch das öffentliche Interesse für die Erlebnisse der Zeitzeugen.

Einen veränderten Umgang mit der Vergangenheit bewirkten auch der Sechs-Tage-Krieg von 1967 und der Jom-Kippur-Krieg von 1973, in denen Israel sein Gebiet vergrößern bzw. erfolgreich verteidigen konnte. Das Bild der israelischen Kriegshelden trug dazu bei, das Stereotyp vom schwachen und passiven Opfer auszulöschen. In der Folge erlebte auch die Holocaust-Metaphorik eine Hochkonjunktur. So bezeichnete der israelische Ministerpräsident *Menachem Begin* 1982 die Palästinensische Befreiungsorganisation (PLO), die offizielle Vertretung der Palästinenser, als „neonazistische Organisation", den PLO-Führer *Yassir Arafat* als „Hitler im Bunker".

Seit den 1980er-Jahren wurde der Holocaust zum Kern jüdischer Identität und für viele nicht praktizierende Juden zur „zivilen Religion" (▶ M3). Er deckte den Bedarf nach einem gemeinsamen, über alle innerjüdischen Unterschiede hinweg zustimmungsfähigen Symbol. Gleichzeitig wurden andere, traditionelle Grundlagen jüdischer Identität, wie etwa die religiösen Wurzeln, verdrängt. Versuche, die Erinnerung an den als welthistorisch einzigartig begriffenen Holocaust zu entmystifizieren, gelten als „Entheiligung", als eine subtile Form des Antisemitismus. „Ihn [den Holocaust] zu verallgemeinern würde bedeuten, das tragischste Ereignis in der Geschichte der Juden zu nehmen und es zu einem Unfall der Moderne zu machen" (*Natan Sznaider*).

In den letzten Jahrzehnten hat vor allem bei den jungen israelischen Juden der Holocaust-Gedenktag Jom ha-Shoa immer mehr an Bedeutung gewonnen. Während lange Zeit noch der Unabhängigkeitstag der wichtigere nationale Feiertag gewesen ist, hat spätestens seit den 1990er-Jahren der Jom ha-Shoa dessen Rolle übernommen. Ein Beweis dafür ist die Teilnahme tausender von Jugendlichen an den auf den polnischen Schauplätzen und in Israel durchgeführten Gedenkmärschen, die in Anspielung auf die Todesmärsche am Ende der NS-Zeit „Marsch der Lebenden" genannt werden.[5]

Schon früh führten Kanada und die USA „Holocaust-Gedenktage" (Days of Remembrance) ein, die sich an den israelischen Jom ha-Shoa anlehnen. Seit einigen Jahren schließen sich auch andere Staaten oder deren jüdische Gemeinden dem israelischen Vorbild an, so etwa die jüdische Gemeinde in Berlin, die zum Jom ha-Shoa im Jahr 2005 eine Gedenkstunde mit anschließender Lesung der Namen der ermordeten Berliner Juden durchführte.

---

[5] *Vgl. die Abbildung auf S. 113.*

M1
Der Holocaust im israelischen Gedächtnis

Natan Sznaider, Professor für Soziologie am Academic College of Tel Aviv, zur Entwicklung des israelischen Holocaust-Gedenkens:

In den ersten Jahren der israelischen Staatlichkeit spielte der Holocaust im öffentlichen Leben keine zentrale Rolle. Auf Regierungsebene unternahm man kaum etwas, um an ihn zu erinnern. Erst 1951
5 verabschiedete das israelische Parlament eine Resolution, die den 27. Nisan als den „Tag der Erinnerung an die Märtyrer und Helden des Holocaust" („Holocaust Martyrs and Heroes Remembrance Day") festlegte, eine Resolution ohne rechtliches
10 Gewicht. Das Datum war sorgfältig gewählt worden. Wie für die meisten israelischen Feiertage nahm man ein hebräisches Datum, den 27. Nisan. Der Tag wurde in die sogenannten „Omer"-Tage gelegt, eine Zeit, in der traditionelle Israelis der Er-
15 mordung der Juden durch die Kreuzfahrer gedenken. Außerdem wurde das Datum zwischen dem Ende von Pessach (der Gedenktag für den Aufstand im Warschauer Ghetto) und dem israelischen Unabhängigkeitstag festgesetzt. Hier waren alle Ele-
20 mente vorhanden: die unendliche jüdische Verfolgungsgeschichte, der Widerstand gegen die Nazis und die Unabhängigkeit des Staates Israel. Das „Dort" und das „Hier" verbunden in uneinheitlicher Einheit. Es dauerte weitere acht Jahre, bis das Parla-
25 ment 1959 ein Gesetz beschloss, das den gesetzlichen Rahmen für die Begehung dieses Tages festlegte. Vergnügungsstätten hatten geschlossen zu bleiben, und am Morgen sollte ein zweiminütiger Sirenenton im gesamten Land erklingen. […]
30 Obgleich wir heute wissen, dass dieses offizielle Schweigen Israels kein Einzelfall, sondern auch für andere Nationen typisch war, unterscheidet es sich von diesem doch durch das Warum. Zuerst einmal wurde die Auslöschung der Juden von den Israelis
35 nie mit den anderen Verbrechen der Nationalsozialisten auf eine Stufe gestellt. Zweitens ist Israel das einzige Land, in dem der Holocaust eine nationale Erfahrung war, bevor man öffentlich über ihn sprach. Das heißt, er war eine Erfahrung, die einen
40 großen Teil der Bevölkerung aus erster oder zweiter Hand betraf. Man könnte mit einigem Grund behaupten, dass diese nationale Erfahrung danach

▲ Schweigeminuten in Tel Aviv am Holocaust-Gedenktag.
Foto vom 29. April 2003.

suchte, in Symbolen ausgedrückt zu werden, und dass Israel ironischerweise das eine Land auf der
45 Welt sein könnte, von dem man sagen kann, dass die Erfahrung des Holocaust tatsächlich unterdrückt wurde – wenn wir mit Unterdrückung meinen, dass offizielle Äußerungen bewusst vermieden wurden. In Israel war ein bewusstes kollektives
50 Gedenken unmöglich, solange es keinen geeigneten Rahmen dafür gab. Und ein Rahmen, wie er im heutigen Israel dem Holocaust eine Bedeutung gibt, war zu Beginn unvorstellbar. Deshalb wurde von den offiziellen Regierungsstellen in den ersten Jah-
55 ren nach Israels Unabhängigkeit praktisch nichts unternommen, um an den Holocaust zu erinnern. Das hatte nichts mit Gefühllosigkeit oder anderen Ausdrucksformen emotionaler Kälte zu tun, wie man heute oft hört. Genauso wenig sind die späte-
60 ren Äußerungen nur das Ergebnis bewusster Manipulation und „Instrumentalisierung". Sowohl die ursprüngliche Unterdrückung als auch das jetzige geheiligte Gedenken sind gleichermaßen Ausdrucksformen des israelischen Selbstverständnisses
65 und der Stellung Israels in der Welt. Als all diese Faktoren sich änderten, änderte sich zwangsläufig auch Israels Verhältnis zum Holocaust.
Als allgemeine Tendenz kann man feststellen, dass die offizielle Bedeutung des Holocaust in Israel sich
70 von etwas, dessen man sich schämen musste, hin zu einer geheiligten Erinnerung, die zu erhalten der Staat verpflichtet war, gewandelt hat. Diese histori-

sche Spannung zwischen einem fast säkularen[1]) Staat, der wie alle anderen behandelt werden möchte, und einem hybriden[2]) Staat, der für sich selbst sowohl moralische als auch religiöse Rechtfertigungen in Anspruch nimmt, spiegelt die Spannung wider, in der sich die israelische Bedeutung des Holocaust befindet: Etwas, das öffentlich unterdrückt wurde, entwickelt sich zu etwas, das einer Säkularisierung religiöser Geschichte gleichkommt. Das „Dort" und das „Hier" begannen zu verschmelzen. Zu Beginn versuchte der entstehende Staat, dessen zentrales Narrativ der Zionismus war, sich von der jüdischen Erfahrung in der Diaspora zu distanzieren. Israel sollte eine neue jüdische Erfahrung repräsentieren, die auf einem heroischen Konzept von Geschichte basierte, das für die Darstellungen der Opfer wenig Raum ließ. Daher begründete der israelische Staat das Gedenken an den Holocaust, indem er Vernichtung und Heldentum miteinander verband. Der nationale „Day of Remembrance and Heroism" erinnert an die Opfer des Holocaust und betont gleichzeitig den Widerstand der zionistischen Partisanen gegen selbigen.

Natan Sznaider, Israel, in: Volkhard Knigge und Norbert Frei (Hrsg.), Verbrechen erinnern. Die Auseinandersetzung mit Holocaust und Völkermord, Bonn 2005, S. 205–218, hier S. 206–209

1. Geben Sie wieder, warum der „Tag der Erinnerung an die Märtyrer und Helden des Holocaust" auf den 27. Nisan gelegt wurde. Ziehen Sie auch den Text auf S. 114 hinzu.
2. Erläutern Sie die Gründe für das „offizielle Schweigen" Israels über den Holocaust.
3. Erörtern Sie Israels Verhältnis zum Holocaust. Inwiefern ist es Ausdruck für das nationale Selbstverständnis?
4. Vergleichen Sie Entwicklung und Bedeutung des israelischen Holocaust-Gedenktages mit dem deutschen Holocaust-Gedenktag am 27. Januar. Überprüfen Sie Gemeinsamkeiten und Unterschiede. Ziehen Sie hierzu das Kapitel zur Geschichts- und Erinnerungskultur „Der 27. Januar als Gedenktag" auf S. 105–112 hinzu.

---

[1]) **säkular**: weltlich
[2]) **hybrid**: von lat. hybrida für Mischling; hier aus zwei unterschiedlichen Systemen gemischter Staat

M2
Die Bedeutung des Eichmann-Prozesses

Im April 1961 wird vor dem Bezirksgericht Jerusalem der Prozess gegen Adolf Eichmann eröffnet. Eichmann war als SS-Obersturmbannführer und Leiter des „Judenreferates" im Reichssicherheitshauptamt einer der Hauptverantwortlichen für die Deportation und Ermordung von europäischen Juden während des NS-Regimes. Der israelische Geheimdienst hatte ihn 1960 in Argentinien gefasst und nach Jerusalem entführt. Der israelische Schriftsteller Amos Oz analysiert rückblickend die Wirkung des Prozesses:

Viele von uns gingen in den Saal von Bet Ha'am, dem Haus des Volkes, in Jerusalem, um den Satan mit eigenen Augen zu sehen. […] In dieser Hinsicht bot Adolf Eichmann eine immense Enttäuschung. Keine „Außergewöhnlichkeit" war jenseits der gläsernen Scheidewand wahrnehmbar. Keine fesselnde Eigenart. Keine sichtbare satanische Dimension. Kein Maler hätte ihn als Vorlage für das Bild des Teufels gewählt, kein Schriftsteller hätte aus ihm Inspiration für die Gestalt des Schurken geholt, kein Filmregisseur hätte ihn für die Rolle des Serienmörders engagiert. […]
Der Eichmann-Prozess hatte nicht bewirkt, dass wir der Existenz der Macht des Bösen und des Bösartigen ins Auge blicken, aber er hat ein Schloss geöffnet, das seit den Mord-Lagern blockiert war.
Zwischen 1945 und dem Beginn des Eichmann-Prozesses 1961 hatte eine Art entsetzte Selbstzensur geherrscht, die die Geretteten daran hinderte, über das erlittene Entsetzliche zu sprechen. Diese Zensur war infolge des Prozesses ein für allemal außer Kraft gesetzt: Die Scham darüber, dass die Juden wehrlose Opfer gewesen waren, wurde beim Anhören der Zeugenaussagen des Eichmann-Prozesses weggespült, nicht etwa weil der Mörder durch Juden gefasst worden war, nicht weil er in einem Glaskäfig vor Gericht gestellt wurde, nicht weil die Opfer hier vielleicht einen Ausgleich für ihr Opfer-Sein verspürten – sondern weil das neue Israel endlich aufzuhören begann, den alten Diaspora-Juden zu verachten, weil es sich mit ihm zu identifizieren begann. Weil jeder israelische Jude, eingeschlossen die schon im Land geborenen Helden der Schlachten und Siege, in den Tagen des Eichmann-Prozesses gezwungen war, sich zu fragen, was er getan

▲ **Der Angeklagte Adolf Eichmann während des Prozesses in Jerusalem in einem kugelsicheren Glaskasten.**
Foto vom 18. April 1961.
Der Prozess wurde ausschließlich auf Hebräisch geführt. Der Angeklagte und sein deutscher Verteidiger verfolgten den Prozess mithilfe einer Simultanübersetzung über Kopfhörer. Eichmann zeigte während des Prozesses keine Reue. Er wurde in allen Anklagepunkten schuldig gesprochen und zum Tod durch den Strang verurteilt. 1962 wurde das Urteil vollstreckt. Der Eichmann-Prozess erregte weltweite Aufmerksamkeit und löste in Deutschland erstmals eine breite öffentliche Debatte über den Holocaust aus.

hätte, was er hätte durchmachen müssen, wenn er in jenen Tagen der Verfolgung und der Morde dort unter den Opfern gewesen wäre.

Amos Oz, Israel und Deutschland. Vierzig Jahre nach Aufnahme diplomatischer Beziehungen. Übersetzt von Lydia Böhmer, Frankfurt am Main 2005, S. 19–24

1. *Beschreiben Sie die Sichtweise von Amos Oz auf Adolf Eichmann.*
2. *Analysieren Sie die Bedeutung des Eichmann-Prozesses für den Umgang der israelischen Bevölkerung mit dem Holocaust. Ziehen Sie M1 hinzu.*
3. *Die 1941 in die USA emigrierte deutsch-jüdische Publizistin und Philosophin Hannah Arendt berichtete 1961 für die amerikanische Presse über den Eichmann-Prozess. Aus ihren Reportagen ging 1963 das umstrittene Buch „Eichmann in Jerusalem. Ein Bericht von der Banalität des Bösen" hervor. In Israel blieb es über Jahrzehnte unübersetzt. Recherchieren Sie über Inhalt und Wirkung des Buches und beurteilen Sie die Reaktionen in Israel vor dem historischen Hintergrund.*

M3
Jüdischer Staat und Holocaust

Der israelische Präsident Shimon Peres am nationalen Holocaust-Gedenktag 2011 in Yad Vashem:

Wir waren allein, ohne ein eigenes Land. Die alliierten Bomber, die über Auschwitz flogen, warfen noch nicht einmal eine einzige Bombe auf die Massenvernichtungsanlagen ab.
5 Die Shoa hat endgültig bewiesen, dass es keine Alternative für ein eigenes Heimatland für uns gibt. Es gibt keinen Ersatz für die Israelischen Verteidigungskräfte. Heute haben wir unser eigenes Heimatland gegründet. Heute haben wir eine ausge-
10 zeichnete Armee, die den Respekt der Welt erworben hat. Wir haben ein demokratisches System, dass den notwendigen Schutz bieten und den nötigen Frieden anstreben kann. Dies ist die Antwort auf einen Feind, auf jeden Feind.
15 Selbst heute, nach der Shoa, gibt es ein Regime auf der Welt, dessen Führung aus Holocaust-Leugnern und Hetzern besteht. Dies sollte jede Person und jedes Gewissen schockieren. Die fanatische Führung des Iran[1)] ist eine Bedrohung für die ganze
20 Welt – nicht nur eine Bedrohung für Israel. Sie bedroht jedes Heim und jeden Ort. Sie ist eine wirkliche Gefahr für die Menschheit. [...]
Wir, das jüdische Volk, waren Opfer von Rassismus, Verfolgung und Diskriminierung, aber wir
25 haben niemals das Gebot vernachlässigt, jeden Menschen zu respektieren. Denn jeder Mensch ist, gemäß unserer Tradition, als Ebenbild Gottes geschaffen. Selbst in einer finsteren Welt strebten und werden wir danach streben, den Nationen ein Licht
30 zu sein.
Dies ist die Bedeutung des Staates Israel: unser Volk physisch und unsere Tradition moralisch zu

---

[1)] *Bis zur Iranischen Revolution war das Verhältnis zwischen Israel und dem Iran freundschaftlich. 1979 wurde der vom Westen unterstützte Schah von Persien durch Islamisten – strenggläubige Muslime, die einen auf die „Hingabe an Gott", den Islam, gerichteten grundlegenden gesellschaftlichen und politischen Wandel der muslimischen Staaten fordern – gestürzt. Seither praktiziert die iranische Regierung eine antiwestliche und vor allem antiisraelische Politik. Israel fühlt sich durch einen möglichen iranischen atomaren Angriff bedroht. Zudem stellte der derzeitige iranische Präsident Mahmud Ahmadinedschad in Konfrontation zum Westen den Holocaust wiederholt infrage.*

Geschichts- und Erinnerungskultur: der Holocaust-Gedenktag in Israel

◀ **Ministerpräsident Benjamin Netanyahu bei seiner Ansprache während der Eröffnungszeremonie des Holocaust-Gedenktages 2011 in Yad Vashem.**
Foto vom 2. Mai 2011.

verteidigen. Jeder Bürger Israels, unabhängig von Religion oder Rasse, weiß, dass Israel das antirassistischste Land auf der Welt ist und bleiben wird. Israel ist das historische Gedenken an die Opfer des Holocaust.

Ministerpräsident Benjamin Netanyahu fordert in seiner Rede am selben Tag:

Alle zivilisierten Völker auf der Welt, all jene, die für sich in Anspruch nehmen, die Lektion aus dem Holocaust gelernt zu haben, müssen eindeutig jene verurteilen, die zur Auslöschung des jüdischen Staates aufrufen. Der Iran bewaffnet sich sogar mit Atomwaffen, um dieses Ziel zu verwirklichen, und bislang hat die Welt ihn nicht gestoppt. [...]
Die erste Lektion besteht also darin, die, die uns bedrohen, ernst zu nehmen. Die nächste Lektion geht aus dem Verständnis hervor, dass Angriffen auf unser Volk seit jeher Wellen des Hasses vorangingen, die den Boden für den Ansturm bereiteten. Daher muss die zweite Lektion, die wir aus dem Holocaust ziehen, darin bestehen, dass wir das wahre Gesicht des Hasses auf unser Volk enthüllen. [...]
Der jahrhundertealte Hass auf die Juden erwacht heute von Neuem und nimmt die Form des Hasses auf den jüdischen Staat an. Auch heute gibt es solche, die den jüdischen Staat für alle Übel auf der Welt verantwortlich machen – von gestiegenen Ölpreisen bis zur Instabilität in unserer Region. Es gibt solche, die sagen, dass diese Behauptungen, da fast die ganze Welt an sie glaubt, einen wahren Kern haben müssen. [...]
Und die dritte Lektion ist, dass wir unser eigenes Schicksal in die Hand nehmen müssen. Unsere Beziehungen mit den führenden Staaten der Welt, mit anderen Staaten im Allgemeinen sind extrem wichtig für uns, und wir investieren in sie, nähren sie und entwickeln sie fort. Aber wenn wir nicht die Fähigkeit besitzen, uns selbst zu schützen, wird die Welt uns nicht zur Seite stehen.

www.mfa.gov.il/MFA/Anti-Semitism+and+the+Holocaust/
Documents+and+communiques/Opening_ceremony_
Holocaust_Remembrance_Day__1-May-2011.htm
[15.05.2012] (übersetzt von Alexandra Hoffmann-Kuhnt)

1. *Analysieren Sie, welche Rolle die beiden Staatsmänner dem Holocaust in der aktuellen Politik des Staates beimessen.*
2. *Suchen und erörtern Sie Beispiele, in denen Ereignisse in der Geschichte zur Legitimation aktueller Politik benutzt werden.*

Theorie-Baustein: Geschichtsbewusstsein und Geschichtskultur

„Geschichte" ist präsent

„Geschichte" ist im Alltag nahezu allgegenwärtig: in Kino und Fernsehen, in Straßennamen, in der Freizeitkultur oder in der Werbung. In Gedenktagen[1], historischen Festen und lokalen Erinnerungsfeiern wird Vergangenheit gedeutet und in den Medien kommentiert, manchmal auch instrumentalisiert. All dies ist Teil der *Geschichtskultur*. Sie erzeugt neue Perspektiven auf die Vergangenheit und damit ein *Geschichtsbewusstsein* (▶ M1). Wie sich der Einzelne Geschichte vorstellt, hängt dabei weniger von der Geschichtswissenschaft oder dem schulischen Geschichtsunterricht ab, sondern vielmehr von der Gesamtheit der Geschichtskultur. Vermittelt wird diese über Museen oder Gedenkstätten, über Filme und Literatur – auch Comics und Fantasy-Romane –, über das Feuilleton der großen Tageszeitungen, über Ausstellungen oder Kunst (z. B. Denkmäler), selbst über Computerspiele und Redensarten und vieles andere mehr. Wissenschaftlich erforschte historische Sachverhalte werden dabei häufig als Grundlage benutzt, jedoch von den „Produzenten" von Geschichtskultur auf eigene Art und Weise interpretiert und präsentiert.

Die historische Forschung hat auf diese unterschiedlichen Formen der „Geschichtspräsentation" insgesamt nur sehr wenig Einfluss. Die Geschichtskultur scheint sich völlig unbekümmert nach ihren eigenen Gesetzmäßigkeiten zu entwickeln. Bisweilen werden uralte und banale Klischees weitertransportiert oder eine ganze Epoche durch Mythen zum Gegenstand trivialer Sehnsüchte, etwa nach der angeblich „guten alten Zeit", gemacht. Das Eigenleben der Geschichtskultur sollte dennoch keinesfalls pauschal verdammt werden – man sollte ihr reflektiert begegnen und untersuchen, welche Werthaltungen und Urteile sie reproduziert oder infrage stellt.

Definitionen und Konzepte

Unter Geschichtskultur versteht man die „Gesamtheit der Formen, in denen Geschichtswissen in einer Gesellschaft vorhanden und wirksam ist" (*Wolfgang Hardtwig*). Der Kulturwissenschaftler *Jörn Rüsen* unterscheidet drei Dimensionen von Geschichtskultur: Die ästhetische Dimension spricht die Sinne und das Fühlen an, die politische Dimension verfolgt (ideologische) Macht- oder Herrschaftsinteressen, die kognitive Dimension spricht das „Denken" an und zielt auf eine rationale Auseinandersetzung mit dem historischen Thema.

Geschichtsbewusstsein wiederum entwickelt sich in der Auseinandersetzung mit der umgebenden Geschichtskultur. Es entsteht durch den deutenden Umgang mit der Zeit durch *historische Erinnerung* und versucht, die chaotische Fülle von Eindrücken zu ordnen, in eine Struktur zu bringen und ihr einen Sinn zu vermitteln. Nach der Definition des Geschichtsdidaktikers *Karl-Ernst Jeismann* ist Geschichtsbewusstsein der „Zusammenhang von Vergangenheitsdeutung, Gegenwartsverständnis und Zukunftsperspektive".

Zum Konzept von Geschichtskultur und Geschichtsbewusstsein gehört auch, über Erinnerung und Gedächtnis nachzudenken. Während Erinnerung im Hinblick auf Kultur und Geschichte das Nachdenken und den Austausch persönlicher Erfahrungen eines Einzelnen meint, versteht man unter Gedächtnis ein Programm, Vergangenes für eine größere Wir-Gruppe zu bewahren, etwa Nationen, die ihre Geschichte durch Rituale oder Mythen lebendig halten.[2] Die Kulturwissenschaftler *Aleida* und *Jan Assmann* haben auf der Grundlage der Forschungen des französischen Philosophen und Soziologen *Maurice Halbwachs*

Kompetenz:
Theoretische Vorstellungen über Bedingungen, Formen und Folgen von Geschichtsbewusstsein und Geschichtskultur benennen und erörtern

---

[1] Vgl. dazu die Kapitel zum Holocaust-Gedenktag, S. 105–120.
[2] Vgl. dazu den Theorie-Baustein „Nation – Begriff und Mythos" auf S. 156–161.

Theorie-Baustein: Geschichtsbewusstsein und Geschichtskultur

Formen und Funktionen des Erinnerns in der Gesellschaft erforscht und drei Formen von „Gedächtnis" definiert: das kollektive, kommunikative und kulturelle Gedächtnis (▸ M2, M3). Die beiden grundlegenden Formen der Erinnerung sind die Erzählungen der Zeitgenossen und die Forschungen der Historiker; sie fließen in das kollektive Gedächtnis einer Nation ein. Es ist dabei aus drei Gründen in ständiger Bewegung: 1. Die Gesellschaft entscheidet stets aufs Neue, was noch erinnerungswürdig ist. 2. Menschen, die noch aus eigenem Erleben zu den ältesten Erinnerungen sprechen können, sterben aus. 3. Die Erforschung der Quellen aus vergangenen Zeiten schreitet stetig voran und setzt in jeder Generation neue Akzente.

▶ **Mittelaltermarkt auf Schloss Broich bei Mülheim a. d. Ruhr.** Foto von 2010.

• Erläutern Sie, aus welchen Gründen Städte und Kommunen solche „historischen" Veranstaltungen organisieren. Welche Funktion besitzt dabei die Geschichte?

M1
Was bedeuten Geschichtsbewusstsein und Geschichtskultur?

Der Geschichtsdidaktiker Hans-Jürgen Pandel beschreibt Geschichtsbewusstsein und Geschichtskultur in einem Wörterbuch wie folgt:

a) Geschichtsbewusstsein

Geschichtsbewusstsein ist ein psychischer Verarbeitungsmodus historischen Wissens, der zwar über dieses Wissen gebildet wird, ihm gegenüber aber
5 eine relative Selbstständigkeit besitzt. Mangelndes Wissen verhindert nicht Geschichtsbewusstsein – im Gegenteil –, und opulente Kenntnisse verbürgen es noch nicht. Geschichtsbewusstsein ist folglich kein Speichermedium zur Anhäufung von histori-
10 schem Wissen, sondern ein Sinnbildungsmodus [...], der [...] der Orientierung in der Temporalität von Vergangenheit, Gegenwart und Zukunft dient. Wenn Geschichtsbewusstsein vom Wissen abhängig wäre, müsste es durch Vergessen wieder ver-
15 schwinden. Die lebensgeschichtliche Entstehung von Geschichtsbewusstsein ist in den Prozess des Spracherwerbs eingebunden. Es wird mit der Sprache erlernt und insofern bildet ein dreijähriges Kind bereits erste Strukturen der Geschichtlichkeit aus
20 (z. B. Temporal- und Wirklichkeitsbewusstsein). Problematisch in geschichtsdidaktischer Hinsicht ist der Wortbestandteil „Bewusstsein" im Begriff. Ein Individuum besitzt auch dann Geschichtsbewusstsein [...], wenn es sich dessen nicht bewusst ist und
25 darüber keine Gedanken machen kann. Da nur Menschen denken, gibt es auch kein sich selbst reflektierendes Geschichtsbewusstsein.
Bis ins 20. Jahrhundert hinein (teilweise bis heute) wurde Geschichtsbewusstsein nicht als analytischer,
30 sondern als ein normativer Begriff gebraucht, der inhaltlich vorschreibt, was und wie Schülerinnen und Schüler über Geschichte denken sollen. Er war im 19. und 20. Jahrhundert vor allem auf Kollektive (Nation, Volk, Rasse, „deutsches Volksschicksal"
35 [Heinrich Roth]) bezogen. Geschichtsbewusstsein galt als Kollektivbewusstsein, das vom Einzelnen ein bestimmtes Denken, Fühlen und Handeln

erwartete. Die Schule hatte für die „Prägung des Geschichtsbewusstseins" (Theodor Schieder) zu sorgen. Den heute gebräuchlichen – und geschichtsdidaktisch sinnvollen – Begriff des individuellen Geschichtsbewusstseins hätte das 19. Jahrhundert als widersprüchlich empfunden. Geschichtsunterricht hat heute die Aufgabe, Schülerinnen und Schülern zu helfen, ihr eigenes Geschichtsbewusstsein zu entwickeln und zu gesellschaftlichen Zumutungen Distanz zu erhalten.

b) Geschichtskultur

Geschichtskultur bezeichnet die Art und Weise, wie eine Gesellschaft mit Vergangenheit und Geschichte umgeht. In ihr wird das Geschichtsbewusstsein der in dieser Gesellschaft Lebenden praktisch und äußert sich in den verschiedensten kulturellen Manifestationen (neben Geschichtsschreibung vor allem Bildende Kunst, Belletristik, Historienfilme, Gedenkreden, Geschichtspolitik, Living history etc.). Geschichtskultur erzeugt neue Perspektiven auf Vergangenheit und macht neue Sinnbildungsangebote [...]. Aber auch Lügen und Legenden (Mythos) gehören zur Geschichtskultur. Neben die wissenschaftliche Rationalität tritt gleichberechtigt die Sinnlichkeit historischer Erfahrung. Geschichtsdidaktik und Geschichtsunterricht fühlten sich bisher kaum für diese nicht-wissenschaftsförmigen Geschichtsverarbeitungen zuständig, obwohl Schülerinnen und Schüler nach ihrer Schulzeit noch mindestens 60 Jahre ihrer Lebenszeit von stets neuen geschichtskulturellen Aktivitäten und Produkten umgeben sind. Deren Eigenart ist, dass sie ihre Modernität dadurch zum Ausdruck bringen, dass sie sich nicht in den traditionellen Formen und Stilen bewegen.
[...] Erst in der Geschichtskultur ihrer Gegenwart offenbart sich das Geschichtsbewusstsein der Schülerinnen und Schüler. [...]
Geschichtskultur hat es nicht zu allen Zeiten gegeben. Da der Begriff den Kollektivsingular[1] „Geschichte" voraussetzt, der bekanntlich erst gegen Ende des 18. Jahrhunderts aufkam, ist Geschichtskultur ein Phänomen der Moderne. Eine „historische Geschichtskultur" (19. und 20. Jahrhundert) ist didaktisch gesehen unerheblich. Ihr Inhalt besteht meist aus kulturgeschichtlichen Kleinigkeiten, die [...] für heutige Schüler irrelevant sind („Wann hat welcher bayerische Ludwig welche Bilder malen lassen?"). Die Übertragung des Begriffs Geschichtskultur auf Vergangenheit ist zudem methodologisch unsauber. Die geschichtskulturellen Vergegenständlichungen der Vergangenheit („Kinderbücher der DDR") haben längst als Quellen (Texte, Bilder etc.) in den Geschichtsunterricht Eingang gefunden. Geschichtstheoretisch gesehen sind die Hervorbringungen der gegenwärtigen Geschichtskultur sinnbildende Darstellungen, die der „historischen Geschichtskultur" dagegen Quellen.

Hans-Jürgen Pandel, Geschichtskultur, in: Ulrich Mayer u. a. (Hrsg.), Wörterbuch Geschichtsdidaktik, 2. überarb. und erw. Auflage, Schwalbach/Ts. 2009, S. 80 f. und 86 f. (sprachlich vereinfacht)

1. Geben Sie mit eigenen Worten wieder, was unter Geschichtsbewusstsein und Geschichtskultur verstanden wird.
2. „Geschichtsunterricht hat heute die Aufgabe, Schülerinnen und Schülern zu helfen, ihr eigenes Geschichtsbewusstsein zu entwickeln und zu gesellschaftlichen Zumutungen Distanz zu erhalten." (Zeile 44ff.). Diskutieren Sie diese Aussage und nehmen Sie Stellung dazu, auf welche Weise dieser Anspruch umgesetzt werden kann.
3. Erörtern Sie, inwiefern jeder Mensch eigene Vorstellungen von Geschichte haben kann und inwiefern diese Vorstellungen von der Geschichtskultur seiner Gesellschaft geprägt werden.
4. Suchen und erörtern Sie Beispiele für Geschichtskultur zum Thema Nationalsozialismus. Beurteilen Sie Aussagewert und Wirkung.

---

[1] **Kollektivsingular**: Bezeichnung für einen Gesamt-(kollektiven)-Begriff, der in der Einzahl (Singular) steht, hier also die Geschichte für alle Geschichten der gesamten Vergangenheit

Theorie-Baustein: Geschichtsbewusstsein und Geschichtskultur

▲ Aleida und Jan Assmann.
Foto von 2012.

M2
Kommunikatives und kulturelles Gedächtnis

Die Kulturwissenschaftler Aleida und Jan Assmann haben in den 1980er-Jahren die Theorie des kulturellen Gedächtnisses entwickelt. Es ist neben dem kommunikativem Gedächtnis Teil des kollektiven Gedächtnisses, das die Gedächtnisleistung einer Gruppe von Menschen beschreibt. Die Kulturwissenschaftlerin Astrid Erll fasst die Theorien des Assman'schen Konzeptes in einem Handbuch zusammen:

- Das kommunikative Gedächtnis entsteht durch Alltagsinteraktion, hat die Geschichtserfahrungen der Zeitgenossen zum Inhalt und bezieht sich daher immer nur auf einen begrenzten, „mitwandern-
5 den" Zeithorizont von ca. 80 bis 100 Jahren. Die Inhalte des kommunikativen Gedächtnisses sind veränderlich und erfahren keine feste Bedeutungszuschreibung. Jeder gilt hier als gleich kompetent, die gemeinsame Vergangenheit zu erinnern und zu
10 deuten. Das kommunikative Gedächtnis gehört laut Jan Assmann zum Gegenstandsbereich der Oral History. Es dient Jan und Aleida Assmann als Oppositionsbegriff und Abgrenzungsfolie zum kulturellen Gedächtnis, welches den eigentlichen
15 Fokus ihrer Forschung darstellt.
- Bei dem kulturellen Gedächtnis handelt es sich hingegen um eine an feste Objektivationen gebundene, hochgradig gestiftete und zeremonialisierte, v.a. in der kulturellen Zeitdimension des Festes ver-
20 gegenwärtigte Erinnerung. Das kulturelle Gedächtnis transportiert einen festen Bestand an Inhalten und Sinnstiftungen, zu deren Kontinuierung und Interpretation Spezialisten ausgebildet werden (z. B. Priester, Schamanen oder Archivare). Sein Gegen-
25 stand sind mythische, als die Gemeinschaft fundierend interpretierte Ereignisse einer fernen Vergangenheit (wie etwa der Auszug aus Ägypten oder der Kampf um Troja). Zwischen der im Rahmen des kommunikativen und der im Rahmen des kul-
30 turellen Gedächtnisses erinnerten Zeit klafft also eine Lücke – oder in den Worten des Ethnologen Jan Vansina: ein mitwanderndes floating gap[1].
In dem 1988 erschienenen Aufsatz „Kollektives Gedächtnis und kulturelle Identität" prägt Jan Ass-
35 mann den Begriff „kulturelles Gedächtnis" und definiert ihn wie folgt:
„Unter dem Begriff kulturelles Gedächtnis fassen wir den jeder Gesellschaft und jeder Epoche eigentümlichen Bestand an Wiedergebrauchs-Texten,
40 -Bildern und -Riten zusammen, in deren ‚Pflege' sie ihr Selbstbild stabilisiert und vermittelt, ein kollektiv geteiltes Wissen vorzugsweise (aber nicht ausschließlich) über die Vergangenheit, auf das eine Gruppe ihr Bewusstsein von Einheit und Eigenart
45 stützt."

Astrid Erll, Kollektives Gedächtnis und Erinnerungskulturen. Eine Einführung, 2. akt. und erw. Aufl., Stuttgart 2011, S. 30 f.

1. Geben Sie das Konzept des kommunikativen und kulturellen Gedächtnisses wieder.
2. Als Jan Assmann 1988 seine Theorie veröffentlichte, „traf er einen erinnerungspolitischen Nerv der Zeit", so die Historikerin Ulrike Jureit. Denn „welche spezifische Bedeutung hat es für eine Nachfolgegesellschaft, wenn ihre jüngste Geschichte […] einen Verbrechenskomplex einschließt, der als menschheitsgeschichtlich einzigartiger Zivilisationsbruch dimensioniert wird?" Ordnen Sie das Konzept des kollektiven Gedächtnisses in den „Erinnerungs- und Forschungsboom" zum Holocaust ein und beurteilen Sie seine Bedeutung für die Herstellung einer deutschen Identität.

---
[1] *floating gap:* fließende Lücke

M3
Gegenüberstellung von kommunikativem und kulturellem Gedächtnis

wichtig

	Kollektives Gedächtnis	
	- erzeugt und reproduziert ausgewählte identitätsstiftende und gemeinschaftsbildende Erinnerungen einer Gruppe - schafft Mythen und Legenden mit Überzeugungskraft für spätere Zeiten - bleibt bestehen, bis etwas Neues an seine Stelle tritt - ist stets auf einen bestimmten Personenkreis begrenzt (Familie, Stamm, Nation, Klasse, Religion, Schicksalsgemeinschaft etc.)	
	kommunikatives Gedächtnis	*kulturelles Gedächtnis*
Inhalt	alltagsnah, Geschichtserfahrungen im Rahmen individueller Biografien	alltagsfern, mythische Urgeschichte
Formen	informell, wenig geformt, naturwüchsig, entstehend durch Interaktion, Alltag	gestiftet, hoher Grad an Geformtheit, zeremonielle Kommunikation, Fest
Medien der Kommunikation	mündliche Erzählung, Erfahrungen und Hörensagen	Schriften, Objekte, Feiertage, Denkmäler, Musik, Sammlungen und Museen, Rituale/Inszenierung in Wort, Bild, Tanz usw.
Reichweite	reicht etwa 80 Jahre zurück	reicht weit in die Vergangenheit zurück
Dauer	mitwandernder Zeithorizont von 3–4 Generationen, Gedächtnis stirbt mit seinen Trägern, danach setzt „strukturelle Amnesie" ein	absolute Vergangenheit einer mythischen Urzeit, lebt als kultureller Besitz der Gemeinschaft weiter
Träger	unspezifisch, Zeitzeugen einer Erinnerungsgemeinschaft, gebunden an die drei gemeinsam lebenden Generationen	spezialisierte Traditionsträger, nicht an Zeitzeugen gebunden, benötigt „Expertenwissen" (Lehrer, Priester, Schamanen, Künstler etc.)
Erschließung	Methode der „oral history"	traditionelle historische Quellenarbeit

Erstellt auf der Grundlage von: Jan Assmann, *Das kulturelle Gedächtnis. Schrift, Erinnerung und politische Identität in frühen Hochkulturen*, München 1999, S. 56

1. Charakterisieren Sie die Theorien des kommunikativen und kulturellen Gedächtnisses anhand von Beispielen.
2. Nehmen Sie Stellung zu der Frage, welches dieser beiden Gedächtnisse – das kommunikative oder das kulturelle – im Leben jedes Einzelnen mehr Bedeutung besitzt.

Die Weimarer Republik und ihre Bürger

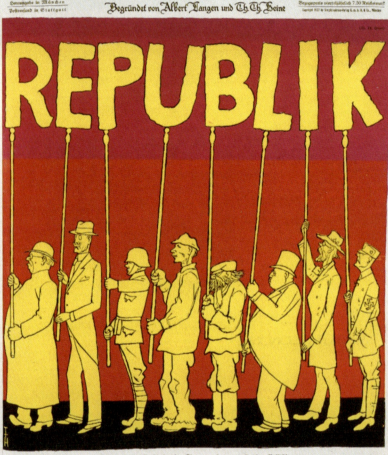

▲ „Sie tragen die Buchstaben der Firma – aber wer trägt den Geist?!"
Karikatur von Thomas Theodor Heine aus dem „Simplicissimus" vom 21. März 1927.
- Beschreiben und benennen Sie die gezeigten gesellschaftlichen Gruppen. Halten Sie die Auswahl für repräsentativ?
- Nehmen Sie Stellung zu der Frage, ob eine Republik nur funktionieren kann, wenn die Bürger ihren „Geist" tragen.

Die Weimarer Republik war von Anfang an schwer belastet. Dem Ende des Krieges folgten Jahre der Not, der Friedensvertrag wurde als Schmach empfunden. Nach der erfolgreichen Novemberrevolution verknüpfte zwar ein Teil der Bevölkerung mit der parlamentarischen Demokratie große Hoffnungen. Ein anderer Teil und die Führungskräfte in Staat, Wirtschaft und Gesellschaft hingen jedoch nach wie vor der gestürzten Monarchie und alten Wertvorstellungen an. Schließlich gewannen die Befürworter einer autoritären Staatsform die Oberhand. Sie brachten Hitler an die Macht. Der Weimarer Staat ging 1933 unter, sein Ende gilt bis heute als Musterfall für die Zerstörung einer Demokratie.
Welche Ursachen und Folgen hatte die Spaltung der Nation in Gegner und Befürworter der Weimarer Republik? Wie viel Wahrheit steckt in der Einschätzung, die Weimarer Republik sei eine „Republik ohne Republikaner" und eine „Demokratie ohne Demokraten" gewesen?

1918 Die Revolution am 9. November stürzt die Monarchie; Deutschland wird Republik.

Der Erste Weltkrieg endet am 11. November mit Kapitulation und Waffenstillstand.

Die Generäle Erich Ludendorff und Paul von Hindenburg bekräftigen die „Dolchstoßlegende".

1919 Der „Spartakus-Aufstand" in Berlin wird im Januar niedergeschlagen.

Frauen und Männer wählen am 19. Januar die Verfassunggebende Nationalversammlung.

Der Versailler Vertrag regelt die Nachkriegsordnung in Europa. Artikel 231 legt die Alleinschuld Deutschlands und seiner Verbündeten fest.

Die Reichsverfassung tritt am 11. August in Kraft: Deutschland ist parlamentarische Demokratie.

1920 Der Kapp-Putsch vom 13. bis 17. März schlägt fehl.

1921/22 Attentate auf die „Erfüllungspolitiker" häufen sich.

1923 Der rechtsradikale Hitler-Putsch in München am 8./9. November scheitert.

Die Regierung beendet die Hyperinflation mit einer Währungsreform.

1925 Nach dem Tod Friedrich Eberts wird Hindenburg am 26. April neuer Reichspräsident.

1927 Die Arbeitslosenversicherung tritt in Kraft.

1929 Der Zusammenbruch der New Yorker Börse löst eine Weltwirtschaftskrise aus.

1930 Die Große Koalition aus SPD, Zentrum und bürgerlich-liberalen Parteien zerbricht als letzte Regierung mit einer Mehrheit im Parlament; ab 29. März regiert Heinrich Brüning als Kanzler des ersten Präsidialkabinetts dauerhaft mit Notverordnungen.

In den Reichstagswahlen vom 14. September erhalten die radikalen Parteien einen deutlichen Stimmenzuwachs.

1932 Mit 6,128 Millionen erreicht die Zahl der Arbeitslosen ihren Höchststand.

Bei den Reichstagswahlen vom 31. Juli wird die NSDAP stärkste Partei.

Bei den Reichstagswahlen am 6. November muss die NSDAP Verluste hinnehmen, bleibt aber stärkste Partei.

1933 Kurt von Schleicher tritt am 28. Januar als Reichskanzler zurück, nachdem Reichspräsident Hindenburg ihm das Vertrauen entzogen hat.

Am 30. Januar ernennt Reichspräsident Hindenburg Adolf Hitler zum Reichskanzler.

Lesetipps
- Dieter Gessner, *Die Weimarer Republik*, Darmstadt ³2009
- Eberhard Kolb, *Die Weimarer Republik*, München ⁷2009

Kriegsende und Revolution

Im Herbst 1918 konnten das Deutsche Reich und seine Verbündeten den Krieg gegen die militärisch überlegenen *Alliierten* nicht mehr fortsetzen.

Im September 1918 gestand die *Oberste deutsche Heeresleitung* (*OHL*) der Reichsregierung die Niederlage ein. Die Chefs der OHL, die Generäle und Oberbefehlshaber der deutschen Truppen an der Ostfront *Erich Ludendorff* und Paul von Hindenburg, waren entschiedene Gegner jeglicher demokratischer Reformen. Jetzt forderten sie die Bildung einer vom Parlament getragenen Regierung. Diese sollte die Waffenstillstandsverhandlungen führen und damit auch die Verantwortung für den Zusammenbruch übernehmen, um so die militärische Führung vom Makel der Niederlage freizuhalten. Anfang Oktober 1918 bildete Reichskanzler Prinz *Max von Baden* eine neue Regierung aus Vertretern der *Sozialdemokratischen Partei Deutschlands* (SPD), des *Zentrums* und der liberalen *Fortschrittspartei*.

Als Ende Oktober 1918 Matrosen den Befehl der Marineleitung verweigerten, für eine inzwischen militärisch sinnlose Schlacht gegen die Briten auszulaufen, wurden sie in Kiel verhaftet. Ein Aufstand brach aus, der zur Keimzelle der sich rasch ausbreitenden Revolution („*Novemberrevolution*") wurde. Spontan und ohne festes Konzept gebildete *Arbeiter- und Soldatenräte* übernahmen in vielen Städten die politische Gewalt. Sie forderten ein Ende des Krieges, die Abdankung des Kaisers und eine Demokratisierung von Wirtschaft, Gesellschaft und Militär.

Anfang November stürzten die ersten Monarchien, in allen deutschen Staaten traten die Fürsten zurück. Um einen Bürgerkrieg zu verhindern, verkündete Reichskanzler Max von Baden eigenmächtig die Abdankung Kaiser *Wilhelms II.* Zugleich bot er ohne verfassungsrechtliche Legitimation *Friedrich Ebert*, dem Vorsitzenden der SPD, sein Amt an. Als Vorsitzender der größten Fraktion im Reichstag sollte er eine neue Regierung bilden.

▶ *Geschichte In Clips:* Zur Ausrufung der Republik siehe Clip-Code 7313-03

Unruhen und Kompromisse

Während Ebert die Entscheidung über die künftige Staatsform einer rasch zu wählenden Nationalversammlung überlassen wollte, rief sein Parteifreund *Philipp Scheidemann* in Berlin die „Deutsche Republik" aus. Damit kam dieser *Karl Liebknecht*, dem Führer des aus radikalen Sozialisten bestehenden *Spartakusbundes*, zuvor, der zwei Stunden später die „Sozialistische Republik Deutschland" verkündete. Aus dem Spartakusbund ging am 1. Januar 1919 die *Kommunistische Partei Deutschlands* (KPD) hervor. Aus Angst vor einer sozialistischen Räterepublik, in der die Macht nach russischem Vorbild auf Arbeiter- und Soldatenräte übergehen sollte, einigten sich SPD und *Unabhängige Sozialdemokratische Partei Deutschlands* (USPD) am 10. November auf eine Übergangsregierung, den „*Rat der Volksbeauftragten*". Dieser sah sich nun nach Ende des Krieges mit großen politischen Problemen und einem drohenden wirtschaftlichen Zusammenbruch konfrontiert.

Um einen Bürgerkrieg zu verhindern und die geordnete Rückführung der deutschen Truppen zu gewährleisten, entschloss sich Ebert zu einer Zusammenarbeit mit dem Reichswehrgeneral *Wilhelm Groener*, der den Rückzug der deutschen Truppen leitete. Im Namen der Obersten Heeresleitung (OHL) bekundete Groener seine Loyalität gegenüber der Regierung und versprach militärische Unterstützung bei Unruhen (*Ebert-Groener-Pakt*). Als Gegenleistung erwartete er den gemeinsamen „Kampf gegen den Radikalismus und Bolschewismus".

Daneben beschloss der „Rat der Volksbeauftragten" bei Unruhen den Einsatz von privat gegründeten Selbstschutzverbänden, sogenannten *Freikorps*. Sie bestanden aus ehemaligen Berufssoldaten, Abenteurern, Studenten oder Schülern, meist Männer, die nach dem Krieg kein Zuhause und keine Arbeit hatten und nicht in ein ziviles Leben zurückgefunden hatten. Die meisten waren extrem antirepublikanisch und antikommunistisch eingestellt.

Vom 5. bis 12. Januar 1919 stand Berlin im Zeichen des *Spartakus-Aufstandes*. Tausende Anhänger des Spartakusbundes um Karl Liebknecht und *Rosa Luxemburg* lieferten sich Straßenschlachten mit Regierungstruppen und Freikorps. Die Aufständischen wollten die Wahlen verhindern und den Arbeiter- und Soldatenräten zur Regierungsgewalt verhelfen (▶ M1). Der Aufstand wurde blutig niedergeschlagen, Rosa Luxemburg und Karl Liebknecht nach ihrer Verhaftung von Offizieren ermordet. Das brutale Vorgehen der Truppen und Freikorps löste auch in anderen Städten Streiks und bewaffnete Aufstände aus. Erst im Mai 1919 gelang es der Regierung, die letzten Unruhen zu beenden.

▲ **Ausrufung der Republik und der Bildung des „Rats der Volksbeauftragten".** Fotomontage als Bildpostkarte von 1918.

Am 9. November 1918 rief Philipp Scheidemann (SPD) am Fenster der Berliner Reichskanzlei die Republik aus. Die Szene wird eingerahmt von den Mitgliedern des neu gebildeten „Rats der Volksbeauftragten"; links (von o. nach u.): Hugo Haase (USPD), Otto Landsberg (SPD), Wilhelm Dittmann (USPD); rechts: Friedrich Ebert (SPD), Philipp Scheidemann und Emil Barth (USPD).

Nationalversammlung und neue Verfassung

Am 19. Januar 1919 fand die Wahl zur Verfassunggebenden Nationalversammlung statt. Es ergab sich die Zusammenarbeit der drei größten Fraktionen, die schon während des Krieges im Reichstag kooperiert hatten: SPD, Zentrum und *Deutsche Demokratische Partei* (DDP). Sie bildeten die sogenannte „*Weimarer Koalition*", die mit 76,1 Prozent der Stimmen die deutliche Mehrheit des Volkes hinter sich vereinigte (331 von insgesamt 423 Mandaten). Die Opposition war gespalten: Links stand die radikal sozialistische USPD und rechts die national-bürgerlich ausgerichtete *Deutsche Volkspartei* (DVP) sowie die völkische, konservativ-monarchistische *Deutschnationale Volkspartei* (DNVP). Die KPD hatte die Wahlen zur Nationalversammlung boykottiert und sich gar nicht erst aufstellen lassen.

Um sich den politischen Unruhen in Berlin zu entziehen, trat die Nationalversammlung am 6. Februar 1919 in Weimar zusammen (▶ M2). Sie sollte bis zur ersten Reichstagswahl im Juni 1920 eine vorläufige Regierung bilden und dem Deutschen Reich eine Verfassung geben. Ebert wurde am 11. Februar zum ersten Reichspräsidenten gewählt. Noch am selben Tag beauftragte er Scheidemann, eine Regierung zu bilden. Nach über fünfmonatiger Beratung nahm die Weimarer Nationalversammlung die neue Verfassung an. Das Deutsche Reich wurde zur *parlamentarischen Republik* erklärt (▶ M3).

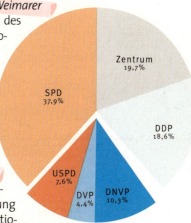

▲ **Ergebnis der Wahlen zur Nationalversammlung 1919.**

Die Weimarer Republik und ihre Bürger

Am 11. August 1919 trat die neue Verfassung in Kraft. Erstmals in Deutschland musste das monarchistische Prinzip dem Grundsatz der Volkssouveränität weichen.

Dem Reichstag oblag nun neben dem Recht auf Gesetzgebung auch die Kontrolle der Regierung, d. h. Kanzler und Minister benötigten für ihre Amtsführung sein Vertrauen. Jeder von ihnen konnte durch ein Misstrauensvotum zum Rücktritt gezwungen werden. Mit besonderen Vollmachten war der Reichspräsident ausgestattet. Er allein ernannte und entließ den Kanzler und konnte den Reichstag auflösen. Außerdem war er Oberbefehlshaber der Reichswehr. Bei Störung der öffentlichen Sicherheit und Ordnung im Reich konnte der Reichspräsident mit dem *Artikel 48* die zu ihrer Wiederherstellung nötigen Maßnahmen treffen und notfalls die Reichswehr einsetzen. Im Laufe der Jahre wurde dieser Artikel jedoch verstärkt unter Umgehung des Parlaments herangezogen, um wirtschaftliche und soziale Probleme zu lösen.[1]

Demokratische Errungenschaften

Zu den demokratischen Errungenschaften der Weimarer Republik gehört die verfassungsrechtliche Gleichstellung der Geschlechter. In der Revolution erfüllte der „Rat der Volksbeauftragten" bei den Wahlen zur Nationalversammlung 1918 eine sozialdemokratische Forderung: das aktive und passive Wahlrecht für Frauen. Mit einer Wahlbeteiligung von fast 90 Prozent machten die Frauen von ihrem Stimmrecht regen Gebrauch, 41 von 310 Kandidatinnen zogen 1919 in die Weimarer Nationalversammlung ein. Ein solcher Anteil wurde erst wieder 1983 im zehnten Bundestag erreicht.

Männer und damit also erstmals Frauen über 20 Jahren erhielten nach der neuen Verfassung das Recht, alle vier Jahre die Abgeordneten des Reichstages und alle sieben Jahre den Reichspräsidenten zu wählen. Um jede einzelne Stimme zur Geltung zu bringen, galt das Verhältniswahlrecht: Jede Partei erhielt für 60 000 gültige Stimmen ein Mandat. Eine Sperrklausel, die den kleinen Parteien – auch „Splitterparteien" genannt – den Zutritt zum Reichstag hätte verwehren können, gab es nicht. Dies galt als besonders gerecht und demokratisch. Dabei wurde übersehen, dass die durch das Verhältniswahlrecht bewirkte Parteienvielfalt die Konsensfindung und damit die Bildung von regierungsfähigen Mehrheiten erschwerte. Hinzu kam, dass die Parteien kaum zu Kompromissen bereit waren und damit die Regierung schwächten.

Als Gegengewicht zum Reichstag führte die Weimarer Verfassung Elemente der direkten Demokratie ein: Volksbegehren und Volksentscheid. Die Staatsbürger sollten sich durch Plebiszite direkt an der staatlichen Willensbildung beteiligen. In der Praxis wurden die Volksabstimmungen jedoch von den Gegnern der Republik zur Manipulation der Massen einzusetzen versucht. Solche Bestrebungen scheiterten jedoch bis 1933 an den fehlenden Mehrheiten.

Der zweite Hauptteil der Weimarer Verfassung enthielt einen Katalog an Grundrechten und Grundpflichten (Art. 109 - 165): Rechtsgleichheit, Freizügigkeit, Recht der freien Meinungsäußerung, Freiheit der Person, Glaubens- und Gewissensfreiheit sowie soziale Grundrechte, darunter der Schutz und

▼ Zum ersten Mal dürfen die Frauen in Deutschland zur Wahl gehen.
Foto vom 19. Januar 1919.

---

[1] Vgl. dazu S. 139 ff.

Die Weimarer Republik und ihre Bürger

die Förderung von Ehe und Familie, das Recht auf Arbeit, den Schutz der Jugend, die Förderung des Mittelstandes und vieles mehr. Die wichtige Aufgabe der Kontrolle der Staatsmacht erfüllte dieser Katalog jedoch nicht in vollem Umfang, da viele Grundrechte in Krisenzeiten durch Notverordnungen gemäß Artikel 48 außer Kraft gesetzt werden konnten. Dass die Lebenswirklichkeit von den Vorgaben der Grundrechte abwich, verdeutlicht die Situation der Frauen in der Weimarer Republik. Nach der Reichsverfassung hatten Frauen und Männer nun „grundsätzlich dieselben staatsbürgerlichen Rechte und Pflichten" (Art. 109). Aber weder auf dem Arbeitsmarkt, wo Frauen für die gleiche Arbeit weniger Lohn erhielten, noch im Familienrecht galt der Gleichberechtigungsgrundsatz. Für Tätigkeiten, die über die Hausarbeit hinausgingen, brauchten Frauen die Erlaubnis des Ehemannes. So bestimmte es das Bürgerliche Gesetzbuch noch bis 1977. Das Frauenwahlrecht und die steigende Zahl weiblicher Mitglieder in Parteien und Gewerkschaften änderten nichts daran, dass führende Positionen der Politik weiterhin nur von Männern besetzt blieben.

▲ **Deutschland nach dem Versailler Vertrag.**
● *Arbeiten Sie die Ergebnisse des Vertrags heraus und diskutieren Sie, welche Festlegungen für die deutsche Bevölkerung besonders schwer zu akzeptieren waren.*

Belastete Friedensordnung: der Versailler Vertrag

Während in Deutschland noch Reichswehr und Freikorps die revolutionären Unruhen niederschlugen, wurde am 18. Januar 1919 in Versailles bei Paris die Friedenskonferenz ohne Beteiligung der Besiegten eröffnet. Auf ihr sollte die Nachkriegsordnung in Europa festgelegt werden. Am 7. Mai 1919 wurde der deutschen Delegation der fertige Vertrag mit 440 Artikeln vorgelegt: Deutschland verlor im Westen, Osten und Norden des Reiches 13 Prozent des Staatsgebietes sowie rund zehn Prozent der Bevölkerung. Es musste alle seine Kolonien aufgeben und weitgehende militärische Beschränkungen akzeptieren. Ferner sollten für die Kriegsschäden der anderen Mächte Ausgleichszahlungen (Reparationen) in noch festzulegender Höhe erbracht werden.

Von Anfang an belastete der von den Siegermächten nach Kriegsende geschlossene Friedensvertrag die Republik schwer. Seine Bestimmungen lösten in der deutschen Öffentlichkeit, in der man auf einen milden „Wilson-Frieden"[1] gehofft hatte, Empörung und Proteststürme aus. Vor allem der Artikel 231 des Vertrags, der sogenannte Kriegsschuldartikel, wurde in Deutschland als moralische Ächtung des ganzen Volkes empfunden. Reichskanzler Scheidemann bezeichnete den Vertrag als unannehmbar. Als die deutschen Einsprüche erfolglos blieben, trat die Regierung Scheidemann zurück. Um

---

[1] *Der US-amerikanische Präsident Woodrow Wilson hatte am 8. Januar 1918 einen „14-Punkte-Plan" vorgelegt, in dem er seine Vorstellungen von den Grundlagen einer zukünftigen Friedensordnung in Europa formulierte. Diese sollte auf dem Selbstbestimmungsrecht der Völker und dem Autonomie- und Nationalitätenprinzip basieren.*

Die Weimarer Republik und ihre Bürger

▲ Wahlplakat der DNVP von 1924.
- Erläutern Sie den Plakattext.
- Interpretieren Sie die Zielsetzung des Plakats und beurteilen Sie die Wirkung von Text und Bild.

das Ultimatum der Alliierten zu erfüllen, wurde die neue Regierung von der Nationalversammlung beauftragt, den Vertrag zu unterschreiben. Den Politikern, die sich unter dem Druck der Verhältnisse dazu bereit erklärt hatten, gestanden anfänglich alle Parteien ehrenhafte Motive zu. Doch schon bald wurde der Versailler Vertrag von der äußersten Rechten bis hin zur Sozialdemokratie wegen des Kriegsschuldartikels und der umfangreichen Reparationen als ein „Diktat"- und „Schandfriede" abgelehnt. Republikfeindliche Kräfte nutzten die Vorbehalte der Bevölkerung aus, um mit Kampfparolen wie „Heerlos! Wehrlos! Ehrlos!" gegen die Republik zu hetzen und die „Erfüllungspolitiker" zu beschimpfen. „Versailles" wurde zur Diffamierungsparole schlechthin, die Republik für die Belastungen des Friedensvertrages verantwortlich gemacht.

„Dolchstoßlegende" Neben dem vom Reichstag widerwillig angenommenen Versailler Vertrag radikalisierte die „Dolchstoßlegende" die Bevölkerung der Nachkriegszeit (▶ M4). Schon im November 1918 verbreiteten rechtsradikale Zeitungen die angebliche Bemerkung eines britischen Generals, die deutsche Armee sei „von hinten erdolcht" worden. Streiks und politische Unruhen in der Heimat hätten sie zur Kapitulation gezwungen. Die beiden Generäle Erich Ludendorff und Paul von Hindenburg machten sich diese Version zu eigen und verbreiteten Ende 1919 eine Verschwörungstheorie, mit der sie die eigene Schuld an der militärischen Niederlage von sich ablenken und vor allem auf die Sozialdemokratie abwälzen wollten. Sie besagte, das deutsche Heer sei im Weltkrieg „im Felde unbesiegt" geblieben und habe erst durch oppositionelle „vaterlandslose" Zivilisten aus der Heimat einen „Dolchstoß von hinten" erhalten.

Ein Großteil der Bevölkerung glaubte dieser Verfälschung der Tatsachen, zumal die Öffentlichkeit an einer vorurteilsfreien Auseinandersetzung mit dem Geschehen im Ersten Weltkrieg kaum interessiert war. Zudem unterschätzten vor allem die Sozialdemokraten, welche Gefahren davon ausgingen. Die „Dolchstoßlegende" vergiftete das politische Klima und diente deutschnationalen, völkischen und anderen rechtsextremen Gruppen und Parteien zur Propaganda gegen die Novemberrevolution, die Auflagen des Versailler Vertrags, die Linksparteien, die ersten Regierungskoalitionen der Weimarer Republik, die Verfassung und den Parlamentarismus.

Republikaner ohne Mehrheit?

Von Anfang an waren im Reichstag nicht nur staatstragende, demokratisch gesinnte Politiker vertreten. Nur drei der zahlreichen Parteien bekannten sich ausdrücklich zur parlamentarisch-demokratischen Republik und hatten maßgeblich an der Weimarer Verfassung mitgearbeitet: die SPD, die DDP und das Zentrum – die Parteien der „Weimarer Koalition".

Die SPD ging bei den Wahlen zur Nationalversammlung 1919 und bei den Reichstagswahlen bis 1930 jeweils als stärkste Kraft hervor, erreichte jedoch nie die absolute Mehrheit. Bis zum Ende der Republik war sie auf Reichsebene mit wenigen Ausnahmen in der Opposition.

Die linksliberale DDP vertrat vor allem das Bildungsbürgertum, Kaufleute, Beamte und Angestellte. Neben der SPD war sie die Partei, die sich am entschiedensten zur Weimarer Republik bekannte. Mit *Walther Rathenau* stellte die DDP 1922 den Außenminister. Schon ab 1920 verlor sie jedoch in großem Maß Stimmen und sank zur Splitterpartei ab.

Das Zentrum war die Partei des politischen Katholizismus. Ihr kam eine bedeutende Stellung zu, da sie sich für alle sozialen Schichten einsetzte und sie mit fast allen Parteien koalitionsfähig war. Von 1919 bis 1932 war sie in nahezu jeder Reichsregierung vertreten. 1920 entstand mit der *Bayerischen Volkspartei* (BVP) die bayerische Variante des Zentrums.

Bereits bei den ersten Reichstagswahlen am 6. Juni 1920 verlor die Weimarer Koalition jedoch ihre Mehrheit und erreichte sie danach auf Reichsebene nicht mehr.

Gegner der Republik

Die links- und rechtsradikalen Gruppierungen und Parteien bekämpften den Parlamentarismus von Anfang an mit allen Mitteln – wenn auch mit unterschiedlichen Zielvorstellungen. Mit ihrer Kompromisslosigkeit stellten sie die Arbeit des Parlaments infrage und gefährdeten die politische Stabilität der Republik.

Die kommunistische KPD und die linkssozialistische USPD lehnten die Republik ab, weil ihnen die Revolution von 1918/19 nicht weit genug gegangen war. Sie betrachteten alle Gegner des Rätesystems, besonders die SPD, als „Handlanger des Kapitalismus", da deren Zusammenarbeit mit den alten Eliten die notwendige revolutionäre Umgestaltung Deutschlands verhindert habe. Die USPD schloss sich zwar 1922 wieder der SPD an. Da ihre radikalen Mitglieder jedoch der KPD beitraten, entwickelte sich diese zu einer ernst zu nehmenden Kraft.

Die rechtskonservative DNVP war ein Sammelbecken völkisch-nationalistischer, konservativer Kreise. Ihr gehörten vor allem die alten Eliten aus Adel, Militär, Großgrundbesitz und Großbürgertum an. Nach 1928 rückte die Partei stark nach rechts und kooperierte mit der NSDAP, an die sie seit 1930 viele Wähler verlor. Als verbindendes Element für die unterschiedlichen Interessen ihrer Wählerschaft diente der DNVP bereits früh der Antisemitismus. Zu den Sympathisanten der radikalen Rechten zählten die Anhänger des Kaiserreiches, vor allem Offiziere, Professoren, Richter, Unternehmer und Landwirte. Die einen fürchteten um Einfluss und Vorteile, die sie zuvor in den führenden Kreisen des Kaiserreichs hatten geltend machen können. Die anderen sahen in der Demokratie nur eine verachtenswerte Herrschaft der Masse.

Die Weimarer Republik und ihre Bürger

Angriffe von links und rechts

Zu den „Kampfmitteln" der Links- und Rechtsradikalen gehörten Verleumdungen führender Politiker, Streiks und Straßenkämpfe, aber auch politische Morde (▶ M5). Nach der Unterzeichnung des Versailler Friedensvertrages und dem Beginn der Reparationszahlungen häuften sich Attentate radikaler Rechter auf die „Erfüllungspolitiker" und „Novemberverbrecher". Illegale Nachfolgeorganisationen der seit 1920 verbotenen Freikorps agierten als Kampfbünde unter Tarnnamen weiter. Am berüchtigtsten war die *Organisation Consul* (OC). Am 26. August 1921 ermordeten Angehörige der OC *Matthias Erzberger*, den ehemaligen Reichsfinanzminister und Unterzeichner des Waffenstillstandsabkommens von 1918. Als am 24. Juni 1922 Außenminister Walther Rathenau Opfer eines Anschlages wurde, sollte mit einem „Gesetz zum Schutz der Republik" den Terrorgruppen Einhalt geboten werden. Die erhoffte Wirkung blieb jedoch aus, da die Justizbehörden Mordanschläge von links und rechts nicht gleichermaßen verfolgten.

Neue Staatsform – alte Eliten

Dass selbst Gesetze den rechten Terror nicht stoppen konnten, hing mit der Rolle der Justiz zusammen. Nahezu alle Richter aus dem Kaiserreich blieben in ihren Ämtern. Viele Urteile zeigten ihre Abneigung gegen die Republik. Attentäter von rechts konnten vor Gericht mit milden Strafen für ihre „nationale Tat" rechnen, während Terroranschläge von links mit der vollen Härte des Gesetzes geahndet wurden.

Wie in der Justiz konnten sich auch in der Reichswehr die alten Eliten an der Macht halten. Sie blieb ein „Staat im Staate" (▶ M6). Bei Putschversuchen von links ging sie mit aller Konsequenz vor, wie etwa beim Spartakus-Aufstand. Bei Angriffen von rechts hielt sie sich weitgehend zurück. Dies zeigte sich bei dem Putsch einer Gruppe um die führenden Vertreter der rechtsextremen antirepublikanischen Bewegung, General Erich Ludendorff und *Wolfgang Kapp*. Sie unternahmen mit der Unterstützung von Freikorps vom 13. bis 16. März 1920 einen Umsturzversuch (*Kapp-Putsch*). Die meisten Reichswehrkommandeure standen zwar dem Putsch ablehnend gegenüber, setzten aber die Reichswehr nicht zum Schutze des Staates ein. Angeblich wollten sie verhindern, dass Reichswehreinheiten aufeinander schießen müssten.

In der überwiegend monarchistisch-konservativ geprägten Beamtenschaft fand die Republik keine Stütze. Auch bei den Führungskräften der Wirtschaft sowie an den Universitäten herrschten antidemokratische und antirepublikanische Ressentiments vor. 1934 schrieb die SPD rückblickend: „Dass sie den alten Staatsapparat fast unverändert übernahm, war der schwere historische Fehler, den die deutsche Arbeiterbewegung beging."

Haltung des Bürgertums

Nicht nur die alten Eliten, auch große Teile des Besitz- und Bildungsbürgertums wollten die Weimarer Republik nicht akzeptieren. Viele Bürger trauerten dem pompös-militaristischen Auftreten der kaiserlichen Führungsschichten nach. Die Unruhen und blutigen Kämpfe der Anfangsjahre verstärkten ihre Abneigung gegen eine Republik, bei der sie den Glanz und die innere Sicherheit des Kaiserreichs vermissten. Durch die politischen und wirtschaftlichen Krisen sowie den raschen sozialen Wandel in den 1920er-Jahren fürchtete das Bürgertum um seinen gesellschaftlichen Status. Antimoderne und antiliberale Einstellungen waren weit verbreitet und häufig mit antisemitischen Vorurteilen verbunden.

Neben DDP, DNVP und dem Zentrum gehörte auch die DVP zu den sogenannten „bürgerlichen" Parteien, die in Abgrenzung zu den Arbeiterparteien das gemäßigte rechtskonservative Lager vertraten. Die DVP war in den Anfangsjahren noch monarchistisch und republikfeindlich geprägt. *Gustav Stresemann* brachte sie auf einen demokratischen und republikanischen Kurs, stieß dabei aber stets auf Widerstand in seiner Partei. Nach Stresemanns Tod tendierte die DVP immer stärker nach rechts, blieb jedoch im Vergleich zur DNVP und der ab 1924 kandidierenden rechtsradikalen *Nationalsozialistischen Deutschen Arbeiterpartei* (NSDAP)[1] gemäßigt und sank 1932 zur Bedeutungslosigkeit herab.

Bürger und Parteien

Im Parteienspektrum der Weimarer Republik spiegelte sich die politische Polarisierung der Bevölkerung wider. Ein Großteil der Deutschen, die sich in den ersten Jahren und der relativ stabilen Phase von 1924 bis 1929 zur parlamentarischen Demokratie bekannten, waren sogenannte „Vernunftrepublikaner" – Bürger, die eigentlich loyal zur Monarchie gestanden hatten, nach der erfolgreichen Revolution aber bereit waren, die junge Demokratie zu unterstützen. In den Krisenjahren der Republik ab 1929 wandelte sich die latente Republikfeindschaft in offene Ablehnung. Viele wandten sich den radikalen rechten und linken Parteien zu.[2] Der Weimarer Republik fehlte eine stabile demokratische Tradition. Durch autoritäre, antidemokratische und militaristische Traditionen und Mentalitäten blieb vielen der Umgang mit der parlamentarischen Demokratie fremd. Auch wenn die Wahlbeteiligung mit durchschnittlich 80 Prozent hoch lag, war die Skepsis der Bevölkerung gegenüber den Parteien groß. Schuld daran waren ihre enge programmatische Ausrichtung und ihre Bindung an Interessengruppen. Im Kaiserreich hatte es keinen Zwang zur Koalitionsbildung gegeben, da die Regierung vom Parlament unabhängig war. Die Parteien hatten nicht gelernt, Kompromisse zu schließen, und vertraten nur die Interessen ihrer Wähler. Zudem existierten bei einem großen Teil der Bevölkerung noch obrigkeitliche Vorstellungen von einer über den Parteien stehenden Politik des Allgemeinwohls.

Zwei Präsidenten – zwei Welten

▲ **Friedrich Ebert (1871 - 1925).**
*Foto um 1920.
Der Sohn eines Schneidermeisters aus Heidelberg arbeitete als Sattler, Redakteur und Gastwirt. Er engagierte sich früh in Partei und Gewerkschaft, war ab 1913 SPD-Vorsitzender, übernahm nach Ausrufung der Republik 1918 die Regierungsgeschäfte und wurde 1919 erster Reichspräsident der Weimarer Republik.*

Maßgeblich geprägt wurde die Weimarer Republik durch die beiden Reichspräsidenten Friedrich Ebert und Paul von Hindenburg. Ihre völlig gegensätzlichen Persönlichkeiten und politischen Überzeugungen stehen für die inneren Widersprüche der ersten deutschen Demokratie. Der eine galt als Symbol der neuen parlamentarischen Ordnung, der andere als Repräsentant der untergegangenen Monarchie (▶ M7, M8).
Ebert, aus einfachen Verhältnissen stammend, hatte sich zum Parteivorsitzenden der SPD hochgearbeitet. Nach Kriegsende stellte er sich an die Spitze der Revolution, um sie in parlamentarische Bahnen zu lenken. Als Repräsentant der Sozialdemokratie, die im Kaiserreich unterdrückt worden war, trat Ebert für die Mitbestimmung aller Gruppen ein. Eine sozialistische Räterepublik und damit die Herrschaft einer Klasse, wie es von revolutionären linken Kräften gefordert wurde, widersprach seiner demokratischen Grundüberzeugung. Dafür fand er viel Anerkennung. Er musste jedoch Entscheidun-

---

[1] *Vgl. dazu S. 137 und S. 139 f.*
[2] *Vgl. dazu S. 139 ff.*

gen treffen, die ihm viele Gegner einbrachten und ihn zunehmend auch von seiner Partei und der Arbeiterschaft entfremdeten. Wegen seines Bündnisses mit den alten Eliten galt Ebert für die Kommunisten als „Verräter der Arbeiterklasse". Auch die politische Rechte diffamierte Ebert als „Verräter". Sie bezichtigte ihn, während des Ersten Weltkrieges Streiks von Arbeitern organisiert und dadurch die Niederlage des Deutschen Reiches verschuldet zu haben („Dolchstoßlegende"[1]). Verhasst war er vor allem, weil er die Unterzeichnung des Versailler Vertrages verantworten musste.

Geschätzt wurde der erste Reichspräsident weithin für seine unparteiische, untadelige Amtsführung und seine aufrichtige Persönlichkeit. Manche Historiker betonen, dass es Eberts Verdienst gewesen sei, eine Brücke zwischen verschiedenen gesellschaftlichen Lagern und Parteien geschlagen und auf diese Weise die Basis der Weimarer Demokratie verbreitert zu haben.

Wie kaum ein anderer Politiker wurde Ebert zur Zielscheibe politischer und persönlicher infamer Angriffe, insbesondere rechtskonservativer Kreise. Indem sie das Staatsoberhaupt in den Schmutz zogen, konnten sie zugleich die verhasste Republik schädigen. Um sich gegen solche Verleumdungen („Landesverrat") gerichtlich zur Wehr zu setzen, verschob Ebert eine dringend notwendige Operation. Er starb überraschend am 28. Februar 1925.

Sein Nachfolger wurde der hochbetagte Generalfeldmarschall Paul von Hindenburg, Abkömmling eines alten ostpreußischen Adelsgeschlechts. Hindenburg hatte 1914 in der Nähe von Tannenberg in Ostpreußen mit seinem Heer gegen russische Truppen gesiegt, was ihn zum gefeierten Nationalhelden werden ließ. Die Niederlage des Ersten Weltkriegs konnte Einfluss und Ansehen des „Siegers von Tannenberg"[2] nichts anhaben – auch weil Hindenburg es verstand, der „Dolchstoßlegende" besonderes Gewicht zu verleihen. Dabei hätte Hindenburg sogar den soldatisch „ehrenvollen Untergang" Deutschlands einer Kapitulation vorgezogen, ohne die Konsequenzen für die Bevölkerung zu bedenken.

Weil nach Eberts Tod bei der Neuwahl des Reichspräsidenten im ersten Wahlgang kein Bewerber die erforderlichen Stimmen für sich gewinnen konnte, einigten sich die Rechtsparteien für den zweiten Wahlgang auf den nach wie vor populären Paul von Hindenburg. Vor seiner Kandidatur versicherte sich der Feldmarschall noch der Zustimmung des ehemaligen Kaisers im holländischen Exil, dem er sich nach wie vor verpflichtet fühlte. Mit Hindenburg erreichten die rechten Parteien viele Wähler, die sich Glanz und nationale Größe des Kaiserreichs zurückwünschten. Am 26. April 1925 ging Hindenburg als Sieger aus der Wahl hervor.

Hindenburg erwies sich als neuer Reichspräsident zunächst loyal gegenüber der Weimarer Reichsverfassung. Im Zentrum seines politischen Denkens stand jedoch die Wiederherstellung der alten „Größe" Deutschlands. Er umgab sich mit Beratern, die wie er selbst aus monarchistischen, militärischen Kreisen stammten und eine autoritäre, vom Parlament unabhängige politische Ordnung wollten. Unter Hindenburgs Präsidentschaft erlebte die Republik einen schleichenden Verfassungswandel, der 1930 in der Berufung der „Präsidialkabinette" und einer Aushöhlung des Parlamentarismus mündete.[3]

▲ **Paul von Hindenburg (1847 - 1934).**
Foto von 1930.
Als Sohn eines adligen Offiziers und Gutsbesitzers durchlief Hindenburg ab 1866 eine militärische Karriere. Er wurde 1914 zum Oberbefehlshaber der Truppen an der Ostfront berufen und stieg im Ersten Weltkrieg zum Generalfeldmarschall auf. Von 1925 bis 1934 war er Reichspräsident, als welcher er am 30. Januar 1933 Adolf Hitler zum Reichskanzler ernannte.

[1] Zur „Dolchstoßlegende" vgl. S. 132 und M4 auf S. 147 f.
[2] Die Schlacht fand nicht direkt bei Tannenberg statt. Dennoch setzte Hindenburg später die Bezeichnung „Schlacht bei Tannenberg" durch, um eine Verbindung zur verlorenen Schlacht von Tannenberg/Grunwald des Deutschen Ordens von 1410 herzustellen, die nun durch seinen Sieg gerächt worden sei.
[3] Dazu ausführlich auf S. 139 ff.

Der Hitler-Putsch in München

Besonders München wurde zu einem Sammelbecken der rechten Kräfte. Ehemalige Freikorps-Führer und rechtsradikale Prominenz, wie Ludendorff und weitere Akteure des gescheiterten Kapp-Putsches, fanden dort ein neues Betätigungsfeld. Unter dem Einfluss rechtskonservativer und republikfeindlicher Kräfte betrieb die bayerische Regierung eine gegen Berlin gerichtete Politik. So wurde die noch unbedeutende NSDAP unter ihrem Vorsitzenden Adolf Hitler geduldet, obwohl sie in Preußen, Sachsen, Thüringen und Hamburg, 1923 dann auch in Hessen und Braunschweig verboten wurde.

1919 war Adolf Hitler der kurz zuvor in München gegründeten *Deutschen Arbeiterpartei* (DAP) beigetreten, die sich 1920 in NSDAP umbenannte. Mit gehässigen Reden gegen die Republik und maßloser Hetze gegen die Juden machte Hitler die Partei bald zum Tagesgespräch in München. Im Herbst 1923 wollte Hitler nach dem Vorbild des italienischen Faschisten Benito Mussolini einen „Marsch auf Berlin" durchführen. Am 8. November 1923 erklärte er auf einer republikfeindlichen Veranstaltung im Münchener Bürgerbräukeller den Ausbruch der „nationalen Revolution" und die Absetzung der Reichsregierung. Am folgenden Tag unternahm er mit General Ludendorff einen Demonstrationszug zur Feldherrnhalle, um die Bevölkerung für seine Umsturzpläne zu gewinnen (*Hitler-Putsch*). Doch die Landespolizei stoppte den Zug mit Waffengewalt. Viele Putschisten wurden getötet, die Anführer verhaftet. Obwohl Hitler als österreichischer Staatsbürger hätte ausgewiesen werden können, erhielt er fünf Jahre Festungshaft in Landsberg am Lech, wurde jedoch bereits nach neun Monaten wieder entlassen. Ludendorff wurde freigesprochen. In den milden Strafen zeigte sich die Sympathie, die die Putschisten in den führenden Justiz- und Regierungskreisen genossen.

Putsch und Prozess hatten die Popularität Hitlers und seiner Partei vergrößert. Nach seiner Haftzeit änderte er nicht sein Ziel, sondern nur die Taktik: 1925 gründete er die NSDAP unter seiner uneingeschränkten Führerschaft neu und versuchte nun, durch die Schaffung einer Massenbasis die Regierung auf legalem Wege zu übernehmen.

Weitere Hypotheken

Neben den Angriffen von links und rechts hatte die Weimarer Republik seit ihrer Gründung mit vielen weiteren Problemen zu kämpfen. Die Kriegskosten hatten zu einer hohen Verschuldung des Reiches und einer Inflation geführt. Die Versorgung der Kriegsinvaliden, Witwen und Waisen und die Reparationen belasteten die Staatsfinanzen. Die Industrie war infolge des Krieges geschwächt. Das Deutsche Reich hatte wichtige Wirtschaftszentren und Rohstoffquellen verloren. Steigende Inflation und Arbeitslosigkeit ließen die Unzufriedenheit mit der Republik in der Bevölkerung wachsen.

Im November 1923 erreichten Staatsverschuldung und Inflation eine neue Rekordhöhe, Löhne und Gehälter wurden wegen des rapiden Wertverfalls des Geldes wöchentlich, bald sogar täglich ausbezahlt. Die Regierung führte eine Währungsreform durch. Bereits Anfang 1924 war die Inflation weitgehend überwunden. Jedoch hatten weite Teile des Mittelstandes, kleine Unternehmer, Handwerker, Händler, Beamte, Angestellte und Rentner, ihre Ersparnisse verloren. Sie fühlten sich von der Republik betrogen und waren deswegen anfällig für radikale Parolen, die ihnen Rettung vor dem Absinken ins Proletariat versprachen.

▶ *Geschichte In Clips:* Zum Hitler-Putsch siehe Clip-Code 7313-04

▲ **Adolf Hitler (1889 - 1945, Selbstmord).** *Foto, unterzeichnet in der Festung Landsberg, 28. April 1924, mit dem Motto „Erst recht!". Hitler stammte aus dem österreichischen Braunau (Inn), kam 1913 nach München, wo er sich erfolglos als Künstler durchschlug. 1914 freiwillige Teilnahme am Ersten Weltkrieg in bayerischem Regiment, Verwundung und Auszeichnung, 1919 Propagandist der DAP, seit 1920 NSDAP; 1921 Vorsitzender der Partei, 1923 Hitler-Putsch und Festungshaft, 1925 Neugründung der NSDAP und Aufstieg zur Massenpartei, 1933 Ernennung zum Reichskanzler, ab 1934 „Führer und Reichskanzler".*

Die Weimarer Republik und ihre Bürger

▶ **Geschichte In Clips:**
Zum New Yorker Börsencrash und der Wirtschaftskrise im Deutschen Reich siehe Clip-Codes 7313-05 und 7313-06

Internettipp
Zur Wirtschaftskrise im Deutschen Reich siehe auch:
Klaus Dieter Hein-Mooren und Friedrich Huneke (Hrsg.), Weltwirtschaftskrise. Krisen, Umbrüche, Revolutionen, Bamberg 2011:
▶ *Internet-Code* 7313-07

Von der „Great Depression" zur Weltwirtschaftskrise

Nach Überwindung der Hyperinflation und des Hitler-Putsches 1923 empfanden die meisten die Jahre bis 1929 als politisch und wirtschaftlich relativ stabil. Besonders wegen der beeindruckenden Entwicklungen im kulturell-gesellschaftlichen Bereich bezeichnet man diese Phase als die sogenannten „Goldenen Zwanziger". Trotzdem gelang es nicht, die Republik zu festigen. Da die Löhne und Sozialleistungen wesentlich stärker gestiegen waren als der Produktivitätsfortschritt, konnten die Unternehmen nicht ausreichend investieren, Arbeitsproduktivität und Exportleistungen erreichten nicht einmal das Vorkriegsniveau. Entlassungen und Arbeitslosenzahlen, die zwischen 1924 und 1929 im Jahresdurchschnitt nicht unter die Einmillionengrenze sanken, waren die Folge. Streiks und Aussperrungen häuften sich.
Aufgrund eines hektischen Spekulationsfiebers in den USA brach am 24. Oktober 1929 und noch einmal am 29. Oktober die New Yorker Börse zusammen; das gesamte amerikanische Wirtschaftssystem kollabierte. Die Krise in den USA wirkte sich wegen der internationalen Wirtschaftsverflechtungen zwangsläufig auch auf andere Länder aus. Deutschland traf die weltweite Depression besonders heftig. Produktionsrückgänge, Firmenzusammenbrüche, Bankenschließungen und massive Arbeitslosigkeit waren die Folge. Im Februar 1932 meldeten sich 6,1 Millionen Menschen arbeitslos. Die tatsächliche Zahl lag noch höher; in Deutschland hatte nahezu jede zweite Familie unter der Krise zu leiden. Die Unterstützung für Arbeitslose bewegte sich bereits am Rande des Existenzminimums. Trotzdem wurde sie ab Juni 1932 noch einmal gekürzt. Eine allgemeine Katastrophenstimmung machte sich breit.

Der Parlamentarismus auf dem Prüfstand

Nachdem eine bürgerliche Koalition bereits nach einem Jahr wieder auseinandergebrochen war, fanden am 20. Mai 1928 Neuwahlen statt. Dem Fraktionsvorsitzenden der SPD, *Hermann Müller*, gelang es, mit DVP, DDP, BVP und Zentrum eine „Große Koalition" zu bilden. Die programmatischen Gegensätze zwischen den regierenden Parteien führten jedoch von Anfang an zu Spannungen. Allein der integrativen Persönlichkeit Gustav Stresemanns war es zu verdanken, dass die Große Koalition nicht schon nach kurzer Zeit auseinanderbrach.
Nach Stresemanns Tod 1929 glaubten die Parteien, eine „Politik schädlicher Kompromisse" nicht länger vor den eigenen Anhängern vertreten zu können. Als die SPD-Reichstagsfraktion einen Vorschlag zur Sanierung der Arbeitslosenversicherung ablehnte, trat am 30. März 1930 Reichskanzler Müller zurück. Bereits zu diesem Zeitpunkt, so der Historiker Hans-Ulrich Wehler, war mit dem Zerfall der Großen Koalition „die parlamentarische Republik gescheitert".

◀ **Arbeitssuchende.**
Foto aus Berlin, 1930.

Die Weimarer Republik und ihre Bürger

Regieren ohne Mehrheit

Für Reichspräsident Paul von Hindenburg, seinen antidemokratischen Beraterstab und die Reichsführung ergab sich mit dem Scheitern der Großen Koalition die Gelegenheit, schon länger erwogene außerparlamentarische Lösungen zur Bewältigung der ständigen Krisen umzusetzen. Unterstützung fand dieser Plan in den rechten Kreisen des Bürgertums und bei den großen Interessenverbänden der Industrie und der Agrarwirtschaft. Das Parlament sollte entmachtet und die SPD, die mit Abstand stärkste Fraktion im Reichstag, aus den politischen Entscheidungsprozessen herausgehalten werden. Hindenburg wollte mit dieser Regierungsbildung neuen Stils die alten Eliten, also die Repräsentanten der konservativ-bürgerlichen Parteien, der Reichswehr sowie adlige Gutsherren und Industrielle, wieder an die Macht bringen.

Eine der treibenden Kräfte war General *Kurt von Schleicher*, Chef des Ministeramtes im Reichswehrministerium. Er schlug Hindenburg vor, eine nach rechts orientierte bürgerliche Regierung zu ernennen, die nur dem Reichspräsidenten verantwortlich sein sollte („Präsidialkabinett"). Der Präsident sollte dabei die Handlungsfähigkeit der Regierung durch Einsatz der Verfassungsartikel 48 (Notverordnungsrecht) und 25 (Reichstagsauflösung) sicherstellen.

Hindenburg stimmte zu und ernannte am 29. März 1930 den konservativ-nationalen Fraktionsvorsitzenden des Zentrums, *Heinrich Brüning*, zum Reichskanzler. Dieser nahm mit einer rigiden Sparpolitik die anhaltend hohe Arbeitslosigkeit und das Elend großer Bevölkerungsteile in Kauf, um den Alliierten die Unerfüllbarkeit ihrer Reparationsforderungen vor Augen zu führen. Gehaltskürzungen im öffentlichen Dienst, Leistungsabbau im sozialen Bereich und Steuererhöhungen führten allerdings dazu, dass die Kaufkraft der Bevölkerung sank und die Einnahmen des Staates weiter zurückgingen.

Als sich der Reichstag im Juli 1930 weigerte, einem Bündel einschneidender sozialpolitischer Maßnahmen der Regierung zuzustimmen, löste ihn der Reichspräsident auf und setzte für den 14. September Neuwahlen fest. In der Zwischenzeit regierte Brüning mit Notverordnungen weiter.

Die radikalen Parteien führten einen Wahlkampf, wie man ihn bisher in Deutschland noch nicht erlebt hatte. NSDAP und KPD schürten die Angst der Menschen vor einem sozialen Abstieg und versprachen „Arbeit und Brot". Die NSDAP verbreitete ihre nationalistisch-antisemitischen Parolen lautstark mit organisierten Massenaufmärschen mit Uniformen, Marschmusik, Fahnen und Plakaten, Flugblättern und geschulten Rednern. Ihre Stimmenzahl wuchs von 800 000 (1928) auf nun 6,4 Millionen, ein in der Geschichte des deutschen Parlamentarismus beispielloser Aufschwung, der die NSDAP hinter der SPD zur zweitstärksten Fraktion im Reichstag machte. Der Verfall der bürgerlichen Mitte setzte sich rapide fort. In den Augen der Öffentlichkeit hatten Demokratie und Parlamentarismus versagt.

Der Aufstieg der NSDAP

Als sich die NSDAP 1920 ihr Parteiprogramm gegeben hatte, war sie eine unter zahllosen radikalen Splitterparteien. Bis Januar 1933 wuchs die Zahl ihrer Mitglieder auf 849 000 an, die NSDAP wurde zur Massenpartei. Was machte die Partei für so viele Menschen attraktiv?

Der Schock der Kriegsniederlage, der als nationale Demütigung empfundene Versailler Vertrag, die Revolution mit ihren blutigen Auseinandersetzungen, schließlich die negativen psychologischen Folgen von Inflation und Massenarbeitslosigkeit ließen die antiliberalen, antimarxistischen und antisemitischen Parolen Adolf Hitlers auf fruchtbaren

Die Weimarer Republik und ihre Bürger

▲ „Notverordnung."
Karikatur von Erich Schilling aus dem „Simplicissimus" vom 16. Februar 1931. Sie trägt folgende Unterschrift: „Nach den Erfahrungen der letzten Wochen ist verfügt worden, dass jeder Demonstrationszug seinen eigenen Leichenwagen mitzuführen hat."

- Beschreiben Sie, auf welches Problem die Karikatur anspielt.
- Erläutern Sie die Gefahren für ein demokratisches Staatswesen, wenn das Gewaltmonopol nicht mehr ausschließlich beim Staat liegt.

Boden fallen. Die Zeitgenossen wollten in ihm den starken Mann sehen, einen Führer und „Erlöser", der die Nation vor dem drohenden Untergang retten und sie wieder zu politischer Größe führen würde. Tatkraft und Durchsetzungsvermögen der NSDAP zogen Mitglieder und Wähler an, in protestantischen Regionen mehr als in katholischen, in Kleinstädten bzw. ländlichen Regionen eher als in Großstädten. Emotionale Appelle an „Ehre, Größe, Heroismus, Opferbereitschaft, Hingabe", nicht wirtschaftliche Versprechungen führten der „Bewegung" ihre Wähler und Sympathisanten zu. Viele von ihnen wollten mit ihrem Wahlverhalten nur die Unzufriedenheit mit den gegenwärtigen Verhältnissen ausdrücken. Dies erklärt auch die starken Schwankungen der NSDAP in der Gunst der Wähler.

Nach Ausbruch der Weltwirtschaftskrise ging das Vertrauen in die politischen Institutionen auch bei jenen Bürgern verloren, die die Republik bislang akzeptiert hatten. Die Furcht vor dem sozialen Abstieg, vor dem die etablierten Parteien nicht zu schützen schienen, einte Menschen ganz unterschiedlicher Herkunft.

Der Weg in die Diktatur Nach den „Erbitterungswahlen" von 1930 war im Reichstag eine parlamentarische Mehrheitsbildung nahezu unmöglich geworden (▶ M9). Der Verfall des Parlamentarismus setzte sich rapide fort. Während der Reichstag 1930 immerhin noch 94 Sitzungen abhielt, sank die Zahl bis 1932 auf lediglich 13. Waren es 1930 noch 98 Gesetze, die der Reichstag verabschiedete, so blieben 1932 gerade fünf. Im Gegenzug dazu steigerte sich die Anzahl der Notverordnungen von fünf (1930) auf 66 (1932). Der Reichstag musste tatenlos zusehen, wie die politische Macht in die Hände der Regierung und der Bürokratie überging. Trotz fehlender Mehrheit im Parlament konnte Reichskanzler Brüning nach der Wahl seine Notverordnungspraxis fortsetzen. Denn die SPD tolerierte seinen Kurs, aus Gründen der Staatsräson und aus Furcht vor einer weiteren Radikalisierung bei Neuwahlen, die zu einem Kabinett unter Beteiligung der Nationalsozialisten führen konnten.

Nachdem Brüning immer mehr das Vertrauen von Reichspräsident Hindenburg verloren hatte, der die Regierung nicht länger mithilfe der Notverordnungen stützen wollte, trat er zurück. Sein Nachfolger wurde *Franz von Papen*.

Brüning hatte sich als Chef des ersten Präsidialregimes bemüht, mit dem Reichstag zusammenzuarbeiten, auch wenn er sich nicht an parlamentarische Entscheidungen gebunden fühlte. Seine Nachfolger dagegen suchten, gestützt auf eine breite antiparlamentarische, republikfeindliche Allianz, die offene Auseinandersetzung mit dem Reichstag (▶ M10). Franz von Papen bildete ein neues Kabinett, in dem von elf Ministern sieben adlig waren („Kabinett der Barone"). Der Reichstag wurde am 4. Juni aufgelöst und Neuwahlen für den 31. Juli ausgeschrieben. Hitler verweigerte auch dieser Regierung die Zusammenarbeit und attackierte sie schonungslos.

Die Neuwahlen am 31. Juli 1932 brachten der NSDAP einen sensationellen Erfolg. Sie verdoppelte ihre Mandatszahl und wurde stärkste Fraktion. Nach diesem Wahlerfolg forderte Hitler für sich das Amt des Reichskanzlers. Hindenburg lehnte ab. Gleich in der ersten Sitzung des neu gewählten Reichstags am 30. August sprach eine deutliche Mehrheit dem Reichskanzler das Misstrauen aus (512 gegen 42). Dennoch blieb Papen im Amt und löste den Reichstag erneut auf. Am 6. November fanden abermals Neuwahlen statt. Die NSDAP verlor überraschend zwei Millionen Wähler. Hitler sah, dass ihm nicht mehr viel Zeit blieb, sein Ziel zu erreichen, zumal vieles auf eine Verbesserung der Wirtschaftslage hindeutete. Papen beabsichtigte, zur Überwindung der parlamentarischen Blockade den Staatsnotstand auszurufen. Mit Zustimmung des Reichspräsidenten sollten dabei einige Bestimmungen der Verfassung außer Kraft gesetzt werden. Hindenburg verweigerte diesen Plänen die Zustimmung und entließ Papen am 3. Dezember.

Dessen Nachfolger, General Kurt von Schleicher, scheiterte mit seinem Versuch, für seine Wirtschafts- und Beschäftigungspolitik einen Teil der NSDAP, die Gewerkschaften und die SPD zu gewinnen. Reichspräsident Hindenburg wurde nun von seinen engsten Beratern, führenden Unternehmern aus Wirtschaft und Industrie sowie vor allem durch Papen bedrängt, Hitler zum Reichskanzler zu ernennen. Papen winkte der Vizekanzlerposten. Zusammen mit den anderen konservativen Ministern glaubte er, die Nationalsozialisten ausreichend unter Kontrolle zu haben. Am 28. Januar 1933 trat Schleicher zurück. Zwei Tage später ernannte Hindenburg Hitler zum Reichskanzler (▶ M11).

	1928	1930	1932/1	1932/2	1933
Autoritäres Lager (NSDAP, DVP, DNVP)	26	30	45	42	55
Demokratisches Lager (SPD, DDP, Zentrum, BVP)	49	43	38	36	33
Linkes Lager (KPD)	11	13	14	17	12
Splitterparteien	14	14	3	5	–

▲ **Politische Grundorientierung im deutschen Parteienspektrum 1928 - 1933 (in %).** *Nach: Hans-Ulrich Wehler, Deutsche Gesellschaftsgeschichte, Bd. 4, München 2003, S. 359*

Die Weimarer Republik und ihre Bürger

Methoden-Baustein: Politische Plakate

Kompetenz:
Die Gestaltungsmittel, den Inhalt und die Wirkung eines Plakats erläutern und beurteilen sowie die politische Botschaft interpretieren

Politische Plakate analysieren

Plakate sind öffentliche Aushänge oder Anschläge, die informieren, werben oder zu Aktionen aufrufen. Um möglichst viele Menschen anzusprechen, werden sie überwiegend an stark frequentierten Standorten platziert. Ihr Ziel ist es, durch „plakative", also auffällige gestalterische Mittel und Schlagworte (Slogans) auf den ersten Blick zu wirken und durch eine meist suggestive, an das Unterbewusstsein gerichtete Botschaft in Erinnerung zu bleiben.

Politische Plakate gibt es – ob als Bekanntmachung der Regierung, als Protest gegen soziale Missstände oder zur Verteufelung des Kriegsgegners – in Deutschland seit Anfang des 19. Jahrhunderts. Ihre Bedeutung als Massenmedium erreichten sie jedoch erst in der Weimarer Republik. Da es nun zwar Pressefreiheit, aber noch kein Fernsehen oder Radio gab, nutzten die Parteien Plakate als schlagkräftige Agitations- und Propagandamittel im Kampf um Wählerstimmen.

In dem Maße, wie sich die politischen Auseinandersetzungen in der Anfangs- und Endphase der Republik zuspitzten, wurden auch die Texte und Bilder der Parteien radikaler. Die politischen Gegner wurden diffamiert, Feindbilder aufgebaut und Bedrohungsszenarien beschworen. Obwohl durch die unterschiedlichen künstlerischen Stilrichtungen der Epoche beeinflusst, bedienten sich die Parteien für ihre Plakate häufig derselben Motive und Gestaltungsmittel: überdimensionale Figuren, etwa der politische Gegner als „Untermensch" oder der unbeugsame Arbeiter als Ideal des „Kämpfers", Symbole wie der stolze Adler, die giftige Schlange, die Fahne oder Fackel in der Hand des Arbeiters.

Wahlplakate geben keine Auskunft über das Wählerverhalten. Sie spiegeln jedoch in Wort und Bild die politischen Auseinandersetzungen und Ziele der Parteien sowie den Alltag, die Probleme und Grundhaltungen der Zeit.

Formale Kennzeichen
- Um welche Art von Plakat handelt es sich?
- Wer hat das Plakat geschaffen oder in Auftrag gegeben?
- Wann und wo ist es entstanden bzw. veröffentlicht worden?

Plakatinhalt
- Wen oder was zeigt das Plakat auf welche Weise?
- Was wird thematisiert?
- Wie ist das Plakat aufgebaut? Welche Gestaltungsmittel werden verwendet (Verhältnis von Text und Bild, Perspektive, Haltung der Figuren, Schriftgröße und -art, Farben, Symbole, Übertreibungen, Verwendung bestimmter Stilmittel)?
- Was bedeuten die Gestaltungsmittel?

Historischer Kontext
- Auf welches Ereignis, welchen Sachverhalt oder welche Person bezieht sich das Plakat?
- Was ist der Anlass für die Veröffentlichung?

Intention und Wirkung
- An wen wendet sich das Plakat?
- Ist es gegen jemanden gerichtet? Werden Feindbilder dargestellt?
- Welche Aussageabsicht verfolgt der Künstler bzw. Auftraggeber?
- Welche Wirkung soll das Plakat beim zeitgenössischen Betrachter erzielen?

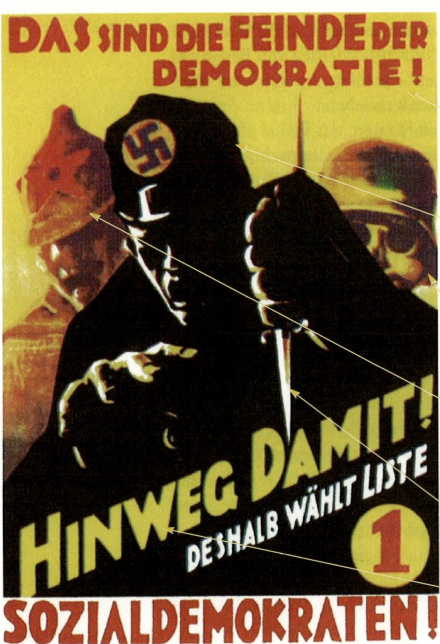
▲ Wahlplakat der SPD, 1930.

Farbgebung: Rot als Farbe der Sozialdemokratie, Schwarz-Rot-Gold als Nationalfarben Deutschlands während der Weimarer Republik; Symbol der republiktreuen Kräfte

Schriftzug/Wahlslogan: Verweis auf politische Gegner („Feinde der Demokratie!") und eigenes demokratisches Selbstverständnis

SA-Mann mit Schirmmütze und Hakenkreuz: personifizierter „Feind der Demokratie" von rechts

Totenkopf mit Reichswehrhelm: Allegorie auf Gefahr des Militarismus und die Toten des Ersten Weltkrieges

Kommunist mit rotem Stern auf der Kappe: personifizierter „Feind der Demokratie" von links, symbolisiert Gefahr des Bolschewismus

Dolch: Symbol für Gewalt und Hinterhältigkeit, Verweis auf „Dolchstoßlegende"

Schriftzug/Wahlaufruf: nennt Wahlziel (politische Gegner durch Wahl ausschalten; Erhalt von Republik und Demokratie), Verweis auf Auftraggeber und Listenplatz

Politische Plakate

Methoden-Baustein: Politische Plakate

Formale Kennzeichen
Das Wahlplakat wurde 1930 von der SPD in Auftrag gegeben.

Plakatinhalt
Das Plakat zeigt die „Feinde der Demokratie" in dreifacher Personifizierung: Den Hauptteil füllt ein schwarz gezeichneter, nur an wenigen weißen Konturen erkennbarer Mann aus; Schirmmütze und Hakenkreuz identifizieren ihn als Mitglied der SA. In seiner linken Faust hält er einen Dolch, der die Gewaltbereitschaft des politischen Gegners verdeutlichen und auf die „Dolchstoßlegende" (vgl. dazu S. 132) anspielen soll. Die rechte Hand des Mannes ist nach dem Betrachter ausgestreckt, den er aus dem Dunkel heraus anzugreifen und anzubrüllen scheint. Die schemenhaft umrissene Figur links hinten trägt eine Kappe mit rotem Stern, was sie als Kommunist zu erkennen gibt. Rechts ragt ein Totenkopf mit Reichswehrhelm und Bajonett hervor, wohl eine Allegorie auf die Gefahr des nationalistischen Militarismus oder die Toten des Ersten Weltkrieges.

Die Schriftzüge bestehen aus Großbuchstaben und nennen das Motto: Die „Feinde der Demokratie" sollen beseitigt („Hinweg damit!") und die Republik gerettet werden. Die dominierenden Farben Schwarz-Rot-Gold stehen als Nationalfarben der ersten deutschen Republik für die demokratischen Kräfte; Rot ist zudem die Farbe der Sozialdemokratie.

Historischer Kontext
Anlass für die Veröffentlichung des Wahlplakats war die Reichstagswahl vom 14. September 1930. Es wendet sich gegen die politischen Gegner der SPD von rechts und links, die die Republik seit ihrer Gründung bekämpften. Vor allem die Parteien der extremen Rechten, DNVP und NSDAP, nutzten die „Dolchstoßlegende" zur hasserfüllten Agitation gegen die politischen Vertreter der Weimarer Republik. 1930 hatte sich die parteipolitische Landschaft geändert: Während die liberalen Parteien DDP und DVP immer mehr Anhänger verloren, gewannen NSDAP und KPD von der politischen und sozialen Lage frustrierte Wähler hinzu. Mit dem Rücktritt der letzten sozialdemokratisch geführten Regierung im März 1930 entfiel die Hauptstütze der Weimarer Demokratie. Die SPD kämpfte daher für einen deutlichen Wahlsieg und die Zurückdrängung der extremen Flügelparteien.

Intention und Wirkung
Die SPD will den Wählern die von den links- und rechtsextremen Parteien ausgehende Gefahr für Demokratie und Republik veranschaulichen, indem sie ein Bedrohungsszenario aus Gewalt, Terror, Angst und Tod entwirft. Dazu bedient sie sich der Feindbilder und Stereotypen, die die politischen Gegner benutzen. Durch die Umkehrung der Vorwürfe sollen sie als Lügner und Geschichtsklitterer (vgl. das Plakat S. 132) entlarvt werden. Zugleich wirbt das „Rettungsversprechen" für die eigene Partei: Die SPD will die „Feinde der Demokratie" nicht durch Gewalt, sondern mit demokratischen Mitteln beseitigen.

Bewertung und Fazit
Das Plakat war 1930 überall in Deutschland verbreitet. Die Bedrohung wird durch ideenreiche Gestaltung, starke Farben und markanten Zeichenstil, schlagkräftige Slogans, bekannte Symbole und Stereotypen eindrucksvoll und verständlich in Szene gesetzt. Seine beabsichtigte Wirkung hat das Plakat jedoch verfehlt: Bei der Reichstagswahl von 1930 verlor die SPD fast drei Prozent der Stimmen, blieb aber stärkste Partei. Die KPD gewann 2,5 Prozent Stimmenanteil, die NSDAP stieg mit 18,2 Prozent sogar zur zweitstärksten Partei auf.

Vergleichen Sie politische Plakate aus der Weimarer Republik, dem Nationalsozialismus sowie der frühen Bundesrepublik und der DDR (siehe z. B. S. 5, 41, 132, 145, 151, 167) mit heutigen Plakaten. Überprüfen Sie, inwieweit sich jeweils das politische Selbstverständnis der Zeit widerspiegelt.

Internettipp
www.dhm.de/sammlungen/plakate/bestand.htm

M1
Bürgerliche oder sozialistische Demokratie?

In der „Roten Fahne", dem Zentralorgan des Spartakusbundes, schreibt Rosa Luxemburg am 20. November 1918:

Das heutige Idyll, wo Wölfe und Schafe, Tiger und Lämmer wie in der Arche Noah friedlich nebeneinander grasen, dauert auf die Minute so lange, bis es mit dem Sozialismus ernst zu werden beginnt. Sobald die famose Nationalversammlung wirklich beschließt, den Sozialismus voll und ganz zu verwirklichen, die Kapitalsherrschaft mit Stumpf und Stiel auszurotten, beginnt auch der Kampf. […] All das ist unvermeidlich. All das muss durchgefochten, abgewehrt, niedergekämpft werden – ob mit oder ohne Nationalversammlung. Der „Bürgerkrieg", den man aus der Revolution mit ängstlicher Sorge zu verbannen sucht, lässt sich nicht verbannen. […]

Die Nationalversammlung ist ein überlebtes Erbstück bürgerlicher Revolutionen, eine Hülle ohne Inhalt, ein Requisit aus den Zeiten kleinbürgerlicher Illusionen vom „einigen Volk", von der „Freiheit, Gleichheit und Brüderlichkeit" des bürgerlichen Staates. […]

Nicht darum handelt es sich heute, ob Demokratie oder Diktatur. Die von der Geschichte auf die Tagesordnung gestellte Frage lautet: bürgerliche Demokratie oder sozialistische Demokratie. Denn Diktatur des Proletariats, das ist Demokratie im sozialistischen Sinne. Diktatur des Proletariats, das sind nicht Bomben, Putsche, Krawalle, „Anarchie", wie die Agenten des kapitalistischen Profits zielbewusst fälschen, sondern das ist der Gebrauch aller politischen Machtmittel zur Verwirklichung des Sozialismus, zur Expropriation¹ der Kapitalistenklasse – im Sinne und durch den Willen der revolutionären Mehrheit des Proletariats, also im Geiste sozialistischer Demokratie.

Ohne den bewussten Willen und die bewusste Tat der Mehrheit des Proletariats kein Sozialismus. Um dieses Bewusstsein zu schärfen, diesen Willen zu stählen, diese Tat zu organisieren, ist ein Klassenorgan nötig: das Reichsparlament der Proletarier in Stadt und Land.

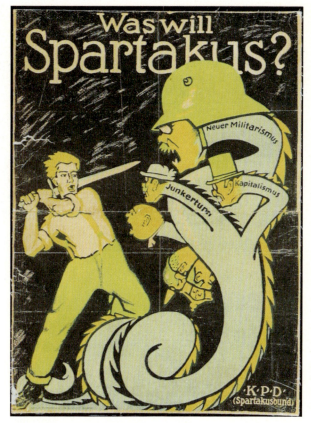

▲ **Plakat des Spartakusbundes von 1919.**
- *Beschreiben Sie die Bildelemente und die Wirkung des Plakats.*
- *Analysieren Sie die Aussage des Plakats und beantworten Sie die Frage „Was will Spartakus?".*

Die Rote Fahne vom 20. November 1918

1. *Geben Sie die Argumente wieder, mit denen Rosa Luxemburg die Wahl zur Nationalversammlung verwirft. Diskutieren Sie, welche Aussagen situationsbedingt, welche programmatisch sind.*
2. *Suchen und erläutern Sie Widersprüche in der Argumentation von Rosa Luxemburg.*
3. *Beurteilen Sie Rosa Luxemburgs Verständnis der Begriffe „Demokratie" und „Diktatur".*

---
¹⁾ **Expropriation:** Enteignung

Die Weimarer Republik und ihre Bürger

Die Revolution – eine verpasste Chance?

Manche Historiker meinen, dass die erste deutsche Demokratie vielleicht nicht untergegangen und dann auch Hitler nicht an die Macht gekommen wäre, hätte es damals einen gründlichen Bruch mit der obrigkeitsstaatlichen Vergangenheit gegeben. Tatsächlich war der Handlungsspielraum der regierenden Mehrheitssozialdemokraten [...] in den entscheidenden Wochen zwischen dem Sturz der Monarchie am 9. November 1918 und der Wahl der Verfassunggebenden Deutschen Nationalversammlung am 19. Januar 1919 größer, als die Akteure mit Friedrich Ebert, dem Vorsitzenden des Rates der Volksbeauftragten, an der Spitze selbst meinten. Sie hätten weniger bewahren müssen und mehr [...]

[...] erste Schritte zu tun auf dem Weg zu einer Demokratisierung der Verwaltung, der Schaffung eines republikloyalen Militärwesens, der öffentlichen Kontrolle der Macht [...].

[...] kein parlamentarisches Regierungssystem, aber seit rund einem halben Jahrhundert das allgemeine gleiche und direkte Reichstagswahlrecht für Männer, das Bismarck 1866 im Norddeutschen Bund und 1871 im Deutschen Reich eingeführt hatte. Das Kaiserreich lässt sich daher nicht einfach als „Obrigkeitsstaat" beschreiben. Deutschland war um 1918 bereits zu demokratisch, um sich eine revolutionäre Erziehungsdiktatur [...] aufzwingen zu lassen.

Deutschland war auch zu industrialisiert für einen [...] nisse. [...] Beide Faktoren, der Grad der Demokratisierung und der Grad der Industrialisierung, wirkten objektiv revolutionshemmend.

Heinrich August Winkler, Weimar: Ein deutsches Menetekel, in: Ders. (Hrsg.), Weimar. Ein Lesebuch zur deutschen Geschichte 1918–1933, München 1997, S. 15 ff.

Die Revolution von 1918/19 wird oft als „steckengebliebene" oder „gebremste" Revolution bezeichnet. Erläutern Sie mithilfe der Darstellung auf S. 120 ff., ob diese Prädikate zutreffend sind.

Eberts. Diskutieren Sie über Möglichkeiten und Grenzen des „Rates der Volksbeauftragten", das politische Geschehen in der revolutionären Phase zu beeinflussen. Berücksichtigen Sie dazu die Aussagen Friedrich Eberts in M2.

M2 „Dolchstoßlegende"

Reichskanzler Gustav Bauer (SPD), der Nachfolger Philipp Scheidemanns, fordert am 23. Juni 1919, wenige Stunden vor Ablauf des alliierten Ultimatums, [...]

Die Entente [...] will uns das Schuldbekenntnis auf die Zungen zwingen [...]; es soll uns nichts, gar nichts erspart bleiben. Zur Verknechtung wollen [...]

[...] Hier wird ein besiegtes Volk an Leib und Seele vergewaltigt wie kein Volk je zuvor. [...] Unterschreiben wir! Das ist der Vorschlag, den ich Ihnen, im Namen des gesamten Kabinetts, machen muss. Bedingungslos unterzeichnen! Ich will nichts beschönigen.

Die Gründe, die uns zu diesem Vorschlag zwingen, sind dieselben wie gestern. Nur trennt uns jetzt eine Frist von knappen vier Stunden von der Wiederaufnahme der Feindseligkeiten. Einen neuen [...] wir Waffen hätten. Wir sind wehrlos. Wehrlos ist aber nicht ehrlos. Gewiss, die Gegner wollen uns an die Ehre; daran ist kein Zweifel. Aber dass die [...] Urheber selbst zurückfallen wird, dass es nicht unsere Ehre ist, die bei dieser Welttragödie zugrunde geht, das ist mein Glaube bis zum letzten Atemzug.

Ein Untersuchungsausschuss der Nationalversammlung soll nach dem Krieg die Ursachen der deutschen Niederlage ergründen. Generalfeldmarschall Hindenburg erklärt am 18. November 1919:

Trotz der ungeheuren Ansprüche an Truppen und Führung, trotz der zahlenmäßigen Überlegenheit des Feindes konnten wir den ungleichen Kampf zu einem günstigen Ende führen, wenn die geschlossene und einheitliche Zusammenwirken von Heer und Heimat eingetreten wäre. [...]
Doch was geschah nun? Während sich beim Feinde trotz seiner Überlegenheit an lebendem und totem Material alle Parteien, alle Schichten der Bevölkerung in dem Willen zum Siege immer fester zusammenschlossen, und zwar umso mehr, je schwieriger ihre Lage wurde, machten sich bei uns, wo dieser Zusammenschluss bei unserer Unterlegenheit viel notwendiger war, Parteiinteressen breit, und diese Umstände führten sehr bald zu einer Spaltung und Lockerung des Siegeswillens. Die Geschichte wird über das, was ich hier nicht weiter ausführen darf, das endgültige Urteil sprechen. Damals hofften wir noch, dass der Wille zum Siege alles andere beherrschen würde. Als wir unser Amt übernahmen, stellten wir bei der Reichsleitung eine Reihe von Anträgen, die den Zweck hatten, alle nationalen Kräfte zur schnellen und günstigen Kriegsentscheidung zusammenzufassen [...].
Was aber schließlich, zum Teil wieder durch Einwirkung der Parteien, aus unseren Anträgen geworden ist, ist bekannt. Ich wollte kraftvolle und freudige Mitarbeit und bekam Versagen und Schwäche. Die Sorge, ob die Heimat fest genug bliebe, bis der Krieg gewonnen sei, hat uns von diesem Augenblicke an nie mehr verlassen. Wir erhoben noch oft unsere warnende Stimme bei der Reichsregierung. In dieser Zeit setzte die heimliche planmäßige Zersetzung von Flotte und Heer als Fortsetzung ähnlicher Erscheinungen im Frieden ein. Die Wirkungen dieser Bestrebungen waren der Obersten Heeresleitung während des letzten Kriegsjahres nicht verborgen geblieben. Die braven Truppen, die sich von der revolutionären Zermürbung freihielten, hatten unter dem pflichtwidrigen Verhalten der revolutionären Kameraden schwer zu leiden; sie mussten die ganze Last des Kampfes tragen. Die Absichten der Führung konnten nicht mehr zur Ausführung gebracht werden. Unsere wiederholten Anträge auf strenge Zucht und strenge Gesetzgebung wurden nicht erfüllt. So mussten unsere Operationen misslingen, es musste der Zusammenbruch kommen; die Revolution bildete nur den Schlussstein. Ein englischer General sagte mit Recht: „Die deutsche Armee ist von hinten erdolcht worden." Den guten Kern des Heeres trifft keine Schuld. Seine Leistung ist ebenso bewunderungswürdig wie die des Offizierkorps. Wo die Schuld liegt, ist klar erwiesen.

Erster Text: Wolfgang Elben, Die Weimarer Republik, Frankfurt am Main ⁶1975, S. 40f.
Zweiter Text: Herbert Michaelis und Ernst Schraepler (Hrsg.), Ursachen und Folgen. Vom deutschen Zusammenbruch 1918 und 1945 bis zur staatlichen Neuordnung Deutschlands in der Gegenwart. Eine Urkunden- und Dokumentensammlung zur Zeitgeschichte, Bd. 4, Berlin o.J., S. 7f.

1. Erläutern Sie, warum Bauer die Annahme des Vertrages empfahl, obwohl er einige Bestimmungen als unannehmbar bezeichnete.
2. Arbeiten Sie heraus, worin nach Ansicht Hindenburgs die Gründe für die Niederlage Deutschlands lagen. Wem lastet er die Schuld an?
3. Nehmen Sie Stellung zu seinen Vorwürfen.
4. Beurteilen Sie das Bild, das Hindenburg von Heer und Kriegsende zeichnet. Stellen Sie es der Darstellung von Ebert in M2 gegenüber.

◀ „Wir lassen uns den Sieg nicht wieder entwinden."
Zeichnung von Willy Knabe für das zentrale Monatsblatt der NSDAP und des Schulungsamtes der Deutschen Arbeitsfront, „Der Schulungsbrief", Januar 1942, S. 13.
● Erörtern Sie, warum die Dolchstoßlegende ein dankbares Motiv für die nationalsozialistische Kriegspropaganda war.

Die Weimarer Republik und ihre Bürger

M5
Die Sühne der politischen Morde

	Pol. Morde von Linksstehenden	Pol. Morde von Rechtsstehenden	Gesamtzahl
Gesamtzahl der Morde	22	354	376
– davon ungesühnt	4	326	330
– teilweise gesühnt	1	27	28
– gesühnt	17	1	18
Zahl der Verurteilten	38	24	62
Geständige Täter freigesprochen	–	23	23

Emil Julius Gumbel, Vier Jahre politischer Mord, Berlin 1922, S. 81

1. Fassen Sie die Informationen zusammen.
2. Erläutern Sie, welche Einstellung zur Republik in M5 und in der Karikatur rechts deutlich wird.

▶ **Hochverrat vor dem Reichsgericht.** Karikatur von Gerhard Holler aus der Beilage zum Berliner Tageblatt „Ulk", 1927. Die Bildunterschrift zu den linksgerichteten Angeklagten lautet: „Ich werde die Republik vor Ihnen zu schützen wissen!" Zu den rechten Uniformierten: „Ich werde Sie vor der Republik zu schützen wissen!"

M6
Die Reichswehr – ein „Staat im Staate"?

Am 26. Mai 1925 kommentiert der SPD-Abgeordnete Daniel Stücklen im Reichstag die Entwicklung der Reichswehr:

Wir haben heute ein Heer der Republik, das, wie ich feststellen will, diesem Staate dient, dessen Leitung erklärt, wir stehen auf dem Boden der Verfassung […].
⁵Es sind aber […] recht deutliche Anzeichen dafür vorhanden, dass die Entwicklung der Reichswehr dahin geht, eine Art Staat im Staate zu werden. Das war das, was früher bei den Verhandlungen über die Reichswehr im Hauptausschuss und im ¹⁰Plenum dieses Hauses immer wieder betont wurde, eine gewisse Abgeschlossenheit, ein Korpsgeist, der zur Abgeschlossenheit führen musste und letzten Endes bewirkte, dass die alte Armee wirklich ein Staat im Staate war, mit einem eigenen Ehrbegriff, ¹⁵ihrem eigenen Strafkodex, mit einem Wort eine Menge Einrichtungen, die von den Einrichtungen der zivilen Bevölkerung losgelöst waren. […] Die Gefahr ist umso größer, als früher der Soldat nur zwei Jahre diente und nach zwei Jahren in die Mas-²⁰sen des Volkes zurücktrat, aus denen er gekommen war. Heute dient der Reichswehrsoldat zwölf Jahre. Zwölf Jahre verlebt er in einer ganz anderen Umwelt. Er ist ganz anderen Einflüssen und Eindrücken preisgegeben; das führt letzten Endes dazu, ²⁵dass eine gewisse Entfremdung nicht vermieden werden kann.

Wolfgang Michalka und Gottfried Niedhard (Hrsg.), Die ungeliebte Republik. Dokumente zur Innen- und Außenpolitik Weimars 1918-1933, München 1992, S. 220

1. Erläutern Sie den Ausdruck „Staat im Staate".
2. Erörtern Sie, welche Gefahren dies birgt.
3. Überprüfen Sie mithilfe von Lexika, Fachliteratur oder dem Internet, wie bei der Gründung der Bundeswehr den von Stücklen angesprochenen Problemen begegnet wurde.

Die Weimarer Republik und ihre Bürger

◀ „Einst und jetzt!"
Karte, vertrieben von der „Deutschen Tageszeitung", 1919.
Das Bild in der Mitte – eingerahmt von Kaiser Wilhelm II. (oben) und Feldmarschall Hindenburg (unten) – zeigt Reichspräsident Friedrich Ebert (rechts) und Reichswehrminister Gustav Noske (links) in Badehosen. Vor ihnen taucht ein Begleiter mit Dreizack aus dem Wasser auf.
Das Badehosen-Bild wurde im August 1919 kurz nach der Vereidigung des Reichspräsidenten erstmals in der „Berliner Illustrirten Zeitung" veröffentlicht. Die Leser reagierten schockiert. Die antirepublikanischen Kräfte missbrauchten das Bild in zahllosen Varianten für ihre Propaganda. Nach einem von Ebert angestrengten Prozess mussten die Bilder vernichtet werden.

M7
Ebert – Symbol der Republik

Walter Mühlhausen, stellvertretender Geschäftsführer der Bundesstiftung Reichspräsident-Friedrich-Ebert-Gedenkstätte in Heidelberg, schreibt in einem Ausstellungsband zu Friedrich Ebert:

Als Staatsoberhaupt war Ebert das Symbol der ersten deutschen Republik. Friedrich Ebert musste bei den Reisen bemüht sein, einen eigenen Repräsentationsstil zu entwickeln, der sich von seinem Vor-
5 gänger unterschied. Es war schwierig, in einer Gesellschaft, die bislang die pompösen und waffenklirrenden Auftritte Kaiser Wilhelms II. kennengelernt und bejubelt hatte, nun einen betont sachlichen, jeden Persönlichkeitskult vermeidenden
10 Repräsentationsstil einzuführen, einen Stil ohne Pomp und Gloria.
Eine Schweizer Zeitung schrieb 1922, fernab von den Konflikten der innerdeutschen politischen Szene, über das Auftreten des Reichspräsidenten:
15 „Man wartet auf das Oberhaupt der neuen deutschen Demokratie. Punkt zehn kommt Ebert in den Saal, lautlos beinahe. Kein Herold kündigt an. Keine riesigen Leibgarden zerbrechen sich die Pranken beim Präsentieren des Gewehres. Der Präsident
20 der deutschen Republik hat auch sein Gefolge. Aber das ist gerade so schmucklos, so unauffällig wie er selbst. Bei Gott, die Demokratie liegt auch im Anzug. Aber Ebert hat Würde. Der ganze Saal erhebt sich und er dankt mit leichter Verbeugung.
25 Muss nicht leicht sein, so eine demokratische Präsidentenverbeugung. Just nicht zu tief. Und just nicht zu wenig. Ebert hat's heraus. Nicht nur sein Amt hat Würde – er selbst besitzt sie." [...]
In den Kommentaren der Zeitungen spiegelt sich
30 die ganze Bandbreite der politischen Einstellungen wider. Die Republikgegner zogen mit Häme über den Reichspräsidenten her; die Presseorgane aus dem demokratischen Lager würdigten seinen Stil. [...] Unzweifelhaft gelang es Ebert in einem nicht
35 messbaren Umfang, durch sein persönliches Auftreten zumindest einige der Unentschlossenen und Gegner der Republik für die neue Staatsform zu gewinnen, wie zeitgenössische Zeugnisse belegen.
Müßig bleibt die Frage, ob diese Integrationsleis-
40 tung größer gewesen wäre, wenn er noch mehr öffentlich in Erscheinung getreten wäre: „Aber auch wenn Friedrich Ebert häufiger gereist wäre und offensiver republikanische Akzente gesetzt hätte, er hätte kein wesentlich größeres Maß an Zustim-
45 mung erreichen können, er hätte die ihm entgegengebrachte Häme ertragen müssen. Denn die Gegner des Reichspräsidenten Ebert schlugen auf ihn ein, weil sie über den Mann das Amt und vor allem die Republik beschädigen wollten. Die Integri-
50 tät des Amtsverständnisses und der Amtsführung von Friedrich Ebert konnte nicht zu einer Integration aller Abseitsstehenden führen. Die Phalanx[1]

[1] **Phalanx**: lange, geschlossene (Schlacht-)Reihe

Die Weimarer Republik und ihre Bürger

aus Standesdünkel gegenüber dem Emporkömmling aus dem Arbeitermilieu, die Mauer aus politischer Überheblichkeit gegenüber dem Vertreter der sozialdemokratischen Arbeiterpartei, dem Systemfeind des Kaiserreichs, dem Systemschöpfer der Weimarer Republik, blieb unüberwindbar für Friedrich Ebert."

Walter Mühlhausen, Friedrich Ebert 1871-1925. Reichspräsident der Weimarer Republik, Heidelberg 1999, S. 259 f.

1. Beschreiben Sie den von Mühlhausen skizzierten Repräsentationsstil Eberts. Inwiefern sollte er den Charakter der neuen Regierungsform widerspiegeln?
2. Erläutern Sie, welche Wirkung Ebert zugeschrieben wird.
3. Beurteilen Sie das Verhalten der Republikgegner ihm gegenüber und die dafür genannten Gründe.

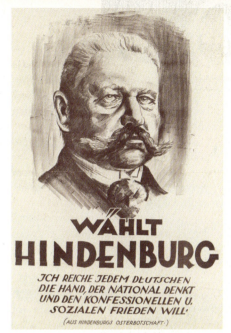

▲ Wahlplakat der Deutschnationalen für die Reichspräsidentenwahl am 26. April 1925.

M8
Hindenburg – Symbol der Nation

Der Historiker Wolfram Pyta hat eine Biografie zu Hindenburg verfasst. Darin charakterisiert er Hindenburg wie folgt:

Hindenburg war peinlich darauf bedacht, bei allen wichtigen politischen Entscheidungen, an denen er maßgeblich beteiligt war, die Hoheit über deren nachträgliche Deutung zu gewinnen. Kein Schatten
5 sollte sein Ansehen verdunkeln, weil sein ungebrochener Nimbus[1)] als siegreicher Feldherr und untadeliger Repräsentant deutscher Kollektiveigenschaften das Erbe bildete, das er aus der Weltkriegszeit mitnahm und möglichst über Generationen hinweg
10 erhalten wissen wollte. Im August 1914 hatte man einen pensionierten General dadurch beglückt, dass man ihm das Kommando einer Armee anvertraute. Ohne große Erwartungen hatte er die Reise zum ostpreußischen Kriegsschauplatz angetreten.[2)] Dass
15 er binnen weniger Wochen zum allseits bewunderten Kriegshelden und danach zum nationalen Symbol aufsteigen sollte, hätte Hindenburg sich nicht träumen lassen. Im November 1918 blickte er auf eine geradezu atemberaubende Karriere zurück, mit
20 der er sich ein kulturelles Kapital erworben hatte, das resistent war gegen das Auf und Ab politischer Konjunkturen. Dass ihn das deutsche Volk symbolisch adoptiert hatte, fiel für ihn stärker ins Gewicht als die Kriegsniederlage oder das Ende der Monar-
25 chie. Beides war zwar bedauerlich, doch es bereitete ihm keine schlaflosen Nächte und brachte ihn nicht aus dem Tritt. Denn der Fixpunkt seines politischen Denkens war die Vorstellung einer innerlich geeinten Nation, die überhaupt erst die Voraussetzung
30 bildete für einen allmählichen machtpolitischen Aufstieg des Reiches, an dessen Ende sich vielleicht sogar einmal die Aussicht auf eine Wiederherstellung der Monarchie eröffnen konnte.
Für Hindenburg war es daher nicht nur ein nach-
35 vollziehbares persönliches Interesse, nach Kriegsende einen großen Teil seiner Energie auf die Pflege seines Ansehens zu verwenden. [...] Als ruhender Pol, der in der stürmischen Phase des Übergangs allein Halt und Orientierung gewährte, [...] erfüllte
40 Hindenburg eine wichtige integrative Funktion. Daraus leitete er allerdings den Anspruch ab, dass kein Staubkorn auf sein Ansehen fallen dürfe; denn

[1)] **Nimbus:** Glanz, Ansehen, „Heiligenschein"
[2)] Am 22. August 1914 wurde Hindenburg Oberbefehlshaber der 8. Armee, die südlich von Allenstein in Ostpreußen die größere russische Armee besiegte (Schlacht von Tannenberg).

ein Denkmal, zu dem alle auf der Suche nach Orientierung aufblicken, beschmutzt man nicht. Er war zutiefst entrüstet, wenn sich jemand erdreistete, ihm nicht die nationalpolitisch gebotene Schonung zukommen zu lassen: „Das zurzeit einzige Idol des Volkes, unverdientermaßen meine Wenigkeit, [so Hindenburg an einen Vertrauten] läuft Gefahr, vom Piedestal³⁾ gerissen zu werden, weil es plötzlich der Kritik ausgesetzt wird."

Der Historiker Heinrich August Winkler analysiert die Gründe für die Wahl Hindenburgs zum Reichspräsidenten im Jahr 1925:

Hindenburgs Wahl war kein Plebiszit für die Wiederherstellung der Monarchie, aber sie war ein Volksentscheid gegen die parlamentarische Demokratie, so wie man sie seit 1919 kennengelernt hatte. Enttäuschung über den grauen republikanischen Alltag ging einher mit einer nostalgischen Verklärung der Vergangenheit. Die liberale „Frankfurter Zeitung" sah die Hauptursache des Wahlausgangs darin, dass die Unpolitischen dem Feldmarschall zur Übermacht verholfen hätten. „Wir wissen doch alle, was diese große Schar bisheriger Nichtwähler diesmal an die Urne geführt hat. Es ist der romantische Strahlenglanz, den die Fieberfantasien verelendeter und in ihrem nationalen Selbstbewusstsein schwer getroffener Volksschichten um das Haupt des Feldherrn gewoben haben, ohne dass sie sich der Tatsache bewusst werden, dass sie persönliches wie nationales Elend einzig jenem alten System kaiserlicher Staats- und Kriegsführung zu danken haben, als dessen Repräsentanten sie jenen Feldherrn verehren. Die romantische Sehnsucht nach vergangenem Glanz und vergangener Größe, das hat diese unpolitischen Schichten an die Urne und Hindenburg zum Siege geführt." [...]
Einige überzeugte Republikaner begannen sich bald mit dem Gedanken zu trösten, dass Hindenburgs Wahl Teile der Rechten mit der Republik aussöhnen könne. Der Schriftsteller Harry Graf Kessler [...] meinte [...] nachdem Hindenburg vom sozialdemokratischen Reichstagspräsidenten Paul Löbe vor der schwarz-rot-goldenen Standarte des Reichspräsidenten auf die Reichsverfassung vereidigt worden war –, nun werde die Republik „mit Hindenburg hoffähig, einschließlich Schwarz-Rot-Gold, das jetzt überall mit Hindenburg zusammen als seine persönliche Standartenfarbe erscheinen wird. Etwas von der Verehrung für ihn wird unvermeidlich darauf abfärben."
Ganz unbegründet waren solche Hoffnungen nicht. Dass Hindenburg die republikanische Verfassung zu respektieren versprach, machte es manchem der bisherigen Verächter der Republik schwer, in unversöhnlicher Feindschaft zum neuen Staat zu verharren.

Erster Text: Wolfram Pyta, Hindenburg. Herrschaft zwischen Hohenzollern und Hitler, München 2007, S. 411 f.
Zweiter Text: Heinrich August Winkler, Der lange Weg nach Westen. Deutsche Geschichte 1806-1933, Bonn 2002, S. 372 und 460 f.

1. Geben Sie wieder, worauf sich nach Pyta Hindenburgs Ansehen stützte.
2. Erläutern Sie, welche Rolle dabei die „Dolchstoßlegende" spielte (siehe M4).
3. Hindenburg wurde auch als „Ersatzkaiser" bezeichnet. Erörtern Sie, warum.
4. Laut Pyta „erfüllte Hindenburg eine wichtige integrative Funktion" (Zeile 40). Vergleichen Sie mit Winklers Analyse der Wahl Hindenburgs zum Reichspräsidenten. Nehmen Sie dazu Stellung.

M9
„Nicht unser Staat"

Der sozialdemokratische Reichstagspräsident Paul Löbe berichtet in seinen Lebenserinnerungen von der parlamentarischen Arbeit nach den Reichstagswahlen von 1930:

Einige Jahre konnte der Reichstag wieder ordnungsgemäß arbeiten. Als aber 1930 das deutsche Volk 107 Nationalsozialisten neben 77 Kommunisten [...] entsandte und 40 deutschnationale Hugenbergianer¹⁾ ihre schützende Hand über die

---

³⁾ **Piedestal**: Sockel von Statuen, Säulen oder Gebäuden

¹⁾ **Alfred Hugenberg** (1865-1951): Medienunternehmer, von 1928 bis 1933 Vorsitzender der DNVP

Die Weimarer Republik und ihre Bürger

Nazis hielten, brach der Sturm aufs Neue los. Äußerste Rechte und äußerste Linke warfen sich die Bälle zu, unterstützten gegenseitig ihre Obstruktionsanträge[2], begleiteten die jeweiligen Schimpfkonzerte ihrer Antipoden mit tosendem Beifall und versuchten durch unsinnige und demagogische Anträge, die Arbeit des Parlaments und der Regierung lahmzulegen. [...]
Bei einer Reichshaushaltsberatung stellten die Kommunisten eine Reihe von Anträgen, unsympathische Steuern und Abgaben aufzuheben oder herabzusetzen, sodass bei Annahme dieser Anträge die Reichseinnahmen von zehn Milliarden auf sechs vermindert worden wären. Bei dem Ausgabenetat kamen dann so viel populäre Anträge auf Rentenerhöhungen, Wohnhausbauten, Erweiterung des Kreises der Versorgungsberechtigten, dass die Ausgaben des Etats von zehn auf 14 Milliarden steigen mussten. Als ich den kommunistischen Wortführer fragte, woher die Mittel für eine solche Wirtschaft kommen, wie das Defizit von acht Milliarden gedeckt werden sollte, erwiderte er kaltschnäuzig, darüber könne sich ja die Regierung den Kopf zerbrechen, „es ist ja nicht unser Staat, sondern der eure". Genauso unehrlich war die Taktik der nationalsozialistischen Fraktion. Sie beantragte, dass niemand im Reich mehr als tausend Mark Monatseinkommen beziehen sollte, dachte aber gar nicht daran, selbst diesen Grundsatz zu befolgen, sondern wollte mit solch demagogischen Anträgen nur die anderen Parteien in Verlegenheit bringen [...].

Günter Schönbrunn (Bearb.), Weltkriege und Revolutionen, München ⁵1995, S. 249

1. Erläutern Sie, wie Radikale von links und rechts die parlamentarische Arbeit beeinflussten.
2. Erörtern Sie, welche Wirkung dies auf die Öffentlichkeit haben musste.

[2] *Obstruktion*: Verschleppung, Verhinderung

▲ „Der Reichstag wird eingesargt."
Collage von John Heartfield zum 30. August 1932.
- Erläutern Sie, wofür bei John Heartfield der Reichstag steht.
- Analysieren Sie, warum der Künstler die SPD ins Blickfeld rückt.
- Erörtern Sie, inwiefern die Abbildung Heartfields Haltung gegenüber der politischen Entwicklung ausdrückt.

M10
Verfassungspläne

Noch als Reichskanzler stellt der ehemalige Zentrumspolitiker Franz von Papen am 12. Oktober 1932 bayerischen Industriellen folgende Pläne vor:

Wir wollen eine machtvolle und überparteiliche Staatsgewalt schaffen, die nicht als Spielball von den politischen und gesellschaftlichen Kräften hin- und hergetrieben wird, sondern über ihnen unerschütterlich steht [...]. Die Reform der Verfassung muss dafür sorgen, dass eine solche machtvolle und autoritäre Regierung in die richtige Verbindung mit dem Volke gebracht wird. An den

Die Weimarer Republik und ihre Bürger

großen Grundgesetzen […] soll man nicht rütteln, aber die Formen des politischen Lebens gilt es zu erneuern. Die Reichsregierung muss unabhängiger von den Parteien gestellt werden. Ihr Bestand darf nicht Zufallsmehrheiten ausgesetzt sein. Das Verhältnis zwischen Regierung und Volksvertretung muss so geregelt werden, dass die Regierung und nicht das Parlament die Staatsgewalt handhabt.
Als Gegengewicht gegen einseitige, von Parteiinteressen herbeigeführte Beschlüsse des Reichstags bedarf Deutschland einer besonderen Ersten Kammer mit fest abgegrenzten Rechten und starker Beteiligung an der Gesetzgebung. Heute ist das einzige Korrektiv gegen das überspitzte parlamentarische System und gegen das Versagen des Reichstags die Verordnungsgewalt des Reichspräsidenten aufgrund des Artikels 48 der Reichsverfassung. Sobald aber wieder stetige und normale Verhältnisse herrschen, wird auch kein Anlass mehr sein, den Artikel 48 in der bisherigen Weise anzuwenden. […]
Nichts kann das Vertrauen in den Aufstieg der Nation mehr hindern als die Unstabilität der politischen Verhältnisse, als Regierungen, die nur Treibholz sind auf den Wellen der Partei und abhängig von jeder Strömung. Diese Art der Staatsführung der Parteiarithmetik ist im Urteil des Volkes erledigt.

Heinz Hürten (Hrsg.), Weimarer Republik und Drittes Reich 1918-1945 (Deutsche Geschichte in Quellen und Darstellung, Bd. 9), Stuttgart 1995, S. 132 ff.

1. Fassen Sie zusammen, wie Papen seine Pläne begründet.
2. Erläutern Sie, welche von ihm geplanten Verfassungsänderungen nicht mit dem Grundgesetz vereinbar wären.
3. Manche Historiker sind der Ansicht, dass die Praxis der Präsidialkabinette die letzte Chance für die Demokratie gewesen sei, andere sehen darin den „Todesstoß" für die Weimarer Republik. Beurteilen Sie diese Auffassungen mithilfe der Darstellung auf S. 139 ff.
4. Nehmen Sie Stellung zu der Frage, inwieweit die Regierung die weitere Entwicklung hätte absehen können. Bewerten Sie Papens Pläne im Hinblick auf die Vorgänge nach 1933.

M11
Woran scheiterte Weimar?

Der Historiker Eberhard Kolb untersucht, welche Faktoren zum „Scheitern" Weimars beigetragen haben:

Wie wurde Hitler möglich? War die „Machtergreifung" der Nationalsozialisten unter den gegebenen Bedingungen unvermeidlich? Diese Frage, um die alle Erörterungen über das Scheitern Weimars kreisen, wird von der bisherigen Forschung auf recht unterschiedliche Weise beantwortet. Allerdings sind die in der wissenschaftlichen Diskussion zunächst dominierenden monokausalen Erklärungsversuche, in denen der Aufstieg des Nationalsozialismus und die Machtübertragung an Hitler auf eine einzige oder eine allein ausschlaggebende Ursache zurückgeführt wurden, inzwischen ad acta gelegt worden, denn alle derartigen einlinigen Deutungen haben sich als untauglich erwiesen. Die Historiker sind sich heute zumindest darin einig, dass das Scheitern der Republik und die nationalsozialistische „Machtergreifung" nur plausibel erklärt werden können durch die Aufhellung eines sehr komplexen Ursachengeflechts. Dabei sind vor allem folgende Determinanten zu berücksichtigen: institutionelle Rahmenbedingungen, etwa die verfassungsmäßigen Rechte und Möglichkeiten des Reichspräsidenten, zumal beim Fehlen klarer parlamentarischer Mehrheiten; die ökonomische Entwicklung mit ihren Auswirkungen auf die politischen und gesellschaftlichen Machtverhältnisse; Besonderheiten der politischen Kultur in Deutschland (mitverantwortlich z. B. für die Republikferne der Eliten, die überwiegend der pluralistisch-parteienstaatlichen Demokratie ablehnend gegenüberstanden); Veränderungen im sozialen Gefüge, beispielsweise Umschichtungen im „Mittelstand" mit Konsequenzen u. a. für politische Orientierung und Wahlverhalten mittelständischer Kreise; ideologische Faktoren (autoritäre Traditionen in Deutschland; extremer Nationalismus, verstärkt durch Kriegsniederlage, Dolchstoßlegende und Kriegsunschuldpropaganda; „Führererwartung" und Hoffnung auf den „starken Mann", wodurch einem charismatischen Führertum wie dem Hitlers der Boden bereitet wurde); massenpsychologische Momente, z. B. Erfolgschancen einer massensuggestiven Propaganda infolge kollektiver Entwurzelung und politischer Labilität breiter Bevölkerungssegmente; schließlich die Rolle einzelner Persönlichkeiten an verantwortlicher Stelle, in erster Linie zu nennen sind hier Hindenburg, Schleicher, Papen. Die Antwort, die auf die Frage nach dem Scheitern der Weimarer Demokratie und der Ermöglichung Hitlers gegeben wird, hängt in ihrer Nuancierung wesentlich davon ab, wie die verschiedenen Komponenten gewichtet und dann zu einem konsistenten Gesamtbild zusammengefügt werden, denn Gewichtung und Verknüpfung sind nicht durch das Quellenmaterial in einer schlechthin zwingenden Weise vorgegeben, sie bilden die eigentliche Interpretationsleistung des Historikers.

Eberhard Kolb, Die Weimarer Republik, München ⁷2009, S. 215f.

1. Geben Sie die Ursachen für das Scheitern der Weimarer Republik wieder.
2. Erarbeiten Sie ein Schaubild, in dem Sie Ursachen, Zusammenhänge und Wirkungen der Faktoren berücksichtigen.
3. „Das Scheitern der Weimarer Republik war vermeidbar." Nehmen Sie Stellung zu dieser These.

▲ „Stützen der Gesellschaft."
Ölgemälde (200 x 108 cm) von George Grosz, 1926. Das Gemälde wurde von dem Kunsthistoriker Hans Hess als eine „große Allegorie des deutschen Staates in der Weimarer Republik" bezeichnet.

- Beschreiben Sie die abgebildeten Figuren und ordnen Sie sie aufgrund ihrer Attribute bestimmten Gesellschaftsschichten zu.
- Analysieren Sie die Aussageabsicht des Künstlers. Gehen Sie dazu auch erläuternd auf den Bildtitel und die oben zitierte Aussage von Hans Hess ein.

Die Weimarer Republik und ihre Bürger

Theorie-Baustein: Nation – Begriff und Mythos

▲ Das Hermannsdenkmal bei Detmold.
Foto von 2006.

Das Denkmal von Ernst von Bandel wurde 1875 von Kaiser Wilhelm I. eingeweiht. Man wollte damit an den Sieg der Germanen über die Römer im Teutoburger Wald erinnern. Dort sollen im Jahr 9 n. Chr. der Cheruskerfürst Arminius, „Hermann" genannt, und die vereinten germanischen Stämme das Heer des römischen Statthalters Publius Quinctilius Varus vernichtend geschlagen haben.

Unterbau und Figur sind knapp 54 m hoch. Auf dem Schwert steht: „Deutsche Einigkeit meine Stärke, meine Stärke Deutschlands Macht." Unter einem Relief Wilhelms I. befindet sich die Inschrift: „Der lang getrennte Stämme vereint mit starker Hand / Der welsche Macht und Tücke siegreich überwandt / Der längst verlorne Söhne heimführt zum Deutschen Reich / Armin, dem Retter ist er gleich."

● Analysieren Sie, welche historischen Parallelen mit dem Spruch gezogen werden. Was bedeutet „welsch"?

Was ist eine Nation?

In Europa gibt es heute etwa 50 Staaten. Die meisten davon verstehen sich als Nationalstaaten. Als Nation (von lat. „natio" für Geburtsort, Abstammung) wird gewöhnlich ein Volk bezeichnet, das sich durch die gleiche Sprache, Geschichte, Kultur und durch gleiches Recht verbunden fühlt. Lebt diese Nation in einem Staat mit gemeinsamer Regierung und Verfassung, wird dieser als Nationalstaat angesehen (▶ M1).

Die Menschen neigen dazu, historische Gemeinschaften auch als biologische Abstammungsgemeinschaft anzusehen. Die zahlreichen Wanderungsbewegungen, die es in allen Jahrhunderten gegeben hat, werden dabei übersehen.

Die Vorstellung vom modernen Nationalstaat entwickelte sich während des 18. Jahrhunderts im Umfeld der Amerikanischen und Französischen Revolution und wurde zu einer Leitvorstellung des 19. Jahrhunderts (▶ M2). Zunächst galt „Nation" als Gemeinschaft rechtlich gleichgestellter Staatsbürger, die in Freiheit und Selbstbestimmung in einem eigenen Nationalstaat leben. Diese Vorstellung von „Nation" als Einheit des souveränen Volkes richtete sich in erster Linie gegen den dynastischen Feudalstaat und die ständisch gegliederte Gesellschaft. Bald schon verband sich das Nationalgefühl auch mit einem übersteigerten Nationalismus, der die eigene Nation glorifizierte, andere Nationen herabsetzte und jene ausgrenzte, die nicht zur eigenen Nation zählten (▶ M3).

Nationen und Mythen

Oft wird die Herkunft eines Volkes mit einem Ursprungs- oder Gründungsmythos verbunden, der ins Mittelalter, in die Antike oder sogar in die vorgeschichtliche Zeit zurückreicht. Seit dem Mittelalter gibt es etwa die Vorstellung, dass „die Deutschen" von „den Germanen" abstammen. Dabei hat es „die Germanen" nie gegeben, sondern lediglich das von den Römern geprägte „Bild" von ihnen. Die Germanenstämme hätten, geeint durch den Cheruskerfürsten Arminius, im Jahr 9 n. Chr. die Legionen des römischen Statthalters Varus besiegt. Die Varusschlacht wurde zum Symbol für den Freiheitskampf des germanischen Volkes gegen die Fremdherrschaft und Arminius – später „Hermann" genannt – zum „Befreier Germaniens", sogar zum „Gründungsvater" der Deutschen stilisiert.

Im 19. Jahrhundert setzte eine wahre „Hermannseuphorie" ein. Während der Zeit Napoleons und der Befreiungskriege stieg der „Hermannsmythos" zum Nationalmythos auf. Hermann wurde zur Leit- und Vorbildfigur der nationalen Erhebung gegen die französische Fremdherrschaft und zum Symbol der kriegerischen Nation. So wie er 1800 Jahre zuvor Varus aus Germanien vertrieben hatte, wollte man nun Napoleon aus Deutschland vertreiben. Nach dem Untergang des Alten Reiches diente der „Hermannsmythos" als Antriebs- und Rechtfertigungsideologie der nationalen Einigung und Hermann als Integrationsfigur. Der auf seinem Denkmal bei Detmold stehende Hermann reckte bei seiner Enthüllung 1875 sein Schwert nicht gegen die Römer, sondern gegen Frankreich, das 1870/71 militärisch besiegt worden war und als jahrhundertelanger „Erbfeind" betrachtet wurde. Das Kaiserreich von 1871 galt dabei als Wiederbelebung des mittelalterlich-germanischen Reiches der Deutschen. Nationale Sehnsüchte waren auch ausschlaggebend für den Aufstieg der Kyffhäuser-Sage um Kaiser Friedrich I. Barbarossa zum Nationalmythos. Der Sage nach wartet Barbarossa im Bergrücken Kyffhäuser schlafend auf den richtigen Moment für seine Wiederkehr. Im 19. Jahrhundert verband sich der Rückgriff auf die verklärte Kaiserherrlichkeit der Stauferzeit mit der Sehnsucht nach einem geeinten Deutschen Reich, die 1871 mit der Gründung des Deutschen Kaiserreichs in Erfüllung zu gehen schien. Zwischen 1890 und 1897 wurde zu Ehren Kaiser Wilhelms I. auf den Resten der Reichsburg Kyffhausen das Kyffhäuserdenkmal errichtet.

Gründungs- oder Orientierungsmythen spielten und spielen nicht nur in Deutschland, sondern in allen Nationalstaaten eine wichtige Rolle (▶ M4). Was Hermann der Cherusker für die Deutschen ist, sind in Frankreich Vercingetorix, der von Caesar im Jahre 52 v. Chr. besiegte Gallierfürst, oder der Frankenkönig Chlodwig, der als Gründer des fränkischen Großreiches zum Stammvater der Franzosen wurde. Durch Deutungen und Mystifizierungen gelang dem 14. Juli – dem Tag des Sturms auf die Bastille in Paris – der Aufstieg vom bedeutenden Ereignis der Französischen Revolution zum Nationalfeiertag. In den USA ist der Unabhängigkeitskrieg als Gründungsmythos tief im kollektiven Gedächtnis verankert.

Politische Mythen sind mehr als eingängig erzählte Geschichten. Sie sind symbolgeladene Vorstellungswelten, die nicht rational argumentieren, sondern durch ihren emotionalen Gehalt wirken und Menschen mobilisieren wollen. Sie interpretieren die Vergangenheit, idealisieren oder verschweigen bestimmte Aspekte. Auf diese Weise können sie politische Ansprüche begründen und nationale Identität stiften. Mythen sind insofern „wirksame Fiktionen", die Einfluss auf die Gegenwart haben.

Zu den politischen Mythen gehören auch symbolische Handlungen, wie das Singen der Nationalhymne oder Hissen der Nationalflagge. Sie drücken eine Übereinstimmung, eine „kollektive Identität", zwischen den Staatsbürgern und ihrem Staat aus. Damit wird deutlich, dass eine nationale Identität auch das Ergebnis einer sozialen Konstruktion ist.

Kompetenz:
Entstehung, Erscheinungsformen und Funktion von Nationen und ihren Mythen erläutern und beurteilen

Lesetipp
Herfried Münkler, Die Deutschen und ihre Mythen, Berlin ²2009

Internettipp
www.dhm.de/ ausstellungen/mythen

▲ Fußballfans während der Fußball-Weltmeisterschaft 2006 in der Stuttgarter Innenstadt.
Foto vom 20. Juni 2006.
Die Erfolge der deutschen Mannschaft, gepaart mit herrlichem Sommerwetter, erzeugten in großen Teilen der Bevölkerung Hochstimmung und ein nationales Zusammengehörigkeitsgefühl. Ausland und Medien lobten den gutgelaunten neuen deutschen Patriotismus, der die WM 2006 zum „Sommermärchen" werden ließ.

Nation – Begriff und Mythos

Theorie-Baustein: Nation – Begriff und Mythos

M1
Kulturnation und Staatsnation

[handschriftliche Notizen: Nationenbegriff sehr schwammig; Sorben, Katalanen, z.B. Indianerstämme; USA – Melting Pot]

	Kulturnation	Staatsnation
Grundlegende Merkmale	Menschen gehören durch ihre gemeinsame Geschichte, Sprache, Kultur und Religion einer Nation an, unabhängig davon, ob sie in einem gemeinsamen Staat leben. Ein Nationalgefühl ist bereits vorhanden oder bildet sich allmählich heraus.	Besteht aus Bürgern, die innerhalb des staatlichen Verbandes die gleichen Rechte haben, unabhängig von ihrer sozialen Stellung, Herkunft, Sprache, Kultur und Religion.
Zugehörigkeit zur Nation	Über die Zugehörigkeit entscheidet nicht das einzelne Individuum, sie ist vielmehr objektiv durch Sprache, Herkunft, gemeinsame Geschichte und Kultur, Religion etc. vorgegeben. Die Zugehörigkeit zu einer Nation entsteht durch ein durch Natur und Geschichte bestimmtes Schicksal.	Die Zugehörigkeit entsteht durch selbstbestimmtes Bekenntnis von Individuen zu einer Nation, etwa durch Einwanderung und Einbürgerung – unabhängig von sozialer oder ethnischer Herkunft, Sprache, Kultur und Religion (Willensnation).
Struktur des Nationalstaates	föderal	zentralistisch
Umgang mit „fremden" nationalen Minderheiten	Ausschluss (Exklusion), bisweilen Zwang zur Integration	Alle Bürger gelten als (zumindest formal) gleichberechtigt.

Erstellt auf der Grundlage von: Uwe Andersen und Wichard Woyke (Hrsg.), Handwörterbuch des politischen Systems der Bundesrepublik Deutschland, Bonn 2009

 Finden Sie Beispiele für die beiden Nationentypen. Erörtern Sie die Gründe für Ihre Wahl.

M2
„Imagined Communities"

Der US-amerikanische Politikwissenschaftler Benedict Anderson schlägt in seinem 1983 erstmals veröffentlichten Werk „Imagined Communities: Reflections on the Origin and Spread of Nationalism" folgende Definition von „Nation" vor:

Sie [die Nation] ist eine vorgestellte politische Gemeinschaft – vorgestellt als begrenzt und souverän. Vorgestellt ist sie deswegen, weil die Mitglieder selbst der kleinsten Nation die meisten anderen
5 niemals kennen, ihnen begegnen oder auch nur von ihnen hören werden, aber im Kopf eines jeden die Vorstellung ihrer Gemeinschaft existiert. [...]

Die Nation wird als *begrenzt* vorgestellt, weil selbst die größte von ihnen mit vielleicht einer Milliarde
10 Menschen in genau bestimmten, wenn auch variablen Grenzen lebt, jenseits derer andere Nationen liegen. Keine Nation setzt sich mit der Menschheit gleich. Selbst die glühendsten Nationalisten träumen nicht von dem Tag, da alle Mitglieder der
15 menschlichen Rasse ihrer Nation angehören werden [...].

Die Nation wird als *souverän* vorgestellt, weil ihr Begriff in einer Zeit geboren wurde, als Aufklärung und Revolution die Legitimität der als von Gottes
20 Gnaden gedachten hierarchisch-dynastischen Reiche zerstörten. Dieser Begriff erlangte seine Reife in einem historischen Moment, als selbst die frömmsten Anhänger jeglicher Universalreligion mit dem

lebendigen *Pluralismus* solcher Religionen und dem Auseinandertreten von ontologischen[1]) Ansprüchen jeden Glaubens und seiner territorialen Ausdehnung konfrontiert waren. Deshalb träumen Nationen davon, frei zu sein und dies unmittelbar – wenn auch unter Gott. Maßstab und Symbol dieser Freiheit ist der souveräne Staat.

Schließlich wird die Nation als *Gemeinschaft* vorgestellt, weil sie, unabhängig von realer Ungleichheit und Ausbeutung, als „kameradschaftlicher" Verbund von Gleichen verstanden wird. Es war diese Brüderlichkeit, die es in den letzten zwei Jahrhunderten möglich gemacht hat, dass Millionen von Menschen für so begrenzte Vorstellungen weniger getötet haben als vielmehr bereitwillig gestorben sind.

Benedict Anderson, Die Erfindung der Nation. Zur Karriere eines folgenreichen Konzepts, Frankfurt am Main/New York, 2005, S. 15–17

1. *Geben Sie mit eigenen Worten wieder, was Anderson unter dem Begriff der „imagined community", also einer „vorgestellten Gemeinschaft" versteht.*

2. *Erläutern Sie, warum Anderson Wert darauf legt, dass es sich bei der Nation um eine Gemeinschaft und nicht um einen politisch-administrativen Großverband handelt.*

3. *Nehmen Sie Stellung zu seiner abschließenden Aussage.*

M3
Nation und Nationalismus

Der Historiker Hans-Ulrich Wehler hat Geschichte, Formen und Folgen von Nation und Nationalismus untersucht:

Nationalismus soll heißen: das Ideensystem, die Doktrin, das Weltbild, das der Schaffung, Mobilisierung und Integration eines größeren Solidarverbandes (Nation genannt), vor allem aber der Legitimation neuzeitlicher politischer Herrschaft dient. Daher wird der Nationalstaat mit einer möglichst homogenen Nation zum Kardinalproblem des Nationalismus.

Nation soll heißen: jene zuerst „gedachte Ordnung", die unter Rückgriff auf die Traditionen eines ethnischen Herrschaftsverbandes entwickelt und allmählich durch den Nationalismus und seine Anhänger als souveräne Handlungseinheit geschaffen wird. Daher führt die Auffassung, dass die Nation den Nationalismus hervorbringe, in die Irre. Umgekehrt ist vielmehr der Nationalismus der Demiurg[2]) der neuen Wirklichkeit. […]

[Die] ältere Nationalismusforschung teilte bis dahin, wie aus der Vogelperspektive deutlich wird, einige gemeinsame, weithin für verbindlich gehaltene Prämissen.

1. Die Nation galt ihr als eine quasi-natürliche Einheit in der europäischen Geschichte. Sie hatte dieses Entwicklungspotenzial seit der Völkerwanderung, spätestens seit dem Mittelalter aufgebaut, sodass die ersten Nationen – wie das oft in biologistischen Metaphern ausgedrückt wurde – nach einem organischen Wachstumsprozess zur Blüte kamen und sich voll entfalten konnten. Häufig gab es auch ein „Dornröschenkuss"-Argument, demzufolge schlummernde Nationen „geweckt" wurden oder irgendwie zu neuem Leben „erwachten". Die Genese dieser Nationen wurde meist als ein divinatorischer[3]) Schöpfungsakt vorausgesetzt, aber nie präzise untersucht.

2. Die Nation besitze, lautete eine weitere grundlegende Annahme, das Recht auf ihren eigenen Staat. Neue Nationen dürften ihn sich erkämpfen, alte Nationen, die zeitweilig ohne Staat existierten, müssten ihn wiedergewinnen. So haben namentlich auch deutsche Historiker im Hinblick auf den deutschen Nationalstaat sowohl vor als auch nach 1871 argumentiert.

3. Die Nation bringe allmählich, zumal wenn sie ihre staatliche Hülle besitze, die Ideen- und Wert-

---

[1]) **Ontologie:** *Lehre vom Sein, von den Ordnungs-, Begriffs- und Wesensbestimmungen des Seienden*

[2]) **Demiurg:** *griech. „Handwerker"; bezeichnete in den Lehren der Antike einen Schöpfergott*

[3]) **divinatorisch:** *seherisch, vorahnend*

Theorie-Baustein: Nation – Begriff und Mythos

systeme hervor, welche die Existenz der Nation rechtfertigten, ihre Vergangenheit deuteten, ihre Zukunft entwürfen. Diese Ideen wurden als Nationalbewusstsein, Patriotismus, Nationalgefühl bezeichnet. Der Begriff „Nationalismus" galt überwiegend als ein pejorativer[1]) Ausdruck, der einen exzessiv übersteigerten, bedauerlich eigensüchtigen Patriotismus meinte.

4. [...] Der Nationalismus lässt sich mithin als ein umfassendes „Weltbild" (Max Weber) verstehen – als eine „gedankliche Vision" (Pierre Bourdieu), die moderne Welt zu begreifen und einzuteilen. Die von ihm geschaffene Nation ist ein erstaunlicher Konstruktionserfolg, nach dessen vornationalen Grundlagen aber genau zu fragen ist. [...]

Die konventionelle Auffassung von der Nation – und diese Vorstellung ist im kollektiven historischen Gedächtnis von Angehörigen gegenwärtiger Nationalstaaten tief verankert – insistiert darauf, dass diese Nation seit archaischen Urzeiten bestanden habe. Allenfalls sei sie einmal verdeckt, überfremdet, eingeschläfert worden, bis sie erneut erwachte oder geweckt wurde und damit wieder zum Bewusstsein ihrer selbst kam. [...]

Das neuere Verständnis von Nationalismus sieht in ihm [...] ein durchaus modernes Phänomen, das von der Loyalitätsbindung in älteren Herrschaftsverbänden prinzipiell unterschieden ist. [...] Der Nationsbegriff im Mittelalter und in der Frühen Neuzeit bezieht sich allein auf landsmannschaftliche Vereinigungen von Studenten, Kaufleuten, Handwerkern, auch auf Adelseliten, die ihren Herrschaftsverband zu repräsentieren beanspruchten; er hat aber gar nichts mit der souveränen Handlungseinheit der modernen Nation zu tun.

Erst der Nationalismus erhebt die Nation zur obersten „Rechtfertigungs- und Sinngebungsinstanz" (Heinrich August Winkler), die andere Halbgötter: ob Stammeshäuptlinge, Könige oder Päpste, verdrängt; er selber gewinnt den Charakter einer politischen Religion. Der Staat muss auf seiner Legitimierung durch den Willen der Nation beruhen. Anstelle der überlieferten „Staatsräson" orientiert sich der Nationalstaat primär an „nationalen Interessen", nicht selten auch an der „historischen Mission" seiner Nation. Die nationale Identität erlaubt zwar die Koexistenz mit konfessionellen, regionalen, traditionalen Identitäten, ist aber im Prinzip der höchstrangige Wert. Das nationale Heimatland gilt jetzt als sakrosankt[2]); ein Tausch (nach einem Erbfolgestreit) oder eine Abtretung von Teilen dieses Landes sind nicht mehr legitimierbar. Alle diese unverkennbaren Eigenarten bilden nicht den Stoff vornationaler Loyalität. Deshalb darf der neuartige Charakter des Nationalismus und der Nationen durch die fehlgeleitete Behauptung vormoderner Frühphasen nicht verwischt werden.

Hans-Ulrich Wehler, Nationalismus: Geschichte – Formen – Folgen, München ⁴2011, S. 7f., 10f., 13 und 36f.

1. Fassen Sie Wehlers Definition von Nationalismus und Nation zusammen.
2. Stellen Sie das alte und das moderne Verständnis von Nation gegenüber. Erläutern Sie die unterschiedlichen Auffassungen und überlegen Sie, welche Gründe es dafür geben könnte.
3. Erörtern Sie die Bedeutung des Nationalismus für die Nation. Nehmen Sie dazu Stellung.

M4
Was haben Arminius, Luther und die „Stunde Null" gemein?

Die Historikerin Heidi Hein-Kirchner definiert 2009 anlässlich des zweitausendjährigen Jubiläums der Varusschlacht in einem Aufsatz politische Mythen und ihre Funktion:

Unter einem Mythos ist eine sinnstiftende Erzählung zu verstehen, die Unbekanntes oder schwer zu Erklärendes vereinfacht mit Bekanntem erklären will. Er entflechtet schwer oder gar nicht erklärbare Vorgänge und stellt sie auf einfache Weise dar, wobei mythisches Denken auf einem Raster apriori-

---
[1]) **pejorativ**: sich in seiner Bedeutung negativ verändernd
[2]) **sakrosant**: heilig, unverletzlich, unantastbar

scher Prämissen[1] beruht. [...] Eine Gesellschaft besitzt daher zahlreiche, häufig miteinander vernetzte und voneinander abhängige politische Mythen; zumeist bilden politische Mythen ein sich ergänzendes und aufeinander aufbauendes Mosaik, so ist der Arminiusmythos nicht ohne den im 19. Jahrhundert entstandenen Germanenmythos zu verstehen. [...]

So gibt es Gründungs- und Ursprungsmythen, Mythen der Katharsis, der Beglaubigung und Verklärung, wobei aber der politische Gründungsmythos letztlich eine alle anderen umfassende Kategorie ist, da jeder Mythos in seinem Kern über den Sinn und das Entstehen einer Gemeinschaft berichtet. Er behandelt eben nicht irgendeine Person oder irgendein Ereignis, sondern *die* Person, die nach der Interpretation des Mythos einen grundlegenden Beitrag zur Entstehung der Gemeinschaft oder des Gemeinwesens geleistet hat, *das* Schlüsselereignis, das zu deren bzw. dessen Gründung führte, oder *den* Raum, der wesentlich für die Definition des eigenen Territoriums ist. So thematisiert der Varusschlachtmythos den „Wendepunkt der Geschichte Europas" [...], sodass er heute als Ausgangspunkt für das Werden Europas gesehen wird, während er im 19. Jahrhundert für die Identitätsbildung der deutschen Nation von fundamentaler Bedeutung war. In einem engen Zusammenhang steht eine andere Perspektive, nämlich der Blick auf die „Botschaft" politischer Mythen. Sie behandeln einen Erfolg, Niederlage/Verlust und/oder Opfer, wobei Letztere auch im Sinne der historischen „Leistungsschau" interpretiert werden. So resultiert die „Stunde Null" aus der vernichtenden Niederlage Nazi-Deutschlands im Zweiten Weltkrieg. [...]

Politische Mythen behandeln nur das, was für die jeweilige Gesellschaft konstitutiv[2] und von Bedeutung ist. Diese im Mythos erzählten Bilder repräsentieren die Werte, Ziele und Wünsche einer sozialen Gruppe. Sie beglaubigen ihre grundlegenden Werte, Ideen und Verhaltensweisen, weil sie die historischen Vorgänge aus ihrer Sicht und in ihrem Sinne interpretieren, sodass diese durch die Erzählung einer geschichtlich wirksamen Einheit zusammengebunden wird. Daher geben politische Mythen nationalen und nicht-nationalen (Massen-)Gesellschaften bzw. Gruppen Sinn, beispielsweise ist etwa der Mythos von „Luther auf der Wartburg" prägend für protestantische Identität geworden. [...]

Eine solche Identitätsbildung ist jedoch nur möglich, wenn zugleich eine Abgrenzung nach außen, zu anderen Gruppen hin, stattfindet. Auch dies wird durch Mythen geleistet, weil sie kennzeichnen, wer zur Gruppe gehört und wer nicht. Dies geschieht, indem Mythen immer den Gegensatz zwischen „gut", also „eigen/selbst", und „böse", also „die anderen", schaffen. [...] Insofern ist ein Mythos auch ein Mittel zur Selbstdarstellung nach innen und außen, etwa indem die Varusschlacht eindeutig auf die Stärke der „Germanen" und damit der dem Mythos folgenden Gruppe, der deutschen Nation, hinweist. Mit dieser Funktion geht die integrative Rolle politischer Mythen einher. [...]

Darüber hinaus können, wie es der Germanenmythos zeigt, politische Mythen zu Elementen von Ideologien werden und auch als deren Essenz, Umschreibung oder Erklärung dienen. Auf diese Weise wird das gegenwärtige politische Handeln, werden territoriale Machtansprüche, Krieg und damit auch die herrschende Gruppe gerechtfertigt. Denn durch einen politischen Mythos werden diejenigen, die ihn „erfunden" haben und ihn fördern, vom Glanz der im Mythos dargestellten Leistung bestrahlt.

Heidi Hein-Kircher, Zur Definition, Vermittlung und Funktion von politischen Mythen, in: Landesverband Lippe (Hrsg.), 2000 Jahre Varusschlacht – Mythos, Stuttgart 2009, S. 149–154, hier S. 149 und 151–154

---

[1] **apriorische Prämisse**: vorherige Annahme
[2] **konstitutiv**: bestimmend

---

1. *Erläutern Sie die Funktion des „politischen Mythos" am Beispiel des Varusschlacht- bzw. Arminiusmythos.*

2. *Analysieren Sie, was Arminius, Luther und die „Stunde Null" gemeinsam haben.*

3. *Entwickeln Sie Thesen zur politischen Macht des Hermann-Mythos. Erörtern Sie, warum dieser Mythos heute seine Kraft weitgehend eingebüßt hat.*

Deutsches Selbstverständnis nach 1945

▲ Installation „Die Tore der Deutschen" von Horst Hoheisel.
Foto vom 27. Januar 1997.
In der Nacht vom 26. auf den 27. Januar 1997, dem Tag der Befreiung des KZ Auschwitz und Tag des Gedenkens an die Opfer des Nationalsozialismus projizierte Hoheisel Fotos des geschlossenen und geöffneten Auschwitz-Tores mit der Inschrift „Arbeit macht frei" auf das Brandenburger Tor in Berlin.

- Das Brandenburger Tor gilt als Symbol nationaler Identität. Mit seinem „Denkbild" wollte Hoheisel zum Nachdenken über die symbolische und erinnerungskulturelle Funktion des Tores anregen. Erläutern und beurteilen Sie Aussage und beabsichtigte Wirkung der Installation.

Das deutsche Selbstverständnis nach 1945 hatte sich zunächst an den Ereignissen der jüngsten Vergangenheit abzuarbeiten. Durch die Teilung der Welt in ideologische Blöcke, deren Grenze mitten durch Deutschland verlief, entwickelten sich in der DDR und in der Bundesrepublik jeweils völlig unterschiedliche politische Systeme und damit auch unterschiedliche „Aufarbeitungskulturen". Einig waren sich beide Staaten in der historischen Bewertung des NS-Staats als furchtbares Unrechtssystem. Unterschiedlich fielen jedoch die Antworten auf die beiden Fragen aus, wie es zu diesem Zivilisationsbruch kommen konnte, der in der Ermordung von sechs Millionen Menschen gipfelte, und welche Lehren ein Staat daraus ziehen muss. Die Art und Weise, wie beide Staaten die Vergangenheit „bewältigten", ist ein Spiegel der beiden politischen Systeme und diente jeweils zu deren Legitimation.
In den beiden deutschen Staaten entfalteten sich auch sehr unterschiedliche historische Anknüpfungspunkte und Wertesysteme. Diese trugen neben den Leistungen in Wirtschaft, Sport und Kultur zum jeweiligen Selbstverständnis bei und wirken bis heute nach. Die Wiedervereinigung 1990 stellte daher nicht nur eine gewaltige wirtschaftliche Herausforderung dar, sondern auch eine gesellschaftliche. Mit dem Wandel zur „Berliner Republik" vollzieht sich ein Wandel der „nationalen Identität", der auch die veränderte ökonomische, weltpolitische und militärische Rolle der Bundesrepublik reflektiert.

1945	Die Siegermächte des Zweiten Weltkriegs übernehmen die Regierungsgewalt und teilen Deutschland in vier Sektoren.
1945/1946	Im Nürnberger Prozess werden die Hauptkriegsverbrecher verurteilt.
1945–1950	Die Alliierten führen eine Entnazifizierung durch (in der SBZ nur bis 1948).
1948	Am 20. Juni wird in den Westzonen die D-Mark eingeführt.
1949	Mit der Unterzeichnung des Grundgesetzes am 23. Mai wird die Bundesrepublik gegründet; Konrad Adenauer (CDU) wird Bundeskanzler (bis 1963). Am 7. Oktober wird die DDR gegründet. Die Westdeutsche Regierung erkennt sie nicht als Staat an (Alleinvertretungsanspruch).
seit 1950	In der DDR ist der 8. Mai als „Tag der Befreiung" bis 1966 gesetzlicher Feiertag; in ganz Deutschland wird das Datum bis heute mit besonderen Gedenkveranstaltungen begangen.
1952	Im Luxemburger Abkommen verpflichtet sich die Bundesrepublik zu „Wiedergutmachungszahlungen" an Israel und den verfolgten Juden.
1953	Der Volksaufstand in der DDR gegen das SED-Regime am 17. Juni wird von sowjetischen Militärs niedergeschlagen. In Westdeutschland wird der 17. Juni zum Nationalfeiertag erhoben.
1958	In Ludwigsburg wird die Zentralstelle zur Aufklärung von NS-Gewaltverbrechen eingerichtet.
1961	Die SED lässt in Berlin eine Mauer errichten.
1963–65	In Frankfurt am Main finden die Auschwitz-Prozesse statt.
1969	Der Bundestag hebt die Verjährungsfrist für Völkermord auf.
1972	Im Rahmen der sozial-liberalen Ostpolitik von Bundeskanzler Willy Brandt erkennt die Bundesrepublik die DDR als gleichberechtigten deutschen Staat an.
1973	Beide deutsche Staaten werden Mitglieder der Vereinten Nationen (UN).
1989	Am 9. November fällt die Mauer; die innerdeutschen Grenzen sind offen.
1990	Am 3. Oktober wird die Wiedervereinigung vollzogen: „Tag der deutschen Einheit". Die Regierung der DDR bekennt sich erstmals zur „Verantwortung des gesamten deutschen Volkes für die Vergangenheit".
1992–1999	Führende DDR-Funktionäre werden wegen ihrer Verantwortung für die Tötungen an der innerdeutschen Grenze angeklagt und verurteilt.
1996	Der 27. Januar wird zum Tag des Gedenkens an die Opfer des Nationalsozialismus erklärt; 2005 erhebt ihn die UNO zum Internationalen Holocaustgedenktag.
2000	Die Stiftung „Erinnerung, Verantwortung und Zukunft" zur Entschädigung von NS-Zwangsarbeitern wird gegründet.
2005	In Berlin wird das Denkmal für die ermordeten Juden in Europa eingeweiht.

In Nürnberg und anderswo

▲ „Er hat mir's doch befohlen!"
Karikatur von 1946.
● Erörtern Sie die Aussage der Karikatur.

Schuld und Sprachlosigkeit

Nach dem Ende des „Dritten Reiches" hätten sich Millionen Deutsche die bittere Frage stellen können, welchen Anteil sie selbst an der jüngsten Vergangenheit hatten. In den ersten Nachkriegsjahren schien sich in der deutschen Bevölkerung jedoch eine Verweigerungshaltung durchzusetzen. Nur eine Minderheit war dazu bereit, über die persönliche oder kollektive Mitverantwortung nachzudenken (▶ M1). Für Scham und Trauer über das schuldhafte Verhalten und die Massenverbrechen fehlte es vielfach an Einsicht, aber auch an Kraft. Nach Krieg, Flucht und Vertreibung waren die Menschen bemüht, das eigene Schicksal und den Alltag zu bewältigen. Zudem war der zeitliche Abstand für eine selbstkritische Betrachtung oder Infragestellung zu gering (▶ M2, M3). Viele Menschen täuschten Unkenntnis vor. Sie hätten nichts von den Verbrechen in den Konzentrationslagern gewusst. Die meisten sahen sich selbst als Opfer der nationalsozialistischen Ideologie und der bis zuletzt funktionierenden Propaganda. Andererseits gab es aber auch einige Intellektuelle und Politiker, die ein Eingeständnis der Schuld und eine „Wiedergutmachung" forderten. Im August und Oktober 1945 bekannten sich die beiden großen Kirchen in offenen Briefen zu ihrer Verantwortung.

Zwei Staaten – zwei Haltungen

Mit der doppelten Staatsgründung im Jahr 1949 zeigten sich bereits grundsätzliche Unterschiede in der Auseinandersetzung der Bundesrepublik und der *Deutschen Demokratischen Republik* (DDR) mit der NS-Zeit.

Die Bundesrepublik Deutschland verstand sich als Gegenmodell zum nationalsozialistischen Regime. Die freiheitlich-demokratischen und rechtsstaatlichen Prinzipien des Grundgesetzes untermauerten dies. Andererseits sah sich der westdeutsche Teilstaat aber auch als Rechtsnachfolger des Deutschen Reiches, dessen Erblast er nun tragen musste.

Gegenüber dem Ausland beanspruchte Bundeskanzler *Konrad Adenauer* (CDU) einen *Alleinvertretungsanspruch* der demokratischen Bundesrepublik für ganz Deutschland. Die DDR erkannte er nicht als eigenständigen Staat an. Sein Staatssekretär im Auswärtigen Amt, *Walter Hallstein*, entwickelte daraus folgende Doktrin (*Hallstein-Doktrin*): Erkannte ein Land die DDR als selbstständigen Staat an, drohte die Bundesrepublik die diplomatischen Beziehungen zu ihm abzubrechen. Davon war nur die Sowjetunion ausgenommen, die ja zu den vier Siegermächten zählte. Doch die DDR ließ sich auf Dauer nicht vollständig isolieren. Im Zug der *Entspannungspolitik* der 1960er-Jahre wurde die Hallstein-Doktrin schließlich aufgegeben.

Von Anfang an grenzte sich die DDR gegenüber der Bundesrepublik ab und begriff sich als der „bessere" der beiden deutschen Staaten. Die herrschende Staatspartei – die *Sozialistische Einheitspartei Deutschlands* (SED) – verstand die DDR als „antifaschistisches Bollwerk", als Friedensstaat und als sozialistischen Staat, der damit in besonderem Maße als Wohlfahrtsstaat den Menschen diente. In der kommunistischen Weltanschauung galt der „Faschismus" als letzte Stufe einer kranken kapitalistischen Gesellschaft. Das SED-Regime übernahm dieses Geschichtsbild. Der Sozialismus würde demnach den Kapitalismus und somit auch den Faschismus überwinden. Damit konnte auch die im Zuge der Bodenreform durchgeführte Enteignung von rund 7 000 Groß-

---

Lesetipps
● Edgar Wolfrum, *Die geglückte Demokratie. Geschichte der Bundesrepublik von ihren Anfängen bis zur Gegenwart*, München 2007
● Hermann Vinke, *Die DDR. Eine Dokumentation mit zahlreichen Biografien und Abbildungen*, Ravensburg 2008

Internettipp
www.hdg.de/lemo

▶ **Propaganda für den Volksentscheid in Sachsen zum „Gesetz über die Übergabe von Betrieben von Kriegs- und Naziverbrechern in das Eigentum des Volkes".**
Foto aus Leipzig, 1946.
1946 wurden die Bürger in Sachsen zu einem Volksentscheid über die Enteignung wichtiger Industrie- und Gewerbebetriebe aufgerufen. Zwei Drittel der Bevölkerung stimmten zu. Dies genügte der SED, um die Enteignung auch in allen übrigen Gebieten Ostdeutschlands durchzuführen.

grundbesitzern gerechtfertigt werden, indem diese zu Wegbereitern des Faschismus deklariert wurden. Mit dem Abschluss der „antifaschistisch-demokratischen Umwälzung" und der Gründung der DDR sah man die strukturellen und ideologischen Wurzeln des Nationalsozialismus „ein für alle Mal ausgerissen" (▶ M4). Die DDR lehnte daher jede Verantwortung für die NS-Verbrechen ab. Sie überließ es der Bundesrepublik, die deutsche Vergangenheit aufzuarbeiten.

Außenpolitisch rang die DDR jahrzehntelang um internationale Anerkennung. Erst 1955 wurde sie von der Sowjetunion für souverän erklärt und Anfang 1956 als „gleichberechtigtes" Mitglied in den *Warschauer Pakt* aufgenommen. Mit ihrer zweiten Verfassung von 1968, in der die führende Rolle der Partei festgeschrieben wurde, schloss die DDR den Aufbau der sozialistischen „Volksdemokratie" auch rechtlich ab. Aber erst der *Grundlagenvertrag* von 1972, mit dem sich Bundesrepublik und DDR als gleichberechtigte Staaten anerkannten, sowie die Aufnahme beider deutscher Staaten in die Vereinten Nationen (18. September 1973) brachte der DDR breitere internationale Anerkennung.

Amnestie und Integration

In den westlichen Besatzungszonen hatten trotz aller Entnazifizierungsbemühungen der Alliierten große Teile der führenden Elite des NS-Staats neben den vielen Mitläufern im großen Vergessen untertauchen, ihre Karrieren in der Bundesrepublik fortsetzen und erneut in Schlüsselpositionen aufsteigen können. In der bundesdeutschen Öffentlichkeit regte sich zunächst kaum Kritik. Mehr noch: 1949 und 1954 verabschiedete der Deutsche Bundestag – ihm gehörten in der zweiten Legislaturperiode 129 ehemalige NSDAP-Mitglieder an – einstimmig „Straffreiheitsgesetze", die viele verurteilte NS-Täter begnadigten. Seit 1951 durften aus politischen Gründen entlassene Beamte und Berufssoldaten in den öffentlichen Dienst zurückkehren. Beim Aufbau des Wiesbadener Bundeskriminalamts seit 1945 waren NS-Beamte maßgeblich beteiligt. Damit wurden nahezu alle, die von alliierten Militärgerichten verurteilt worden waren, wieder frei.

Die westdeutsche „Vergangenheitspolitik" entsprach der in der Gesellschaft der 1950er-Jahre weit verbreiteten „Schlussstrich"-Mentalität. Die „Gnadenwelle" sollte der Stabilisierung der jungen Bundesrepublik dienen. Integration und Aufbau schienen wichtiger als Gerechtigkeit. Auf diese Weise konnten sich auch die Millionen „Mitläufer" des NS-Systems entlastet fühlen. Es gab jedoch auch Politiker, die gegen diesen Hang zur Schuldabwehr auftraten.

Die Sowjets führten die Entnazifizierung sehr viel konsequenter als die Westalliierten durch. Aber auch in der SBZ wurden bereits frühzeitig ehemalige NS-Parteigenossen von einer Bestrafung ausgenommen, um ihnen eine Brücke in den neuen sozialistischen Staat zu bauen. Wer sich aktiv am Aufbau des Sozialismus beteiligte, dem winkte eine rasche politische und soziale Integration. Das am 9. November 1949 verabschiedete „Gleichberechtigungsgesetz" der Volkskammer rehabilitierte alle, die allein wegen der Mitgliedschaft in der NSDAP bestraft worden waren. 1952 wurden schließlich auch geringfügig Belastete integriert. Der Bereich der Justiz und der Exekutive blieb ihnen jedoch verschlossen. Die NS-Opferverbände liefen gegen diese Politik Sturm. Weil sich vor allem die Vereinigung der Verfolgten des Naziregimes nicht mit der Politik der Staatsführung abfinden wollte, musste sie 1953 ihre Auflösung bekannt geben.

Entschädigung für NS-Opfer

1950 entstand in Deutschland der Zentralrat der Juden. Er setzte sich für die Rechte der Juden ein und forderte Wiedergutmachung für das erlittene Unrecht. Bundeskanzler Konrad Adenauer ging, nicht zuletzt auf Druck der Amerikaner, auf die jüdischen Forderungen ein. Ende September 1951 bot er im Bundestag dem 1948 in Palästina gegründeten Staat Israel Wiedergutmachungsverhandlungen an.[1] Am 10. September 1952 wurde in Luxemburg mit Israel und jüdischen Organisationen ein Wiedergutmachungsabkommen geschlossen (Luxemburger Abkommen). Es stellte unter anderem drei Milliarden DM (1,53 Mrd. Euro) für die Eingliederung von etwa einer halben Million Holocaust-Überlebender in Aussicht. Im Bundestag konnte Adenauer die Ratifizierung des Vertrags nur mithilfe der Opposition durchsetzen, da er in den eigenen Reihen keine Mehrheit für das Abkommen fand.

Auch anderen NS-Opfern stellte die Bundesrepublik Entschädigungen in Aussicht. Über zwei Millionen Anträge zur Wiedergutmachung wurden anerkannt. Allerdings waren die Leistungen für den Einzelnen eher bescheiden: Für einen Monat KZ-Haft gab es einen einmaligen Betrag von 150 DM, für nachgewiesene Gesundheitsschäden waren Renten vorgesehen. Andere Opfergruppen gingen lange Zeit leer aus, etwa die Zwangsarbeiter aus Osteuropa, die erst ab dem Jahr 2000 durch die Stiftung „Erinnerung, Ver-

▲ **Bundeskanzler Konrad Adenauer (rechts) und der israelische Ministerpräsident David Ben Gurion in New York.**
Foto vom 14. März 1960.
Es war das erste deutsch-israelische Treffen führender Politiker nach 1945.

---

[1] Vgl. zu Israel das Kapitel „Geschichts- und Erinnerungskultur: der Holocaust-Gedenktag in Israel", S. 113 – 120.

antwortung und Zukunft" entschädigt wurden.

Vergleichbare Wiedergutmachungen leistete die DDR nicht. Entsprechende Forderungen Israels wies die SED-Führung rigoros zurück, zumal sie den jungen Staat Israel als Teil des kapitalistischen Weltsystems begriff.

Leistungen der Bundesrepublik für NS-Opfer (in Mrd. Euro)	
Bundesentschädigungsgesetz (BEG)*	44,54
Weitere gesetzliche Regelungen	1,94
Härtefallregelungen	2,78
Leistungen an den Staat Israel	1,76
Globalverträge mit Staaten u. a. (z. B. Claims Conference**)	1,46
Rückerstattung geraubten Vermögens	2,02
Sonderfonds der Bundesländer außerhalb des BEG	1,53
Sonstige Leistungen	4,63
Stiftung „Erinnerung, Verantwortung und Zukunft"	12,56
Gesamt:	63,22

* Das Gesetz von 1956 entschädigte alle Verfolgten, die bis zum 31. Dezember 1952 in der Bundesrepublik oder in West-Berlin wohnten bzw. vor ihrer Auswanderung dort gelebt hatten.
** Jewish Claims Conference: 1951 gegründeter Zusammenschluss von Verbänden, die jüdische Opfer des Nationalsozialismus in Entschädigungsfragen vertreten

Süddeutsche Zeitung vom 15. Juli 2008, S. 6

- Erläutern Sie, wen das Bundesentschädigungsgesetz ausschloss.
- Nehmen Sie Stellung zu der Frage, ob es gerechtfertigt ist, dass die Bundesrepublik heute noch Entschädigungsleistungen aufbringt.

Antitotalitärer Basiskonsens in der Bundesrepublik

Die Bundesregierung bekämpfte sowohl rechts- als auch linksextreme Parteien. Politik und Bürger in der Bundesrepublik fühlten sich jedoch vor allem von „links" bedroht, vom Kommunismus der DDR und der Sowjetunion. Der Kalte Krieg verschaffte dem Antikommunismus immer neue Nahrung. Eine Neigung zur Schwarz-Weiß-Malerei in der bundesdeutschen Gesellschaft – hier die heile Welt des Westens, dort die böse kommunistische Welt des Ostens – war weit verbreitet. In der Bundesrepublik etablierte sich ein „antitotalitärer" Basiskonsens, in den frühere nationalsozialistische, antibolschewistische Kräfte integriert werden konnten (▶ M5). In der immer wieder verwendeten Formel von der „Verteidigung der Freiheit gegen den Bolschewismus" trafen sich Konservative, Liberale und Sozialdemokraten ungeachtet ihrer sonstigen parteipolitischen Gegensätze. So wurde der Antikommunismus zur tragfähigen Integrationsideologie für die noch ungefestigte Demokratie in Westdeutschland.

In der frühen Nachkriegszeit galt in Westdeutschland die Formel „Rechtsradikalismus = Linksradikalismus". Auf diese Weise konnte nicht nur die DDR-Diktatur mit der NS-Diktatur gleichgesetzt, sondern auch manche kritische Frage zur eigenen Geschichte abgewehrt werden (▶ M6). So blieben in der westdeutschen Öffentlichkeit lange Zeit die Verbrechen der Wehrmacht in Polen oder in der Sowjetunion ebenso unbeachtet wie das Schicksal der Millionen ausgebeuteten osteuropäischen Zwangs- oder Fremdarbeiter.

▲ Wahlplakat der CDU zur Bundestagswahl 1953.

Verordneter Antifaschismus in der DDR

Die DDR beanspruchte für sich den absoluten Bruch zum „Dritten Reich" und zu allen anderen vorangegangenen „Klassen-Herrschaften". Daher musste sie eine vollkommen neue Traditionslinie erfinden. Auf der Suche nach Legitimität machte die Parteiführung den kommunistischen Widerstand gegen den Nationalsozialismus, in dessen Nachfolge sie den SED-Staat stellte, zum „Gründungsmythos". Der Antifaschismus wurde zur Staatsideologie. Aus ehemals kommunistischen Verfolgten und Widerstandskämpfern wurden moralisch unangreifbare politische Führer. Die von

Deutsches Selbstverständnis nach 1945

diesen verordnete antifaschistische Geschichtsdeutung besagte, dass „der Aufbau des Sozialismus die einzig richtige Konsequenz aus dem Faschismus" sei, denn nur mit der Abschaffung des Kapitalismus sei auch die Grundlage für den Faschismus für immer beseitigt. Somit konnten sich alle, die sich mit dem Sozialismus identifizieren, auch als „Sieger der Geschichte" verstehen. Gerade junge Menschen und Intellektuelle befürworteten den Staat, weil sie so deutlich Abstand zur NS-Vergangenheit wahren konnten (▶ M7). Auch außenpolitisch versuchte sich die DDR mit ihrer antifaschistischen Staatsdoktrin zu legitimieren (▶ M8).

Nicht zuletzt nutzte die DDR den Verweis auf die nationalsozialistische Vergangenheit aus, um den Konkurrenten im Westen, dessen Elite und Beamtenschaft eine kaum gebrochene personelle Kontinuität zum „Dritten Reich" aufwiesen, als „braunes System" darzustellen. Die aufwändigste und folgenreichste Kampagne hierzu startete im Mai 1957 in Ost-Berlin. Während der internationalen Pressekonferenz „Gestern Hitlers Blutrichter – Heute Bonner Justizelite" wurde die NS-Vergangenheit von 118 bundesdeutschen Richtern und Staatsanwälten enthüllt. Im Lauf der folgenden drei Jahre identifizierte die DDR etwa alle sechs Monate weitere 200 Juristen des „Dritten Reichs". Das erregte auch im Ausland Aufmerksamkeit, sodass die bundesdeutsche Politik unter Handlungsdruck geriet. Letztlich beschloss die Ende 1958 tagende Konferenz der Justizminister, die Zentrale Stelle der Landesjustizverwaltungen zur Aufklärung nationalsozialistischer Verbrechen zu gründen. Sie trug zwar nicht die Hypothek der NS-belasteten Juristen ab, ließ jedoch die systematische Ermittlung gegen Nazi-Täter, die Anfang der 1950er-Jahre nahezu zum Erliegen gekommen war, wieder Fahrt aufnehmen.[1] Eine vergleichbare Institution gab es in der DDR nicht.

Umgang mit Widerstand und Opfern

Die Antifaschismus-Ideologie verlieh den kommunistischen Widerstandskämpfern Heldenstatus, darunter vor allem dem ehemaligen KPD-Vorsitzenden *Ernst Thälmann*, den die Nationalsozialisten 1944 im KZ Buchenwald ermordet hatten. Andere Widerstandsgruppen, etwa aus den Kirchen, dem Bürgertum oder dem Militär, fanden in der DDR ebenso wenig Beachtung wie die vielen Millionen Menschen, die der NS-Rassenideologie zum Opfer fielen (▶ M9). Nicht Antisemitismus und Rassismus, sondern der Kampf gegen „die Arbeiterklasse" und gegen die Sowjetunion sei das wesentliche Element des „Hitler-Faschismus" gewesen, lautete die immer wieder propagierte Doktrin der SED-Führung. Eine eingehende Auseinandersetzung mit dem Holocaust, wie sie in der Bundesrepublik in den 1970er-Jahren einsetzte[2], gab es in der DDR nicht. Die Juden, die Sinti und Roma und anderen Verfolgten erfuhren daher auch keine besondere Anerkennung als Opfer.

Erst Ende der 1980er-Jahre rückte die politische Führung der DDR den Holocaust stärker in den Fokus. Den Feierlichkeiten zum Geden-

▲ **Plakat der Nationalen Front von 1960.**
Im Vordergrund: die Skulpturengruppe an der 1958 eingeweihten Mahn- und Gedenkstätte des ehemaligen Konzentrationslagers Buchenwald. Das Denkmal fand erst die Zustimmung der Partei, als der Künstler Fritz Cremer Figuren mit Parteibanner und Waffen hinzufügte.

● *Analysieren Sie Aussage und Wirkung des Plakats.*

---

[1] Vgl. im Kapitel „Nationalsozialismus und deutsches Selbstverständnis" S. 90 f.
[2] Vgl. ebd. S. 91 f.

ken an den 50. Jahrestag der „Reichspogromnacht" 1988 kam daher eine nie dagewesene Bedeutung zu. So stieg die DDR, resümiert der Historiker *Peter Bender*, erst kurz vor ihrem Ende herunter „vom hohen Ross des ‚Siegers der Geschichte' und wurde, was die Bundesrepublik war: ein Nachfolgestaat des Nazi-Reiches".

In der späteren Bundesrepublik galt die Haltung zum Widerstand gegen das NS-Regime, vor allem die Erinnerung an das Hitler-Attentat vom 20. Juli 1944, als entscheidendes Kriterium dafür, wie die deutsche Bevölkerung ihre Vergangenheit „bewältigte". Die Verschwörer des 20. Juli bezeugten stellvertretend für die vielen anderen mutigen Frauen und Männer des deutschen Widerstands, dass es auch in der NS-Zeit ein anderes, besseres Deutschland gegeben hatte. Dies sah jedoch in den ersten Nachkriegsjahren anders aus: Bei vielen Menschen stieß das Thema „20. Juli" auf Ablehnung, denn es erinnerte an eigene Versäumnisse und die persönliche Schuld. Manche verurteilten die Männer des 20. Juli sogar als Verräter. Im offiziellen Gedenken hatte der 20. Juli jedoch bereits seit 1946 seinen Platz. Nach außen diente er dazu, die Kollektivschuldthese zu widerlegen, nach innen sollte er eine neue Identität in einer freiheitlichen Tradition stiften. Je größer der zeitliche Abstand, desto positiver wurde das Datum bewertet. Zum 60. Jahrestag 2004 erfuhren die Protagonisten des gescheiterten Attentats eine intensive Würdigung durch Politik, Medien und Öffentlichkeit.

Lesetipp
Jürgen Danyel (Hrsg), Die geteilte Vergangenheit. Zum Umgang mit Nationalsozialismus und Widerstand in beiden deutschen Staaten, Berlin 2004

DVD-Tipp
Deutsch-deutsche Geschichte. Umgang mit der NS-Vergangenheit. Bundesstiftung Aufarbeitung und FWU-Medieninstitut der Länder, Grünwald 2008 (56 Min.)

Geschichts- und Gedenkkultur

Die große Bedeutung der geschichtskulturellen Beglaubigung im Staats- und Gesellschaftssystem der DDR zeigt sich auch in der „gründungsmythischen Dreieinigkeit" der DDR-Gedenk- und Feiertage: So wurde am 15. Januar der Ermordung von Karl Liebknecht und Rosa Luxemburg gedacht[1], 1950 der 8. Mai als arbeitsfreier Feiertag („Tag der Befreiung des deutschen Volkes vom Hitlerfaschismus", ab 1967 nicht mehr arbeitsfrei) und der 7. Oktober, der Gründungstag der DDR („Tag der Republik"), als Staatsfeiertag eingeführt. Der 8. Mai galt auch als „Tag des Dankes an die Sowjetunion" und der 7. Oktober als „Tag des Stolzes auf die eigene Leistung". Damit fügten sich die Feiertage zu einer Erzählung, in der auf den Kampf und die Opfer, die Erlösung und der Dank an die Befreier sowie schließlich die stolze Feier des Bestehenden folgte.

Völlig anders ging die Bundesrepublik mit ihrer symbolischen Repräsentation und geschichtskulturellen Selbstdeutung um. Hier herrschte nach 1945 in dieser Hinsicht eine große Verunsicherung. In erster Linie wollte sich die Bundesrepublik sowohl gegen das „Dritte Reich" als auch gegen die DDR abgrenzen. In der westdeutschen Bevölkerung wurde der 8. Mai lange eher als „Tag des Zusammenbruchs" als ein Tag der Befreiung angesehen. Er fand erst nach Jahren Eingang in die offizielle Gedenkkultur. Auch ein Gründungsdatum, an dem die Bundesrepublik sich hätte feiern können, gab es nicht. Die Bundesrepublik verstand sich als „Provisorium", welches – wie das Grundgesetz – nur so lange Bestand haben sollte, bis sich alle Deutschen in freier Selbstbestimmung eine Verfassung geben und einen Staat bilden würden.

▲ **Ehrenmal im Innenhof der Gedenkstätte Deutscher Widerstand in Berlin.**
Foto (Ausschnitt) von 2011. Die von dem Bildhauer Richard Scheibe geschaffene Bronzefigur wurde am 20. Juli 1953 eingeweiht.

---

[1] Vgl. im Kapitel „Die Weimarer Republik und ihre Bürger" S. 129.

Deutsches Selbstverständnis nach 1945

Einen wichtigen Schub für die westdeutsche Identitätsbildung brachte der ostdeutsche Volksaufstand vom 17. Juni 1953. Kurz darauf erklärte der Bundestag den 17. Juni als „Tag der deutschen Einheit" zum ersten und einzigen Staatsfeiertag der alten Bundesrepublik. Der Aufstand habe ein für alle Mal die Behauptung widerlegt, „dass das deutsche Volk nicht die innere Kraft aufbringe, sich gegen Diktatur und Willkür zur Wehr zu setzen". Der 17. Juni wurde damit zum Bestandteil der Nach-Geschichte des Nationalsozialismus und der Aufarbeitung. Noch weiter geht der Historiker *Edgar Wolfrum* in seiner Bewertung: „Pointiert ausgedrückt war das Datum der eigentliche Gründungsakt der Bundesrepublik – und durfte es zugleich offiziell gar nicht sein."

▲ **Feier für den einmillionsten „Käfer" im Wolfsburger Volkswagenwerk.**
Foto vom 5. August 1955.
Der VW-Käfer wurde zum Symbol des deutschen Wirtschaftsaufstiegs. Er wurde insgesamt 21,5 Millionen Mal gebaut.

Lebensstandard als Legitimation: das „Wirtschaftswunder"

Nicht nur die gegensätzlichen politischen Kurse, die beide deutsche Staaten einschlugen, auch der Wohlstand der Bevölkerung entwickelte sich unterschiedlich.

In Westdeutschland förderten die Alliierten den raschen wirtschaftlichen Wiederaufbau. Zunächst musste die durch den Krieg verursachte Inflation beseitigt werden. Am 20. Juni 1948 wurde in den Westzonen eine *Währungsreform* durchgeführt und die Deutsche Mark als neues Zahlungsmittel eingesetzt. Was sich anschließend ereignete, grub sich als Gründungsmythos der Bundesrepublik tief ins Bewusstsein der Menschen ein (▶ M10): Über Nacht füllten sich die Geschäfte mit Waren, die bislang nur mit Mühe auf dem Schwarzmarkt erhältlich gewesen waren. Die Händler hatten ihre Güter bis zur Einführung einer stabilen Währung zurückgehalten.

Die Währungsreform und die 1948 von dem späteren Wirtschaftsminister *Ludwig Erhard* mit Unterstützung der Amerikaner durchgesetzte Einführung der *Sozialen Marktwirtschaft* schufen die Grundlagen für einen beispiellosen Wirtschaftsaufschwung, der für die Zeitgenossen einem „Wirtschaftswunder" gleichkam. Die internationale Nachfrage nach deutschen Produkten wuchs, die Industrieproduktion, die Kaufkraft der Bevölkerung und die Einkommen stiegen an, bereits Ende der 1950er-Jahre herrschte Vollbeschäftigung. Ein spezifisches Lebensgefühl bildete sich aus: das Streben nach bürgerlicher Normalität, Erfolg und materiellem Wohlstand. Auf die „Fresswelle" der frühen 1950er-Jahre folgte eine „Kaufwelle", eine „Reisewelle", die viele Deutsche in ihr Traumland Italien führte, und schließlich die „Motorisierungswelle". Trotz bleibender sozialer Ungleichheit prägte kaum etwas anderes das Selbstverständnis der Westdeutschen so sehr wie der wirtschaftliche Erfolg in den ersten beiden Jahrzehnten nach der Gründung der Bundesrepublik.

▲ **Käuferschlange in Ost-Berlin.**
Foto aus den 1970er-Jahren.
Weil es an so vielem fehlte, bekamen die DDR-Bürger selten das, was sie kaufen wollten, sondern sie kauften das, was es gerade gab. Schlangestehen gehörte zum Alltag.

„Von der Wiege bis zur Bahre"

Die sowjetische Besatzungsmacht verzichtete nicht auf Reparationen und Demontage. Hunderte Industrieanlagen wurden in Ostdeutschland abgebaut. Die Einführung der sozialen Planwirtschaft, die Verstaatlichung der Industrie, die Kollektivierung der Landwirtschaft und Enteignung vieler kleiner Handels- und Handwerksbetriebe sowie die zentral von der Regierung geplante Güterproduktion – all diese von Moskau verordneten Maßnahmen lähmten die Wirtschaft. Das starre System führte zu ständigen Engpässen in der Industrie und der Versorgung der Bevölkerung mit Gütern des täglichen Lebens. Trotz hoher Arbeitsleistungen blieb der Lebensstandard deutlich niedriger als in der Bundesrepublik. Gerade junge, gut ausgebildete DDR-Bürger zog es in den kapitalistischen Westen. Erst die Abriegelung durch den Bau von Mauer und Selbstschussanlagen 1961 setzte der Massenflucht ein Ende. Die Grenze war jedoch nicht ganz undurchlässig. Von 1961 bis 1988 flohen über 40 000 Personen – teilweise unter spektakulären Umständen – in den Westen.

In den folgenden Jahren verbesserte sich der Lebensstandard. Trotz aller Propaganda blieb die Bundesrepublik aber der einzige von den Bürgern akzeptierte Maßstab. Mit sozialen Vergünstigungen versuchte die SED-Führung, die Bevölkerung positiv zu stimmen und ihre Herrschaft zu sichern. Letztlich akzeptierten die meisten Bürger den „Sozialstaat DDR", der sie „von der Wiege bis zur Bahre" begleitete. Die staatliche Subventionierung von Konsum und Sozialleistungen bei geringer Arbeitsproduktivität der staatlichen Betriebe und dem im Vergleich zum Export wesentlich höheren Import von Waren führte die DDR jedoch in den Bankrott, den die Parteiführung bis zum Schluss zu verheimlichen suchte.

Amerikanisierung im Westen – Zensur im Osten

Die von der Bundesregierung verfolgte Westorientierung fand ihre Entsprechung in der persönlichen Lebenswelt der Bürger. Amerikanische Kultur und Lebensart hielten in der Bundesrepublik Einzug, besonders geprägt durch Coca-Cola, Kaugummi und Burger, Jeans, Rock'n'Roll, Hollywood-Filme und Massenmotorisierung. Gleichzeitig machte die von den USA ausgehende Massenkultur die Werte der amerikanischen Demokratie populär: Liberalismus, Pluralismus und Rechtsstaatlichkeit stellten obrigkeitliches Denken und patriarchalische Strukturen infrage. Überall in Westeuropa ging dies mit dem Protest und einem veränderten Lebensgefühl vieler Jugendlicher einher, die nach Freiräumen von Arbeitsethos und Bürgerlichkeit verlangten. Viele der älteren Generation sahen diese Entwicklung als Anzeichen des kulturellen Verfalls, andere wiederum begriffen die Amerikanisierung als historisch längst überfälligen Prozess der kulturellen Demokratisierung und Emanzipation.

Durch diese Entwicklung vollzog sich die deutsche Teilung auch im kulturellen Bereich. Die DDR bot ihren Bürgern keine vergleichbaren Konsummöglichkeiten. Die für den „Westen" stehenden Wertvorstellungen wie Individualismus und Freiheitsdrang standen den Idealen des „real existierenden Sozialismus" entgegen und wurden unterdrückt. Da die westliche Kultur vom „Klassenfeind" propagiert und gelebt wurde, musste sie in der DDR umso negativer bewertet und streng sanktioniert werden. Die Partei versuchte, alle westlichen Einflüsse zu verhindern, Beat-Musik und Jeans wurden viele Jahre verboten.

Demgegenüber erhob die DDR den Anspruch, eine „Kulturgesellschaft" zu sein. Die Staatsführung war stolz, ihren Bürgern kostenlosen Zugang zu Bibliotheken, Theatern und Museen zu bieten. Viele zeitgenössische Autoren wurden von Ost- und Westdeutschen gelesen. Zahlreiche Schriftsteller übten in ihren Werken Kritik an der deutschen Vergangenheit und Gegenwart, die sich oft gegen beide deutsche Staaten richtete. Obwohl Zensur und Publikationsverbot drohten – beides stritt die DDR-Führung offiziell ab –, entstand seit den späten 1960er-Jahren ein Milieu regimekritischer Schriftsteller. Manche von ihnen verließen die DDR, wie etwa *Sarah Kirsch*, *Jurek Becker* oder *Monika Maron*. Der ostdeutsche Schriftsteller und Liedermacher *Wolf Biermann* wurde wegen kritischer Veröffentlichungen 1976 ausgebürgert (▶ M11). Bis in die 1980er-Jahre blieben Künstler und Autoren der Willkür des SED-Regimes ausgesetzt, das entweder über Kritik hinwegsah oder mit harten Maßnahmen reagierte.

▲ **Deutsches Turn- und Sportfest in Leipzig.**
Foto vom 15. August 1959.
„Jedermann an jedem Ort – einmal in der Woche Sport", so die Losung von DDR-Staatschef Walter Ulbricht. In diesem Sinne betätigte er sich wie hier auf dem III. Turn- und Sportfest in Leipzig als begeisterter Vorturner.

Wettstreit der Systeme im Sport

Die materiellen Anreize, welche die DDR ihren Bürgern bieten konnte, waren gemessen an westlichen Standards gering. Sie musste daher auf andere Felder ausweichen, auf denen sie die Loyalität der Bevölkerung gewinnen und zugleich der kapitalistischen Konkurrenz erfolgreich Paroli bieten konnte. Sportliche Glanzleistungen sollten die Bürger mit nationalem Stolz erfüllen und dem Land die zunächst verwehrte internationale Anerkennung bringen.

Im Kalten Krieg wurden internationale Sportveranstaltungen zu Arenen im Wettstreit der Systeme (▶ M12). In diesem Sinne sah die DDR ihre Spitzensportler als „Diplomaten im Trainingsanzug". Kein anderes Land der Welt gab anteilsmäßig so viel Geld für die Förderung des Sports aus. Bereits in den Kindergärten und Grundschulen wurden begabte Kinder gefördert. Zudem wurde systematisch gedopt. Die internationalen Erfolge der ostdeutschen Spitzensportler trugen zur Identifikation der Bürger mit ihrem Land bei.

Bedeutend für das Selbstverständnis der westdeutschen Nachkriegsgesellschaft war der Sieg bei der Fußballweltmeisterschaft 1954 in Bern. Durch das „Wunder von Bern" konnten die Deutschen wieder stolz auf ihre Nation sein. Als die DDR bei den Olympischen Spielen von 1968 erstmals mit eigener – und nicht mehr in einer gesamtdeutschen – Mannschaft antrat und von da an im Medaillenspiegel jeweils vor der Bundesrepublik lag, sah sich diese genötigt, die staatliche Sportförderung ihrerseits zu forcieren. Auch im Westen war Doping nicht unbekannt. Im Jahr vor den Olympischen Spielen 1972 in München erklärte Bundesinnenminister *Hans-Dietrich Genscher* in einer Beratung: „Von ihnen als Sportmediziner will ich nur eines: Medaillen für München."

Skandal und Wandel in der Bundesrepublik

In den 1960er-Jahren spitzte sich in der Bundesrepublik die Auseinandersetzung um die Vergangenheit zu. Die jüngere Generation kritisierte die Selbstverständlichkeit, mit der ehemalige Mitläufer nach 1945 die Entwicklung der Bundesrepublik bestimmten, und forderte dazu auf, das Schweigen zu brechen. Die meist sehr persönlich geführte Auseinandersetzung der Jugend mit der Vergangenheit ihrer Eltern, Lehrer und Professoren führte oftmals zu einer pauschalen Verurteilung der älteren Generation und ging mit einem inflationären Gebrauch des Faschismus-Vorwurfs einher.

Im Mai 1968 erklärte der Bundestag „Beihilfe zum Mord aus niederen Beweggründen" rückwirkend seit 1960 als straffrei. Da im bundesdeutschen Rechtsverständnis als Haupttäter immer Hitler, Himmler, Heydrich u. a. galten, wurde die Masse der Schreibtisch-Täter stets nur wegen Beihilfe zum Mord angeklagt. Aufgrund der Novelle mussten viele Prozesse und Ermittlungsverfahren gegen NS-Täter eingestellt werden. Was in der offiziellen Sprachregelung als „Panne des Gesetzgebers" galt, nannte die kritische Öffentlichkeit „kalte Amnestie".

Der von 1963 bis 1965 dauernde Frankfurter Auschwitz-Prozess[1] hatte das Ausmaß des NS-Völkermordes, aber auch die Schwierigkeit gezeigt, den Verantwortlichen ihre individuellen Mordtaten nachzuweisen. Mord und Beihilfe zum Mord verjährten bis dahin nach 20 Jahren – so wäre in absehbarer Zeit eine Strafverfolgung von NS-Tötungsverbrechen nicht mehr möglich gewesen. Schließlich handelte der Gesetzgeber: Der Deutsche Bundestag verschob zunächst die Verjährungsfrist, nach weiteren intensiven Debatten im Jahr 1979 entschied er, die Verjährung von Völkermord und Mord ganz aufzuheben. So konnten in den 1960er-Jahren noch zahlreiche Prozesse gegen NS-Täter durchgeführt werden.

Auf politischer Ebene belebte sich vor allem im Zuge der Neuen Ostpolitik unter Bundeskanzler *Willy Brandt* der Diskurs über die NS-Vergangenheit von Neuem. Die Bundesrepublik bemühte sich erfolgreich um eine Verbesserung der deutsch-deutschen Beziehungen und der Verhältnisse zu den Staaten, die die DDR anerkannt hatten. Dazu gehörten auch Bemühungen um eine Aussöhnung mit den Opfern im Osten, die der berühmte Kniefall Brandts vor dem Mahnmal für die Opfer des Warschauer Ghettos symbolisch ausdrücken sollte.

▲ **Kniefall Willy Brandts am Mahnmal für die Opfer des Warschauer Ghettos.**
Foto vom 7. Dezember 1970.
Mit dieser spontanen Geste während seines Staatsbesuches gedachte Brandt der polnischen Juden, die 1943 beim Aufstand im Warschauer Ghetto von Deutschen ermordet worden waren. Am selben Tag unterzeichnete Brandt den Warschauer Vertrag, in dem die Bundesrepublik die Oder-Neiße-Linie als Westgrenze Polens anerkannte.

● *Brandts Geste löste in der Bundesrepublik heftige Reaktionen aus. Eine Zeitschrift fragte auf der Titelseite: „Durfte Brandt knien?" Nehmen Sie dazu Stellung.*

---

[1] Über den Auschwitz-Prozess lesen Sie nochmals S. 90 f.

Stillstand und Ritualisierung in der DDR

Eine solche auf den Nationalsozialismus zentrierte Auseinandersetzung der jungen Generation mit der älteren blieb in der DDR aus. Der ritualisierte antifaschistische Bezug auf den Nationalsozialismus wandelte sich nur in Nuancen. Öffentliche Kontroversen waren ohnehin nicht möglich. Neben der diktatorischen Verfasstheit des Staates war das einerseits durch die „antifaschistische Herkunft" der Herrschenden bedingt. „Wir fühlten eine starke Hemmung, gegen Menschen Widerstand zu leisten, die in der Nazi-Zeit im KZ gesessen hatten", kommentierte die Schriftstellerin *Christa Wolf* rückblickend. Andererseits war in der DDR die Auseinandersetzung mit dem „Hitler-Faschismus" ein Dauerthema in Politik, Bildung und Medien. Seit Gründung des Landes war die Bevölkerung durch dutzende Romane, Fernseh- und Kinoproduktionen, die zum Teil auch zum zentral vorgegebenen Schulstoff gehörten, „antifaschistisch" beeinflusst (z. B. *Bruno Apitz* „Nackt unter Wölfen").

Nach 1990: Die Aufarbeitung geht weiter

Internettipp
www.stiftung-aufarbeitung.de

Seit der Deutschen Einheit 1990 hat sich Deutschland einer „doppelten Vergangenheit" zu stellen. Die Fehler, die bei der ersten „Diktaturbewältigung" gemacht wurden – vor allem bei der strafrechtlichen Verfolgung der NS-Verbrechen – sollten sich bei der zweiten nicht wiederholen. Das vereinte Deutschland wandte sich, anders als nach 1945, unverzüglich der Aufarbeitung der Vergangenheit zu. Die Verbrechen der DDR-Diktatur wurden öffentlich gemacht, den Opfern wurde materiell und symbolisch Genugtuung verschafft, die Täter wurden bestraft. Für die Geschichtswissenschaft gilt das Thema DDR inzwischen als „überforscht". Geschichtskulturell aber hat das Thema, vor allem in den Facetten „Repression und Mangel", weiter Konjunktur.

Seit 1990 gibt es auch eine gesamtdeutsche Erinnerung an den Nationalsozialismus. Befürchtungen, das Thema könnte zu den Akten gelegt werden, erwiesen sich als falsch. Das Bekenntnis zur Verantwortung für die deutschen Gewalttaten steht unverändert. In Wissenschaft, Medien und Kunst ist das Interesse an der NS-Zeit größer denn je. Das Bild jener Epoche wird immer differenzierter. Unternehmensgeschichten etwa klären den Beitrag der deutschen Wirtschaft an der Judenverfolgung sowie an der Ausbeutung von Zwangsarbeitern während des Krieges. Mit der im Jahr 2000 gegründeten Stiftung „Erinnerung, Verantwortung und Zukunft" wurden die vielen Millionen ehemaliger Zwangsarbeiter entschädigt und endlich als Opfer anerkannt.

Darüber hinaus widmet sich die Geschichtswissenschaft verstärkt dem Thema „Aufarbeitung der Aufarbeitung" und damit der Frage, wie in Deutschland, aber auch in anderen europäischen Staaten, mit der NS-Vergangenheit von 1945 bis heute umgegangen worden ist.

▲ Der frühere Umgang mit Geschichte wird selbst zur Geschichte.
Ausgabe von 2009.

Alles neu in der „Berliner Republik"?

Im politischen Sprachgebrauch ist seit der deutschen Einheit von der „Berliner Republik" die Rede (▶ M13). Diese Bezeichnung bezieht sich nicht nur auf die neue, modernisierte Hauptstadt, sondern vielmehr auf ein verändertes deutsches Selbstverständnis im europäischen und internationalen Kontext.

Hat sich die deutsche Politik nach 1990 verändert? Dafür sprechen einige Indizien: Die Bundesrepublik drängt auf einen Sitz im Weltsicherheitsrat der UNO. Sie beteiligt sich an internationalen militärischen Kriegseinsätzen im Rahmen der NATO und der UNO. Sie spricht sich vehement gegen den Kriegseinsatz im Irak und gegen Libyen aus. Sie richtet „Gipfelkonferenzen" zur Klärung internationaler Konflikte aus. Und auch bei der Bewältigung der Euro- und Schuldenkrise seit dem Jahr 2008 spielt die Bundesrepublik eine dominierende Rolle.

Der Wandel von der Bonner zur in „neuer alter Größe" gewachsenen Berliner Republik hat im In- und Ausland auch Unbehagen ausgelöst. Um das Ansehen Deutschlands in der Welt und das Vertrauen des Auslands zu bewahren, knüpft die Berliner Republik an die antirituellen Traditionen der Bundesrepublik an. Dies betrifft auch die alljährliche Ausrichtung der Feier zum „Tag der deutschen Einheit" am 3. Oktober. Bremens Oberbürgermeister *Klaus Wedemeyer* empfahl 1994 auf der zentralen Einheitsfeier: „Rücksichtnahme und Aufrichtigkeit, Behutsamkeit und Realitätssinn nach innen und nach außen sollten uns auch leiten, wenn wir über die deutsche Nation und die kollektive Identität der Deutschen diskutieren."

Innenpolitisch hat sich die Situation von einem „behaglichen" Dreiparteiensystem (CDU, SPD, FDP) zu einem „bunten" Sechsparteiensystem (CDU, SPD, Grüne, Linke, FDP, Piraten) entwickelt, das vielfältigere politische Konstellationen ermöglicht. Von allen Parteien wird heute eine größere ideologische Beweglichkeit und Kompromissfähigkeit eingefordert. Nicht zuletzt sorgen die vielfältigen internationalen Anforderungen – Globalisierung, Terrorismus, Ökologie, Demografie – dafür, dass sich die deutsche Politik stets neu definieren muss.

Ob sich die Orientierung der deutschen Politik am „Zivilisationsbruch Nationalsozialismus" mit wachsendem zeitlichen Abstand halten wird, oder ob dieser historische Bezugspunkt allmählich verblasst, wird sich zeigen. Die politische Auseinandersetzung mit den NS-Verbrechen sollte jedoch nicht beendet werden, weil bis heute Rassismus, Antisemitismus, Ausländerfeindlichkeit und andere rechtsextremistische Auswüchse vielfach auf nationalsozialistischen Vorstellungen gründen. Außerdem hat sich nach 1945 mehrfach gezeigt, dass sich Zivilisationsbrüche in allen Teilen der Welt wiederholen können (z. B. die Massenmorde in Kambodscha oder die Kriegsverbrechen in Jugoslawien und Ruanda).

Lesetipp
Heike Tuchscheerer,
20 Jahre vereinigtes
Deutschland: eine
„neue" oder „erweiterte
Bundesrepublik"?,
Baden-Baden 2010

▲ **Volksfest am Brandenburger Tor zum Tag der deutschen Einheit in Berlin.**
Foto vom 3. Oktober 2011.

Deutsches Selbstverständnis nach 1945

Filmtipp
ZusammenWachsen – 20 Jahre Deutsche Einheit. Eco Media im Auftrag des Bundesministerium des Innern, Hamburg 2010, unter: www.freiheit-und-einheit.de/cln_156/FuE/DE/Home/Startseite_node.html

Ein Land – eine Identität?

Seit der „Wiedervereinigung" nähert sich die politische Kultur in den beiden Teilen Deutschlands allmählich einander an. Obwohl Löhne und Gehälter inzwischen weitgehend angeglichen wurden, fühlte sich ein Teil der Ostdeutschen jedoch durch die radikale politische und wirtschaftliche Umstellung ungerecht behandelt und von den „Wessis" überrollt. Orientierungslosigkeit, Rechtsradikalismus und eine nostalgische Verklärung des Sozialismus – teils humorvoll, teils kritisch „Ostalgie" genannt – machten sich breit. Insgesamt sind die Menschen in den neuen Bundesländern mit Demokratie, pluralistischer Gesellschaft und Marktwirtschaft weniger zufrieden als die im Westen. Die überwiegende Mehrheit der Bevölkerung steht aber positiv zum wiedervereinigten Deutschland.

▲ **„Daran müssen wir noch arbeiten."**
Karikatur von Rainer Schwalme, 1992.
● *Erklären Sie die Haltung des Zeichners zur deutschen Einheit. Diskutieren Sie, ob die Aussage der Karikatur auch heute noch Gültigkeit hat.*

Die Unterschiede in der Lebenserfahrung und im Lebensgefühl zwischen den Deutschen in Ost und West waren doch größer, als man das in den aufregenden Monaten der friedlichen Revolution erwartet hatte. Dies betrifft auch das kollektive Gedächtnis und traditionelle Werthaltungen. So spielt etwa im Osten die Erinnerung an den Holocaust immer noch eine geringere Rolle als im Westen, während der Antifaschismus noch immer einen großen Platz einnimmt. Trotz aller wirtschaftlichen und sozialen Probleme: Der Stolz auf die friedliche Revolution in der DDR und die daraufhin erfolgte Deutsche Einheit hat wesentlich zu einem gemeinsamen Selbstverständnis und zur „inneren Einheit" Deutschlands beigetragen.

Eine neue Geschichtskultur

Mit dem Ende der DDR verschwand auch ihre Geschichtskultur. Die Symbole des vereinigten Deutschland, die Flagge und Hymne, waren jene der Bundesrepublik. Namen der ostdeutschen Straßen, Plätze und Institutionen, die Denkmäler und symbolträchtigen Gebäude verschwanden, während sich Benennungen, die sich an der Geschichtskultur der alten Bundesländer orientieren, allmählich auch im Beitrittsgebiet verbreiten.
In der Bundesrepublik war die politische Kultur seit Ende der 1970er-Jahre pluraler geworden. Es gab immer mehr bürgergesellschaftliche Initiativen. Das beeinflusste auch die westdeutsche Geschichtskultur. Die (Um-)Benennung von Straßen, Plätzen, Institutionen und Kasernen, die Errichtung, Entfernung oder Umwidmung von Gedenkorten verstand man nun nicht mehr als alleinige Angelegenheit des Staates, sondern als Resultat eines Selbstverständigungsprozesses der Gesellschaft. Auch das 2005 fertiggestellte Denkmal für die ermordeten Juden Europas sowie das 2007 vom Bundestag

beschlossene *Freiheits- und Einheitsdenkmal*[1] im Zentrum Berlins hatten bürgergesellschaftliche Ursprünge (▶ M14). Heute gibt es in Deutschland eine Vielzahl von Gedenkstätten, die vom Bund, den Ländern, Kommunen oder von bürgergesellschaftlichen Akteuren errichtet wurden und betrieben werden.

Andererseits versteht es der Staat zunehmend als seine Aufgabe, die Vergangenheit mit einem offiziellen Gedenkwesen zielgerichtet lebendig zu halten. Dagegen erheben sich auch kritische Stimmen, die diese staatlich „verordnete" Gedenkkultur eher als Hindernis für eine wirkliche Auseinandersetzung und ein lebendiges Geschichtsbewusstsein begreifen.[2]

Gleichzeitig wird die Gedenk- und Erinnerungskultur an Nationalsozialismus und Holocaust immer internationaler, was sich heute vor allem an Museen wie dem *United States Holocaust Memorial Museum* in Washington, D.C., oder im *Jüdischen Museum* in Berlin zeigt. Auch die Entwicklung des 27. Januar von einem nationalen Gedenktag der Deutschen zum „Internationalen Tag des Gedenkens an die Opfer des Holocaust" verweist auf die Tatsache, dass der Holocaust heute Teil einer *transnationalen Erinnerungskultur* geworden ist.[3]

Etwa seit Beginn des neuen Jahrhunderts haben die Themen Nationalsozialismus und Zweiter Weltkrieg auch in Kino- und TV-Produktionen Konjunktur. Eine neue Generation von Autoren und Regisseuren entwickelt hier eine eigene Sichtweise auf die Vergangenheit, welche in der Geschichtswissenschaft, aber auch in den Medien immer wieder kontrovers diskutiert wird.

Lesetipp
Dana Giesecke und Harald Welzer, Das Menschenmögliche. Zur Renovierung der deutschen Erinnerungskultur, Hamburg 2012

▶ **Stolperstein vor einem Haus in der Elberfelder Straße in Berlin-Moabit.**
Foto von 2011.
Seit 1990 verlegt der Kölner Künstler Gunter Demnig zehn mal zehn Zentimeter große „Stolpersteine" vor den Wohnhäusern von NS-Opfern mit knappen Angaben zu deren Person. Bis 2011 wurden 32 000 Steine an 700 Orten in zehn europäischen Ländern verlegt.

---
[1] Vgl. dazu den Methoden-Baustein „Denkmäler" auf S. 195–197.
[2] Vgl. im Kapitel „Nationalsozialismus und deutsches Selbstverständnis" M5 auf S. 98f.
[3] Vgl. ausführlich dazu das Kapitel „Geschichts- und Erinnerungskultur: der 27. Januar als Gedenktag" auf S. 105–112.

Deutsches Selbstverständnis nach 1945

Methoden-Baustein: Karikaturen

Kompetenz:
Den Inhalt, die Aussage und die Wirkung einer Karikatur analysieren und im historischen Kontext beurteilen

Karikaturen analysieren

Karikaturen (von ital. caricare für „überladen", „übertreiben") sind gezeichnete historische Quellen: Sie nehmen zu aktuellen politischen oder gesellschaftlichen Ereignissen, Entwicklungen, Zuständen oder Personen kritisch Stellung. Mit den Mitteln der Parodie, der Ironie, der Komik und des Witzes heben sie zentrale Aspekte bewusst hervor, vereinfachen sie oder stellen sie verzerrt dar. Die Öffentlichkeit soll auf politische oder soziale Missstände und Fehlentwicklungen aufmerksam gemacht, zum Nachdenken und Diskutieren angeregt werden.

Worüber die Zeitgenossen lachten oder sich ärgerten, was ihnen gefiel oder was sie ablehnten, erfassen wir nicht auf Anhieb. Um die Aussage einer Karikatur zu entschlüsseln, bedarf es daher der genauen Interpretation und Analyse. In der Regel legen kurze Texte den gezeichneten Figuren Worte in den Mund oder bieten als plakative Unterschriften Hilfen für Deutung und Reflexion. Neben dem Text sind auch Daten wichtige Erschließungshilfen. Generell setzen die Zeichner nicht nur die Kenntnis des dargestellten Sachverhalts voraus, sondern auch die für Karikaturen typische Symbol- und Bildersprache:

- Symbole und Metaphern (Krone und Zepter für Monarchie, Waage für Gerechtigkeit)
- Personifikation und Allegorie („Uncle Sam" für die USA, „Germania" oder der „Deutsche Michel" mit Zipfelmütze für die Deutschen, Engel oder Taube als Friedensbringer)
- Tiervergleiche (der „russische Bär", der „gallische Hahn")
- visualisierte Redensarten („alle sitzen in einem Boot", „den Gürtel enger schnallen")
- historische Bildzitate („Der Lotse geht von Bord", „Die Freiheit führt das Volk")

Formale Kennzeichen
- Wer hat die Karikatur geschaffen oder in Auftrag gegeben?
- Wann und wo ist sie entstanden bzw. veröffentlicht worden?

Bildinhalt
- Wen oder was zeigt die Karikatur?
- Was wird thematisiert?
- Welche Darstellungsmittel werden verwendet und was bedeuten sie?

Historischer Kontext
- Auf welches Ereignis, welchen Sachverhalt oder welche Person bezieht sich die Karikatur?
- Auf welche politische Diskussion spielt sie an?
- Wozu nimmt der Karikaturist konkret Stellung?

Intention und Wirkung
- An welche Adressaten wendet sich die Karikatur?
- Welchen Standpunkt nimmt der Karikaturist ein?
- Welche Aussageabsicht verfolgt er?
- Inwiefern unterstützt ein eventueller Text die Wirkung der Zeichnung?
- Welche Wirkung wollte der Karikaturist beim zeitgenössischen Betrachter erzielen?

Bewertung und Fazit
- Wie lässt sich die Aussage der Karikatur insgesamt einordnen und bewerten?
- Wurde das Thema aus heutiger Sicht sinnvoll und überzeugend gestaltet?
- Welche Auffassung vertreten Sie zu der Karikatur?

„Deutscher Michel"
Personifikation des typischen Deutschen

Schwarzer Horizont
Metapher für ungewisse (politische) Zukunft

Gesichtszüge
klare Identifikation Adenauers

Katholische Krankenschwesterntracht
Hervorhebung/Ironisierung typischer Eigenschaften (Katholik, Adenauers autoritärer Führungsstil)

Kanonenrohr
Hinweis auf NATO-Beitritt und Wiederbewaffnung

VW-Käfer, Kühlschrank, TV-Gerät und Geldsack
Symbole für den wirtschaftlichen Aufstieg

▲ Zufrieden – „Nicht wahr, Michelchen – keine Experimente!"
Karikatur von H. E. Köhler in der Frankfurter Allgemeinen Zeitung, 1957.

Methoden-Baustein: Karikaturen

Formale Kennzeichen
Die Zeichnung stammt von Hanns Erich Köhler (1905–1983), einem der bekanntesten Karikaturisten der frühen Bundesrepublik. Er veröffentlichte sie 1957 in der Frankfurter Allgemeinen Zeitung, der führenden überregionalen, politisch eher konservativ ausgerichteten deutschen Tageszeitung.

Bildinhalt
Die Karikatur zeigt den an seinen charakteristischen Gesichtszügen erkennbaren ersten deutschen Bundeskanzler und CDU-Vorsitzenden Konrad Adenauer. In Anspielung auf seine Prägung als rheinischer Katholik und seinen autoritären Führungsstil ist er als Krankenschwester in Ordenstracht gekleidet. Lächelnd schiebt er eine Kreuzung aus Kinderwagen und Volkswagen, an dem vorn ein Kanonenrohr angedeutet ist. Im Kinderwagen liegen ein Geldsack und der als zufrieden schlafendes Baby dargestellte „Deutsche Michel" mit typischer Zipfelmütze, die Personifikation des deutschen Durchschnittsbürgers. Er hält einen Kühlschrank und einen Fernseher in den Armen. Thema der Karikatur ist die gesellschaftspolitische Situation Mitte der 1950er-Jahre (1957), die von Adenauers langjähriger Kanzlerschaft (1949–1963) und dem „Wirtschaftswunder" geprägt war, das VW-Käfer, Fernseher, Kühlschrank und D-Mark symbolisieren.

Historischer Kontext
Mit dem Slogan „Keine Experimente" errangen die CDU/CSU und ihr Spitzenkandidat Adenauer in der Bundestagswahl 1957 mit 50,2 Prozent der Mandate ihren bislang größten Sieg. Es war das erste und einzige Mal, dass eine Partei die absolute Mehrheit erhielt und die alleinige Regierungsfraktion stellen konnte.
Grundlagen für Adenauers Popularität waren der steigende Lebensstandard und die sinkende Arbeitslosigkeit. 1955 hatte die Bundesrepublik zudem mit dem Ende der Besatzungsherrschaft, dem NATO-Beitritt und der folgenden Wiederbewaffnung ihre Souveränität wiedererlangt. Adenauer konnte in seiner dritten Legislaturperiode nun vier Jahre lang ohne Koalitionspartner regieren und seine umstrittenen Ziele auch in der Außenpolitik verwirklichen. Dazu gehörte u.a. der Aufbau der Bundeswehr im NATO-Bündnis, worauf das angedeutete Kanonenrohr und die als schwarzer Horizont ausgemalte ungewisse oder gar dunkle Zukunft anspielen.
Mit seiner Karikatur nimmt Köhler Stellung zur politischen Einstellung der Bevölkerung, die sich in der Bundestagswahl spiegelt. Die meisten Deutschen hielten sich nach dem Krieg politisch zurück, konzentrierten sich auf den wirtschaftlichen Wiederaufbau und ihren privaten Lebensstandard. In Adenauer sahen sie den Garanten für Wohlstand und Stabilität. Für das „Experiment" eines politischen Wechsels gab es keinen Bedarf.

Intention und Wirkung
Der Karikaturist will dem Wähler einen Spiegel vorhalten und ihn daran erinnern, seine politische Verantwortung ernst zu nehmen. Adenauer hat sich in den acht Jahren im Kanzleramt ein so hohes Ansehen verschafft, dass ihm der Bundesbürger – mit den Errungenschaften des „Wirtschaftswunders" materiell zufriedengestellt – im Schlaf vertraut und freie Hand lässt, ohne zu wissen, wohin der Weg führt. Der Karikaturist wendet sich nicht gegen Adenauers Politik, sondern das Desinteresse, mit dem sich die Deutschen ihre gerade erst zurückgewonnene politische Mündigkeit aus Bequemlichkeit abnehmen lassen.

Bewertung und Fazit
Zeichenstil und Bildkomposition sind einfach, die Personen leicht zu erkennen und auf wenige charakteristische Elemente reduziert. Die Karikatur ist eine gelungene Allegorie, da sie die komplexen Zusammenhänge des gesellschaftspolitischen Klimas der Adenauerzeit mit Text und Symbolik treffend, einfach und damit wirkungsvoll zusammenfasst.

1. *Erläutern Sie, welches politische Selbstverständnis in der Karikatur deutlich wird.*
2. *Nehmen Sie Stellung zur Aktualität der Karikatur. Ist sie noch auf andere Zeiten übertragbar?*

M1
„Es ist zum Übelwerden"

Der Schriftsteller und Nobelpreisträger Hermann Hesse (1877–1962) lebt seit 1919 in der Schweiz im Tessin. Während der Zeit des Nationalsozialismus ist sein Haus eine Anlaufstelle für etliche Emigranten aus Deutschland. Im Frühjahr 1946 verfasst Hesse einen „Offenen Brief" an die in Bayern lebende Schriftstellerin Luise Rinser, der am 26. April 1946 in der „National-Zeitung" (Basel) unter dem Titel „Ein Brief nach Deutschland" veröffentlicht wird; darin heißt es:

Merkwürdig ist das mit den Briefen aus Ihrem Lande! Viele Monate bedeutete für mich ein Brief aus Deutschland ein überaus seltenes und beinahe immer ein freudiges Ereignis. […]
5 Dann wurden die Briefe häufiger und länger und unter diesen Briefen waren schon viele, die mir keine Freude machten und die zu beantworten mir bald die Lust verging […].
Ein Gefangener in Frankreich, kein Kind mehr, son-
10 dern ein Industrieller und Familienvater, mit Doktortitel und guter Bildung, stellte mir die Frage, was denn nach meiner Meinung ein gut gesinnter anständiger Deutscher in den Hitlerjahren hätte tun sollen? Nichts habe er verhindern, nichts gegen
15 Hitler tun können, denn das wäre Wahnsinn gewesen, es hätte ihn Brot und Freiheit gekostet, und am Ende noch das Leben. […]
Da sind nun zum Beispiel alle jene alten Bekannten, die mir früher jahrelang geschrieben, damit aber in
20 dem Augenblick aufgehört haben, als sie merkten, dass man sich durch Briefwechsel mit mir, dem Wohlüberwachten, recht Unangenehmes zuziehen könne. Jetzt teilten sie mir mit, dass sie noch leben, dass sie stets warm an mich gedacht und mich um
25 mein Glück, im Paradies der Schweiz zu leben, beneidet hätten, und dass sie, wie ich mir ja denken könne, niemals mit diesen verfluchten Nazis sympathisiert hätten. Es sind aber viele dieser Bekenner jahrelang Mitglieder der Partei gewesen. Jetzt erzäh-
30 len sie ausführlich, dass sie in all diesen Jahren stets mit einem Fuß im Konzentrationslager gewesen seien, und ich muss ihnen antworten, dass ich nur jene Hitlergegner ganz ernst nehmen könne, die mit beiden Füßen in jenen Lagern waren, nicht mit dem
35 einen im Lager, mit dem anderen in der Partei […].
Dann gibt es treuherzige alte Wandervögel, die schreiben mir, sie seien damals, so etwa um 1934, nach schwerem inneren Ringen in die Partei eingetreten, einzig, um dort ein heilsames Gegengewicht
40 gegen die allzu wilden und brutalen Elemente zu bilden und so weiter.
Andere wieder haben mehr private Komplexe und finden, während sie im tiefen Elend leben und von wichtigeren Sorgen umgeben sind, Papier und
45 Tinte und Zeit und Temperament im Überfluss, um mir in sehr langen Briefen ihre tiefe Verachtung für Thomas Mann[1)] auszusprechen und ihr Bedauern oder ihre Entrüstung darüber, dass ich mit einem solchen Mann befreundet sei.
50 Und wieder eine Gruppe bilden jene, die offen und eindeutig all die Jahre mit an Hitlers Triumphwagen gezogen haben, einige Kollegen und Freunde aus früheren Zeiten her. Sie schreiben mir jetzt rührende und freundliche Briefe, erzählen mir einge-
55 hend von ihrem Alltag, ihren Bombenschäden und häuslichen Sorgen, ihren Kindern und Enkeln, als wäre nichts gewesen, als wäre nichts zwischen uns, als hätten sie nicht mitgeholfen, die Angehörigen und Freunde meiner Frau, die Jüdin ist, umzubrin-
60 gen und mein Lebenswerk zu diskreditieren und schließlich zu vernichten. Nicht einer von ihnen schreibt, er bereue, er sehe die Dinge jetzt anders, er sei verblendet gewesen. Und auch nicht einer schreibt, er sei Nazi gewesen und werde es bleiben,
65 er bereue nichts, er stehe zu seiner Sache. Wo wäre je ein Nazi zu seiner Sache gestanden, wenn diese Sache schief ging? Ach, es ist zum Übelwerden.

Zitiert nach: Christoph Kleßmann, Die doppelte Staatsgründung. Deutsche Geschichte 1945–1955, Bonn 1991, S. 443f.

1. Beschreiben Sie, wie sich die Deutschen in ihren Briefen an Hermann Hesse darstellen.
2. Erläutern Sie, welche Gründe es für die Einstellung der Deutschen und ihren Umgang mit dem Nationalsozialismus geben könnte.
3. Erörtern Sie die Haltung Hesses, die hier zum Ausdruck kommt. Nehmen Sie selbst Stellung zu den Briefschreibern und verfassen Sie Antworten.

[1)] **Thomas Mann** (1875–1955): deutscher Schriftsteller und Nobelpreisträger, der 1933 in die Schweiz und 1938 in die USA emigrierte. Als Gegner der Nationalsozialisten wandte er sich regelmäßig in einer eigenen Radiosendung, gesendet von der BBC, an die deutsche Bevölkerung.

Deutsches Selbstverständnis nach 1945

▲ **Titelblatt der satirischen Nachkriegszeitschrift „Ulenspiegel" von Oktober 1946.**

Die LDP (Liberal-Demokratische Partei Deutschlands) war eine 1945 in der Sowjetischen Besatzungszone gegründete liberale Partei, die in der DDR zur einflusslosen Blockpartei wurde.

● Analysieren Sie die Aussage des Bildes.

M2
Mentalitätsbrüche

Der Historiker Hans-Ulrich Wehler spricht von einem vierfachen Mentalitätsbruch, der die Ausgangslage der neu gegründeten Bundesrepublik begünstigt habe:

1. Jedes Liebäugeln mit der Diktatur traf nach 1945 in Westdeutschland auf unüberwindbaren Widerstand. Die Erfahrungen mit dem Führerabsolutismus hatten alle Illusionen, die dieses politische Sys-
5 tem unlängst noch umhüllt hatten, aufgelöst. [...]
2. Mit dem Untergang des „Dritten Reiches" wurde außerdem die Fata Morgana eines deutschen „Sonderwegs" in die Moderne endgültig aufgegeben. Zwar hatte Deutschland seit jeher zum Okzident:
10 zum westlichen Kulturkreis und europäischen Staatensystem, gehört – insofern ist die Formel vom „langen Weg nach Westen" irreführend. Doch war es seit der zweiten Hälfte des 19. Jahrhunderts mit fatalen Folgen von dessen Modernisierungspfad
15 abgewichen. Das niederschmetternde Resultat des nationalsozialistischen „Sonderwegs" blieb umso wirkungsvoller, als die Blockkonfrontation zwischen sowjetischer Diktatur und westlicher Demokratie die vermeintliche Option für einen neuen
20 „Dritten Weg", den einige irrlichternde Schwarmgeister noch immer für begehbar hielten, denkbar unattraktiv machte.
3. Nachdem der Vulkan des deutschen Radikalnationalismus erstickt worden war, erloschen auch die
25 Leidenschaften, die ihn von einer Eruption zur anderen getrieben hatten. Damit verlor der politische Verband der Deutschen einen seiner Tragpfeiler, insbesondere aber eine Antriebskraft, die ihn seit hundert Jahren bewegt hatte. Die große Frage lautet
30 seither, welcher Loyalitätspol an die Stelle der Nation treten kann, da auch moderne westliche Staaten weiterhin einer integrierenden Programmatik bedürfen. [...]
4. Auch der Bann des charismatischen „Führers"
35 war 1945 endgültig gebrochen worden, nachdem der Selbstmörder ein bis dahin unvorstellbares Chaos heraufgeführt hatte. Trotzdem: Da der Hitler-Mythos sozialpsychisch viel tiefer verankert war, als mancher Kritiker der Führerherrschaft spä-
40 ter wahrhaben wollte, ist seine Ausstrahlungskraft nicht über Nacht erloschen. Die ersten Meinungsumfragen ergaben, dass Hitlers Leistungen in den sechs Friedensjahren noch rundum auf Anerkennung trafen. Im Sommer 1952 etwa hielt ihn ein
45 Drittel der Befragten für einen „großen Staatsmann", ein weiteres Viertel besaß eine „gute Meinung" von ihm.
Auch 1955 glaubte immerhin fast die Hälfte (48 Prozent), dass Hitler ohne den Krieg als einer „der
50 großen deutschen Staatsmänner" dagestanden hätte. Selbst 1967, als die westdeutsche Wirtschaft und die Bonner Republik schon jahrelang florierten, hielten noch immer 32 Prozent an diesem positiven Urteil fest. Heutzutage mag man das mit
55 einem ungläubigen Kopfschütteln registrieren, aber die zuverlässig ermittelten empirischen Befunde beweisen noch einmal die außergewöhnliche Faszination, die Hitlers charismatische Herrschaft auf seine Deutschen ausgeübt hatte.

Hans-Ulrich Wehler, Deutsche Gesellschaftsgeschichte, Bd. 4: Vom Beginn des Ersten Weltkriegs bis zur Gründung der beiden deutschen Staaten 1914–1949, München 2003, S. 981f.

1. Vergleichen Sie die Aussagen Wehlers mit dem Bericht in M1. Erarbeiten Sie auf dieser Grundlage ein Schaubild zum Selbstverständnis der Deutschen nach dem Krieg.
2. Erörtern Sie, welche integrierende Idee heute im wiedervereinigten Deutschland als Antriebskraft wirken könnte.
3. Die These vom „deutschen Sonderweg" ist unter Historikern umstritten. Erläutern Sie, ob die These vom „Sonderweg" zum Verständnis der Geschehnisse zwischen 1933 und 1945 beitragen kann. Vergleichen Sie mit dem Theorie-Baustein auf S. 100–104.

M3
Einstellungen im Wandel der Zeit

„Wann im 20. Jahrhundert ist es nach Ihrem Gefühl Deutschland am besten gegangen, in welchen Jahren?"

Zeitraum	Jahr der Umfrage			
	1959	1963	1970	1980
vor dem Ersten Weltkrieg	28	16	5	4
1918 bis 1933	5	5	2	2
1933 bis 1939	21	10	5	3
während des Krieges (1940–1945)	1	1	-	-
nach 1945	39	62	-	-
heute, jetzt	-	-	81	80
keine Angabe	6	6	7	11

Nach: Allensbacher Jahrbuch der Demoskopie 1984–1992, München 1993, S. 386

„Wann im 20. Jahrhundert ist es nach Ihrem Gefühl Deutschland am besten gegangen ...?" Diese Frage wurde von einem Meinungsforschungsinstitut in seinen Umfragen regelmäßig in der Bundesrepublik Deutschland gestellt. Die Tabelle zeigt, wie die Befragten geantwortet haben. Beschreiben Sie anhand der Daten die Einstellung der Westdeutschen zu ihrer Vergangenheit und Gegenwart bis um 1980. Erläutern Sie, welche Tendenzen erkennbar sind und wie sich diese erklären lassen. Ziehen Sie Ihre Ergebnisse aus M1 und M2 hinzu.

M4
Zur „antifaschistischen Umwälzung" in der DDR

Im Geschichtsschulbuch, das an allen 10. Klassen der Polytechnischen Oberschulen der DDR eingesetzt worden ist, heißt es in der Ausgabe von 1984:

Die Entstehung und Entwicklung der Deutschen Demokratischen Republik war das Resultat der siegreichen antifaschistisch-demokratischen Umwälzung. In diesem revolutionären Prozess kämpften
5 Arbeiter, werktätige Bauern und andere demokratische Kräfte unter Führung der SED für eine antiimperialistisch[1]-demokratische Staatsmacht und für die Durchsetzung des gesellschaftlichen Fortschritts. Die Machtgrundlagen der Monopolbourgeoisie und der
10 Großgrundbesitzer wurden in der antifaschistisch-demokratischen Umwälzung beseitigt, die Wurzeln des Faschismus wurden ausgerottet.

Geschichte Klasse 10, Volk und Wissen, Volkseigener Verlag Berlin 1984, S. 87

1. Geben Sie wieder, wie im Schulbuch die „antifaschistisch-demokratische Umwälzung" in der DDR beschrieben wird. Entspricht die Darstellung den historischen Tatsachen?
2. Erläutern Sie mithilfe der Darstellung auf S. 164f. den Faschismus-Begriff, wie ihn die DDR verstand.
3. Erörtern Sie, welche Konsequenzen sich aus dieser Geschichtsdarstellung für den Umgang mit der jüngsten Vergangenheit in Politik und Gesellschaft der DDR – auch gegenüber Westdeutschland – ergaben.

---

[1] **Imperialismus:** Nach Auffassung des Marxismus-Leninismus ist der Imperialismus die fortgeschrittene Stufe des Kapitalismus, da die Industrieländer, um sich Rohstoffe und Absatzmärkte zu sichern, zur Unterwerfung und Ausbeutung anderer Staaten übergehen.

Deutsches Selbstverständnis nach 1945

M5
Antikommunismus als Deckmantel?

Der Politikwissenschaftler Dietrich Thränhardt analysiert die Integration ehemaliger Nationalsozialisten in der Bundesrepublik folgendermaßen:

Als Übergangsideologie für die Bundesrepublik, die in die westliche Gesellschaft hineinwuchs, war der Antikommunismus hervorragend geeignet. In ihm konnte man sich mit den ehemaligen Kriegs-
5 gegnern, mit der Demokratie, den „westlichen Werten", dem Christentum, dem „Abendland" identifizieren, die als positives Gegenbild fungierten. Auch wenn man während des „Dritten Reiches" unterschiedlichen politischen Lagern angehört hatte, war
10 auf dieser ideologischen Grundlage eine Versöhnung möglich. Die große Menge der ehemaligen Nationalsozialisten und die noch größere Zahl der ehemaligen Antidemokraten konnte auf diese Weise allmählich eine neue positive Identifikation
15 gewinnen, die aber häufig sehr partiell blieb. Nach dem Urteil der Frankfurter Allgemeinen Zeitung war es 1954 bei Bewerbungen eher eine Empfehlung, „PG" [Parteigenosse, also Mitglied der NSDAP] gewesen zu sein.
20 Zur Stabilisierung nach innen trug diese neue Dichotomisierung[1] [...] zweifellos bei. Die politische Eingliederung breiter Schichten mit bisher nichtdemokratischer Orientierung gelang in bemerkenswertem Umfang. Die Eingliederung einer so großen
25 Anzahl ehemaliger Nichtdemokraten, vorwiegend in bürgerlichen Kreisen und gesellschaftlich angesehenen Berufsgruppen (Ärzte, Lehrer, Verwaltungsbeamte, Richter), barg andererseits die Gefahr des Eindringens von undemokratischen Einflüssen. [...]
30 Als die neuen Bundesministerien aufgebaut wurden, waren die Überprüfungen durch die Alliierten aufgegeben worden. Sozialdemokraten wurden wegen der harten innenpolitischen Frontstellung kaum eingestellt. Andererseits erhielten aber alle ehemali-
35 gen Beamten des „Dritten Reiches", mit Ausnahme der schwer belasteten, einen Rechtsanspruch auf Beschäftigung (Ausführungsgesetz zu Art. 131 GG). Alle Behörden hatten 20% der Stellen für diesen Zweck zu reservieren. Da die meisten früheren
40 Spitzenbeamten von den Alliierten entlassen und sogar vorübergehend verhaftet worden waren, standen sie 1949/50 zur Verfügung. Innerhalb der Gruppe der Beamten hatten alle Verbindungen Bestand gehabt: Ein ehemaliger Beamter „zog" den
45 anderen nach. Im Ergebnis kam es zur Wiederherstellung der alten Bürokratie, einschließlich ihrer NSDAP-Mitglieder. Im Auswärtigen Amt waren 1951 66% der leitenden Beamten ehemalige NSDAP-Mitglieder. Kritik daran wies Adenauer
50 mit dem Appell zurück, „jetzt mit der Naziriecherei Schluss zu machen". Für das Bundesjustizministerium ergab eine amerikanische Untersuchung noch höhere Werte. In anderen Ministerien, für die keine Unterlagen vorliegen, dürfte die Entwicklung ähn-
55 lich gewesen sein.
Immer wieder wurden diese Besetzungen mit dem Mangel an „Fachleuten" erklärt. Die Besetzung der Bundesministerien war dabei der spektakulärste und auch greifbarste Fall. Denn es bestand ein
60 Unterschied zwischen einer allgemeinen beruflichen Wiedereingliederung ehemaliger Nationalsozialisten und der Besetzung zentraler Entscheidungspositionen. Insbesondere die Justiz, in der sich der Korpsgeist ihrer Angehörigen bemerkbar machte,
65 wurde weithin restituiert. Erst seit Ende der sechziger Jahre, als breite öffentliche Kritik einsetzte, wurde den schwer belasteten „Blutrichtern" die Möglichkeit gegeben, sich unter Wahrung ihrer Versorgungsansprüche pensionieren zu lassen. Be-
70 straft wurde keiner.

Dietrich Thränhardt, Geschichte der Bundesrepublik Deutschland, Frankfurt am Main 1996, S. 112 ff.

1. *Fassen Sie die Aussagen Thränhardts mit eigenen Worten zusammen.*
2. *Erläutern Sie, inwiefern der Antikommunismus als „Integrationsideologie" wirkte.*
3. *Erörtern Sie, ob es in unserer heutigen Gesellschaft auch „Integrationsideologien" gibt.*

---

[1] **Dichotomisierung**: Zerlegung einer Gesamtheit in zwei Teilgesamtheiten, die mithilfe eines Merkmals unterschieden werden (z. B. in der Statistik nach Geschlecht: männlich und weiblich)

M6
Die zweite Schuld

Der Journalist, Publizist und Schriftsteller Ralph Giordano überlebt den Holocaust als Sohn einer Jüdin in einem Kellerversteck in Hamburg. In seinem 1987 erschienenen Buch „Die zweite Schuld oder Von der Last Deutscher zu sein" setzt er sich mit der „Vergangenheitsbewältigung" in der Bundesrepublik Deutschland auseinander:

Jede zweite Schuld setzt eine erste voraus – hier: die Schuld der Deutschen unter Hitler. Die zweite Schuld: die Verdrängung und Ver-
5 leugnung der ersten nach 1945. Sie hat die politische Kultur der Bundesrepublik Deutschland bis auf den heutigen Tag wesentlich mitgeprägt, eine Hypothek, an der noch lange zu tragen sein wird. Denn es handelt sich
10 nicht um einen bloß rhetorischen Prozess, nicht um einen Ablauf im stillen Kämmerlein. Die zweite Schuld hat sich vielmehr tief eingefressen in den Gesellschaftskörper der zweiten deutschen Demokratie. Kern ist das, was in diesem Buch der „große
15 Frieden mit den Tätern" genannt wird – ihre kalte Amnestierung durch Bundesgesetze und durch die nahezu restlose soziale, politische und wirtschaftliche Eingliederung während der ersten zehn Jahre der neuen Staatsgeschichte. Das zweite Codewort,
20 gleichsam der rote Faden von der ersten bis zur letzten Seite, ist der „Verlust der humanen Orientierung", ein tief aus der Geschichte des Deutschen Reiches bis hinein in unsere Gegenwart wirkendes Defizit. Beide Codewörter – der große Frieden mit
25 den Tätern und der Verlust der humanen Orientierung – korrespondieren miteinander und bilden meine Betrachtungsgrundlage.
Hauptschauplatz ist die Bundesrepublik Deutschland, obwohl sich bestimmte Abläufe der zweiten
30 Schuld auch auf die Deutsche Demokratische Republik übertragen ließen. […]
Hauptthema ist die historische Fehlentscheidung einer Mehrheit der heute älteren und alten Generationen, sich mit der nationalsozialistischen Vergan-
35 genheit und der eigenen Rolle in ihr nicht ehrlich auseinanderzusetzen, belastende Erinnerungen abzuwerfen und sich mit einem kompromittierenden Abschnitt selbsterlebter und mitgestalteter Nationalgeschichte herauszustehlen. Dies in Mittäter-
40 schaft einer Vielzahl bundesdeutscher Politiker aller Parteien, die um der Wählerstimmen willen dem nationalen Kollektiv der Hitleranhänger bei Verdrängung und Verleugnung weit entgegengekommen sind und damit ihren Anteil zur zweiten
45 Schuld beigetragen haben.

Ralph Giordano, Die zweite Schuld oder Von der Last Deutscher zu sein, Hamburg/Zürich 1987, S. 11f.

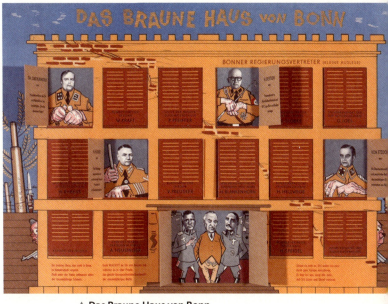

▲ **Das Braune Haus von Bonn.**
Schautafel, herausgegeben von der SED-Abteilung Agitation, Presse, Rundfunk, Berlin-Ost, 1956.
Als „Braunes Haus" wurde die NS-Parteizentrale in München von 1930 bis 1945 bezeichnet. „Das Braune Haus von Bonn" zeigt führende Politiker der Bundesrepublik, die im NS-Regime aktiv waren. Dazu gehört etwa der spätere Bundeskanzler Kurt Georg Kiesinger (unten Mitte).

- Erläutern Sie, warum die SED-Führung an der Aufdeckung der „braunen" Vergangenheit westdeutscher Politiker interessiert war.
- Informieren Sie sich zu Kurt Georg Kiesinger und nehmen Sie Stellung zu den Reaktionen in der Bundesrepublik auf seine Wahl zum Bundeskanzler.

Deutsches Selbstverständnis nach 1945

1. Geben Sie wieder, was Giordano unter dem Begriff der „zweiten Schuld" versteht.
2. Erläutern Sie die Folgen der „zweiten Schuld" für das Selbstverständnis der Bundesrepublik.
3. Der niederländische Historiker Friso Wielenga bewertet die Aufarbeitung der Bundesrepublik im Jahr 1993 folgendermaßen: „Überblickt man den Umgang mit der NS-Vergangenheit im demokratischen Teil Deutschlands seit 1945, ist die These gerechtfertigt, dass diese Vergangenheit nicht ‚verdrängt' wurde, sondern dass sie sich – eher umgekehrt – allmählich in die westdeutsche Identität ‚eingebrannt' hat. Dabei ist nicht bestritten, dass auch vieles versäumt wurde. [...] Aber kein Staat der Welt hat die Konfrontation mit seiner belastenden Geschichte so intensiv angegangen wie der westliche Teil Deutschlands in dem vergangenen halben Jahrhundert."[1] Nehmen Sie begründet Stellung zu den gegensätzlichen Positionen Wielengas und Giordanos. Achten Sie auf den Zeitpunkt der Veröffentlichungen.

M7
Schuldgefühle und Loyalität

Christa Wolf gehört zu den bekanntesten Schriftstellerinnen der DDR. Im Juni 1987 nennt sie folgende Gründe für den Erfolg der Antifaschismus-Ideologie:

Als wir fünfzehn, sechzehn waren, mußten wir uns unter dem niederschmetternden Eindruck der ganzen Wahrheit über den deutschen Faschismus von denen abstoßen, die in diesen zwölf Jahren nach
5 unserer Meinung durch Dabeisein, Mitmachen, Schweigen schuldig geworden waren. Wir mußten diejenigen entdecken, die Opfer geworden waren, diejenigen, die Widerstand geleistet hatten. [...] Das heißt, als wir sechzehn waren, konnten wir uns
10 mit niemandem identifizieren. Dies ist eine wesentliche Aussage für meine Generation. Es ist ein nachwirkendes Defizit für junge Menschen, wenn sie sich mit niemandem identifizieren können. Uns wurde dann ein verlockendes Angebot gemacht:
15 Ihr könnt, hieß es, eure mögliche, noch nicht verwirklichte Teilhabe an dieser nationalen Schuld loswerden oder abtragen, indem ihr aktiv am Aufbau der neuen Gesellschaft teilnehmt, die das genaue Gegenteil, die einzig radikale Alternative zum ver-
20 brecherischen System des Nationalsozialismus darstellt. An die Stelle des monströsen Wahnsystems, mit dem man unser Denken vergiftet hatte, trat ein Denkmodell mit dem Anspruch, die Widersprüche der Realität nicht zu verleugnen und zu verzerren,
25 sondern adäquat widerzuspiegeln. Dies waren aktivierende, auch verändernde Angebote. Die Auseinandersetzung, die unausweichlich war, hat uns tief aufgewühlt. Dazu kam, speziell bei mir, aber nicht nur bei mir, die enge Beziehung zu Kommunisten,
30 Antifaschisten durch meine Arbeit damals im Schriftstellerverband [...]. Beeindruckendere Leute als sie konnte es für mich damals nicht geben [...]. Natürlich übernahmen sie eine Vorbildrolle, es bildete sich ein Lehrer-Schüler-Verhältnis heraus, sie
35 waren die absolut und in jeder Hinsicht Vorbildlichen, wir diejenigen, die in jeder Hinsicht zu hören und zu lernen hatten. [...] Für mich ist ein Beweis dafür, daß dieser Zustand weitgehend aus der deutschen Geschichte erwächst, daß Angehörige
40 der gleichen Generation in den anderen sozialistischen Ländern früher kritisch, kühner, weniger brav und zähmbar waren als bei uns. Es lastete nicht die Schuld aus der Zeit des Nationalsozialismus auf ihnen und die Hemmung, sich offen kri-
45 tisch gegenüber denen zu äußern, die ihre Lehrer und Vorbilder gewesen waren.

Zitiert nach: Matthias Judt (Hrsg.), DDR-Geschichte in Dokumenten, Bonn 1998, S. 59f.

1. „Uns wurde dann ein verlockendes Angebot gemacht" (Zeile 13f.). Erläutern Sie, was Christa Wolf damit meint.
2. Erörtern Sie, welche Auswirkungen dies auf ihre Generation und deren Selbstverständnis hatte.

---
[1] Friso Wielenga, Schatten deutscher Geschichte. Der Umgang mit dem Nationalsozialismus und der DDR-Vergangenheit in der Bundesrepublik, Greifswald 1993, S. 107

M8
Antifaschismus als Herrschaftstechnik?

Der Historiker Christoph Classen beschreibt, wie der Antifaschismus in der DDR eingesetzt worden ist:

Dass „der Faschismus" und sein vermeintliches Gegenteil, „der Antifaschismus", oft in viel stärkerem Maße gegenwartsbezogene als historische Kategorien waren, zeigt schließlich der Fall eines Juden
5 und Widerstandskämpfers, dem man – mangels Bereitschaft, Parteimitglied zu werden – den Status des Verfolgten des Naziregimes noch in den siebziger Jahren verweigerte. Als er diese Ungerechtigkeit monierte, erklärte man ihm mit entwaffnender Of-
10 fenheit: „Es kommt nicht darauf an, was du damals gemacht hast, sondern was du heute machst." Deutlicher lässt sich der Sieg des Gegenwartshorizontes über die Vergangenheit schwerlich zum Ausdruck bringen. […]
15 Es läge also nahe, auch das Faschismus-Paradigma in der DDR, das ja mit dem antifaschistischen Selbstverständnis untrennbar verbunden war, analog als vorwiegend taktisch motiviert zu beschreiben. Ohne Zweifel verschmolzen in dieser Kate-
20 gorie zeitweise nahezu alle gesellschaftlichen Widerstände zu einem „kompakten" Feindbild, das eine Art Sündenbockfunktion für die anhaltenden Schwierigkeiten bei der Umsetzung des revolutionär-utopischen Projekts eines sozialistischen
25 Deutschlands bekam. Ob westliche Bündnis- und Sicherheitspolitik, innerparteiliche Opposition, landesweiter Protest gegen die Zumutungen revolutionär-bürokratischer Umgestaltungspolitik wie im Jahr 1953 oder die bis zum Mauerbau anhaltende
30 Fluchtbewegung: Stets sah man „Faschisten" oder wenigstens ihre Verbündeten am Werk, stets schien die Apokalypse eines neuen, nun atomar geführten Weltkriegs nicht fern. Zugleich ließ sich gegen einen solchen Gegner angesichts der monströsen
35 Verbrechen des Nationalsozialismus buchstäblich jedes Mittel rechtfertigen. Und doch verfehlt jede Interpretation, die […] den Antifaschismus allein oder in erster Linie als Herrschaftstechnik deutet, einen wesentlichen Aspekt des Phänomens. […]
40 Der manichäische[1)] Charakter solcher Feindbilder stieß offenkundig keineswegs durchgängig auf Ablehnung. Nur so ist zu erklären – was zumeist gleichzeitig unterstellt wird –, dass der DDR-Anti-

▲ Tribüne zur geplanten Parade zum 25. Jahrestag des Mauerbaus in Ost-Berlin.
Foto vom 12. August 1986.

faschismus als Herrschaftslegitimation vergleichs-
45 weise erfolgreich gewesen sei. Wenn es sich lediglich um durchschaubare propagandistische Manöver der politischen Elite gehandelt hätte, wie ist es dann möglich gewesen, eine breite und relativ dauerhafte gesellschaftliche Resonanz dafür zu finden?

Christoph Classen, Feindbild Faschismus. Zum Doppelcharakter einer Gegnerkategorie in der frühen DDR, in: Silke Satjukow und Rainer Gries (Hrsg.), Unsere Feinde. Konstruktion des Anderen im Sozialismus, Leipzig 2004, S. 127–148, hier S. 129f.

1. Analysieren Sie Funktion und Zielsetzung des von Classen beschriebenen „Antifaschismus-Paradigmas".
2. Nehmen Sie Stellung zu Classens abschließender Frage. Ziehen Sie die Aussagen von Christa Wolf in M7 hinzu.
3. Der Politikwissenschaftler Peter Reichel fasst die DDR-Politik wie folgt zusammen: „So blieb die DDR fast bis zuletzt gefangen zwischen antifaschistischer Vergangenheitsverklärung, kommunistischer Zukunftsgewissheit und Schuldabwehr."[2)] Erörtern Sie die Aussage auf der Grundlage von M8 und M9 sowie der Darstellung auf S. 164 bis 174.

[1)] **Manichäismus**: Religion der Spätantike und des frühen Mittelalters, die für die angestrebte Erlösung Askese und Reinheit verlangt; hier wohl eher: Schwarz-Weiß-Malerei.
[2)] Peter Reichel, Vergangenheitsbewältigung in Deutschland. Die Auseinandersetzung mit der NS-Diktatur in Politik und Justiz, München ²2007, S. 15

Deutsches Selbstverständnis nach 1945

M9
Antifaschismus und Antitotalitarismus

Der Historiker Martin Sabrow vergleicht, wie nach 1945 „Vergangenheitspolitik" betrieben worden ist:

Der ostdeutsche Legitimationsantifaschismus wies schließlich tabuisierende Züge auf, indem er wesentliche Aspekte des Nationalsozialismus aus dem kollektiven Gedächtnis wie aus der wissenschaft-
5 lichen Forschung verbannte, darunter so zentrale Fragen wie die Massenattraktivität des Hitler-Regimes und die Teilhabe der Bevölkerung an Verfolgung und Vernichtung. Nie brachte die DDR-Geschichtswissenschaft eine Hitler-Biografie hervor,
10 und bis zum Schluss hielt sie an einem dogmatisierten Denken fest, das Hitler als bloßen Handlanger der Monopole verstand, die KPD als führende Kraft des Widerstandes und das deutsche Volk als verführtes Opfer der Fremdherrschaft einer kleinen
15 Clique. Die erste Überblicksdarstellung der DDR-Geschichtswissenschaft zur NS-Zeit widmete der Shoa kein Kapitel und keinen Unterabschnitt, sondern konzentrierte sich in den vier von 260 der „faschistische[n] Barbarei in den okkupierten Gebie-
20 ten" gewidmeten Seiten auf die deutschen Gräueltaten in den besetzten Teilen der Sowjetunion. Juden wurden als Opfergruppe in diesem Zusammenhang nur ein einziges Mal, und zwar als Teil der sowjetischen Bevölkerung erwähnt […].
25 Eine vergleichbare politische Instrumentalität und Tabuisierungskraft besaß auf der anderen Seite der Grenze der bundesdeutsche Antitotalitarismus. Sie zeigte sich im Umgang etwa mit dem kommunistischen Widerstand, der in der Bundesrepublik aus
30 der symbolischen wie der materiellen Integration ausgeschlossen blieb. Sie zeigte sich ebenso in der Wiedergutmachungspolitik gegenüber den Opfern der nationalsozialistischen Gewaltherrschaft: Der zur westlichen Hemisphäre zählende Staat Israel
35 erhielt Entschädigungsleistungen, osteuropäische Staaten erhielten sie bis 1989 nicht. […] Seine tabuisierende Kraft bewies der bundesdeutsche Antitotalitarismus, indem er das Bild des christlichen und konservativen Widerstands ebenso von unwill-
40 kommenen Zügen zu reinigen erlaubte, wie es der Antifaschismus in Bezug auf den kommunistischen Widerstand vermochte. Die antidemokratischen und teils sogar antisemitischen Grundüberzeugungen vieler Männer des 20. Juli 1944, die in den An-
45 fangsjahren der NS-Herrschaft oft überzeugte Hitler-Anhänger gewesen waren, blieben ebenso im Verborgenen wie die erst jüngst näher beleuchtete Frage der Verstrickung des militärischen Widerstandsflügels in den nationalsozialistischen Geno-
50 zid. Diese […] Haltung belastete die frühe Bundesrepublik mit einer unheilvollen und bis zum Anschein der Komplizenschaft reichenden Symbiose von Amnesie und Amnestie, die aus heutiger Sicht als ein empörender „Triumph des ‚Beschwei-
55 gens'" vor uns steht, sie erlaubte aber zugleich analog zur staatlich verfolgten und gesellschaftlich verlangten Wiedereingliederungspolitik die unzweideutige Verurteilung des NS-Systems, ohne seine ehemaligen Träger und Anhänger auszugrenzen.

Martin Sabrow, Die NS-Vergangenheit in der geteilten deutschen Geschichtskultur, in: Christoph Kleßmann und Peter Lautzas (Hrsg.), Teilung und Integration. Die doppelte deutsche Nachkriegsgeschichte als wissenschaftliches und didaktisches Problem, Bonn 2005, S. 132–151, hier S. 142–144

1. *Geben Sie Gemeinsamkeiten und Unterschiede in der „Vergangenheitsbewältigung" beider deutscher Staaten wieder.*
2. *Erörtern Sie anhand des ostdeutschen Antifaschismus und des bundesdeutschen Antitotalitarismus den Begriff „Vergangenheitspolitik". Wie wirkt sich diese Politik jeweils aus?*

M10
Mythos und Identität

Der Politikwissenschaftler Herfried Münkler beschreibt, welche Funktion „moderne" Mythen in der Bundesrepublik und der DDR übernommen haben:

Politische Mythen haben in allen europäischen Nationen eine wichtige Rolle gespielt, Deutschland allerdings war ein regelrechtes Dorado der politischen Mythografie. Das hängt mit der politischen
5 Deutungshoheit des Bildungsbürgertums und mit der verspäteten Staatsbildung zusammen: Bis 1871 waren Mythen und Symbole die einzige Repräsentation der Nation. Das hatte zur Folge, dass die nationalen Erwartungen und Anstrengungen auf
10 das Feld des Symbolischen verwiesen waren. […]

▲ Monumentalgemälde „Frühbürgerliche Revolution in Deutschland" von Werner Tübke im Panorama Museum im thüringischen Bad Frankenhausen.
Foto vom 23. Juni 2009.
Am 14. September 1989 war die Gedenkstätte zum Deutschen Bauernkrieg 1525 als letztes DDR-Prestigeobjekt eröffnet worden. Als „Erbin aller humanistischer und progressiver Traditionen Deutschlands" sah sich die DDR gewissermaßen als Finale eines langen und opferreichen Kampfes. Als eines der frühesten und wichtigsten traditionsstiftenden Ereignisse wurden die Bauernkriege von 1524/25 angesehen, welche mit der Reformation zum Ereigniskomplex „frühbürgerliche Revolution in Deutschland" zusammengefasst wurden.

Dafür erfolgte nach dem Zweiten Weltkrieg ein mythenpolitischer Schnitt, wie er radikaler nicht hätte sein können. Fast alle politischen Mythen waren desavouiert: An eine Wiederkehr Barbarossas nach langem Schlaf war nicht mehr zu denken, und die Nibelungen hatten auf ihrem Zug nach Osten allesamt den Tod gefunden. Von der germanischen Identität, auf die man zeitweilig so stolz gewesen war, wollte man nichts mehr wissen, und auch der Preußenmythos war anrüchig geworden.
Im Umgang mit den Trümmern der alten deutschen Mythen gingen DDR und Bundesrepublik unterschiedliche Wege: Während die DDR ein neues Mythensystem errichtete, in dessen Zentrum geschichtliche Ereignisse standen, die sich als Vorgeschichte des Arbeiter-und-Bauern-Staates aufbereiten ließen – vom Bauernkrieg über die antinapoleonischen Befreiungskriege bis zum antifaschistischen Widerstand –, blieben in der Bundesrepublik die mythenpolitischen Trümmerberge zunächst weitgehend unbearbeitet. [...]
Aber ganz hat auch die Bundesrepublik auf Sinnstiftung durch mythische Erzählungen nicht verzichten können. Die Konsummythen [...] dienten nicht nur als Kaufanreize und Marketinginstrumente einer sich in ihrem neuen Wohlstand einrichtenden Gesellschaft, sondern avancierten auch zu Gegenerzählungen zur Mythik der DDR: Sie bestritten deren Anspruch, der bessere deutsche Staat zu sein, und hielten ihr die notorischen Versorgungsdefizite der Bevölkerung und die Einschränkung der Reisefreiheit als Manko der politischen Ordnung vor. Damit konterkarierten die bundesrepublikanischen Konsummythen den antifaschistischen Gründungsmythos, in dem die DDR den Widerstand gegen Hitler und die Zerschlagung des Nazi-Regimes für sich monopolisiert hatte.

Herfried Münkler, Die Deutschen und ihre Mythen, Berlin ²2009, S. 17 und 19f.

1. Fassen Sie zusammen, was Münkler unter dem „mythenpolitischen Schnitt" (Zeile 12) versteht.
2. Erklären Sie auf der Grundlage von Münklers Ausführungen den Begriff „politischer Mythos". Welche Funktion kommt ihm in Deutschland nach 1945 zu? Vergleichen Sie mit M4 im Theorie-Baustein „Nation – Begriff und Mythos" auf S. 160f.

◀ Der Liedermacher Wolf Biermann bei seinem Auftritt in der Kölner Sporthalle am 13. November 1976.

Mit der Begründung, er habe die DDR kritisiert, wurde Biermann nach seinem Köln-Konzert am 16. November 1976 ausgebürgert. Zu diesem Zeitpunkt hatte er in der DDR bereits elf Jahre Berufsverbot. Seine Ausbürgerung löste eine Protestwelle aus: Zwölf bekannte Schriftsteller unterschrieben eine Petition, 400 weitere DDR-Bürger solidarisierten sich mit ihnen. Die SED-Führung reagierte mit Festnahmen, Parteiausschlüssen und Berufsverboten. Reihenweise verließen daraufhin prominente Künstler und Schriftsteller die DDR.

M11
„Unsere DDR ist ein sauberer Staat"

Im Dezember 1965 spricht Erich Honecker vor dem Zentralkomitee der SED über die Kulturpolitik:

Unsere DDR ist ein sauberer Staat. In ihr gibt es unverrückbare Maßstäbe der Ethik und Moral, für Anstand und gute Sitte. Unsere Partei tritt entschieden gegen die von den Imperialisten betriebene
5 Propaganda der Unmoral auf, die das Ziel verfolgt, dem Sozialismus Schaden zuzufügen. Dabei befinden wir uns in voller Übereinstimmung mit der Bevölkerung der DDR und der überwiegenden Mehrheit der Menschen in Westdeutschland.
10 Wir stimmen jenen zu, die feststellen, dass die Ursachen für diese Erscheinungen der Unmoral und einer dem Sozialismus fremden Lebensweise auch in einigen Filmen, Fernsehsendungen, Theaterstücken, literarischen Arbeiten und in Zeitschriften bei
15 uns zu sehen sind. Es häufen sich in letzter Zeit auch in Sendungen des Fernsehfunks, in Filmen und Zeitschriften antihumanistische Darstellungen. Brutalitäten werden geschildert, das menschliche Handeln auf sexuelle Triebhaftigkeit reduziert. Den
20 Erscheinungen der amerikanischen Unmoral und Dekadenz[1)] wird nicht offen entgegengetreten. Das gilt besonders für den Bereich der heiteren Muse und der Unterhaltung, für einzelne literarische Arbeiten. [...] Biermann wird systematisch vom Geg-
25 ner zum Bannerträger einer sogenannten literarischen Opposition der DDR, zur Stimme der „rebellischen Jugend" gemacht. Davon zeugen Sendungen westdeutscher Rundfunkstationen, Berichte in der westdeutschen Presse und Rezensionen zu
30 seinem in West-Berlin erschienenen Gedichtband. Biermann wird dort als ein „äußerst freimütiger und kühner Kritiker des mitteldeutschen Regimes" gefeiert. Biermanns sogenannte Gedichte kennzeichnen sein spießbürgerliches, anarchistisches
35 Verhalten, seine Überheblichkeit, seinen Skeptizismus und Zynismus. Biermann verrät heute mit seinen Liedern und Gedichten sozialistische Grundpositionen. Dabei genießt er wohlwollende Unterstützung und Förderung einiger Schriftsteller,
40 Künstler und anderer Intellektueller. Es ist an der Zeit, der Verbreitung fremder und schädlicher Thesen und unkünstlerischer Machwerke [...] entgegenzutreten.

Zitiert nach: Rolf Steininger, Deutsche Geschichte. Darstellungen und Dokumente in vier Bänden, Bd. 3: 1955–1969, Frankfurt am Main 2002, S. 269f.

[1)] **Dekadenz**: kultureller Verfall

1. Charakterisieren Sie das Bild, das Erich Honecker von der Kultur in der DDR zeichnet. Erläutern Sie, was er von der Kulturpolitik der SED erwartet.

2. Erörtern Sie die Begriffe, die Honecker in seiner Kritik verwendet, und finden Sie jeweils Gegenbegriffe.

▶ Kopf-an-Kopf-Rennen der beiden deutschen Mannschaften beim Staffelwettbewerb der Frauen.

Foto von den Olympischen Sommerspielen in München 1972.

Hier siegte die bundesdeutsche Auswahl knapp vor dem DDR-Team. Im Medaillenspiegel lag die DDR am Ende jedoch deutlich vorn. Die Spiele von 1972 waren die ersten, bei denen die Sportler aus der DDR hinter ihrer Landesfahne in das Stadion einziehen durften. Dies war auf bundesdeutschem Boden zuvor verboten. Als das Internationale Olympische Komitee (IOC) beschloss, die Spiele 1972 nach München zu vergeben, entschied das Bundeskabinett schließlich, das Hissen der „Spalterflagge" zuzulassen.

M12
Kalter Krieg im Sport

Die Historikerin Uta Andrea Balbier zur Bedeutung des Sports in der Systemkonkurrenz:

Die internationale Sportwelt eröffnete den kalten Kriegern auf beiden Seiten des Eisernen Vorhangs mehrere Möglichkeiten: In der offensichtlichen Wettbewerbssituation um Millimeter und Hun-
5 dertstelsekunden versuchten beide Blöcke, die Überlegenheit ihres Gesellschaftssystems unter Beweis zu stellen, wie es SED-Generalsekretär Walter Ulbricht der DDR-Sportbewegung bereits zu Beginn der 1950er-Jahre einschärfte. In den 1960er-
10 Jahren wurden im westlichen Lager vergleichbare Stimmen laut, und auch hier schnellte die Sportförderung in die Höhe. Gleichzeitig bot die – ihrem Selbstverständnis nach – unpolitische internationale Sportwelt diplomatisch kaum anerkannten Staaten
15 wie der DDR Manövrierraum: Diese versuchte sich in den Sportstadien der Welt mit eigener Flagge und Hymne in Szene zu setzen, da die Bundesregierung umgekehrt bestrebt war, jede auch nur symbolische Anerkennung des Pankower Regimes
20 zu verhindern.
In einer Welt, in der Leistung, nicht ideologische Überzeugung zählte, mauserten sich die DDR-Sportfunktionäre lange vor der diplomatischen Anerkennung ihres Staates zu ernst zu nehmenden
25 Verhandlungspartnern. Innerhalb des Internationalen Olympischen Komitees […] erreichte sie die Akzeptanz ihrer Existenz Jahre bevor der Grundlagenvertrag 1974 das Verhältnis zwischen der DDR und der Bundesrepublik normalisierte. Die Geschichte
30 des Aufstiegs der DDR im internationalen Sport ist jedoch eng mit der Politisierung der olympischen Bewegung im Kalten Krieg verknüpft. In dem Versuch, politisch neutral zu sein, schuf die olympische Bewegung Tatsachen, die politische Dynamiken auf
35 beiden Seiten des Eisernen Vorhangs freisetzten. Die gesamtdeutsche Olympiamannschaft war von Beginn an – in Ost wie in West – ein Spielball deutschlandpolitischer Interessen.

Uta Andrea Balbier, Kalter Krieg im Stadion, in: Der Kalte Krieg, Darmstadt 2010, S. 91f.

1. Fassen Sie zusammen, inwiefern die beiden Blöcke internationale Sportveranstaltungen in Arenen des Kalten Krieges verwandelten.
2. Erläutern Sie, weshalb die SED-Führung den Sport systematisch förderte. Gab es weitere mögliche Motive?
3. Beurteilen Sie das Verhältnis von Sport und Politik. Nennen Sie Beispiele, in denen der Sport politischen Zwecken diente.

Deutsches Selbstverständnis nach 1945

Der Reichstag in Berlin.
Von seiner Fertigstellung 1894 bis 1933 diente der Bau als Parlamentsgebäude. Nach der Wiedervereinigung beschloss der Deutsche Bundestag, den Reichstagsbau als Sitz des gesamtdeutschen Parlaments zu nutzen. Von 1995 bis 1999 wurde das Gebäude saniert; dabei entstand die gläserne Kuppel, die eine Durchsicht auf den darunterliegenden Plenarsaal ermöglicht. Sie ist für Besucher zugänglich und zu einem Wahrzeichen der Republik geworden.

- Die „Berliner Republik" versteht sich als bürgernah, transparent, weltoffen, modern und geschichtsbewusst – dies soll auch durch die repräsentativen Regierungsbauten deutlich werden. Beurteilen Sie, ob und inwiefern die Architektur des Reichstags dieses Selbstverständnis wiedergibt.

M13
Was ist die „Berliner Republik"?

Der Journalist Ludwig Watzal 2001 zu Befürchtungen und Bedenken gegenüber der „Berliner Republik":

Als der Publizist Johannes Gross Anfang der neunziger Jahre den Begriff der Berliner Republik in die öffentliche Debatte einführte, schlugen die Wellen hoch. Seither geistert er durch die politischen Feuil-
5 letons. Gewichtige Bedenken wurden vorgetragen: Das Ende der Bonner Republik ließ Befürchtungen aufkeimen, Deutschland könnte an Traditionen anknüpfen, die es ins Verderben geführt hatten. Neuer deutscher Größenwahn, das Abstreifen sei-
10 ner NS-Vergangenheit im Sinne eines historischen Schlussstriches oder das Ende der Westbindung wurden befürchtet. Die Befürworter einer Berliner Republik behaupteten, dass sich durch den Umzug an der innen- wie außenpolitischen Ausrichtung
15 Deutschlands nichts Wesentliches ändern werde. Dass die Herausforderungen an das Land von Berlin aus besser bewältigt werden würden, ist bis heute bloße Behauptung. Der unbestreitbare Vorteil Berlins liegt aber darin, dass es nicht nur politi-
20 sche Hauptstadt, sondern auch gleichzeitig kulturelle Metropole ist.

Der Politologe Kurt Sontheimer beurteilt die „Berliner Republik" im selben Jahr wie folgt:

Von einer Berliner Republik als erneuerter Republik ließe sich reden, wenn durch die Einbeziehung der DDR-Bevölkerung ein politischer Prozess in Gang gekommen wäre, der zu bedeutsamen Änderungen der politischen und wirtschaftlich-sozialen Ordnung der alten Bundesrepublik geführt hätte. Doch dies war nicht der Fall. Nur die Bundesrepublik kam zum Zuge, die andere Seite war geschlagen und hilflos. So konnte die nun von Berlin aus zu regierende Bundesrepublik im Wesentlichen keine andere Republik sein als ihre Vorgängerin mit Regierungssitz in Bonn. Beim Übergang von Bonn nach Berlin hat sich an der Verfassungsordnung und dem politischen System der Bundesrepublik nichts Wesentliches verändert. Die friedliche Revolution der DDR-Bürger kam in der westlichen Bundesrepublik an ihr Ziel und ihr Ende. Auf diese Bundesrepublik hat sie sich nicht verändernd ausgewirkt. Es war ein frommer Wunsch vieler Ostdeutscher zu meinen, auch die Bundesrepublik müsse sich im Vereinigungsprozess ändern. Sie tat es nicht. [...]
Es sind diese großen und schwierigen Aufgaben des Zusammenwachsens und der gegenseitigen Anerkennung und Toleranz, die der jetzt von Berlin aus regierten Bundesrepublik von der Geschichte zugewiesen worden sind. Ihre Bewältigung, die auch misslingen oder nur unbefriedigend gelingen kann, unterscheidet die heutige Bundesrepublik von ihrer Bonner Variante. Dazu kommen die außerordentlichen Wandlungsprozesse im wirtschaftlichen und sozialen Bereich, die mit dem Allerweltsbegriff der Globalisierung umschrieben werden und die dem Staat einiges von seiner früheren Gestaltungsmacht entziehen. Kurz: Die Berliner Republik von heute unterscheidet sich hinsichtlich ihrer Probleme und Aufgaben, auch in ihrer Stellung im Rahmen der internationalen Ordnung, doch ganz wesentlich von den Problemen, mit denen es Bonn und seine Politiker vor Jahrzehnten zu tun hatten.

Die Historikerin Vera Caroline Simon äußert sich zum Stil der Einheitsfeiern im vereinigten Deutschland:

In Anbetracht der im In- und Ausland gezeichneten Renationalisierungsszenarien war es nicht verwunderlich, dass die symbolische Ausgestaltung des neuen Nationalfeiertags so unprovokativ, ja so zurückhaltend wie möglich ausfiel. [...]
Die nichtmilitärische Ausgestaltung entsprach jedoch nicht allein der außenpolitischen Signalfunktion einer sich der internationalen Vorbehalte bewussten Bundesrepublik. Sie etablierte sich auch in dezidierter Abgrenzung zu den militärischen Zeremonien der DDR, die bereits zu Zeiten der Zweistaatlichkeit als Unterschied zwischen der säbelrasselnden, totalitären DDR und der demokratischen Bundesrepublik angeführt wurde. Bereits der Nationalfeiertag der alten Bundesrepublik, der 17. Juni, sollte [...] ein „geläutertes Nationalbewusstsein" präsentieren.

Erster Text: Ludwig Watzal, Editorial, in: Aus Politik und Zeitgeschichte, Heft 1–2/2001, S. 2
Zweiter Text: Kurt Sontheimer, Berlin schafft keine neue Republik – und sie bewegt sich doch, in: Aus Politik und Zeitgeschichte, Heft 1–2/2001, S. 3–5
Dritter Text: Vera Caroline Simon, Gefeierte Nation. Erinnerungskultur und Nationalfeiertag in Deutschland und Frankreich seit 1990, Frankfurt am Main u.a. 2010, S. 84

1. Fassen Sie zusammen, was unter „Berliner Republik" verstanden wird.
2. Erläutern Sie, welche Erwartungen und Befürchtungen mit ihr verknüpft worden sind.
3. „Während sich in Bonn der Verzicht aufs Nationale ausdrückte, wird in Berlin in großem Stil die Nation re-inszeniert. Die Nation will nicht nur imaginiert, sie will auch repräsentiert sein: durch Ideen, Mythen, Erzählungen, Symbole und nicht zuletzt durch die Architektur ihrer neuen Hauptstadt."[1] Nehmen Sie dazu Stellung.
4. Stellen Sie die Berliner Republik jeweils der Bonner und der Weimarer Republik gegenüber. Erörtern Sie Gemeinsamkeiten und Unterschiede.

---

[1] *Aleida Assmann, Geschichte im Gedächtnis. Von der individuellen Erfahrung zur öffentlichen Inszenierung, München 2007, S. 111*

Deutsches Selbstverständnis nach 1945

M14
„Eine Verpflichtung für Gegenwart und Zukunft"

Am 25. Juni 1999 beschließt der Bundestag die Errichtung eines Denkmals für die ermordeten Juden Europas nach einem Entwurf des amerikanischen Architekten Peter Eisenman. Kurz vor der Eröffnung des Holocaust-Mahnmals in Berlin am 10. Mai 2005 nimmt Bundestagspräsident und zugleich Kuratoriums-Mitglied der Denkmal-Stiftung Wolfgang Thierse in einem Interview mit der „Jüdischen Allgemeinen" (J.A.) dazu Stellung:

THIERSE: [...] Mit dieser Entscheidung [für die Errichtung des Denkmals] bekennt sich der Bundestag dazu, sich nicht nur der freundlichen, der großen Seiten unserer Geschichte zu erinnern, sondern
5 auch der entsetzlichen. Im Sinne einer Verpflichtung für Gegenwart und Zukunft. Das ist ein Bekenntnis zur raison d'etre[1)] dieser Republik, die entstanden ist aus den materiellen, geistigen und moralischen Trümmern des nationalsozialistischen
10 Deutschland. Mit der Verpflichtung, immer für Demokratie, Humanität und Toleranz einzustehen, Rassismus, Antisemitismus und Diktatur niemals wieder zuzulassen.
J.A.: Kann ein solches Signal von einer Architektur
15 ausgehen?
THIERSE: Kunstwerke zwingen nicht alle, ja zu sagen. Kunstwerke, das Holocaust-Denkmal ist auch eines, sind eine Einladung. Ich bin überzeugt davon, dass diese Einladung vielfach angenommen werden
20 wird. Sie werden beim Gang durch das Stelenfeld sinnlich und körperlich erfahren können, was das heißt: einsam sein, bedroht sein, bedrängt sein. Wenn die Besucher so emotional berührt in den „Ort der Information" gehen, dort anhand von Ein-
25 zelschicksalen erfahren, woran erinnert wird – an die millionenfache Vernichtung von Menschen –, dann kann das Denkmal gut gehen und funktionieren. [...]
J.A.: Viele Juden sagen, sie brauchen ein solches Denkmal nicht.
30 THIERSE: Das ist richtig.
J.A.: Wer braucht dann das Denkmal?
THIERSE: Es ist doch ganz klar: Das ist kein Denkmal für die überlebenden Juden. Es ist ein Denkmal für uns Deutsche, für unser kollektives Gedächtnis.
35 Damit wir uns daran erinnern, was einmal möglich war. Eine solche verpflichtende Erinnerung geschieht dadurch, dass wir der Opfer gedenken. Verdrängen wir damit die Täter? Nein! Ein Kilometer entfernt steht die „Topographie des Terrors"[2)],
40 die zeigt, wie dieser Herrschafts- und Unterdrückungsapparat funktionierte. [...]
J.A.: Zieht das Denkmal nicht allein durch seine Existenz einen Schlussstrich unter die Geschichte?
THIERSE: Warum? Wenn es so wäre, wäre es ein
45 Argument gegen jedes Denkmal, das ja immer der „versteinerte" Ausdruck eines Diskussionsprozesses ist, der zu einem Ende gekommen ist. Aber Peter Eisenmans Werk hat eben etwas Anstößiges, Anregendes, Irritierendes. Und das Mahnmal steht ja
50 auch in einem Kontext mit dem „Jüdischen Museum" und der „Topographie des Terrors". Das ist ein Angebot zur historischen Aufklärung im Selbstversuch.

Jüdische Allgemeine Nr. 18/2005, 6. Mai 2005

1. *Analysieren Sie die Rolle der NS-Zeit im politischen Selbstverständnis der Bundesrepublik, wie sie Thierse hier zum Ausdruck bringt.*
2. *Stellen Sie die Aussagen Thierses denen von Koselleck in M4 auf S. 97f. gegenüber. Nehmen Sie und Ihre Mitschüler jeweils eine der Positionen ein und führen Sie die Argumentation fort.*

[1)] **Raison d'etre**: dt. Daseinsberechtigung

[2)] Projekt zur Dokumentation des NS-Terrors auf dem Gelände zwischen Prinz-Albrecht-Straße (heute Niederkirchnerstraße), Wilhelmstraße und Anhalter Straße im Berliner Stadtbezirk Kreuzberg, wo sich zwischen 1933 und 1945 das Hauptquartier der Gestapo, der Sitz der SS-Führung und das Reichssicherheitshauptamt befanden. Die Dokumentationsstätte in der Niederkirchnerstraße 8 zählt zu den staatlichen Museen in Berlin.

Methoden-Baustein: Denkmäler

Denkmäler analysieren

Denkmäler sind eine besondere Form von Bauwerken. Sie haben das Ziel, an ein Ereignis, Zeiträume oder Personen zu erinnern, die dem Auftraggeber oder Künstler wichtig sind. Kaum eine andere Quellengattung ist so gut geeignet für historisch-entdeckendes Lernen wie Denkmäler. Sie ermöglichen nicht nur die Beschäftigung mit der Vergangenheit. Darüber hinaus sind sie ein sichtbarer Bestandteil des kulturellen und kollektiven Gedächtnisses eines Landes. Sie führen vor Augen, dass historische Erinnerung der ständigen Veränderung unterworfen ist, und sie drücken das Geschichtsbewusstsein ihrer Entstehungszeit aus. Jeden Betrachter zwingt ein Denkmal zu einer ganz persönlichen Einschätzung. Je besser er die Entstehungsgeschichte kennt und die einzelnen Teile deuten kann, desto mehr geht die Bewertung eines Denkmals über rein subjektive Eindrücke hinaus.

Die Anlässe für die Errichtung eines Denkmals haben sich im Laufe der Jahrhunderte ebenso verändert wie die Art der Gestaltung.

Je nachdem welches Kriterium zugrunde gelegt wird, lassen sich Kategorien von Denkmälern unterscheiden. Eine rein äußerliche Einteilung ist die in Denkmäler mit naturalistisch gestalteten Figuren, Baudenkmäler, Industriedenkmäler, Naturdenkmäler und abstrakt gestaltete Denkmäler. Eine andere Unterscheidungsmöglichkeit bietet die Intention eines Denkmals. Mahnmale und Erinnerungsstätten richten zum Beispiel an die Nachwelt den Auftrag, aus der Vergangenheit für die Zukunft zu lernen.

Kompetenz: Die Entstehung, Gestaltung und Wirkung eines Denkmals analysieren und seine Bedeutung für die Geschichts- und Erinnerungskultur erörtern

Formale Kennzeichen
- Wann wurde das Denkmal errichtet?
- An welchem Ort wurde das Denkmal errichtet?
- Welche Bedeutung haben die Umgebung und die Perspektive des Betrachters für die Wirkung des Denkmals?

Entstehungsgeschichte
- Welche Initiativgruppen haben die Errichtung des Denkmals angeregt?
- Welche Beweggründe und Ziele hatten die Initiatoren?
- Vor welchem historischen Hintergrund wurde das Denkmal errichtet?
- Welche alternativen Entwürfe wurden konzipiert?

Inhalt und Gestaltung
- An welche Persönlichkeit, an welches Ereignis, an welchen Sachverhalt soll das Denkmal erinnern?
- Wie sind die dargestellten Symbole, Formeln und Allegorien zu deuten?

Intention und Wirkung
- An welche Adressaten richtete sich das Denkmal?
- Welche Selbstaussagen von Betrachtern liegen vor?
- Welche Absicht verfolgt das Denkmal?
- In welchem Zusammenhang stehen Ort, Umgebung und Thematik des Denkmals?

Bewertung und Fazit
- Wie lassen sich Form und Gestaltung des Denkmals einordnen und bewerten?
- Ist die beabsichtigte Wirkung des Denkmals durch die Gestaltung umgesetzt?
- Welche Wirkung hat das Denkmal auf heutige Betrachter?

Methoden-Baustein

Methoden-Baustein: Denkmäler

Rekonstruktion des Stadtschlosses
Das Stadtschloss war Hauptresidenz der brandenburgischen Kurfürsten, später preußischen Könige und der Deutschen Kaiser. Es wurde 1950 im Auftrag der SED abgerissen. An seiner Stelle entstand der „Palast der Republik", Sitz der DDR-Volkskammer. 2007 beschloss der Bundestag den Wiederaufbau des Stadtschlosses als Kulturzentrum („Humboldt-Forum"), der immer wieder verschoben wurde.

Goldene „Schale"
Das Objekt ist entlang der Mittelachse beweglich gelagert und setzt sich in Bewegung, wenn es betreten wird. Es soll das „Gewicht" des Volkes in der Demokratie erfahrbar machen.

Denkmalsockel
Der 80 Meter lange und 40 Meter breite Sockel diente als Fundament für das zwischen 1889 und 1897 erbaute 21 Meter hohe Reiterstandbild von Kaiser Wilhelm I. Das Nationaldenkmal wurde 1950 bis auf den Sockel abgerissen.

Unterseite des Denkmals
Großformatige, gerasterte Bilder von Demonstranten der Herbstrevolution 1989 sollen ihre Bedeutung als Basis der Freiheit und Einheit würdigen.

◀ ▲ **Modell des Freiheits- und Einheitsdenkmals in Berlin.**
Bilder des Siegerentwurfs „Bürger in Bewegung" von Johannes Milla (Stuttgart) und Sasha Waltz (Berlin).

Schlossfreiheit
Ehemaliger Straßenzug gegenüber dem früheren Berliner Schloss. Der geschichtsträchtige Ort zeugt von großen Ereignissen der deutschen Geschichte: Märzrevolution 1848, Reichseinheit 1871, zwei Weltkriege, DDR-Diktatur und Deutsche Einheit, die 1990 wenige Meter entfernt mit dem Einigungsvertrag besiegelt wurde.

„Beweggründe"
Goldene Linien aus Zitaten zu den Beweggründen der Bürgerrechtler und Demonstranten leiten den Besucher über die gesamte Denkmaloberseite.

Schriftzug „Wir sind das Volk. Wir sind ein Volk"
Schlüsselsätze der Herbstrevolution und Wiedervereinigung als Aufruf an Besucher, für Freiheit und Demokratie einzustehen. Die Buchstaben dienen als Sitzmöglichkeit und verweisen auf die Bestimmung des Denkmals als Treffpunkt, Bühne und Ort der Besinnung.

Formale Kennzeichen

Das vom Bundestag 2007 beschlossene Freiheits- und Einheitsdenkmal – eine 55 Meter lange, bewegliche und begehbare goldene Schale mit dem Titel „Bürger in Bewegung" – soll auf dem großen leeren Sockel des ehemaligen Reiterstandbildes Kaiser Wilhelms I. auf dem Berliner Schlossplatz entstehen. Der Fertigstellungstermin war im Mai 2012 noch offen.

Entstehungsgeschichte

Schon 1998 hatte sich anlässlich des bevorstehenden 10. Jahrestages der friedlichen Revolution eine Bürgerinitiative zur Errichtung eines Freiheits- und Einheitsdenkmals gebildet. Sie schlug den Sockel des früheren Nationaldenkmals für Kaiser Wilhelm I. – ein Symbol für die Reichsgründung „von oben" – als das geeignete historische Fundament für ein Denkmal der „von unten" erkämpften Freiheit und Einheit vor.

Ein erster Antrag fand im Bundestag keine Mehrheit. Erst 2007 entschieden sich die Abgeordneten für die Realisierung des Projektes. Nachdem sich die Jury bei einem ersten offenen Gestaltungswettbewerb auf keinen der über 500 eingereichten Vorschläge einigen konnte, ging 2011 aus einem zweiten Wettbewerb der Entwurf „Bürger in Bewegung" des Designers Johannes Milla und der Choreografin Sasha Waltz als Sieger hervor.

Inhalt und Gestaltung

Das Einheits- und Freiheitsdenkmal ist den mutigen DDR-Bürgern gewidmet, die im Herbst 1989 die Mauer und damit auch die SED-Diktatur zum Einsturz brachten. Es besteht aus einer nach oben und zur Seite offenen gewölbten Form, die an eine Schale erinnert. Form und Funktion spiegeln das Motto „Bürgerbewegung" wider: Die Schale kann betreten und in Auf- und Abwärtsbewegung versetzt werden, sobald sich mindestens fünfzig Personen auf einer Seite versammeln. Entlang der oberen Längsseite bilden große goldene Buchstabenblöcke die Schlüsselsätze der Revolution von 1989: „Wir sind das Volk. Wir sind ein Volk". Der Schriftzug kann als Sitzfläche genutzt werden. In den Asphalt der Denkmaloberseite sind zudem goldene, geschwungene Linien aus Zitaten eingelassen. Sie nennen die Beweggründe der Bürgerrechtler und Demonstranten. Die Unterseite der Schale ist mit großformatigen, durch Rasterung verfremdeten Fotos von Demonstranten verkleidet. Die Akteure der Herbstrevolution werden damit symbolisch zur Basis, auf der sich die Besucher bewegen. Die Gestaltung des Bereiches unterhalb des Denkmals ist noch unklar.

Intention und Wirkung

Das Denkmal soll die Botschaft „Wir sind das Volk!" spielerisch erfahrbar machen: Durch gemeinsame Aktion können die Bürger etwas in Bewegung setzen. Zugleich soll es ein heiterer Ort der Begegnung sein, den die Bürger aktiv nutzen und mitgestalten. Der spielerische „Schaukel-Effekt" lädt zum Betreten und Mitmachen ein. Insofern wird es seinem Anspruch gerecht und lässt die Bürger zu Akteuren und Teilen des Denkmals werden. Insgesamt wirkt es wie eine mobile und monumentale Aussichtsplattform.

Bewertung und Fazit

Der Entwurf rief von Anfang an auch Kritik hervor: Die riesige Schale wirke pathetisch und sei lediglich ein Riesenspielzeug für Erwachsene. Entgegen dem Motto „Wir sind das Volk!" sei zudem die Entscheidung dafür ohne Bürgerbeteiligung gefallen. Es gibt auch Zweifel, ob das Denkmal überhaupt sinnvoll ist. Immer wieder wird das Brandenburger Tor als bereits bestehende Erinnerungsstätte der Wiedervereinigung diskutiert. Wie die Öffentlichkeit das Denkmal annimmt, wird sich zeigen.

1. *Beurteilen Sie die Konzeption des Denkmals. Nehmen Sie Stellung zu den Kritikpunkten.*
2. *Das Freiheits- und Einheitsdenkmal soll für die „Idee eines positiven Denkmals" stehen (Edgar Wolfrum). Erörtern Sie, ob damit eine Verschiebung der historischen Erinnerung bzw. ein Wandel der Gedenk- und Erinnerungskultur verbunden ist. Vergleichen Sie es mit dem Holocaust-Mahnmal (siehe S. 97 f. und S. 194).*

Probeklausur

Thema: Wissen und Umgang mit dem Holocaust

In einer Abiturklausur werden die Aufgaben zusätzlich zum **Pflicht- und Kernmodul** eines Semesters ein Thema eines weiteren Semesters (**Semesterübergriff**) ansprechen, und Sie werden in Form einer offenen Frage Kenntnisse über ein von Ihrem Kurs behandeltes **Wahlmodul** einbringen müssen. Im Abitur erhalten Sie etwas umfangreichere Materialien und unterschiedliche Aufgaben für gA- und eA-Kurse (grundlegendes und erhöhtes Anforderungsniveau).

Pflichtmodul

1. *Arbeiten Sie nach einer textkritischen Einführung anhand der Tagebuchnotizen M1 heraus, welches Wissen die Zeitgenossen vom Schicksal der Juden hatten bzw. haben konnten. Erläutern Sie, inwiefern Kellner auch das Problem der deutschen Identität anspricht.*
2. *a) Vergleichen Sie in M2 Kulkas Ergebnisse mit denen Longerichs. Gibt es unterschiedliche Erklärungsansätze?*
   b) Erläutern Sie, vor welchen Schwierigkeiten Historiker stehen, wenn es um die Frage nach der Einstellung der Bevölkerung bei der Judenverfolgung geht.
3. *Interpretieren Sie die Karikatur M3 aus dem Jahr 1975. Erörtern Sie, was der Karikaturist anprangert.*

Pflicht-, Kern- und Wahlmodul

4. *Fassen Sie die Überlegungen von Theodor Heuss in M4 mit eigenen Worten zusammen und kommentieren Sie die Botschaft der Rede.*
5. *Erörtern Sie, welches Selbstverständnis sich in der Rede von Heuss manifestiert. Ordnen Sie die Rede in den historischen Kontext ein und nehmen Sie dazu Stellung.*

Semesterübergriff

6. *Erörtern Sie, inwiefern sich Heuss in seiner Rede mit Formen und Funktion von historischer Erinnerung auseinandersetzt.*

Materialien

M1
Die Juden werden abtransportiert

Von 1939 bis 1945 führt der Justizbeamte Friedrich Kellner aus Laubach in der hessischen Provinz ein Tagebuch, in dem er all das niederschreibt, sammelt und kommentiert, was er aus zufällig Gehörtem, Gesprächen und Zeitungen über das NS-Regime in Erfahrung bringt. Zum 15. Dezember 1941 schreibt Kellner:

Es verlautet, dass die Juden einiger Bezirke irgendwohin abtransportiert werden. Sie dürfen etwas Geld u. [...] Gepäck mitnehmen. Die Nationalsozialisten sind stolz auf ihr Tierschutzgesetz. Aber die
5 Drangsale, die sie den Juden angedeihen lassen, beweist, dass sie die Juden schlechter als die Tiere gesetzlich behandeln.

Diese grausame, niederträchtige, sadistische, über Jahre dauernde Unterdrückung mit dem Endziel
10 Ausrottung ist der größte Schandfleck auf der Ehre Deutschlands. Diese Schandtaten werden niemals wieder ausgelöscht werden können.

Eintrag zum 16. September 1942:

In den letzten Tagen sind die Juden unseres Bezirkes abtransportiert worden. Von hier waren es die
15 Familien Strauß u. Heinemann. Von gut unterrichteter Seite hörte ich, dass sämtliche Juden nach Polen gebracht u. dort von SS-Formationen ermordet würden.

Diese Grausamkeit ist furchtbar. Solche Schandtaten werden nie aus dem Buche der Menschheit getilgt werden können. Unsere Mörderregierung hat den Namen „Deutschland" für alle Zeiten besudelt. Für einen anständigen Deutschen ist es unfassbar, dass niemand dem Treiben der Hitler-Banditen Einhalt gebietet.

Friedrich Kellner, „Vernebelt, verdunkelt sind alle Hirne". Tagebücher 1939-1945, Bd. 1, hrsg. von Sascha Feuchert u.a., Göttingen 2011, S. 211f. und 311

M2
Reaktionen und Alltagsverhalten der Bevölkerung

In seinem 2006 veröffentlichten Buch über die Frage, wie viel die Deutschen vom Holocaust wissen konnten, skizziert der Historiker Peter Longerich die Forschungsergebnisse Otto Dov Kulkas, Professor an der Hebräischen Universität in Jerusalem, die dieser aus der Auswertung einer umfassenden Sammlung von offiziellen Stimmungs- und Lageberichten der NS-Führung gewonnen hat:

In seiner Auswertung der Reaktion der deutschen Bevölkerung auf die Nürnberger Gesetze entwickelte Kulka eine Typologie von vier verschiedenen Reaktionen auf die Judenverfolgung, die sich seiner Auffassung nach auf die gesamte Zeit bis 1939 anwenden lässt: Erstens Akzeptanz von Segregation[1] und Diskriminierung aus rassistischen Gründen als dauerhafte Grundlage zur „Lösung der Judenfrage"; die Zustimmung zur Judenpolitik des Regimes war demnach an strikte Einhaltung gesetzlicher Grundlagen gebunden. Zweitens Bedenken, Kritik, ja Opposition gegen die Rassengesetze sowie gegen die gesamte „Judenpolitik", vor allem aber gegen „wilde Aktionen" aus politischen, religiösen, aber auch pragmatischen Motiven; Furcht vor ökonomischer Vergeltung gegen Deutschland mochte beispielsweise eine Rolle spielen. Drittens Kritik an der offiziellen antijüdischen Politik als zu moderat, verbunden mit dem Versuch, die antisemitische Politik durch direkte Aktionen weiter zu radikalisieren. Antijüdische Gesetze wurden aus dieser Perspektive vor allem als Ermächtigung zu einer weiteren Verschärfung der Judenverfolgung verstanden. Viertens Indifferenz und Passivität, ohne dass sich aus den Quellen eine Begründung für diese Haltung entnehmen ließe.

Longerich selbst fasst das Verhalten der Bevölkerung gegenüber der NS-„Judenpolitik" so zusammen:

Während des gesamten Zeitraums von 1933 bis 1945 zeigt sich in den Stimmungsberichten und in anderen Quellen, dass die NS-„Judenpolitik" in der Bevölkerung ein erhebliches Maß an Verständnislosigkeit, Skepsis und Kritik zu überwinden hatte. Große Teile der Bevölkerung waren offenbar nicht ohne Weiteres bereit, durch ihr Alltagsverhalten Zustimmung zur antisemitischen Politik und Propaganda zu signalisieren. Solche negativen Reaktionen äußerten sich allerdings auf disparate Weise. Eine geschlossene, politisch und moralisch fundierte Gegenbewegung konnte sich unter den herrschenden Bedingungen nicht formieren.

Am ehesten kann man diese unbestimmten negativen Reaktionen, die mangels alternativer kollektiver Meinungsbildung unterhalb der Ebene des Protests oder gar des Widerstandes blieben, wohl mit dem Begriff des „Unwillens" erfassen. Dieser Unwille, die Weigerung, sein Verhalten in der „Judenfrage" an die vom Regime verordneten Normen anzupassen, war die einfachste und risikoloseste Form für die Masse der Bevölkerung, abweichende Einstellungen zur „Judenpolitik" zum Ausdruck zu bringen; auf solche Verhaltensweisen konnte man sich auch ohne verbale Kommunikation im Alltag leicht verständigen. Zugleich ließen sich solche öffentlichen Äußerungen des Unwillens – im Gegensatz zur wahren „Einstellung" der Bevölkerung – verhältnismäßig zuverlässig erfassen. Aus heutiger Sicht kann man ihnen daher am ehesten Glauben schenken. Bei der Analyse der Reaktionen der Deutschen auf die Judenverfolgung konzentrieren wir uns daher auf die Momente, in denen die Bemühungen des Regimes zur antisemitischen Aus-

---

[1] **Segregation:** *diskriminierende Abtrennung*

richtung der Öffentlichkeit deutlich auf Schwierigkeiten stießen.

Überblickt man den gesamten Zeitraum der NS-Diktatur, wird ein deutlicher Trend erkennbar: Der Unwille der Bevölkerung, ihr Verhalten zur „Judenfrage" entsprechend dem vom Regime verordneten Normen auszurichten, wuchs, je radikaler die Verfolgung wurde.

Peter Longerich, „Davon haben wir nichts gewusst!" Die Deutschen und die Judenverfolgung 1933–1945, Bonn 2006, S. 12f. und 320f.

M3

▲ „Mutti, wo fahren die Leute hin?" „Aufs Land."
Karikatur von Kurt Halbritter aus dem Jahr 1975.

M4
„Diese Scham nimmt uns niemand ab!"

Zur Einweihung der Gedenkstätte Bergen-Belsen am 30. November 1952 hält der erste Bundespräsident der Bundesrepublik, Theodor Heuss, folgende Rede:

Als ich gefragt wurde, ob ich heute, hier, aus diesem Anlass ein Wort zu sagen bereit sei, habe ich ohne lange Überlegung mit ja geantwortet. Denn ein Nein der Ablehnung, der Ausrede, wäre mir als eine Feigheit erschienen, und wir Deutschen wollen, sollen und müssen, will mir scheinen, tapfer zu sein lernen gegenüber der Wahrheit, zumal auf einem Boden, der von den Exzessen menschlicher Feigheit gedüngt und verwüstet wurde. Denn die bare Gewalttätigkeit, die sich mit Karabiner, Pistole und Rute verziert, ist in einem letzten Winkel immer feige, wenn sie, gut gesättigt, drohend und mitleidlos, zwischen nutzloser Armut, Krankheit und Hunger herumstolziert. [...]

Aber nun will ich etwas sagen, das manchen von Ihnen hier erstaunen wird, das Sie mir aber, wie ich denke, glauben werden, und das mancher, der es am Rundfunk hört, nicht glauben wird: Ich habe das Wort Belsen zum ersten Mal im Frühjahr 1945 aus der BBC gehört, und ich weiß, dass es vielen in diesem Lande ähnlich gegangen ist. Wir wussten – oder doch ich wusste – Dachau, Buchenwald bei Weimar, Oranienburg, Ortsnamen bisher heiterer Erinnerungen, über die jetzt eine schmutzig-braune Farbe geschmiert war. Dort waren Freunde, dort waren Verwandte gewesen, hatten davon erzählt. Dann lernte man frühe das Wort Theresienstadt, das am Anfang sozusagen zur Besichtigung durch Neutrale präpariert war, und Ravensbrück. An einem bösen Tag hörte ich den Namen Mauthausen, wo sie meinen alten Freund Otto Hirsch „liquidiert" hatten, den edlen und bedeutenden Leiter der Reichsvertretung deutscher Juden. Ich hörte das Wort aus dem Munde seiner Gattin, die ich zu stützen und zu beraten suchte. Belsen fehlte in diesem meinem Katalog des Schreckens und der Scham, auch Auschwitz.

Diese Bemerkung soll keine Krücke sein für diejenigen, die gern erzählen: Wir haben von alledem nichts gewusst. Wir haben von den Dingen gewusst: Wir wussten auch aus den Schreiben evangelischer und katholischer Bischöfe, die ihren geheimnisreichen Weg zu den Menschen fanden, von der systematischen Ermordung der Insassen deutscher Heilanstalten. Dieser Staat, den menschliches Gefühl eine lächerliche und Kosten verursachende Sentimentalität hieß, wollte auch hier tabula rasa – „reinen Tisch" – machen, und der reine Tisch trug Blutflecken, Aschenreste – was kümmerte das? Unsere Fantasie, die aus der bürgerlichen und christlichen Tradition sich nährte, umfasste nicht die Quantität dieser kalten und leidvollen Vernichtung. [...] [D]ie Deutschen dürfen nie vergessen, was von Menschen ihrer Volkszugehörigkeit in diesen schamreichen Jahren geschah. [...]

Nun höre ich den Einwand: Und die anderen? Weißt du nichts von den Internierungslagern 1945/46 und ihren Rohheiten, ihrem Unrecht? Weißt du nichts von den Opfern in fremdem Gewahrsam, von dem Leid der formalistisch-grausamen Justiz, der heute noch deutsche Menschen unterworfen sind? Weißt du nichts von dem Fortbestehen der Lagermisshandlung, des Lagersterbens in der Sowjetzone, Waldheim, Torgau, Bautzen? Nur die Embleme haben sich dort gewandelt.

Ich weiß davon und habe nie gezögert, davon zu sprechen. Aber Unrecht und Brutalität der anderen zu nennen, um sich darauf zu berufen, das ist das Verfahren der moralisch Anspruchslosen, die es in allen Völkern gibt, bei den Amerikanern so gut wie bei den Deutschen oder den Franzosen und so fort. [...]

Da steht der Obelisk, da steht die Wand mit den vielsprachigen Inschriften. Sie sind Stein, kalter Stein. Saxa loquuntur, Steine können sprechen. Es kommt auf den Einzelnen, es kommt auf dich an, dass du ihre Sprache, dass du diese ihre besondere Sprache verstehst, um deinetwillen, um unser aller willen!

Zitiert nach: Bulletin des Presse- und Informationsamtes der Bundesregierung, Nr. 189 v. 2. Dezember 1952, S. 1655f.

Erwartungshorizont

Zu Aufgabe 1

- Der Textauszug stammt aus den Tagebuchaufzeichnungen Friedrich Kellners. Die Quellenform „Tagebuch" steht für persönliche Authentizität, also Zeitnähe und „Echtheit", die kritische Haltung Kellners gegenüber dem Nationalsozialismus verbürgt zudem Glaubwürdigkeit.
- Friedrich Kellner war ein kleiner Beamter in einer Provinzstadt. Seine Aufzeichnungen zeigen, wie viel der deutsche Normalbürger über die nationalsozialistischen Verbrechen wissen konnte. Sein Wissen basiert auf Quellen, die den meisten anderen Deutschen auch zugänglich waren: Tageszeitung, Radio, zufällig Gehörtes und Gespräche mit Nachbarn, Freunden oder Bekannten, die möglicherweise durch Augenzeugen – etwa von Soldaten auf Fronturlaub – von den Verbrechen in den besetzten Gebieten erfuhren.
- Die sich steigernde staatlich organisierte Ausgrenzung der Juden durch diskriminierende Gesetze und Verordnungen war für jedermann ersichtlich („Drangsale ... schlechter als die Tiere gesetzlich behandeln"). Auch die Deportationen fanden öffentlich statt. Wie seine Notizen zeigen, ist es für Kellner im Jahr 1941 nicht nur eine Vermutung, sondern Gewissheit, dass die Unterdrückung in dem „Endziel Ausrottung enden" wird.
- Kellner sieht den deutschen Namen und die deutsche Ehre durch die nationalsozialistischen „Schandtaten" irreparabel und nachhaltig beschädigt. Er nimmt damit vorweg,

Probeklausur

was nach Kriegsende Gewissheit war: dass die deutsche Identität stets mit den NS-Verbrechen verbunden sein würde. Der Ehrverlust entsteht für ihn jedoch nicht allein durch die Verbrechen der „Mörderregierung", sondern vor allem daraus, dass sich die Mehrheit der Deutschen dem Regime beugte, „niemand dem Treiben der Hitler-Banditen Einhalt" gebot. Kellner selbst wird möglicherweise eine gewisse Entlastung dadurch verspürt haben, dass er – zumindest im Geheimen – die Verbrechen beim Namen nannte.

Zu Aufgabe 2 a

- Kulka arbeitet aus seinen Quellen vier unterschiedliche Reaktionsweisen auf die Judenverfolgung heraus: Die erste Gruppe akzeptierte die rassistische Diskriminierung grundsätzlich, auch weil sie auf Gesetzen beruhte. Eine zweite Gruppe stellte sich aus politischen, religiösen Gründen oder auch aus Furcht vor Vergeltung gegen die Judenpolitik, vor allem gegen die „wilden Aktionen". Das Verhalten reichte von Bedenkensäußerungen bis zum Widerstand. Einer dritten Gruppe ging die Judenverfolgung nicht weit genug. Auf der Grundlage der antijüdischen Gesetzgebung versuchte sie selbst die Verfolgung zu beschleunigen oder zu radikalisieren. Die letzte Gruppe verhielt sich unentschieden und passiv. Gründe dafür werden in den Quellen jedoch nicht genannt.
- Auch wenn sich keine Opposition gebildet habe, so stellt Longerich anders als Kulka in den Quellen vor allem Skepsis und Kritik gegenüber der Judenverfolgung fest, die sich mit wachsender Radikalisierung steigerte. Longerich konzentriert sich auf die von Kulka skizzierte vierte Gruppe der „Passiven", die einen grundsätzlichen „Unwillen" gegenüber den antijüdischen Maßnahmen erkennen ließ.
- Im Gegensatz zu Kulka nennt er mögliche Beweggründe für unangepasstes Verhalten und analysiert dessen Quellenwert: Weil es die „einfachste und risikoloseste" Form des Widerstands war, kann sie am ehesten als authentisch und damit als zuverlässig angesehen werden.

Zu Aufgabe 2 b

- Laut Kulka und Longerich scheint die überwiegende Reaktion auf die Judenverfolgung Zustimmung und Schweigen gewesen zu sein. Doch welche Einstellung sich aus diesem Verhalten ablesen lässt, hängt von der Interpretation der Quellen ab. Stimmten die Menschen aus Angst oder Überzeugung zu? Schwiegen sie, weil sie die Verfolgung nicht sehen konnten oder wollten? Oder drückten sie mit ihrem Stillschweigen sogar ihre Zustimmung zur Judenverfolgung aus?
- Private Briefe oder Tagebuchaufzeichnungen, wie sie etwa von Friedrich Kellner vorliegen, können dafür äußerst wertvolle Quellen sein. Jedoch sind sie eher selten und müssen genau auf ihre Glaubwürdigkeit geprüft werden. Selbstzeugnisse wie Autobiografien stehen immer unter dem Verdacht, dass die Autoren rückblickend ihre wahren Einstellungen verschleiern. Öffentliche Debatten und freie Meinungsäußerung gab es während des „Dritten Reiches" nicht, die Presse war „gleichgeschaltet". Berichte von Verwaltungs- und Justizbehörden, Dienststellen der NSDAP und ihrer Unterorganisationen bilden ebenfalls keine neutrale Grundlage für die Beschreibung der Stimmung im Volk. Jedoch können sie, wie Longerich zeigt, „gegen den Strich" gelesen und daraufhin ausgewertet werden, wo das Regime mit seinen antisemitischen Maßnahmen auf Schwierigkeiten stieß.

Zu Aufgabe 3

- Im Hintergrund der Karikatur sieht man breitbeinig stehende, uniformierte SA-Männer, die eine Gruppe von Menschen bewachen, die mit Gepäck auf die Ladefläche eines Lastwagens steigen. Wie an den von der NS-Propaganda verwendeten, diskriminierenden jüdischen Attributen einer der Personen zu erkennen ist – dem Hut, der runden Brille, dem langen Bart und der großen, gekrümmten Nase – wird hier die Deportation von Juden während des Nationalsozialismus dargestellt. Im Bildvordergrund geht eine Mutter mit ihrer kleinen Tochter vorbei. Laut Bildtext fragt das Kind, wo die vielen Leute hinfahren. Die Frau schaut demonstrativ weg, scheint ihren Schritt zu beschleunigen und antwortet ausweichend „Aufs Land".
- Die Karikatur entstand Mitte der 1970er-Jahre und damit in einer Zeit, in der sich in der Bundesrepublik die Beschäftigung mit dem Holocaust intensivierte. Der Karikaturist Kurt Halbritter prangert mit seiner Zeichnung das feige „Wegschauen" vieler Menschen im „Dritten Reich" an. Er bezieht damit Stellung in der Diskussion um das Verhalten der Deutschen währen des Nationalsozialismus, die seit Ende der 1960er-Jahre vor allem von der jüngeren Generation um die Vergangenheit der eigenen Eltern und Großeltern geführt wurde.

Zu Aufgabe 4

- In seiner Ansprache zur Einweihung der Gedenkstätte Bergen-Belsen nimmt der erste Bundespräsident der Bundesrepublik Theodor Heuss zu der NS-Vergangenheit der Deutschen Stellung. Zu Beginn macht er die Notwendigkeit deutlich, sich mit den NS-Verbrechen auseinanderzusetzen. Dafür stehe seine Rede. Indem er die feigen Taten beim Namen nennt, wird sein Standpunkt und die eigene Betroffenheit deutlich.
- Dann gerät die Rede auf eine persönlichere Ebene. Heuss bekennt, von Konzentrationslagern wie Dachau, Buchenwald oder Mauthausen und damit von der Judenverfolgung und -ermordung gewusst zu haben. Von Bergen-Belsen oder Auschwitz – die Orte der systematischen Vernichtung – habe er jedoch erst 1945 gehört. Dennoch betont er, dass niemand sein Wissen über die „Dinge" leugnen könne. So habe man durch die Schreiben der Bischöfe von der „Euthanasie" in deutschen Heilanstalten gewusst. Vom Ausmaß des Holocaust hätte die „bürgerliche und christliche Fantasie" jedoch nichts geahnt.
- Gleichzeitig warnt Heuss davor, durch einen Vergleich der Verbrechen, etwa mit jenen der Besatzungsmächte in den Kriegsgefangenenlagern, die eigene Schuld vermindern zu wollen. Diese Gleichsetzung und damit die Relativierung der NS-Verbrechen sei die Logik der „moralisch Anspruchslosen". Heuss schließt mit dem Appell, die Botschaft des Mahnmals zu verstehen: die Verpflichtung, sich zu erinnern und aus der Vergangenheit eine Lehre für die Zukunft zu ziehen.

Zu Aufgabe 5

- Die Rede von Heuss macht einen deutlichen Wandel im nationalen Selbstverständnis deutlich. In seiner Rede manifestiert sich die Einstellung der jungen Bundesrepublik zur NS-Vergangenheit, die nun zum entscheidenden Bezugspunkt wird. Anders als die DDR verstand sich die Bundesrepublik als Nachfolgerin des Deutschen Reiches, für dessen Erbe sie nun die Verantwortung übernahm. Dazu gehörte die öffentliche Auseinandersetzung mit dem Thema, die das gewandelte Selbstverständnis der westdeutschen Demokratie auch nach außen sichtbar machen sollte.

- Bemerkenswert ist, dass Heuss in seiner Rede den Begriff der Scham verwendet, nicht aber von Schuld spricht. Damit weist er auf die abstrakte kollektive Verantwortung der Deutschen hin, umgeht aber die konkrete Zuweisung individueller Schuld. In den frühen 1950er-Jahren wäre eine solch direkte Konfrontation wohl auch nicht möglich gewesen. Bei einem Großteil der Deutschen herrschte der Wunsch nach Vergessen und Verdrängen der Vergangenheit vor. Heuss wählte damit Worte, die nicht anklagten, sondern anregten und damit eine frühe Auseinandersetzung mit der Vergangenheit möglich machten.

Zu Aufgabe 6
- Bis 1945 betrieben die Deutschen eine Gedenk- und Erinnerungskultur, die an nationale Helden erinnern und nationale Größe versinnbildlichen sollte. Diese Gedenkkultur, die sich in zahllosen Denkmälern und in einem autoritären Geschichtsbild manifestierte, kam 1945 an ihr Ende. Seit dem Ende der nationalsozialistischen Diktatur steht bei der Gedenkkultur die Auseinandersetzung mit der NS-Vergangenheit im Vordergrund und dabei die Frage, wie an die Opfer des Nationalsozialismus gedacht und wie an die Verbrechen erinnert werden soll.
- In Heuss' Rede zeigen sich bereits die zentralen Elemente, die bis heute die historische Erinnerung in der Bundesrepublik bestimmen: Als Bundespräsident versteht sich Heuss als moralische Autorität, die mit ihren Reden die Deutschen zur Selbstbesinnung auffordern und gegenüber dem Ausland eine verantwortungsbewusste, auf Versöhnung zielende Haltung einnehmen will. Alle folgenden Bundespräsidenten verstehen bis heute ihr Amt in eben diesem Sinne. Heuss' Aufforderung, die Erinnerung wachzuhalten und Lehren aus der Geschichte zu ziehen, sind Bestandteil fast jeder Gedenkrede zum Nationalsozialismus. Vor allem aber verdeutlicht er mit seinem persönlichen Appell, die „Sprache der Steine" zu verstehen, Zielsetzung und Funktion der modernen Gedenkkultur: Jeder Einzelne soll sich mithilfe eines Denkmals an die Vergangenheit – an die Opfer ebenso wie an die Täter – erinnern, dadurch Lehren aus der Vergangenheit ziehen und als Mahnung für die Zukunft verstehen.

Personenregister

Adenauer, Konrad 163f., 166, 179f., 184
Anderson, Benedict 158f.
Apitz, Bruno 174
Arafat, Yassir 116
Arminius 156f., 160f.
Assmann, Aleida 121, 124
Assmann, Jan 121, 124

Bandel, Ernst von 156
Barth, Emil 129
Bauer, Gustav 147
Beck, Ludwig 77
Becker, Jurek 172
Begin, Menachem 116
Ben Gurion, David 166
Bender, Peter 169
Benjamin, Walter 96
Benz, Wolfgang 78
Biermann, Wolf 172, 190
Bouhler, Philipp 60
Bourdieu, Pierre 160
Brandauer, Klaus Maria 85
Brandt, Karl 60
Brandt, Willy 163, 173
Brüning, Heinrich 127, 139-141
Bubis, Ignatz 107

Chamberlain, Neville 71
Chlodwig 157
Churchill, Winston 53, 55, 75

Darwin, Charles 6
Delp, Alfred 77
Demnig, Gunter 177
Dittmann, Wilhelm 129

Ebert, Friedrich 127-129, 135f., 146f., 150f.
Eichmann, Adolf 61, 90, 116, 118f.
Eisenman, Peter 93, 112, 194
Elser, Georg 73, 75, 85f.
Erhard, Ludwig 170
Erzberger, Matthias 134

Franco 48
Frank, Hans 35
Frei, Norbert 88, 92
Freisler, Roland 30
Friedrich I. Barbarossa 157, 189

Galen, Clemens August Graf von 60, 75, 81
Genscher, Hans-Dietrich 172

Goebbels, Joseph 15, 24, 28, 36, 53, 64
Goerdeler, Carl Friedrich 77
Graf, Willi 76
Groener, Wilhelm 128
Grosz, George 155
Grynszpan, Herschel 33

Haase, Hugo 129
Halbwachs, Maurice 121
Hallstein, Walter 164
Herbert, Ulrich 91
Hermann → *Arminius*
Herzog, Roman 107-109, 111
Heuss, Theodor 90, 200f., 203f.
Heydrich, Reinhard 61f., 69
Himmler, Heinrich 30f., 61-63, 65f., 69, 77, 106
Hindenburg, Paul von 5, 15, 17, 20, 102, 127f., 132, 135f., 139-141, 148, 150-152, 155
Hitler, Adolf 5f., 8-17, 19-21, 24f., 27, 30, 40f., 43, 47-57, 60f., 64, 66, 71, 73-75, 77, 81f., 86, 91, 99, 103, 127, 137, 139-141, 147, 154f., 188
Hochreither, Irmgard 89
Honecker, Erich 190
Huber, Kurt 76
Hugenberg, Alfred 152

Jäckel, Eberhard 93
Jeismann, Karl-Ernst 121

Kapp, Wolfgang 134
Kiesinger, Kurt Georg 185
Kirsch, Sarah 172

Landsberg, Otto 129
Leber, Julius 77
Liebknecht, Karl 128f., 169
Löbe, Paul 152f.
Lubbe, Marinus van der 15
Ludendorff, Erich 102, 127f., 132, 134, 137
Luther, Martin 160f.
Luxemburg, Rosa 129, 145, 169

Mann, Thomas 75, 181
Maron, Monika 172
Max von Baden 128, 146
Mengele, Josef 69
Milla, Johannes 196f.
Molotow, Wjatscheslaw M. 51
Moltke, Helmuth James Graf von 77
Müller, Hermann 138

Mussolini, Benito 8, 46-48, 137

Napoleon 157
Neurath, Konstantin von 47
Niemöller, Martin 76
Nolte, Ernst 96
Noske, Gustav 150

Papen, Franz von 140f., 153-155

Radler, Max 94
Rath, Ernst vom 33
Rathenau, Walther 133f.
Reichel, Peter 187
Ribbentrop, Joachim von 51
Riefenstahl, Leni 28
Röhm, Ernst 30
Roosevelt, Franklin D. 48, 55
Rosh, Lea 93
Rüsen, Jörn 121

Schacht, Hjalmar 43
Scheidemann, Philipp 128f., 131, 147
Schleicher, Kurt von 127, 139, 141, 155
Schmorell, Alexander 76
Scholl, Hans und Sophie 73, 76
Scholtz-Klink, Gertrud 18
Spiegel, Paul 39
Stalin, Josef W. 49, 75
Stauffenberg, Claus Schenk Graf von 73, 77, 81f.
Stresemann, Gustav 135, 138

Thälmann, Ernst 168
Tresckow, Henning von 77, 81
Truman, Harry S. 55

Ulbricht, Walter 172

Varus 156
Vercingetorix 157

Waltz, Sasha 196f.
Weber, Max 160
Wedemeyer, Klaus 175
Wehler, Hans-Ulrich 138
Wilhelm I. 156f., 196f.
Wilhelm II. 6, 128, 150
Wilson, Woodrow 131
Winkler, Heinrich August 100, 104
Wolf, Christa 174, 186
Wolfrum, Edgar 170, 194, 197
Wurm, Theophil 60

Sachregister

Achse Berlin-Rom 46f.
Achse Berlin-Rom-Tokio 46, 48
Adolf-Hitler-Schule 17
Aktion T4 60
Alleinvertretungsanspruch 163f.
Allgemeine Wehrpflicht 46f., 50
Amerikanisierung 171
Anschluss Österreichs 46f.
Antifaschismus 78, 164f., 167f., 174, 176, 183, 186-188, 189
Anti-Hitler-Koalition 55
Antikominternpakt 46f.
Antikommunismus 129, 167, 184
Antisemitismus 6f., 11f., 34, 38f., 66f., 71f., 92, 116, 133f., 139, 168, 175, 188, 199f., 202
Appeasement 48
Arbeiter- und Soldatenräte 128f., 146
Arbeitsbeschaffungsmaßnahmen 41f.
Arbeitslosenversicherung 26, 127, 138
Arbeitslosigkeit 41f., 44, 127, 137-139, 180
Arier, arisch 6f., 11f., 24, 26, 32f., 38, 47
Arierparagraf 32
Arisierung 33
Artikel 48 → *Notverordnung*
Atombombe 52, 55
Attentat vom 20. Juli 1944 73, 76-78, 81f., 90, 169, 188
Aufarbeitung 87-99, 162, 164-170, 173-177, 185, 188, 194
Aufrüstung 40, 42f., 45, 71
Auschwitz 59, 62f., 68f., 72, 87, 91, 99, 105, 107-109, 111-113, 173, 200, 203
Auschwitz-Prozess 68, 87, 90f., 163
Autobahnbau 41f.

Bedingungslose Kapitulation 52, 55, 127
Bekennende Kirche 76
Blitzkrieg 53
Boykott 29, 32f., 36, 71
Bücherverbrennung 23f.
Bund Deutscher Mädel (BDM) 17, 19, 28
Bundesentschädigungsgesetz (BEG) 167
Bundestagswahlen 90, 167, 180
Bundeswehr 92, 180
Bürgerliches Gesetzbuch 131
BVP 133, 138

CDU 175, 180

DAP 137
DDP 129, 133, 135, 138, 144
DDR 92, 104, 163-169, 171f., 174, 190f., 193
Denkmal 75, 97f., 111f., 115, 121, 125, 156f., 168, 176f., 194-197, 204
Denkmal für die ermordeten Juden Europas 87, 93, 97f., 112, 163, 176, 194
Deportation 33f., 61f., 68f., 72, 77, 90, 118, 198, 201, 203
Deutsche Arbeitsfront (DAF) 17f., 25, 31
Deutsche Christen 76
Deutsches Frauenwerk (DFW) 19
Diaspora 114, 118
Die Grüne 175
Die Linke 175
DNVP 16, 129, 133, 135, 144
Dolchstoßlegende 127, 132, 136, 143f., 147f., 154
DVP 129, 135, 138, 144

Ebert-Groener-Pakt 128
Emanzipation 19, 171
Emigration 31, 34, 72, 181
Entartete Kunst 23f.
Enteignung 33, 54, 76, 81, 89, 145, 164f., 171
Entnazifizierung 87-90, 94, 163, 165f.
Entschädigung → *Wiedergutmachung*
Entspannungspolitik 164
Erfüllungspolitiker 127, 132, 134
Erinnerungskultur 75, 86, 93, 97-99, 105, 107-125, 162, 169, 176f., 194-197, 200f., 204
Ermächtigungsgesetz 14, 16, 20
Erster Weltkrieg 6, 31, 54, 100, 127, 132, 136, 144
Europäisches Parlament 107
Euthanasie 60, 66, 76, 81, 111, 203

FDP 90, 175
Flottenabkommen 46f.
Flucht, Flüchtlinge 34, 72, 75, 111, 114, 164, 171, 187
Föderalismus 16, 158
Fortschrittspartei 128
Frauen 18f., 41, 58, 73, 130f.
Freiheits- und Einheitsdenkmal 177, 196f.

Freikorps 129, 131, 134, 137
Friedliche Revolution 176, 197
Führerkult, Führerprinzip 8, 20f., 53, 182

Gedenkkultur → *Erinnerungskultur*
Gedenkstätte 32, 75, 82, 91, 93, 115, 121, 150, 168f., 177, 189, 194f., 203
Gedenktag 24f., 87, 91, 93, 105-121, 163, 169, 177
Generalgouvernement 61
Genozid → *Völkermord*
Germanisierungsprogramm 59, 71
Geschichtsbewusstsein 98f., 121-123, 177, 195
Geschichtskultur 105, 107, 113, 121-123, 169, 176f., 195
Gesetz zur Wiederherstellung des Berufsbeamtentums 16, 22, 29, 31f.
Gestapo 19, 29-31, 54, 79, 81, 86, 106
Gewaltenteilung 16
Gewerkschaften 17, 25, 75, 77
Ghetto 61f., 73, 77
Gleichberechtigungsgesetz 166
Gleichschaltung 16f., 19, 21f., 24, 30, 76
Goldene Zwanziger 41, 138
Große Koalition → *Weimarer Koalition*
Grundgesetz 104, 109, 163, 169
Grundlagenvertrag 165
Grundrechte 9, 14f., 130f.

Hallstein-Doktrin 164
Hiroshima 52, 55
Historikerstreit 87, 92
Historische Erinnerung 121
Hitler-Jugend (HJ) 17, 31, 75
Hitler-Putsch 127, 137f.
Hitler-Stalin-Pakt 46, 49, 51
Holocaust 59-69, 71f., 87, 91f., 96-99, 105, 107-111, 113-120, 168, 176f., 198f., 203
Holocaust-Mahnmal → *Denkmal für die ermordeten Juden Europas*

Inflation 43, 127, 137f., 170
Internationaler Holocaustgedenktag 87, 93, 105, 107-112, 163, 177
Israel 113-120, 163, 166f., 188

Jom ha-Shoa 113-120
Jom-Kippur-Krieg 116

Juden 6f., 10-12, 24, 27, 29, 31-34, 36-39, 41, 56, 59, 61-63-67, 69, 71f., 73f., 77, 79, 90-92, 97f., 107-111, 113-120, 163, 166, 168, 173f., 188, 194, 198-203
Jüdisches Museum 177

Kabinett der Barone 141
Kalte Amnestie 173, 184f.
Kalter Krieg 89, 167, 172, 191
Kapp-Putsch 127, 134, 137
Kollektives Gedächtnis 93, 105, 117, 122, 124f., 176, 188, 194f.
Kollektivierung der Landwirtschaft 171
Kollektivschuldthese 88, 109, 169, 204
Kommunismus 15, 17, 20, 47f., 68, 75, 79f., 89, 128, 164, 167, 186, 188
Konferenz von Casablanca 52
Konferenz von Jalta 52
Konferenz von München 46, 48, 71, 86
Konzentrationslager (KZ) 17, 19, 31-33, 61-63, 68f., 77, 81, 86, 88, 91, 97, 106, 108, 110, 113, 164, 200f., 203
KPD 14, 17, 31, 75, 128f., 139, 144, 188
Kraft durch Freude (KdF) 25f., 43
Kreisauer Kreis 77
Kriegsgefangene 31, 54-56, 58, 62, 91
Kriegsschuldartikel 6, 127, 131f.
Kyffhäuser-Sage 157

Lebensraumideologie 8, 42f., 47, 61, 71
Leugnung (des Holocaust) 110, 119
Liberalismus 9, 17, 42, 101, 171
Linksradikalismus 133f., 149, 167
Luxemburger Abkommen 87, 90, 163, 166

Machtergreifung, Machtübernahme 15f., 31f., 41f., 47, 50, 71f., 75f., 154
Madagaskar-Plan 61
Marsch auf Berlin 137
Marxismus 9, 22, 24, 50, 71
Mauerbau 163, 171, 187
Mauerfall 163
Mefo-Wechsel 43
Menschenrechte 109f.
Misstrauensvotum 130, 141

Münchener Abkommen → *Konferenz von München*
Museum 24, 91, 93, 98, 115, 121, 125, 172, 177, 189
Mythos 7, 53, 99, 103f., 121, 123-125, 156f., 160f., 167, 169f., 182, 188f.

Nagasaki 52, 55
Nationalismus 6, 104, 133, 139, 144, 154, 156, 158-160, 182
Nationalpolitische Erziehungsanstalt 17
Nationalsozialistische Frauenschaft (NSF) 19
Nationalsozialistische Volkswohlfahrt (NSV) 26
Nationalstaat 6, 100f., 103, 156f., 159f.
Nationalversammlung 127, 129f., 132f., 145-148
NATO 92, 175, 179f.
Neue Ostpolitik 173
Notverordnung 15, 20, 127, 130f., 139f., 154
Novemberpogrom 29, 33f., 38f., 72, 112, 169
Novemberrevolution 127f., 132
NSDAP 7f., 10, 14-19, 24, 42, 64, 71, 127, 135, 137, 139-141, 144, 165f., 184
Nürnberger Gesetze 29, 32, 37, 199
Nürnberger Prozess 87f., 90, 106, 163

Oberste Heeresleitung (OHL) 128
Olympische Spiele 23, 25-28, 172, 191
Organisation Consul (OC) 134
Ostalgie 176
Ost-West-Konflikt 107

Parlamentarische Demokratie, Republik 126f., 129, 133, 138, 135, 147
Partisanen 31, 56, 77, 118
Pearl Harbor 52, 55
Planwirtschaft 171
Plebiszite 130
Politische Morde 134, 149
Präsidialkabinett 15, 127, 136, 139-141
Protektorat Böhmen und Mähren 48

Rassismus, Rassenideologie 6-8, 11f., 61, 72, 108f., 168, 175, 202
Rat der Volksbeauftragten 128-130, 146f.

Rätesystem, Räterepublik 133, 135
Rechtsradikalismus 133f., 149, 167, 175f.
Reichsarbeitsdienst (RAD) 18, 41
Reichskonkordat 76
Reichskulturkammer 23f.
Reichsparteitag 25
Reichspogromnacht → *Novemberpogrom*
Reichssicherheitshauptamt (RSHA) 61, 64, 106, 118
Reichstagsauflösung 14f., 130, 139, 141
Reichstagsbrand 14f., 20
Reichstagswahlen 14-16, 41, 127, 129, 133, 140f., 144, 152f.
Reichswehr 17, 19, 30, 42f., 71, 128, 130f., 134, 139, 149
Reparationen 131f., 137, 139, 171
Röhm-Putsch 29f.
Roma → *Sinti und Roma*
Rote Armee 53, 55, 106, 111f.
Rote Kapelle 73, 75, 82

Schlussstrich-Mentalität 90, 112, 165, 192
Schriftleitergesetz 23
Schuld 87f., 92, 96, 109, 164-166, 169, 185f., 203f.
Schutzstaffel (SS) 19, 22, 30f., 61, 68, 73, 97, 106, 198
Sechs-Tage-Krieg 116
SED 92, 163-165, 167f., 171, 190
Shoa → *Holocaust*
Sicherheitsdienst (SD) 19, 72
Sinti und Roma 6f., 31f., 60, 62-65, 91, 111, 168
Sonderwegs-These 100-104, 182
Sowjetische Besatzungszone (SBZ) 89, 166
Sozialdarwinismus 6
Soziale Marktwirtschaft 170, 176
Spartakus-Aufstand 127f., 134
Spartakusbund 128f., 145
SPD 14, 16f., 31, 38, 75, 128f., 133, 135, 138-141, 143f., 175
Spruchkammer 89
Staatsverschuldung 42f., 45, 71, 137
Stalingrad 52f.
Stiftung „Erinnerung, Verantwortung und Zukunft" 163, 166f., 174
Stolpersteine 177

Sachregister

Sachregister

Straffreiheitsgesetze 165
Sturmabteilung (SA) 22, 30-32, 144

Tag der deutschen Einheit 163, 170, 175
Tag von Potsdam 14-16
Tarifautonomie 17
Todesmarsch 62, 106, 116
Totaler Krieg 53
Transnationale Erinnerungskultur 177

Umerziehung 31, 89f.
United States Holocaust Memorial Museum 177
UNO → *Vereinte Nationen*
USPD 128f., 133

Verantwortung 87f., 91f., 109, 163-165, 181, 204
Vereinte Nationen 107, 109f., 114, 163, 165, 175
Vergangenheitsbewältigung → *Aufarbeitung*
Verhältniswahlrecht 130
Vernichtungslager 62f., 68f., 72, 90, 106
Verordnung zum Schutz von Volk und Staat 14f., 20, 30
Versailler Vertrag 6, 10, 47, 50, 71, 103, 127, 131f., 134, 136, 139, 147
Völkerbund 46f.
Völkermord 60-69, 72, 91f., 96-98, 101, 105, 107, 110, 115, 163, 173
Volksabstimmung 5, 41, 47f., 130
Volksaufstand am 17. Juni 1953 163, 170
Volksentscheid, Volksbegehren 130, 165
Volksgemeinschaft 7-9, 12f., 17f., 21, 26, 31, 35, 74
Volksgerichtshof 29-31, 75
Vollbeschäftigung 42, 170

Währungsreform 127, 137, 163, 170
Wannsee-Konferenz 59, 62, 112
Warschauer Ghettoaufstand 73, 77, 114, 117, 173
Warschauer Pakt 104, 165
Wehrmacht 19, 46, 50, 53f., 56f., 61, 77, 79, 92, 167
Weimarer Koalition 127, 129, 133, 138f.

Weimarer Republik 6, 9, 41, 100, 104, 126-155
Weimarer Verfassung 9, 16, 20, 47, 130f., 133, 136
Weiße Rose 73, 75f.
Weltwirtschaftskrise 41, 48, 101, 127, 138, 140
Widerstand 73-82, 85f., 90, 169, 188
Wiederbewaffnung 179f.
Wiedergutmachung 87, 90, 163f., 166f., 188
Wiedervereinigung 100, 104, 162f., 174, 176, 192, 196f.
Winterhilfswerk (WHW) 26
Wirtschaftswunder 42, 45, 170, 180
Wunder von Bern 172

Yad Vashem 115f., 119f.

Zensur 10, 24, 30, 118, 172
Zentrale Stelle der Landesjustizverwaltungen zur Aufklärung nationalsozialistischer Gewaltverbrechen 90, 95, 163, 168
Zentralrat der Juden 39, 107, 166
Zentrumspartei 14, 128f., 133, 135, 138
Zigeuner → *Sinti und Roma*
Zionismus 114
Zwangsarbeit, Zwangsarbeiter 54, 58, 61f., 69, 91, 163, 166f., 174
Zwangssterilisation 60
Zweiter Weltkrieg 33, 52-58, 61, 74, 100, 107, 110, 112, 114, 177

Bildnachweis

Akademie der Künste, Berlin – S. 153; Aleida Assmann, Konstanz – S. 124; Archiv für christlich-demokratische Politik der Konrad-Adenauer-Stiftung, Sankt Augustin – S. 167; Archiv für Kunst und Geschichte, Berlin – S. 26 (2), 28, 30, 40, 41, 62, 76, 90, 106, 108, 137, 138, 173; Archiv für Kunst und Geschichte / Bildarchiv Monheim, Berlin – S. 156; Archiv für Kunst und Geschichte / Bildarchiv Pisarek, Berlin – S. 7; Archiv für Kunst und Geschichte / IAM / World History Archives, Berlin – S. 129; Archiv für Kunst und Geschichte / RIA Nowosti, Berlin – S. 53; Braunschweigischer Geschichtsverein e.V. / Niedersächsisches Landesarchiv – Staatsarchiv Wolfenbüttel – S. 54; Bundesarchiv, Sig. Bild 183-66400-0142, Bestand: Bild 183-Allgemeiner Deutscher Nachrichtendienst, Zentralbild, Koblenz – S. 172; Bundesarchiv, Sig. Plak. 002-037-029, Grafik: Geiss Karl, August 1930, Koblenz – S. 143; Bundesarchiv, Sig.-Bild 183-S51620, Bestand: Bild 183-Allgemeiner Deutscher Nachrichtendienst, Zentralbild, Koblenz – S. 136; Corbis GmbH, Düsseldorf – S. 55; Corbis GmbH / Reuters Handout, Düsseldorf – S. 119; ddp-images / AP, Hamburg – S. 75; Denkmalschutzamt der Freien und Hansestadt Hamburg – S. 55; Der Novemberpogrom 1938 in Hannover, Hannover 2009, S. 97 – S. 38; Der Novemberpogrom 1938 in Hannover, Hannover 2009, S. 128 / Foto: Reinhard Gottschalk – S. 39; Der Spiegel, Hamburg – S. 87; Deutsches Historisches Museum, Berlin – S. 16, 26, 58, 60, 80, 132, 145, 151, 168, 185; Deutsches Historisches Museum / Heinrich Hoffmann, Berlin – S. 25; DIZ Süddeutscher Verlag / Bilderdienst, München – S. 34, 135, 165; dpa Picture-Alliance, Frankfurt – Einband, S. 91; dpa Picture-Alliance / akg-images, Frankfurt – S. 24, 48; dpa Picture-Alliance / Martin Athenstädt, Frankfurt – S. 107; dpa Picture-Alliance / Bo100, Ullstein, Frankfurt – S. 57; dpa Picture-Alliance / CSU-Archives, Everett Collection, Frankfurt – S. 53; dpa Picture-Alliance / Stephan Jansen, Frankfurt – S. 92; dpa Picture-Alliance / Rainer Jensen, Frankfurt – S. 175; dpa Picture-Alliance / Milla & Partner, Sasha Waltz, Frankfurt – S. 196; dpa Picture-Alliance / Pressefoto Ulmer, Thomas Kiel, Frankfurt – S. 157; dpa Picture-Alliance / Schnoerrer, Frankfurt – S. 191; dpa Picture-Alliance / United Archives /91050 TopFoto, Frankfurt – S. 61; dpa Picture-Alliance / ZB, Arno Burgi, Frankfurt – S. 104; dpa Picture-Alliance / ZB, Michael Hauschke, Frankfurt – S. 93; dpa Picture-Alliance / ZB, Andreas Lander, Frankfurt – S. 192; dpa Picture-Alliance / ZB, Martin Schutt, Frankfurt – S. 189; Doreeen Eschinger, Bamberg – S. 82, 169, 177; Gedenkstätte Deutscher Widerstand, Berlin – S. 73; Martin Gilbert, Nie wieder! Die Geschichte des Holocaust, Berlin 2001, S. 91 – S. 77; Bella Guttermann u. Avner Shalev (Hrsg.), Zeugnisse des Holocaust. Gedenken in Yad Vashem, Yad Vashem 2005, S. 196 – S. 69; Kurt Halbritter – S. 200; Isaac Harrari, Yad Vashem – S. 115; Dr. Horst Hoheisel, Kassel – S. 162; Holocaust, Die Geschichte der Familie Weiß, DVD erhältl. im Handel, © Polyband.de – S. 91; Interfoto, München – S. 14, 155; Margret Jaeger-Wunderer – S. 111; Dietmar Katz – S. 149; KZ-Gedenkstätte Dachau – S. 32; KZ-Gedenkstätte Dachau / Karl Freud – S. 32; Milla & Partner / Sasha Waltz, Stuttgart – S. 196; Walter Mühlhausen, Friedrich Ebert 1871 – 1925. Reichspräsident der Weimarer Republik, Heidelberg 1999, S. 328 – S. 150; Stanislaw Mucha – S. 105; National Archives, Washington – S. 88; Alexander von Plato / Almut Leh, Ein unglaublicher Frühling. Erfahrene Geschichte im Nachkriegsdeutschland 1945 – 1948, S. 108 – S. 89; Horst Pötsch, Deutsche Geschichte nach 1945 im Spiegel der Karikatur, S. 90 – S. 179; Preußischer Kulturbesitz, Berlin – S. 9, 18, 23, 35, 37, 43, 65, 78, 94, 126, 140; Preußischer Kulturbesitz / Heinrich Hoffmann, Berlin – S. 25; Preußischer Kulturbesitz / Liselotte Purpur (Orgel-Köhne), Berlin – S. 18; Peter Reichel u. a., Der Nationalsozialismus – Die zweite Geschichte, Verlag C.H. Beck, München – S. 174; Reinhard Rürup (Hrsg.), Jüdische Geschichte in Berlin, Berlin 1995 – S. 36; Sammlung Karl Stehle, München – S. 15, 100; Lilo Sandberg, Berlin – S. 182; Rainer Schwalme, Groß-Wasserburg – S. 176; David Shankbone, Yad Vashem – S. 115; Sönlein / Bormann Prod. / Mutoskop Film, Saturn Movie / BR/ORF – S. 85; Sparkassen-Kulturstiftung Hessen-Thüringen (Hrsg.), Legalisierter Raub. Der Fiskus und die Ausplünderung der Juden in Hessen 1933-1945 (selecta, Heft 8), 2002, S. 63 – S. 33; Staatsbibliothek, Berlin – S. 148; Stadtmuseum, München – S. 5, 11; Stiftung AutoMuseum, Wolfsburg – S. 170; Ullstein-Bild, Berlin – S. 29, 130; Ullstein-Bild / BPA, Berlin – S. 166; Ullstein-Bild / Reuters, Berlin – S. 113, 117; Ullstein-Bild / Rolf Schulten, Berlin – S. 187; Ullstein-Bild / Wilfried Zeckai, Berlin – S. 190; Universitätsbibliothek, Heidelberg – S. 13; VG-Bild-Kunst, Bonn 2012 / Estate of George Grosz, Princeton N.Y. – S. 155; VG Bild-Kunst, Bonn 2012 / The Heartfield Community of Heirs– S. 153; Washington Star, 9. Oktober 1939, Clifford K. Berryman – S. 51; www.wikipedia.de – S. 98; Yossi Ben David, Yad Vashem – S. 120

Methoden wissenschaftlichen Arbeitens

Fachliteratur finden und nachweisen

Recherchieren und Ausleihen in der Bibliothek

- Um sich für ein Referat einen Überblick über ein Thema zu verschaffen oder es einzugrenzen, eignen sich Lexika und Nachschlagewerke als erste Informationsquellen. Für die gründliche Erarbeitung eines Themas benötigen Sie Fachliteratur.

- Angaben zu Fachbüchern spezieller Themen finden sich im Literaturverzeichnis von Handbüchern und Überblicksdarstellungen, im Internet und im Katalog der Bibliothek.

- In der Bibliothek sind Bücher alphabetisch in einem Verfasser- und in einem Sachkatalog aufgelistet und über eine Signatur, eine Folge von Zahlen und Buchstaben, im Karteikarten- oder Computersystem der Bibliothek für ein leichtes Auffinden genau verzeichnet.

- Bücher, die nicht in der örtlichen Bibliothek vorrätig sind, können über die Fernleihe aus anderen Bibliotheken entliehen werden. Über die Online-Kataloge können Titel nach Schlagworten oder dem Namen des Autors gesucht und direkt an die Ausgabestelle der Bibliothek bestellt werden.

Literatur auswerten und belegen

- Finden Sie zu einem Thema mehr Bücher, als Sie auswerten können, müssen Sie eine Auswahl treffen. Prüfen Sie anhand des Inhaltsverzeichnisses, der Einführung und/oder der Zusammenfassung sowie des Registers, ob das Buch ergiebig sein könnte. Benutzen Sie im Zweifel das Neueste.

- Weisen Sie jedes Buch, das Sie für Ihr Referat benutzt haben, am Schluss des Textes nach. Notieren Sie sich daher bei der Vorarbeit die Titel der Bücher. Aussagen, die Sie wörtlich oder indirekt zitieren, belegen Sie zusätzlich mit Seitenangaben. So kann jeder Leser nachlesen und überprüfen, woher und von wem die Aussagen stammen.
  Beispiel für eine korrekte Literaturangabe:

Buch

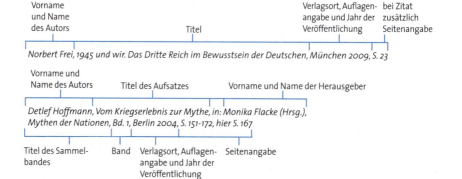

Aufsatz

Quellenarbeit in Archiven

Vorbereitung und Recherche

- Für die Recherche zu regional- und lokalgeschichtlichen Themen bieten sich Archive an. Dort werden Urkunden, Pläne, Karten, Zeitungen, Briefe, Tagebücher, Fotos sowie Akten mit anderen Unterlagen von Behörden, Firmen, Vereinen und Privatleuten aufbewahrt.

- Vor der Arbeit im Archiv sollten Sie sich genau über das Thema informieren, die zu erarbeitenden Aspekte festlegen und Fragen formulieren.

- Inzwischen werden viele Archivstücke elektronisch erfasst und in Datenbanken archiviert. Auf den Internetseiten der Archive können Sie sich über den Bestand informieren, digital vorliegende Dokumente einsehen oder die Signatur der Akten heraussuchen.

Material erfassen, ordnen und auswerten

- Haben Sie geeignetes Material gefunden, notieren Sie sich die genaue Fundstelle. Eine Ausleihe ist nicht üblich. Erfassen Sie das Material sicherheitshalber vor Ort (handschriftlich, per Laptop oder Scanner).

- Nach der Rückkehr aus dem Archiv müssen Sie das gesammelte Material sichten und ordnen, bevor Sie es zu einer Darstellung verarbeiten können.